JN492076

인재집

이 책은 2022~2023년도 정부(교육부)의 재원으로 한국고전번역원의 지원을 받아
수행된 '권역별거점연구소협동번역사업'의 결과물임.

This work was supported by Institute for the Translation of Korean Classics - Grant funded by the Korean Government.

한국고전번역원 한국문집번역총서 / 경북대학교 영남문화연구원

인재집 4

최현 지음 송희준 김영옥 옮김
崔晛

訒齋集

일러두기

1. 이 책의 번역 대본은 한국고전번역원에서 간행한 한국문집총간 제67집에 실린 《인재집(訒齋集)》으로 하였다. 번역 대본의 원문 텍스트와 원문 이미지는 한국고전종합DB(http://db.itkc.or.kr)에서 확인할 수 있다.
2. 내용이 간단한 역주는 간주(間註)로, 긴 역주는 각주(脚註)로 처리하였다.
3. 한자는 필요한 경우 이해를 돕기 위하여 넣었으며, 운문(韻文)은 원문을 병기하였다.
4. 맞춤법과 띄어쓰기는 한글 맞춤법과 표준어 규정을 따랐다.
5. 이 책에서 사용한 부호는 다음과 같다.
   ( ) : 번역문과 음이 같은 한자를 묶는다.
   〔 〕: 번역문과 뜻은 같으나 음이 다른 한자를 묶는다.
   " " : 대화 등의 인용문을 묶는다.
   ' ' : " " 안의 재인용 또는 강조 문구를 묶는다.
   「 」: ' ' 안의 재인용을 묶는다.
   『 』: 「 」 안의 재인용을 묶는다.
   《 》: 책명 및 각주의 전거(典據)를 묶는다.
   〈 〉: 책의 편명 및 운문·산문의 제목을 묶는다.
   □ : 글자의 자리를 비워둠을 나타낸다.
   ▨ : 마멸 또는 삭제된 원문 글자의 자리를 나타낸다.

차례

축문祝文

제문祭文

인재집 제12권

제문祭文

묘갈墓碣

묘지墓誌

행록行錄

인재집 제13권

언행록言行錄

인재집

제 11 권

銘명 箴잠 跋발

祭제 文문 祝축 文문 箋전

발 跋

한강 선생 문집 발문
寒岡先生文集跋

타고난 자질이 훌륭하더라도 명성과 이록(利祿)을 추구하는 것을 버리고 학문을 강론하고 도를 밝히는 데 뜻을 두는 사람은 진실로 드물다. 게다가 뜻을 이미 세웠으나, 의리를 가리기를 정밀하게 하고 마음을 지키기를 견고히 하며, 각고의 노력으로 공부하여 덕을 쌓고 학업을 닦아 도에 이르는 자는 더욱 드물다. 더 나아가 도가 이미 진척되었으나 작은 성취에 한계를 설정하지 않고 용맹하게 나아가기를 그만두지 않아 완성된 덕(德)의 영역에 나아갈 수 있는 자는 천백 명에 하나도 없다.

내가 어릴 때 들어 보니, 선생께서는 소년 시절에 자못 독특한 모습으로 사람들과 함께 강습하는 가운데도 책상을 대하고서 오뚝하게 앉아 종일토록 스스로 마음을 견지하였다. 붕우들이 다가와 장난치면 더욱 스스로를 단속하니, 사람들이 혹 작위(作爲)한다고 배척하며 비웃었다. 사람들이 배척하면 할수록 선생께서는 더욱 요지부동이어서 얼마 되지 않아 우뚝하게 유속(流俗)에서 빼어나니 사람들이 감히 쉽게 대하지 못하였다. 또 얼마 되지 않아 질서 정연하게 위의가 있어 모든 언행이 법도에 맞으니 학자들이 앞다투어 달려가 존경하였다. 이것은 대개 선생의 중년 때 일인데 사방의 선비들이 이미 한강 선생의 존재를 알았다. 저 뭇 사람들이 배척하는 것을 보고 작위(作爲)를 하지 않는 자는 중간 정도의 사람이 아니면 하류의 사람이 될 것이니, 그들이 선생을 우러러 존경함이 어떠하겠는가. 그러나 또한 선생께서 학문에 뜻을 세우고 기반을 세운 초기와 비교해 보면 얼마나 많은 공력(工力)을 들이고 얼마나 많은 단계를 거쳐서 여기에 이르렀겠는가.

나는 선생의 풍도를 듣고 덕에 교화되어 문인들에게 선생의 학문을 대략 파악했지만 오히려 문하생이 되어[1] 직접 배우지는 못하였다. 임진왜란 이후에 비로소 관동(關東)에서 선생을 뵈었다. 며칠을 머물며 모시면서 내가 여태까지 듣지 못했던 학문을 들었으니, 충만한 용모이며 수연(粹然)한 안색으로 다시는 모난 모습을 찾아볼 수가 없었다. 또 그 뒤에 혹 창평(蒼坪)에서 뵈었고 혹 서울에서 뵈었으며 혹 사빈(泗濱)에서 뵈었는데, 말씀을 이어받고 가르침을 들으면서 문하에 출입하였으나 일찍부터 제자가 되지[2]

1 문하생이 되어 : 원문 '속수(束脩)'의 뜻이다. 수(脩)는 육포(肉脯)로서, 속수는 열 개의 육포 묶음을 말한다. 제자가 스승에게 처음으로 가르침을 청할 적에는 반드시 폐백이 있어야 하는데, 속수는 폐백 중에서 가장 약소한 것이다. 《논어》 〈술이(述而)〉에, "속수 이상을 가지고 와서 집지(執贄)의 예(禮)를 행한 자에게는 내가 한 번도 가르쳐 주지 않은 적이 없었다.〔自行束脩以上, 吾未嘗無誨焉.〕"라는 공자의 말이 나온다.

2 제자가 되지 : 원문 '구의(摳衣)'는 옷자락을 치켜든다는 뜻으로, 윗사람에게 경의를 표하여 제자가 되는 것을 말한다. 《예기(禮記)》 〈곡례 상(曲禮上)〉의 "어른이 계신 방 안으로 들어갈 때에는 옷자락을 공손히 치켜들고 실내 구석을 따라 빠른 걸

못한 것을 한스러워하였다. 아! 내가 이것으로 인하여 마음에 경계하는 바가 있게 되었다.

선생께서는 어릴 때 뭇사람들과 거처하면서도 홀로 확고하게 서서 배척과 비웃음 때문에 스스로를 저상(沮喪)시키지 않은 것은 뜻을 세움이 확고하였기 때문이다. 용맹정진하여 목표에 이르지 않으면 그만두지 않은 것은 자기에게 기대함이 컸기 때문이다. 많은 책들에 박통(博通)하여 정미(精微)한 것을 요약하였지만 스스로 만족해하지 않으면서 늙을 때까지 게으르지 않았던 것은 스스로 힘써서 쉬지 않은 정성 때문이다. 가령 선생께서 조금이라도 노력하는 것이 이와 같은 뜻이 없고 작위(作爲)한다는 혐의를 피하며, 끊임없이 진전하는 공부를 태만히 하여 맹분(孟賁)과 하육(夏育)[3]처럼 빼앗을 수 없는 용맹을 내지 않았다면, 어찌 한마(汗馬)의 처지[4]에서 공로를 거두어 마침내 백척간두(百尺竿頭)에서 한 층 더 올라갔겠는가.[5] 공부에 힘쓰는 것이 오래됨과 덕망을 충적(充積)함이 참된 것에 말미암았기에 발현하여 문사를 지은 것

음으로 가서 자리에 앉은 다음에 응대를 반드시 조심성 있게 해야 한다.〔摳衣趨隅, 必愼唯諾.〕"라는 말에서 나온 것이다.

3 맹분(孟賁)과 하육(夏育) : 전국 시대 진(秦)나라 무왕(武王) 때의 용사들이다.

4 한마(汗馬)의 처지 : 말에게 땀을 내게 하며 전장(戰場)을 왕래하는 수고를 하는 것으로, 열심히 공부하는 것을 이른다.

5 백척간두(百尺竿頭)에서……올라갔겠는가 : 어려움 속에서 공부의 큰 성취를 보는 것을 말한다. 《전등록(傳燈錄)》에 "백 척의 장대 끝에서 한 걸음을 더 걸어야만 시방세계에 완전한 몸이 될 수 있다.〔百尺竿頭進一步, 十方世界是全身.〕"라고 한 데에서 온 말이다.

이 이치에 근본을 두어 내용이 심오하고 절실하다. 그리하여 따뜻하기는 옥의 윤택함과 같고 성대하게 향기로움은 봄날의 꽃과 같다. 간곡하고 애틋하며 정성스러운 뜻이 말로 표현하기 전에 나타나 글자마다 구절마다 모두 후세에 법이 될 만하니, 한유(韓愈)의 이른바 '인의(仁義)로운 사람은 그 말이 간곡하고 화기애애하다.'는 것[6]은 이것을 두고 말하는 것이 아닌가.

무신년(1608, 광해군 즉위년) 이후에 재앙이 지극하여 하늘에 사무쳐 조정과 재야에서 모두 입을 다물고 그 칼날에 맞서지 않았다. 선생께서는 민이(民彝)가 장차 끊어지고 혼매한 세상이 밝게 되지 않을 것을 두려워하여, 우레와 번개에 대항하여 도의(道義)를 진술하고 맹렬한 불기운과 부딪치며 입으로 말하여, 전후로 올린 소차(疏箚)에서 거리끼지 않고 할 말을 다하였다. 그 소장을 끝까지 읽기도 전에 사람으로 하여금 눈물을 흘리게 하니, 비록 마음이 잔인하고 선에 가려진 군주〔광해군〕라 할지라도 수오(羞惡)의 양심을 감동시켜서 '요순의 도가 아니면 진술하지 않는다.'는 임금의 비답이 있는 데 이르렀다. 수많은 여우와 등에 같은 존재들이 칼을 가지고 대하였으나 두려워하며 간담이 서늘하여 감히 해치지 못하고 현자를 살해하는 죄를 범하지 않는 것으로 서로 경계하였다. 이때에 절로 천지를 감동시키고 귀신을 울게 하는 정성스러운 글이 아니었다면 어찌 젓으로 담겨 죽는 재앙을 면할 수 있었겠는가. 이 사실로 미루어 보면 선생의 편언척자(片言隻字)는 모두 준칙이 되어 백세토록 성인을 기다려도 의혹할 수 없

6 한유(韓愈)의……것 : 《한창려집(韓昌黎集)》 권16 〈답이익서(答李翊書)〉에 나온다.

다는 것을 알겠다.

선생께서 돌아가신 지 17년에 후학들이 갱장(羹墻)[7]의 사모가 더욱 간절하여 남기신 글을 모아 편차를 정하고 간행하여 앞으로의 세상을 정화하려 하니, 글을 지어 그 전말을 기록하지 않을 수 없다. 선생의 집우(執友)와 문하생으로 세상에 살아 있는 자가 거의 없는데, 이미 여헌(旅軒) 장 선생(張先生)[8]에게 서문을 청하고 나에게는 발문을 부탁하였다. 내가 지언(知言)한 사람이 아니니, 진실로 빨래하는 노파가 손가락에 골무를 끼고 비단에 수를 놓기에 부족하다는 것을 안다. 그러나 평소 우러러 존경하고 추모하는 정성을 혹 이것으로 인하여 붙일 수 있다면 용에 대하여 말하면서 뱀을 그려 놓고 그 꼬리에 나의 이름을 가탁하는 것을 또한 어찌 감히 끝내 사양하겠는가.

황명(皇明) 기원(紀元) 숭정(崇禎) 병자년(1636, 인조14) 11월 동짓날 문인 통정대부(通政大夫) 전 수(守) 강원도 관찰사(江原道觀察使) 겸 병마수군절도사 순찰사(兵馬水軍節度使巡察使) 지제교(知製敎) 최현은 삼가 발문을 쓴다.

7 갱장(羹墻) : 어진 이를 사모한다는 말이다. 《후한서(後漢書)》 권63 〈이고열전(李固列傳)〉에, "순(舜)이 요(堯)를 사모하여, 앉아 있을 적에는 요임금을 담장에서 뵙는 듯하고, 밥 먹을 적에는 요임금을 국에서 뵙는 듯했다."라고 하였다.

8 여헌(旅軒) 장 선생(張先生) : 장현광(張顯光, 1554~1637)이다. 본관은 인동(仁同), 자는 덕회(德晦), 호는 여헌, 시호는 문강(文康)이다. 한강의 질서(姪壻)이다.

경은 선생[9] 사적 발문
耕隱先生事蹟跋

내가 《산화이씨세보(山花李氏世譜)》와 《경은선생사적(耕隱先生事蹟)》을 보고 그윽이 감동하는 것이 있었다. 산화 이씨(山花李氏)[10]는 성주(星州)의 대성(大姓)으로 역사가 매우 오래되었으며 벼슬아치들이 서로 줄을 이었다. 선생의 경우는 청현(淸顯)한 집안에 태어나 성명(盛明)한 조정에 벼슬하여 청덕(淸德)과 영망(令望)이 조정에서 드러났다. 불행하게도 중년에 근심스러운 일로 조정을 떠나려는 뜻을 두어 고향으로 물러나 은거하려 하였다. 마음은 편안하고 고요함으로 스스로를 지켰고 벼슬하는 것이 뜻하는 바가 아니었지만 명성이 날로 따라다녔기에 관례에 따라 사퇴하여 면직할 수가 없었다. 그러므로 청맹과니로 가탁하여 두문불출하며 손님을 사절하였고 인사를 모두 끊어버린 채 쓸쓸하게 50여 년을 살았다. 집에는 거적과 자리가 없었으며 식탁에는 숟가락

9 경은 선생(耕隱先生) : 이맹전(李孟專, 1392~1480)이다. 본관은 벽진(碧珍), 자는 백순(伯純), 호는 경은, 시호는 정간(靖簡)이다. 1419년 생원에 합격하고, 1427년 문과에 급제하였다. 1453년(단종1) 수양대군이 김종서 등을 죽이자 벼슬을 버리고 고향으로 돌아와 귀머거리·소경이라 핑계하고 은둔하여 친한 친구마저 사절하고 30년이나 문밖을 나가지 않았다. 월암서원(月巖書院), 서산서원(西山書院)에 제향되었으며 생육신으로 불린다.

10 산화 이씨(山花李氏) : 벽진 이씨(碧珍李氏)를 말하니, 산화 선생으로 일컬어지는 이견간(李堅幹, ?~1330)이라는 선조가 있기 때문에 그렇게 부른다.

과 젓가락도 없었으나 처신하기를 더욱 여유롭게 하였다. 돌아가신 뒤에 자손들이 매우 많았으나 각기 타향에 흩어져 살았고 살림이 영락하였기 때문에 가문이 떨치지 못했다. 또 선생의 평생 청고(淸苦)한 절개는 《동국여지승람(東國輿地勝覽)》과 점필재(佔畢齋)가 편찬한 《이준록(彝尊錄)》[11]에 대략 보이지만, 출처의 의리 문제는 당시에 숨기는 일이었기 때문에 민몰되어 드러나지 않았다. 다만 "중년에 벼슬하기를 즐거워하지 않아 고향으로 물러나 늙었을 따름이다."라고 말하였으니, 말밖에 담긴 뜻을 후세 사람들 중에 아는 자가 드물었다. 이렇게 되면 선생의 덕은 끝내 민멸되어 없어지고 말 것이다.

선생의 증손녀는 바로 나의 선비(先妣)이시다. 나는 10살이 되기 전에 어머니께서 돌아가셨기에 종모(從母 모친의 자매인 이모)에게 길러졌다. 종모께서 매양 집안사람들이 청맹과니와 귀머거리로 가탁한 선생의 뜻을 알지 못한다고 말하였다. 또 종모가 누차 종들을 시켜 나에게 인지시켜 보았지만 내가 오히려 알지 못하다가 종모가 임종할 즈음 종모의 말씀의 뜻을 알아들었다. 그러나 나는 이때 아직 어려서 대부분 기억하지 못한다.

그 뒤에 초간(草澗) 권 사문(權斯文)[12]과 서애(西厓) 유 선생

11 점필재(佔畢齋)가 편찬한 이준록(彝尊錄) : 점필재 김종직(金宗直, 1431~1492)이 아버지 숙자(叔滋)의 보도(譜圖)·연기(年紀)·종유(從遊)·사업(事業) 등을 수집하여 편찬하여 간행한 책이다. 이 책은 김숙자가 길재(吉再)를 잇고 아들 종직을 통해 그 뒤 사림의 학문적 연원을 이루었던 그의 역사적 위치와도 관련하여 주목된다.

12 초간(草澗) 권 사문(權斯文) : 권문해(權文海, 1534~1591)를 말한다. 본관은 예천(醴泉), 자는 호원(灝元), 호는 초간이다. 예천 용문(龍門)에 거주하였으며 이

(柳先生)[13]을 만났는데, 한번은 나의 고향 일에 대하여 언급하여 말하기를 "일선(一善)은 진실로 충현(忠賢)의 고을로 보통 사람보다 몇 등급이 높은 몇 분의 군자가 있었으니 수재(秀才 젊은 사람, 즉 인재(訒齋))는 아는가."라고 하였다. 내가 "아니오."라고 하니, 그 분들이 다음과 같이 말하였다. "고려 말에 김모(金某) -휘(諱) 주(澍)- 라는 분은 사신으로 명나라 서울에 갔는데, 천명이 바뀌어 조선이 건국하였다는 소식을 듣고 도로 명나라로 되돌아가 종신토록 귀국하지 않았다. 또 세종 말년에 이모(李某) -경은선생(耕隱先生)- 라는 분은 명신(名臣)으로 시사가 날로 그릇됨을 알고 고향으로 물러나 노년을 보냈다. 세조가 왕위를 선양받은 뒤 6, 7명의 신하가 연이어 죽게 되자 이모는 홀로 청맹과니와 귀머거리에 가탁하여 종신토록 벼슬하지 않았기에 죽음을 면할 수 있었다. 그의 기미를 내다보는 명철함과 세속을 떠난 굳은 마음은 비록 당시의 현자들이라 할지라도 또한 실천하기 어려운 것이 있다."라 하였다. 내가 말하기를, "두 현자께서 이와 같은 절행(節行)이 있음에도 불구하고 세상에 드러나지 않은 것은 어떻게 된 것입니까."라

황(李滉)의 문인이다. 1560년 문과에 급제하여 경상도 관찰사와 대제학 등을 역임하였다. 우리나라 수천 년의 모든 전적을 집대성한 《대동운부군옥(大東韻府群玉)》 20권과 문집이 전한다.

13 서애(西厓) 유 선생(柳先生) : 유성룡(柳成龍, 1542~1607)이다. 본관은 풍산(豊山), 자는 이현(而見), 호는 서애, 시호는 문충(文忠)이다. 이황(李滉)의 문인이다. 1566년 문과에 급제하여 임진왜란 때 영의정이 되어 전란을 진두지휘했다. 호계서원(虎溪書院)과 병산서원(屛山書院)에 제향되었다. 저서로 《징비록(懲毖錄)》과 《서애집》이 있다.

하니, 그분들이 "절개를 온전히 하면서도 자취를 숨겨서 사람들로 하여금 그 뜻을 알 수 없게 만들었기 때문이니, 이 점이 보통 사람보다 몇 등급 높은 것이다."라고 하였다.

나는 박수일(朴遂一)[14] 군과 상종한 지 오래되었는데, 매양 두 선생의 출처를 일컬었다. 박수일 군이 자기 선조 용암 선생(龍巖先生)[15] -휘(諱) 운(雲)- 이 수록(手錄)한 것을 보여 주었으니, 대개 용암은 근고(近古) 사람이다. 보고 들은 것이 자못 상세하였으나, 그것이 민몰되어 전하지 않을까 두려워하여 그 사적을 간략하게 기록하였다. 용암이 일찍이 《해동명현록(海東名賢錄)》을 찬술하고자 하여 두 현자의 행적을 나란히 기록한 것을 가지고 퇴계 선생(退溪先生)에게 편지를 보내어 여쭈었다. 퇴계 선생이 여러 공들의 일은 아마도 잘 헤아려 처리해야 할 부분이 있으니 갑자기 게시(揭示)해 내어 고인(古人)의 이른바 '후환을 걱정하는'[16]

14 박수일(朴遂一) : 1553~1597. 본관은 밀양(密陽), 자는 순백(純伯), 호는 건재(健齋)로 해평(海平)에 거주하였다. 이황(李滉)과 노수신(盧守愼)의 문인이다. 임진왜란과 정유재란 때 창의하고 군자감 정(軍資監正)을 지냈다. 저서로는 《건재일고》가 있다.

15 용암 선생(龍巖先生) : 박운(朴雲, 1493~1562)으로 박수일의 조부이다. 본관은 밀양(密陽), 자는 택지(澤之) 또는 백유(伯濡), 호는 용암이다. 박영(朴英)과 이황(李滉)의 문인이다. 1519년 진사에 합격하였으며 효행이 출중하였다. 낙봉서원(洛峰書院)에 제향되었다. 저서로는 《용암집》, 《격몽편(擊蒙編)》, 《경행록(景行錄)》, 《삼후전(三侯傳)》 등이 있다.

16 후환을 걱정하는 : 《맹자》 〈이루 하〉에 "남의 선하지 못함을 말하다가 후환을 당하면 어떻게 할 것인가."라고 하였다. 태조가 고려를 멸망시키고 조선을 건국하였으며 세조가 비록 왕위를 찬탈하였지만 뒤에 정통성을 인정받았으니, 그럼에도 불구

도를 범하는 것은 옳지 않다고 답하였다. 용암이 《해동명현록》을 이미 찬술할 수가 없었으나 하나의 수록(手錄)으로 엮어서 후대에 남긴 것은 어찌 뜻이 없겠는가. 이로부터 나는 두 선생의 출처와 행적(行跡)을 모으는 데 뜻을 두었으나 징험할 만한 다른 자료가 없었다. 선생의 동생 공희공(恭僖公)[17]이 기록한 행장(行狀)과 유고(遺稿) 2가지 자료도 병화에 유실되었으니, 더욱 탄식할 만하다.

아, 나라에 어려운 일이 많을 때와 고국(故國 본국)에 임금이 없는 날〔왕조가 바뀌었다는 말〕에 절의(節義)를 온전히 하며 빈천을 편안하게 여기는 사람은 진실로 드물다. 질병에 가탁하여 세상을 피해 버리며 구학(丘壑)에서 종신토록 보내며 후회하지 않은 자는 한(漢)나라의 공승(龔勝),[18] 진(晉)나라의 도연명(陶淵明),[19] 당(唐)나라의 진제(甄濟)[20] 등 몇 사람이 있었으나, 당시의

하고 그것을 비판한다면 문제가 될 수 있다는 말이다.

17 공희공(恭僖公) : 이맹전의 동생 이계전(李季專, 1414~1484)이다. 본관은 벽진(碧珍), 자는 경지(敬止), 호는 태원(台園), 시호는 공희이다. 1447년(세종29) 문과에 급제하여 관찰사와 병조 판서를 역임하였다. 춘추관기사관(春秋館記事官)으로 《세종실록》과 《문종실록》을 편찬하는 데 참여하였다.

18 공승(龔勝) : 한(漢)나라 팽성(彭城) 사람으로 자는 군실(君實)이다. 한 애제(漢哀帝) 때 간대부(諫大夫)와 광록대부(光錄大夫)를 역임했는데, 왕망(王莽)이 집정하자 물러났다. 왕망이 자주 사람을 보내 초빙했지만 끝내 불응하고, 문인들에게 염상(斂喪) 기구 준비를 명령한 다음 그대로 단식(斷食)하여 14일 만에 죽었으니, 향년은 79세였다.

19 도연명(陶淵明) : 도잠(陶潛)이다. 경제적으로 어려워 팽택 현령(彭澤縣令)에 나아갔으나 벼슬이 체질에 맞지 않아 80여 일 만에 관직을 버리고 〈귀거래사(歸去來

사람도 능히 그 뜻을 엿보아 헤아리지 못하였다. 그렇다면 선생의 뜻을 세상 사람들이 알지 못하는 것에 대하여 의혹할 것이 없다. 세상 사람들이 알아주고 알아주지 않음은 선생의 높은 절의에 아무런 영향이 없다. 우리 고을에 태어난 자가 만약에 현자를 존숭하고 덕을 사모하는 정성을 가지고 있다면 어찌 숨어 있는 덕의 그윽한 빛을 발현하여 후대 사람들에게 청풍(淸風)을 격동시킬 것을 생각하지 않으랴. 고인의 이른바 '시골의 덕망 있는 선생이 세상을 떠나면 사우(祠宇)에 모셔 제사 지낼 수 있는'[21] 자가 이 분에게 있을 것이다. 그럼에도 불구하고 텅 빈 산에 풀이 무성하고 조그만 비석이 비스듬하게 기울어 있는데, 백여 년 동안 제사도 지내지 않아 적막하다. 우리 충현(忠賢)의 고을을 존숭하고 계술(繼述)하는 바가 없는 상태로 지금에 이르게 만들었으니, 시대가 더욱 멀어질수록 자취는 더욱 묻힐 것이다. 이 점이 권 사문과 유 선생이 칭찬하며 감탄해 마지않았던 까닭이며, 박군이 자기 선

辭)〉를 읊으며 집으로 돌아와 은거하였다.

20 진제(甄濟) : 당 현종(唐玄宗) 때의 사람이다. 위주(胃州)에 은거하고 있었는데 그의 명성을 듣고 안녹산(安祿山)이 부르니, 안녹산이 반란의 뜻을 품고 있다는 것을 알고는 몰래 양의 피를 구하여 밤에 거짓으로 피를 토하고서 병으로 버틸 수 없다는 핑계를 대고 들것에 실려 집으로 돌아갔다. 《舊唐書 卷187下 甄濟列傳》

21 시골의……있는 : 《의례(儀禮)》 〈사관례(士冠禮)〉를 보면, 향선생(鄕先生)의 정의가 있는데, 그 지방 출신 대부(大夫)로서 벼슬에서 물러나서 시골에 내려와 서당을 세우고 학생을 가르치는 선생을 말한다. 후에 그런 사람이 죽으면 그 서당에 위패(位牌)를 모시고 제사를 지낼 수 있다. 한유(韓愈)의 〈송양거원소윤서(送楊巨源少尹序)〉에 "옛날에 이른바 '향선생으로 죽으면 서당에 제사한다.'라는 것이 바로 이 사람이다."라고 하였다.

조가 기록한 바에 정성을 다하면서 부탁하였던 까닭이다. 나는 비록 글을 잘 짓지는 못하지만 오직 민멸되는 것을 두려워한다. 그러므로 삼가 자손들이 찬술한 선생의 사적을 바탕으로 하고 박군의 집에 소장한 수록(手錄)과 부로들에게서 전송(傳誦)되는 것을 참고하여 그 개략을 기록하기를 앞의 내용과 같이 한다. 외현손 최현은 발문을 짓는다.

두곡 선생[22] 문집 발문

杜谷先生文集跋

문장(文章)은 말단의 기예이니, 익혀서 완미하면 끝내는 뜻을 잃는 데 이르게 되므로 군자가 귀하게 여기지 않는다. 공자(孔子)가 "실천하고도 남은 힘이 있으면 문장을 배워라."라고 말하였고,[23] 사교(四教)[24] 중에 문장이 첫 번째 위치하니, 문장을 말단의 기예로 보잘것없게 여긴 것이 아닌 것은 어떻게 된 것인가. 70명의 제자 중에서 자유(子游)와 자하(子夏)가 최고로 현명하였으나 문학(文學) 분야에 소속시켜 사과(四科)의 조목 중 덕행(德行)의 다음에 나열하였다.[25] 공자가 이미 돌아가심에 자유와 자하의 문

22 두곡 선생(杜谷先生) : 고응척(高應陟, 1531~1605)이다. 본관은 안동(安東), 자는 숙명(叔明), 호는 두곡 또는 취병(翠屛)으로 선산에 거주하였다. 김범(金範)과 이황(李滉)의 문인이다. 1549년 사마시에 합격하고 1561년 문과에 급제하여 경주 부윤(慶州府尹) 등을 역임하였다. 1591년 임진왜란을 예고하며 상소하여 국방을 강조하였다. 낙봉서원(洛峰書院)에 제향되었다. 저서로는 《대학개정장(大學改正章)》, 《안자서(顔子書)》, 《비은발휘(費隱發揮)》 등이 있다.

23 공자(孔子)가……말하였고 : 《논어》 〈학이(學而)〉에 "젊은이들은 집에서는 효도하고 밖에서는 공경하며 행실을 삼가고 말을 미덥게 해야 하며 사람들을 널리 사랑하고 어진 이를 가까이해야 한다. 그렇게 실천을 하고 남은 힘이 있으면 곧 그것으로 글을 공부해야 한다.〔弟子, 入則孝, 出則弟, 謹而信, 汎愛衆而親仁, 行有餘力則以學文.〕"라고 하였다.

24 사교(四教) : 《논어》 〈술이(述而)〉에 "공자는 네 가지로 가르쳤으니, 그것은 바로 문(文), 행(行), 충(忠), 신(信)이다.〔子以四教, 文行忠信.〕"라고 하였다.

25 자유(子游)와……나열하였다 : 공자(孔子)가 제자들을 4과(科)로 나누어 평하

도들이 공자의 도를 기록하여 전하지 않았다면 사문(斯文 유도)이 거의 상실되었을 것이다. 그렇다면 문장은 도를 싣는 그릇이니 가볍지 않고 중요한 것이 분명하다.

오호라. 중국으로부터 우리나라에 이르기까지 문장을 짓는 선비가 어느 시대인들 없을 때가 없었으나, 이치를 밝히고 도를 싣는 문장에 공력을 들인 자는 거의 없었고 어쩌다가 있었다. 그 나머지는 대부분 문예의 말단에 마음을 괴롭히고 정신을 지치게 하여 편언척구(片言隻句)를 따와서 아로새겨 장식하여, 스스로 일가(一家)의 말을 이루어 불후토록 전해지기를 기약하는 자들을 두고 세상에서 모두 그의 빛나는 광휘를 우러러 바라보며 칭송하기를 그만두지 않는다. 이치가 뛰어난 문장 같은 것은 담박하여 맛이 없고 질박하여 문채가 없어서, 음(音)이 성률(聲律)의 공교로움에 맞지 않으며 구절이 장단의 제도에 합치되지 않으니, 반드시 뭇사람들이 비웃으며 배척한다. 오호라. 문장을 짓는 폐단이 한결같이 이런 데 이르렀구나. 비록 그러하나, 군자의 문장은 공교롭고 화려하기를 기약하지 않아도 담박한 가운데 절로 맛이 있다. 군자의 마음은 뒤 시대에 전해지기를 기약하지 않아도 백세 뒤에 반드시 지언(知言)하는 사람이 있으니, 이 사람을 어찌 참신한 것을 다투며 특이한 것을 드러내어 새기어 꾸미는 것에 뜻을 쓰는

였는데, 《논어》 〈선진(先進)〉에 "진나라와 채나라에서 나를 따르던 제자들이 지금은 모두 문하에 있지는 않다. 덕행으로는 안연과 민자건과 염백우와 중궁이었고, 언어로는 재아와 자공이었고, 정사로는 염유와 계로였고, 문학으로는 자유와 자하였다.〔從我於陳蔡者, 皆不及門也. 德行, 顔淵閔子騫冉伯牛仲弓, 言語, 宰我子貢, 政事, 冉有季路, 文學, 子游子夏.〕"라고 하여 문학이 사과(四科) 중 마지막에 위치해 있다.

자와 비교하겠는가.

우리 고을의 두곡 선생(杜谷先生)은 어릴 때부터 이치를 밝히는 학문에 마음을 두어 성인의 글이 아닌 것을 보지 않았다. 평생토록 긴절하게 공부한 것은 다만 《중용》과 《대학》과 염락관민(濂洛關閩)의 책이고, 저술한 글은 비은(費隱)과 지행(知行)을 발휘(發揮)하는 말이 아님이 없었다. 만년에 《주역(周易)》을 좋아하였는데 더욱 소강절(邵康節)의 사람됨을 사모하여 호방한 흉금으로 초연(超然)하게 자락(自樂)하였다. 성한 옷을 몸에 걸침이 없었고 음식은 지게미와 쌀겨를 싫어하지 않았으나 그 즐거움은 도도연(陶陶然)하였다. 온 세상 사람들이 그의 오활한 점을 비웃었기에 종신토록 버림을 받았으나 그 마음은 흔흔연(欣欣然)하게 기뻤다. 그러므로 글로 지은 문장과 읊조리며 감탄한 시에 발현한 것이 화평하고 넓으며 우뚝이 뛰어나서, 매이지 않은 배와 자유방임한 천리마와 같아 슬퍼하며 움츠리는 뜻이 없었다. 또한 초고를 만들어 읊조린 적이 없었는데 혹 사람들과 담소하고 음식을 먹으면서 사람을 시켜 붓을 쥐고 구상한 글을 쓰게 하면, 입으로 문장을 읊음이 물 흐르듯 하여 마치 선생의 생각을 거치지 않고 나오는 듯하였다. 혹 나뭇잎에 쓰기도 하며 혹 창문 벽에 쓰기도 하는데, 회포가 있으면 반드시 표출하여 교졸(巧拙)에 연연해 하는 마음이 없었다.

사람들이 혹 "선생의 말은 후세에 전할 만하나 간혹 법도에 맞지 않아 문장의 체제(體制)에 어긋나는 것 같으니, 마땅히 조금 수정하고 다듬어 불후하도록 도모하십시오."라고 말하면, 선생이 웃으며 "아니야. 시는 뜻을 말하는 데 그치고 사(詞)는 의사를 전달하는 데 그치고 문(文)은 이치를 밝히는 데 그칠 따름이니, 어찌 뒤 시대에 전해지는 것에 뜻을 두겠는가."라고 하였다. 선생이 평소 행위의 소탈함이 대부분 이와 같아 비웃음과 업신여김을 당함에 이르러도 개의치 않았다.

아! 나는 도를 아는 자가 아니어서, 선생의 글에서 도를 실었는지의 여부는 알지 못한다. 그러나 나는 어릴 때부터 선생에게 배워 인의도덕(仁義道德)의 설을 실컷 듣고 구이지엽(口耳枝葉)의 글[26]을 매우 싫어하였다. 맹자(孟子)가 "능히 양주(楊朱)와 묵적(墨翟)을 물리치는 말을 하는 자는 성인의 무리이다."라고 말하였으니, 선생은 글을 짓는 데 있어서 비록 실제로 도에 이르렀는지는 모르겠지만, 또한 성인의 도를 능히 말한 사람이라고 말할 수 있다.

선생의 조카 빙운(騁雲)씨가 병화로 흩어져 유실된 뒤에 선생의 남은 글을 수습하니, 10분의 1, 2밖에 되지 않는 총 약간 편을 보존하여 후대의 안목을 갖춘 자가 취사선택하기를 기다린다.

26 구이지엽(口耳枝葉)의 글 : 실천이 없는 구이(口耳)의 학문과 본간(本幹)의 도학에 비해 지엽인 말단의 문장을 말한다.

완산 최씨 별보 발문

完山崔氏別譜跋

나는 처음에 화순 최씨(和順崔氏)와 전주 최씨(全州崔氏)가 동성동본인 줄 알지 못했다. 보첩(譜牒)에도 상세한 내용이 없어서 이미 사람들에게 물어보고 마음으로 의심하였다. 족성(族姓) 최명룡(崔命龍)에게 물어보니 그가 보첩에 실려 있는 해주 목사(海州牧使) 휘(諱) 영유(永濡)를 가리키며 화순 최씨의 시조라고 하였다. 그러나 보첩에서는 그 분파의 사유를 알 수가 없었고, 혹 전사함에 오류를 범하여 외손자를 아들로 삼았을 것이라고 생각하였다. 그리하여 반드시 가장 오래된 화순 최씨 족보를 널리 구해 보고자 하였다. 개령(開寧)의 최민정(崔民挺) 씨에게 그것을 얻어 보았는데, 첫머리에 목사공으로 시작하였다. 한 번 펼쳐봄에 분명하여 의심이 없게 되었으니 이 때문에 족보를 소홀히 할 수 없음을 알게 되었다. 하나의 뿌리가 가지를 나누어 천만에 이르니, 비록 족친의 뜻을 극진히 할 수는 없다고 하더라도 소홀히 하다가 족성의 동이(同異)를 알지 못하는 이로 하여금 혹 혼동되어 혼인하게 되는 데 이르게 된다면 또한 매우 놀랄 만하고 한스러워할 만한 것이 아니랴.

족보 가운데 또 조적암(曺適菴)[27]이 쓴 서문을 수록하여 사람

27 조적암(曺適菴) : 조신(曺伸, 1454~1529)이다. 본관은 창녕(昌寧), 자는 숙분(叔奮), 호는 적암으로 조위(曺偉)의 이복동생이다. 외국어에 능통하여 역관으로 많

〔최현〕으로 하여금 감탄의 정을 일어나게 하였다. 그러나 목사공은 시중(侍中) 문성공(文成公) 아(阿)의 둘째 아들로 초명은 용각(龍角)이다. 형 용생(龍生)·동생 용갑(龍甲)·용봉(龍鳳)과 함께 이름을 나란히 하다가 뒤에 영유로 임금이 고쳐서 하사하였다.[28] 보첩과 서문에 이 사실을 마땅히 기록해야 하나 싣지 않았으니, 이것은 하나의 흠사(欠事)이다. 지금 마땅히 전주 최씨 족보에 첨가하고 화순 지파(支派)를 실어 동일하게 시중 문성공의 후손임을 밝힘으로써, 자손으로 하여금 본종(本宗)을 잊어서는 안 되며 족성을 원근으로 보아서는 안 됨을 알게 한다. 만력(萬曆) 정사년(1617, 광해군9) 3월에 완산(完山) 후인(後人) 최현은 발문을 짓는다.

은 활동을 하였다. 사후에 공조 판서에 추증되고 효강(孝康)이라는 시호가 내려졌다.

28 시중(侍中)……하사하였다 : 최아(崔阿)는 자(字)가 형지(衡之)로 고려 충숙왕 때 문하시중을 지냈고 완산군(完山君)에 봉해졌으며 시호(諡號)가 문성(文成)이다. 큰아들 최용생(崔龍生)은 1350년에 경상도 안렴사(按廉使)를 지냈고, 둘째 아들 최용각(崔龍角)은 1357년에 검교대호군(檢校大護軍)과 해주 목사를 지냈고, 셋째 아들 최용갑(崔龍甲)은 1323년에 중국 원(元)나라 과거에 합격했고 판사(判事)를 지냈다. 넷째 아들 최용봉(崔龍鳳)은 충정왕 때 중랑장(中郎將)을 지냈다.

차원부[29]설원기 뒤에 쓴 글

題車原頫雪冤記後

살펴보건대, 차원부(車原頫)는 고려조에 정언(正言)을 지내다가 조선조에 벼슬하지 않고 평산(平山)에 숨었다. 태조께서 친구로 매우 정성스럽게 초청함에 차원부가 부득이하게 일어나 베옷을 입고 짚신을 신고서 사저에서 태조를 만나 보았다. 태조가 혹 후원(後苑)에 맞이하여 대화하며 함께 후사(後嗣)의 일을 의논하니 차원부가 불가하다고 극진히 진술하자[30] 태조가 이에 깨닫고 그만두

29 차원부(車原頫) : 1320～?. 본관은 연안(延安), 자는 사평(思平), 호는 운암(雲巖)이다. 공민왕 때 문과에 급제한 이후 여러 벼슬을 역임하고, 간의대부(諫議大夫)에 이르렀다. 당대의 대학자인 정몽주(鄭夢周)·이색(李穡) 등과 함께 명성을 떨치던 유학자로 성리학을 깊이 연구하였다. 고려 말 정치가 문란해지자 수습할 수 없음을 알고 관직을 사퇴한 뒤 평산(平山)의 수운암동(水雲巖洞)에 은거하였다. 이성계(李成桂)가 요동(遼東)을 공격하게 되어 그 계략을 묻자 출병을 반대하였다. 뒤에 위화도 회군으로 조선이 개국하였을 때 태조가 공신으로 책록하려 하였으나 굳이 사퇴하고, 이어 정언·판전농시사(判典農寺事) 등의 벼슬도 받아들이지 않았다. 일찍이 정도전(鄭道傳)·하륜(河崙) 등이 차씨(車氏) 외손의 서속(庶屬)이었음을 사실대로 족보에 기재하여 그들의 원한을 받아 오던 중 평산으로 돌아가려고 송원(松原)에 이르렀을 때, 숙적 하륜 등이 보낸 자객에게 가족 및 일당 80여 명과 함께 살해되었다. 당시 고려에 충성을 다하던 두문동(杜門洞) 72인의 한 사람으로서 그림을 잘 그렸으며, 특히 매화에 뛰어났다. 세종 때 황보인(皇甫仁)의 청원으로 신원되어 시중에 추증되고, 순천의 운암사(雲巖祠)에 제향되었다. 시호는 문절(文節)이다.

30 후사(後嗣)의……진술하자 : 태조에게는 전 왕비 한씨(韓氏) 소생의 여섯 아들과 계비 강씨(康氏) 소생의 두 아들이 있었다. 태조가 강씨의 소생인 일곱째 아들 방번(芳蕃)이나 여덟째 아들 방석(芳碩)을 세자로 세우려고 하자, 차원부는 시대가

었다. 그가 평산으로 돌아오는 날에 하륜(河崙) 등이 평소에 차원부를 꺼리며 미워하였고 또 공로를 도모하는 데 다급하여 동궁(東宮)을 요동시켜 방석(芳碩)의 변란을 만들었다.[31] 아울러 차원부에게도 화를 미치게 하여 그의 삼족을 죽였다. 태종이 뒤에 차원부가 원통하게 죽었음을 깨닫고 찬성(贊成)의 작위를 증직하였다.

세조가 왕위를 선양 받은 후 상왕(上王 단종)께 아뢰어 차원부를 재차 신원하도록 명하셨다. 또 박팽년(朴彭年)에게 시켜 차원부의 출처(出處 벼슬과 은둔)와 계보(譜系)를 기록하고 조항마다 주해를 달게 하셨다. 또 조정의 모든 공경(公卿) 문무(文武) 신하들과 성균관 유생,[32] 방외인(方外人),[33] 유명한 유학자들을 불러서 대궐에 이르게 하고 모두에게 시를 짓고 주를 달아서 그 책에 넣게 하셨다. 또 선생〔박팽년〕으로 하여금 서문을 짓게 하시니,[34] 당시의 사

어려울 때는 공로가 있는 자를 세워야 한다고 하며 이방원을 추천하였다.

31 동궁(東宮)을……만들었다 : 동궁은 이방원(李芳遠)이며 방석의 변란은 제1차 왕자의 난을 말한다. 이 난에서 이방원은 이방번과 이방석, 정도전 등을 죽이게 된다.

32 성균관 유생 : 원문 '반궁(泮宮)'은 성균관을 말하고, '분포(粉袍)'는 유생이다. 당(唐)나라 때에 과거 보는 선비들이 백포(白袍)를 입었기 때문에 유생을 분포라고 한다.

33 방외인(方外人) : 유교 이외의 노장학이나 불교를 하는 사람을 말한다.

34 조정의……하시니 : 차원부(車原頫)와 그 일족이 억울하게 죽은 것에 대해 이성계(李成桂)가 분노하자, 이방원(李芳遠)의 세력은 서둘러 차원부의 명예를 회복시켜 주려 노력하였고, 그 일환으로 단종 때에 와서 《설원기》라는 이름으로 그 한 맺힌 사연을 기록하여 책으로 펴냈는데, 책의 완칭은 《차원부설원기(車原頫雪寃記)》이다. 박팽년이 글을 짓고, 성삼문(成三問), 신숙주(申叔舟), 이석형(李石亨) 등이 주석을 달았다. 그리고 당대 최고의 관료와 선비 48명의 칠언절구 72수가 추모시로 첨부되어 있다.

람들이 통쾌하다고 일컬었다. 서문과 설원기에 이른바 '주상 전하'는 모두 상왕을 가리킨다. 이는 당시에 반드시 그 전례가 있었을 것이나 차원부의 원통함을 신원하는 것을 빌려 당시의 일을 암암리에 가리킨 것이다. 그러므로 예사(瘞辭)와 은어(隱語)로 쓴 글이어서 쉽게 이해하지 못할 부분이 있으나 강개하여 평온하지 않은 기상은 끝내 감출 수 없다. 거기에 말하기를 "시절의 이롭지 못함을 만난 것이 이와 같이 심한 사람이 없다. 기쁨을 당면하여서 도리어 슬픈 것이 또한 전하와 같은 이가 없다. 고인의 시에 말하기를 '얻어도 기뻐하지 않고 잃어도 슬퍼하지 않는다.'라 하였으니, 이것은 전하께서 마음을 너그럽게 가져야 할 점이니 고인이 실상을 말한 바른 구절이 아닌가."라 하였다. 이것은 상왕이 비록 득실에 마음을 너그럽게 가지고자 하였으나 할 수 없었던 것을 말한 것이니, 그러므로 고인의 시(詩)는 실사(實辭)가 아니다.

또 말하기를 "'비록 나라를 부지하려고 하지만 두 팔뚝이 끊어졌구나.'라고 한 것은 차원부가 한스러움을 품은 지점이 아니니 고인이 바름을 말한 실제의 시구가 아닌가."라고 하니, 이것은 차원부로 스스로를 비유하여 실사(實辭)라고 말한 것이다. 진퇴거취의 즈음에 이르러서는 양쪽 모두 어렵다는 뜻을 스스로 진술하여 더욱 분한(憤恨)하고 억울한 마음을 이길 수 없어서 사람〔인재〕으로 하여금 기가 막히게 하여 차마 지나치며 볼 수 없는 것이 있게 만드는 점이 있었다.

대개 이 설원기와 서문은 병자년(1456, 세조2) 5월 그믐에 지었는데, 한 달이 되지 않아 사육신의 재앙이 일어났으니, 생애의 마지막 글이다. 설원기에 말하기를 "신이 옛날 폐부(肺腑)의 질병이 지금 골수의 통증으로 남았습니다. 굶주려도 먹을 것을 생각함이 없고, 침대에 기대어도 평소의 잠을 단절시켜 정신이 혼미하여 앞서 알았던 것을 기억할 수 없으니, 어찌 시비의 결과를 살피겠습니까."라고 하였다. 서문에 말하기를 "공실(公室)이 처참하게 무너지니 천산(千山)을 마주 대하는 날이네. 뜻이 나라의 어려움을 구제하는 데 있으니 말 한마디 할 겨를이 없네."라고 하였다. 죽음에 임하여 한 말을 보면 정히 굴원(屈原)의 〈석왕일(惜往日)〉과 〈비회풍(悲回風)〉[35]처럼 정신이 아득하여 다시는 글을 다듬는 데 생각을 극진히 하지 않았다. 후대 사람은 선생의 당시의 마음을 묵묵히 상상한 연후에 글이 담고 있는 의미를 환하게 알 수 있을 것이다. 아, 슬퍼할 만하다.

35 굴원(屈原)의 석왕일(惜往日)과 비회풍(悲回風) : 굴원이 조정에서 쫓겨나 《이소경(離騷經)》〈구장(九章)〉을 지었는데, 〈구장〉 중의 2편이다. 〈구장(九章)〉은 〈석송(惜誦)〉, 〈섭강(涉江)〉, 〈애영(哀郢)〉, 〈추사(抽思)〉, 〈회사(懷沙)〉, 〈사미인(思美人)〉, 〈석왕일(惜往日)〉, 〈귤송(橘頌)〉, 〈비회풍(悲回風)〉이다.

잠 箴

우애잠
友愛箴

영해(寧海)에 형제간에 소송하여 크게 다투는 사람이 있었다. 내가 병중(病中)에 있으면서 이 글을 써서 보여 주니, 그 형제가 척연히 슬퍼하며 마음으로 감동하고 집으로 돌아가 서로 자책하여 드디어 그 소송을 중지시켰다. 이에서 떳떳한 도리를 잡은 천리는 속이기가 어렵다는 것을 비로소 알았다.

형과 아우는	爲兄爲弟
한 몸에서 나누어졌네	分自一體
얼굴 모습이 비슷하고	容貌相類
말하는 태도도 비슷하네	言語相似
아우가 어린아이일 때	弟在孩提
형이 아우를 등에 업었네	兄負其弟
아우가 숟가락질을 하지 못할 때	弟未執匙
형이 아우에게 먹여 주었네	兄哺其弟
밖으로 나가면 함께 다니고	出則同行

집으로 들어오면 함께 거처하네 入則同處
밥을 먹을 때 같은 밥상에 앉고 食則同案
잠을 잘 때 같이 안고 자네 寢則同抱
슬픈 일이 있으면 함께 통곡하고 哀則同哭
즐거운 일이 있으면 함께 웃네 樂則同笑
어른이 되어서는 及其成人
형은 사랑하고 아우는 공경하네 兄愛弟敬
어찌 억지로 하는 일이겠는가 夫豈强爲
양지와 본성이 그러하네 良知素性
그러다가 처자식이 있게 되면 有妻有子
각자 살림을 차려 사네 各自治生
재산이 적음과 많음을 따져 較短量長
사심이 드디어 싹이 트네 私心遂萌
노비들도 참소하고 질투하며 臧獲讒妬
동서들이 서로 반목하네 婦娣反目
원망하고 꾸짖어 원수가 되니 怨詈相讐
길 가는 사람만도 못하네 路人不若
관청에 소송하여 재물을 다투니 訴官爭財
간사함을 드러내고 숨긴 것을 들추어내네 發奸摘伏
동기간이 초나라와 월나라처럼 멀어지고 同氣楚越
천륜이 금수와 같이 되었네 天倫禽犢
세도가 이런 지경에 이르렀으니 世道至此
통곡할 만한 것이네 可堪痛哭
훌륭한 형제는 此令兄弟

그 마음이 너그럽고 여유가 있네	其心綽綽
의리를 숭상하고 재물을 등한시하며	尙義疏財
노여움을 품지 않으며 원망을 묵혀 두지 않네	不藏不宿
형은 우애하고 아우는 순종하여	兄友弟順
늙을수록 더욱 돈독하네	老而益篤
참소하여 꾸미는 말과 행동이	讒搆行言
먹혀들 틈이 없네	無間可入
그다음 수준의 형제는 성냄을 참고	其次忍怒
싸우고 따지는 것을 금하여 누르네	禁抑鬪詰
저가 비록 조그만 허물이 있어도	彼雖小過
마땅히 자신을 스스로 책망하네	我當自責
해치지 않고 탐욕을 부리지 않는다면	不忮不求
어찌 화목하지 않으랴	何用不睦
구 세가 한집에 사는데	同居世九
인 자를 백번 썼네[36]	忍字書百
향리에서 효행으로 일컬어지고	鄕里稱孝
천자가 절의를 포상하네	天子褒節
귀신이 은밀히 도와	鬼神陰騭
자손들이 다복하게 되네	子孫多福

36 구 세가……썼네 : 당(唐)나라 장공예(張公藝)가 9대 수백 명이 한집에 같이 살았다. 고종(高宗)이 그 집에 들러 그 많은 사람이 화목하게 지내는 방법을 묻자 장공예가 종이에 '인(忍)' 자 100여 자를 써서 올렸다. 그 뜻은 존장(尊長)의 의복과 음식이 고르지 않거나 아랫사람의 예절이 갖추어지지 않으면 서로 책망하여 마침내 다투게 되는데, 능히 서로 참는다면 집안이 화목하게 된다는 것이다. 《小學 卷6 善行》

오호라 嗚呼
형의 골격은 兄之骨
아버지의 골격이며 是父之骨
아우의 살갗은 弟之肉
어머니의 살갗이네 是母之肉
하나의 기운이 두루 흘러 틈이 없으니 一氣周流而無間
비록 몸은 둘이나 뿌리는 하나이네 身雖二而本則一
형제가 화순하게 지내면 兄弟和順
부모님께서 기뻐하시고 則父母悅
형제간에 마음이 어긋나면 兄弟違拂
선령께서 근심하시네 則先靈慽
사해도 오히려 한집안이 되거늘 四海尙可爲一家
하물며 형제는 지친의 천속임에랴 况至親之天屬
고인이 말하기를 古人有言曰
"부부는 의상과 같고 夫婦衣裳也
형제는 수족과 같다."라 하니 兄弟手足也
의상이 떨어지면 오히려 바꿀 수 있지만 衣裳破時尙可換
수족이 잘린 때는 어찌 다시 붙일 수 있으랴 手足斷時安可續
저 상체와 각궁[37]의 시가 彼常棣角弓之詩

37 상체(常棣)와 각궁(角弓) : 모두 《시경》의 편명이다. 〈상체〉는 아가위와 할미새 등의 소재를 인용하여 형제간의 우애를 반복해서 강조한 시이다. 〈각궁〉은 부형들이 유왕(幽王)이 구족(九族)과 친하게 지내지 못하고 아첨하는 자들을 좋아하여 골육 사이에 서로 원망하는 것을 민망히 여겨 지은 시이다.

나의 마음을 척척하게 하네	使我心兮戚戚
고인의 격언을 이어서	續古人之格言
단편을 지어 스스로 면려하네	書短篇而自責

명 銘

구지명 무신년(1608, 선조41)
九知銘 戊申

몸을 견지함을 후중하지 않을 수 없음을 아니	知持身不可不重
후중하지 않으면 타인에게 경시당하네	不重則見輕於人
일을 처리함을 자세히 하지 않을 수 없음을 아니	知處事不可不審
자세하지 않으면 일을 처리함이 혼란스럽네	不審則處事昏錯
말을 함에 삼가지 않을 수 없음을 아니	知發言不可不謹
삼가지 않으면 재앙이 즉시 이르네	不謹則禍患立至
추사를 분명하게 하지 않을 수 없음을 아니	知趨舍不可不明
분명하지 않으면 진퇴에 낭패하게 되네	不明則進退狼狽
학식이 넓지 않을 수 없음을 아니	知學識不可不廣
넓지 않으면 응대함에 아무 말 못하네	不廣則應對空空
위의를 계칙하지 않을 수 없음을 아니	知威儀不可不飭
계칙하지 않으면 남에게 조롱을 받네	不飭則爲人侮弄
교제의 도에 신중하지 않을 수 없음을 아니	知交道不可不愼
신중하지 않으면 몸이 불의에 빠지네	不愼則陷身非義
응접함에 정성스럽지 않을 수 없음을 아니	知應接不可不誠

정성스럽지 못하면 타인도 정성스럽지 않다네	不誠則人亦不誠
벼슬아치의 일을 익히지 않을 수 없음을 아니	知吏事不可不習
익히지 않으면 전도착란하여 실수하네	不習則顚倒失措
아홉 개의 아는 것 중에	九知之中
마음을 다잡고 우환을 염려하는 공부가 있네	有操心慮患工夫
모든 것이 학문이 아닌 것이 없으니	無非學也
명을 지어 스스로 살피네	銘以自省焉

전 箋

동지전문
冬至箋文

명협(蓂莢)에 세 잎이 나니[38] 정치가 이미 옥형(玉衡)에 고르게 되었습니다.[39] 하늘이 하나의 양(陽)을 회복하여[40] 기운이 처음으로 금관(金管)에서 바뀝니다.[41] 꿈틀대는 생명들은 성은에 젖어

38 명협(蓂莢)에……나니 : 명협은 요(堯)임금 때 조정의 뜰에 났다는 서초(瑞草)를 가리킨다. 초하루부터 매일 한 잎씩 나서 자라다가 보름이 지난 16일부터는 매일 한 잎씩 져서 그믐에는 다 떨어지기 때문에 이것으로 날을 계산하여 달력을 삼았다는 고사가 전한다. 세 잎이 났다는 것은 인조가 재위한 지 삼년이 되었다는 말이다.

39 정치가……되었습니다 : 옥형(玉衡)은 선기옥형(璇璣玉衡)으로 혼천의(渾天儀)를 말한다. 《서경》 〈순전(舜典)〉에 "선기와 옥형으로 살펴 칠정을 고르게 하셨다.〔在璇璣玉衡, 以齊七政.〕"라고 하였는데, 그 주에서 "칠정은 일월(日月)과 오성(五星)이니, 일곱 가지가 하늘에 운행함에 느린 것도 있고 빠른 것도 있으며 순한 것도 있고 거스르는 것도 있어 마치 군주에게 정사가 있는 것과 같다."라고 하였다.

40 하늘이……회복하여 : 《주역》의 지뢰(地雷) 〈복괘(復卦)〉는 첫째 효가 양이고 나머지 5효는 모두 음으로 되어 있으니, 이제 양이 막 들어오는 시기로 바로 동지에 해당한다.

41 기운이……바뀝니다 : 동지(冬至)가 돌아왔다는 말이다. 갈대 줄기 속의 얇은 막을 태워 재를 만든 뒤, 이를 율관(律管) 속에 넣어 기후를 점치는데, 양기(陽氣)가 처음 생기는 동지의 절후가 되면 황종관(黃鍾管)의 재가 풀썩 날아간다고 한다. 《後漢書 律曆志上》 금관(金管)은 황종관이다.

기뻐하고 봄이 오는 경사에 구망(句芒)[42]이 흡족해합니다. 공손히 생각건대 주상 전하께서는 주(周)나라가 새로워졌듯이 우(禹)임금의 옛 정사를 이었습니다.[43] 벼리를 펼쳐 그물이 활짝 열리니 만물은 형구(亨衢)[44]를 보게 되었고, 비와 바람의 날씨가 순조로우니 사계절이 풍년을 이룹니다. 바야흐로 맑은 덕을 칭송할 때 뒤처질까 염려하니 누가 앞다투어 축하하며 이르지 않겠습니까. 삼가 생각건대 신은 강원도 관찰사가 되어〔1626년, 인조4〕 다만 여기에서 임금님에게 공수만 하고 있습니다. 비록 부추(鳧趨)[45]하여 호배(虎拜)[46]하고 호숭(呼崇)[47]하는 일은 막혀 버렸지만, 마음은 해를 향하는 해바라기와 바다로 달리는 냇물처럼 성군을 향하여 축원하는 데 정성이 더욱 돈독합니다.

42 구망(句芒) : 목정(木正), 즉 목(木)을 담당하는 귀신을 말한다. 목(木)은 계절로는 봄에 해당한다. 그래서 《예기》 〈월령(月令)〉에 "봄을 주관하는 천제는 태호이고, 그 귀신은 구망이다.〔其帝太皥, 其神句芒.〕"라고 하였다.

43 주(周)나라가……이었습니다 : 인조가 반정하였다는 말이다.

44 형구(亨衢) : 큰길을 말한다. 《주역》 〈대축괘(大畜卦)〉의 "하늘의 길은 형통하다.〔天之衢亨〕"에서 나온 말로, 하늘의 길은 드넓게 통하여 막힘이 없다는 뜻이다.

45 부추(鳧趨) : 오리처럼 걸어 나가는 것으로 곧 신하가 임금 앞에 몸을 굽히고 조심스럽게 걸어 나가는 것을 형용한 말이다.

46 호배(虎拜) : 신하가 임금에게 조배(朝拜)하는 것이다. 《시경》 〈강한(江漢)〉에 '호배계수(虎拜稽首)'라는 구절이 보이는데, 이 시는 회이(淮夷)의 난을 평정한 소목공 호(召穆公虎)가 주 선왕(周宣王)으로부터 산천토전(山川土田)의 봉작을 받으면서 절하며 사례하는 것을 찬양한 것이다.

47 호숭(呼崇) : 한(漢)나라 무제(武帝)가 숭산(崇山)에 올라가 제사를 지낼 때 곳곳에서 만세 소리가 들렸다는 고사(故事)에서 나온 말로서, 백성들이 임금을 찬양하여 만세를 부르며 즐거워하는 것을 말한다.

동지하전

冬至賀箋

삼가 생각건대 세월이 흘러 해가 북륙(北陸)에 있으니[48] 바야흐로 하나의 원기가 비로소 생겨남을 보겠으며, 기운이 동방에 회복되니 드디어 만복이 다투어 이를 것입니다. 신하들이 모두 서로 기뻐하고 조정과 재야에서 모두 즐거워합니다. 공손히 생각건대, 주상 전하께서는 무왕의 공렬과 문왕의 법도이며[49] 요임금의 인자함과 순임금의 명철함입니다. 하늘의 도를 받들고 따라 만물을 기르는 은혜를 널리 베풀고, 농사철을 신중히 알리어[50] 백성에게 인자하게 대하는 정치를 널리 펼쳤습니다. 강(剛)이 돌아오는 날[51]에

48 세월이……있으니 : 《춘추좌씨전》 소공(昭公) 4년 조에 "해가 북륙(北陸)에 있으면 얼음을 떠서 보관한다."라는 내용이 나온다. 그 주에, 해가 북륙에 있을 때는 하력(夏曆)으로 12월이 되는데, 이때는 추위가 극도에 달하여 얼음이 두껍게 얼기 때문에 취하여 보관한다고 하였다. 북륙은 28수의 하나인 허수(虛宿)로 위치는 북방에 있다.

49 무왕의……법도이며 : 원문 '무열문모(武烈文謨)'는 무왕(武王)의 공렬과 문왕(文王)의 법도라는 뜻으로, 《서경》 〈군아(君牙)〉의 "크게 나타났다 문왕의 법도여! 크게 계승하였다 무왕의 공렬이여!〔丕顯哉, 文王謨, 丕承哉, 武王烈.〕"라고 한 데서 나온 말이다.

50 농사철을 신중히 알리어 : 원문 '경수인시(敬授人時)'의 뜻이다. 《서경》 〈요전(堯典)〉에 "이에 희씨와 화씨에게 명하여, 하늘을 공경히 따라서 일과 월과 성과 신을 역서(曆書)로 만들고 관상(觀象)하게 하여, 농인(農人)들에게 농사철의 시기를 신중하게 알려 주도록 하였다.〔乃命羲和, 欽若昊天, 曆象日月星辰, 敬授人時.〕"라는 말이 나온다.

제가 감히 손뼉을 치며 하례하는 축사를 빠뜨리겠습니까. 삼가 생각건대 신은 정치는 감당(甘棠)[52]에 부끄러우나 마음은 꿋꿋한 절조로 견고합니다. 오색의 봉래궁(蓬萊宮)[53]에서 비록 옥순(玉筍)의 반열[54]에 참석하지 못하나 숭산에서 만세 삼창하며 임금의 만수무강을 축원함이 배로 간절합니다.

51 강(剛)이 돌아오는 날 : 동지(冬至)가 되었음을 가리킨다. 《주역》 〈복괘(復卦) 단(彖)〉에 "복(復)이 형통함은 강이 돌아오기 때문이다.〔復亨, 剛反.〕"라는 말에서 나온 것이다.

52 감당(甘棠) : 《시경(詩經)》 소남(召南)의 편명(篇名)으로 지방에 선정을 베푼 것을 말한다. 주 무왕(周武王) 때 소공(召公)이 서백(西伯)으로 선정(善政)을 베풀었으므로, 백성들이 그를 추모한 나머지 그가 잠시 그늘 아래 쉬었던 감당나무를 기념하여 잘 가꾸며 보존하는 한편, 이를 노래로 지어 불렀다는 고사가 있다.

53 오색의 봉래궁(蓬萊宮) : 봉래궁은 당(唐)나라 대명궁(大明宮)인데, 여기서는 우리나라 궁궐에 비유하여 쓴 것이다. 봉래궁은 천자(天子)의 정궁(正宮)으로 그 뒤에는 항상 오색의 서운(瑞雲)이 떠 있다고 한다.

54 옥순(玉筍)의 반열 : 뛰어난 인재들이 즐비한 조정의 반열이라는 말이다. 원래는 이종민(李宗閔)이 지공거(知貢擧)로 있을 때 그의 문하에 청수하고 준걸스러운 인물들이 많이 배출되어 당시 사람들이 그들을 일러 옥순반이라 하였다고 한다. 《因話錄》

축문 祝文

타향에 우거하며 선고비에게 제사를 올리는 축문
流寓中祭先考妣祝文

만력(萬曆) 20년(1592, 선조25) 임진년 12월 정해(丁亥) 삭(朔) 25일 신해(辛亥)일에 효자 현(晛)은 현고처사부군(顯考處士府君), 현비유인정씨(顯妣孺人鄭氏), 현비유인기씨(顯妣孺人奇氏), 현비유인이씨(顯妣孺人李氏) 신위(神位)에 감히 밝게 고합니다. 하늘이 재앙을 내려 왜적들이 승승장구하며 쳐들어오니 나라 전체가 함락되고 임금께서는 몽진하셨습니다. 아들 현(晛)은 4월 20일에 식구들을 데리고 산에 들어갔습니다. 왜적이 4월 23일에 해평(海平)을 불살랐기에 선조의 유택(遺宅)이 잿더미로 변해 버렸습니다. 고비의 신주를 숲속에서 껴안고 있음에 왜적의 칼날이 몸에 들이닥쳐 끝내 생명을 보존할 수 없을 것 같아 신주를 갈무리하여 보존하는 것을 삼가지 못하였으니 죽어도 남을 죄가 있습니다. 여동생은 대오에서 이탈하여 죽었고 아내는 왜적의 손에 죽었으니, 지하에 계시는 선령께서는 눈을 감지 못하리라 생각됩니다. 불효한 이 몸은 스스로 목숨을 끊는 일이 어려운 일이 아니었으나 선인께서 남겨 주신 몸을 감히 쉽게 버릴 수가 없어서 동서로 분주히 달아나며 구차하게 죽지 않은 목숨을 보존하였습니다. 이렇게 살 수 있었던 것은 또한 선령께서 묵묵히 저를 도와주었다는 것을 알았습니다. 난리를 당한 1년 동안 제사를 올리지 못하였습니다. 세월이 흘러 해가 바뀌려고 하지만 성묘를 하지 못하고 고향을 되돌아보며 가슴을 치고 통곡합니다. 지금 의성(義城) 신형(申兄)[55]의 집에 우거하여 삼가 지방을 설치하고 공경히 맑은 술을 올립니다. 자손의 정성이 있으면 조상의 신령이 존재하여 어디를 간들 통하지 않음이 없을 것입니다. 삼가 원하건대 선령께서는 강림하여 흠향하시기를 바랍니다.

만력(萬曆) 21년(1593, 선조26) 계사년 3월 병진 삭(朔) 3일 무오일에 운운합니다. 아들 현(晛)은 1월 21일에 영해(寧海)에 있는 재령 이씨(載寧李氏)에게 장가를 들어 조금이나마 여생을 의탁하게 되었습니다. 선인께서 남겨 주신 몸은 오직 일신밖에 없으니, 한 걸음을 걸을 때도 잊지 않고 소반의 물을 받들 듯이 하오니, 선령께서 명명한 저승에서 묵묵히 도와주실 것으로 생각합니다. 지난해 4월에 난리를 만나 집을 버린 지 세월이 이미 한 바퀴 돌아 절서(節序)가 일 년이 되었음을 알겠으나 왜적의 재앙은 아직도 악독합니다. 유민(遺民)은 고향으로 돌아가지 못하여 성묘

55 의성(義城) 신형(申兄) : 인재의 이종사촌 형 신흘(申仡, 1550~1614)을 말한다. 본관은 아주(鵝州), 자는 구지(懼之), 호는 성은(城隱)이다. 임진왜란에 의병을 일으켰고 정인홍(鄭仁弘)이 국정을 농단하는 죄를 탄핵하였다. 저서로 《성은유고》가 있다.

를 할 수가 없으니 누가 제사를 올리겠습니까. 멀리 고향 산을 바라보며 가슴을 치며 비통해합니다. 삼가 술과 때에 나는 음식을 갖추어 경건히 올립니다. 묘소가 비록 보이지 않지만 혼기(魂氣)는 유통(流通)하여 자손의 성의가 있으면 조상의 신이 존재할 것이니, 밝게 강림하여 주시기를 바랍니다.

만력(萬曆) 계사년(1593, 선조26) 12월 30일에 운운합니다. 난리를 만난 지 2년이 되었지만 옛집으로 돌아가지 못하고 있습니다. 선조께서 남긴 은덕을 받아 구차하게 목숨을 보전하고 있습니다만 묘소가 멀리 떨어져 있고 제사를 올리지 못한 채 해가 장차 바뀌려고 하니 애통하고 사모하는 마음을 이길 수가 없습니다. 삼가 맑은 술과 포과(脯果)로 멀리서 제사를 올립니다.

만력(萬曆) 22년(1594, 선조27) 갑오년 2월 7일에 운운합니다. 부모께서 남겨 준 몸을 다행히 보존하여 고향으로 돌아올 수 있었습니다. 전쟁이 난 지 3년이 되었지만 묘소는 아무 탈이 없었습니다. 살아서는 고복(顧復)[56]의 은혜가 있었고 돌아가셔서는 유명의 도움이 있었으니, 끼친 은택으로 보호하심이 하늘처럼 끝이

56 고복(顧復) : 고아복아(顧我復我) 즉 '나를 돌아보고 나를 다시 살폈다'는 뜻으로, 자신을 보살펴 준 어버이의 은혜를 말한다. 《시경》 〈육아(蓼莪)〉에 "아버지는 나를 낳으시고, 어머니는 나를 기르셨다. 나를 다독이시고 나를 기르시며, 나를 자라게 하고 나를 키우시며, 나를 돌아보시고 나를 다시 살피시며, 출입할 땐 나를 배에 안으셨다. 이 은혜를 갚으려면 하늘처럼 한량이 없도다.〔父兮生我, 母兮鞠我. 拊我畜我, 長我育我. 顧我復我, 出入腹我. 欲報之德, 昊天罔極.〕"라는 말이 나온다.

없습니다. 청명의 절기에 이름에 때에 맞추어 우로가 내립니다. 묘소를 바라보며 소제하니 두려운 마음을 이길 수가 없습니다. 삼가 때에 나는 나물과 향기 나는 술로 세사를 올립니다.

선비 이씨 천장 축문

先妣李氏遷葬祝文

만력(萬曆) 25년(1597, 선조30) 정유년 11월 무자 삭(朔) 28일 을묘일에 효자 현(晛)은 현비유인이씨(顯妣孺人李氏)에게 감히 밝게 고합니다. 삼가 생각건대 자친께서는 이 땅에 유체를 맡기신 것이 24년 남짓 됩니다. 토지가 마땅하지 않아 영백(靈魄)이 편안할 수가 없으니 제가 길이 마음에 느낌이 있어 밤낮으로 걱정하고 두려워하였습니다. 이에 길일양신(吉日良辰)에 묘소를 길지인 상림(上林)으로 개장하니 또한 선군의 묘소와 가깝습니다. 신궁(神宮)을 옮김에 마음이 슬프고 아픕니다. 삼가 자령(慈靈)께서는 놀라지 마시며 두려워하지 마시고, 옛 묘소를 버리고 새로운 곳에 가서 그곳에서 길이 편안하게 지내십시오.

제문 祭文

단산서원[57] 목은 이 선생 봉안문
丹山書院牧隱李先生奉安文

문장은 8대의 쇠퇴함을 일으켰고	文起八代
도는 삼한을 구제하였네[58]	道濟三韓
일세의 대유로	一世大儒
천하의 종단이 되었네	天下宗壇
말세에 태어나	生丁叔季
활동이 고려의 좁은 땅에 한정되었네	跡阻彈丸
풍속이 비루하며 경박해지고	俗陋風澆

57 단산서원(丹山書院) : 경북 영덕군 창수면 인량리에 있었던 서원이다. 1608년(선조41) 도내 유림의 공의로 우탁(禹倬)의 학문과 덕행을 추모하기 위해 창건하여 위패를 모셨다. 1631년(인조9) 이색(李穡)을 모셨으며, 1667년(현종8) 봉황산(鳳凰山) 근처의 가사리〔현재의 경상북도 포항시 북구 죽장면 가사리〕로 이건함과 동시에 이곡(李穀)을 추가 배향하였다. 선현 배향과 지방 교육의 일익을 담당하여 오던 중 흥선대원군의 서원철폐령으로 1868년(고종5)에 훼철된 뒤 복원되지 못하였다.

58 문장은……구제하였네 : 소동파(蘇東坡)가 지은 〈조주한문공묘비(潮州韓文公廟碑)〉에 한유(韓愈)를 두고 "문장은 8대의 쇠퇴함을 일으켰고, 도는 천하 사람들이 이단에 빠짐을 구제했네.〔文起八代之衰, 而道濟天下之溺.〕"라고 찬미하였다.

예법이 무너지고 쇠잔해졌네	禮壞經殘
퇴폐한 물결을 떨쳐 일으키고	奮起頹波
미친 물결을 홀로 막았네	獨障狂瀾
명성은 원나라 조정에서 날렸고	名達帝庭
뛰어난 발걸음은 바람을 받은 붕새였네	踔步風搏
기미를 보고 고려로 돌아왔으니	見幾東歸
뜻이 국난을 부지하는 데 있었네	志在扶艱
세상의 운수가 한 번 변함에	世運一變
유교의 도가 어렵게 되었네	吾道間關
비록 나라를 상실했으나	邦雖淪喪
정옥은 닳지 않았네[59]	貞玉不刓
국화를 좋아한 도정절처럼	黃花靖節
익숙한 얼굴을 상대하였네[60]	相對舊顔
포의로 자리가 없으니[61]	布衣無座
천승의 임금이 어찌 범하랴	千乘何干
여강에 한 번 노를 저어	一棹驪江

59 나라를……않았네 : 고려가 멸망하고 조선이 들어섰으나 고려 왕조를 위한 충절은 변하지 않았다는 말이다.

60 국화를……상대하였네 : 국화를 좋아한 도연명(陶淵明)이 진(晉)나라가 망하고 송(宋)나라가 건국되자 두 왕조를 섬기지 않고 은거하였다. 그와 마찬가지로 목은도 조선을 섬기지 않고 고려에 충성하는 신하로 자기와 익숙한 사람을 상대하였다는 말이다.

61 포의로 자리가 없으니 : 태조 이성계가 즉위하여 목은을 불러 대궐에 이르게 하니, 목은이 포의(布衣) 차림으로 와서 한곳에 앉으면서 말하기를, "노부(老夫)의 자리가 없습니다."라고 하였다.

가서는 돌아오지 않았네[62] 有去無還

불타는 향기로운 공렬이고 炎焚馥烈

아름다운 지초와 난초였네 猗彼芝蘭

충의가 골수에 사무쳤고 忠義骨髓

도리가 마음속에 있었네 道理心肝

저들은 유독 어떤 사람이길래 彼獨何人

입으로 털을 불어 흉터를 찾는가[63] 吹毛索瘢

옷을 남긴 퇴지로 留衣退之

세상을 피해 청한한 삶을 산다[64]고 하네 逃世清寒

그의 취향을 끝까지 궁구해 보지 않고 不究其趣

도리어 비방하며 나무랐네 反加譏訕

사관은 왜곡되게 쓰고 太史撓筆

후학은 편견으로 보았네 後學偏觀

백세 뒤에 정론이 정해져 百世乃定

구름 사이에 북두성이 되었네 星斗雲間

62 여강에……않았네 : 목은이 이성계가 끊임없이 벼슬에 나올 것을 종용받았으나 나아가지 않다가 1396년 여강으로 가던 도중에 죽었다.

63 입으로……찾는가 : 조선의 건국자들이 목은의 결점을 샅샅이 훑어 찾아내어 지극히 교묘하게 해치는 짓을 했다는 말이다.

64 옷을……산다 : 퇴지(退之)는 당(唐)나라 한유(韓愈)의 자이니 유교를 표방하는 한유가 불교에 물들었다는 말이다. 그가 조주 자사(潮州刺史)로 있을 적에 친하게 지냈던 노승 태전(太顚)과 작별하면서 자신의 의복을 남겨 주었다〔留衣服爲別〕는 이야기가 그의 〈여맹간상서서(與孟簡尙書書)〉에 실려 있다. 여기서는 목은을 비판하는 사람들이 목은이 유교를 버리고 세상을 도피하며 청한한 삶을 사는 불교를 옹호하였다고 주장하는 것이다.

분유[65]는 공의 고향으로	枌榆我鄕
붉은 신을 신고[66] 배회하였네	赤舃盤桓
관어대[67]는 오래되었지만	觀魚臺古
공이 친히 올라 임한 듯하네	若親躋攀
남기신 풍화가 떨쳐 일어나니	遺風所振
우리들의 몽매함을 격발시키네	激我蒙頑
여기 단산서원에 제향되니	於焉廟食
편안히 지낼 수 있으리라	庶幾妥安
우러러 사모함이 충정에 말미암으니	景仰由衷
어찌 한산과 차이가 있겠는가	何間韓山
찰기장과 술을 가득 담아 올리고	崇我秬醸
서원의 단에서 향 사르네	爇我名檀
공은 우리를 버리지 말고	公無我違
우리들의 정성스러운 마음에 강림하소서	格我忱丹

65 분유(枌榆) : 고향을 가리키는 말로 옛날 한 고조(漢高祖)가 고향 땅인 풍(豐)에서 느릅나무 두 그루를 심어 토지의 신(神)으로 삼은 데서 온 말이다. 여기서는 영해가 목은의 외가이므로 그렇게 말한 것이다.

66 붉은 신을 신고 : 원문 '적석(赤舃)'은 원래는 임금이나 제후가 정복을 입을 때 신는 붉은 신을 말하지만, 후대에는 고관들을 가리키는 말로 쓰였다. 《시경》 〈낭발(狼跋)〉에, "공이 큰 미덕을 사양하시니, 붉은 신이 편안하도다.〔公孫碩膚, 赤舃几几.〕"라고 한 데서 온 말인데, 이 시는 곧 주공(周公)이 유언비어의 대변(大變)을 만나서도 자약하여 상도를 잃지 않은 것을 찬미하여 노래한 것이다.

67 관어대(觀魚臺) : 경북 영덕군 영해면 상대산(上臺山)에 있는 것으로 동해안의 명승지이다. 목은(牧隱)이 지은 〈관어대부(觀魚臺賦)〉가 있다.

월암서원[68] 세 선생 봉안문

月巖書院三先生奉安文

혹자는 떠나고 혹자는 죽고	或去或死
혹자는 그 몸을 숨겼네	或晦其躬
비록 행동은 같지 않으나	行雖不同
인을 실천함에는 동일하네	爲仁則同
천년이 되도록 세 인자한 분이여[69]	千載三仁
길이 높은 풍도를 돕네	永媲高風
낙동강의 맑은 물이며	洛水淸渙
봉산이 우뚝 솟았네	鳳山穹窿
뽕나무와 가래나무가 아직 있으니	桑梓尙遺
영혼이 그리워하며 왕래하리	魂庶憧憧
서원을 세워 영혼을 편안하게 하니	立廟妥靈
감히 흠모하며 숭앙하지 않으랴	敢不欽崇

68 월암서원(月巖書院) : 경북 구미시 도개면 월림1리에 있다. 1630년(인조8)에 창건되었으며, 사육신의 한 사람인 하위지(河緯地), 생육신의 한 사람인 이맹전(李孟專), 고려 말기 문신 김주(金澍), 명종 때의 학자 박운(朴雲) 등의 위패를 모셨다. 1694년(숙종20)에 사액서원이 되었으며, 1868년(고종5)에 홍선대원군의 서원철폐령으로 없어져 월암정만 남아 있다. 2010년 10월 28일 월암서원으로 복원되었다.

69 혹자는……분이여 : 떠난 사람은 김주이고, 죽은 사람은 하위지이고, 몸을 숨긴 사람은 이맹전이다. 《논어》 〈미자(微子)〉에 "미자는 떠나가고, 기자는 종이 되고, 비간은 간하다가 죽었는데, 공자가 '은나라에 세 사람의 인자가 있었다.'라고 하였다.〔微子去之, 箕子爲之奴, 比干諫而死. 孔子曰 殷有三仁焉.〕"라는 말이 나온다.

-세 인자한 분〔三仁〕은 곧 김농암(金籠巖),[70] 하단계(河丹溪),[71] 이경은(李耕隱)[72] 세 분의 선생이다.-

70 김농암(金籠巖) : 김주(金澍, ?~?)를 말한다. 본관은 일선(一善), 호는 농암(籠巖), 시호는 충정(忠貞)이다. 고려 공양왕 때 예의 판서(禮儀判書)를 지냈다. 명나라에 하절사(賀節使)로 임무를 마치고 귀국 중 압록강에 이르러 조선의 건국 소식을 듣고 발길을 돌려 중국 형초(荊楚)에 은거하여 충절을 지키고 여생을 마쳤다.

71 하단계(河丹溪) : 하위지(河緯地, 1412~1456)이다. 본관은 진주(晉州), 자는 천장(天章) 또는 중장(仲章), 호는 단계, 시호는 충렬(忠烈)이다. 1435년(세종17) 생원을 거쳐 1438년 문과에 장원 급제하였다. 1456년 성삼문(成三問) 등과 단종 복위(復位)를 꾀하다가 실패, 체포되어 친국(親鞫) 끝에 동료들과 함께 사형당한 사육신 중 한 사람이다.

72 이경은(李耕隱) : 이맹전(李孟專, 1392~1480)이다. 본관은 벽진(碧珍), 자는 백순(伯純), 호는 경은, 시호는 정간(靖簡)이다. 1419년 생원시에 합격하고, 1427년 문과에 급제하였다. 1453년(단종1) 수양대군이 김종서 등을 죽이자 벼슬을 버리고 고향으로 돌아와 귀머거리・소경이라 핑계하고 은둔하여 친한 친구마저 사절하고 30년이나 문밖을 나가지 않았다.

백암산의 기우 제문 평해 군수 윤열[73]을 대신하여 짓다
白巖山祈雨祭文 代平海倅尹悅作

우뚝 솟은 백암산이 바다 경계에 진산이 되어 嵒嵒惟嶽兮鎭于海封
푸른 바닷물을 뜨고 뭇 봉우리들에 조회 받네 挹滄溟兮朝群峯
열렸다 합치며 변화함이 무궁하니 翕霍變化兮其無窮
신룡[74]을 몰아 비바람을 내리게 하네 驅神龍兮雨以風
신이하고 이미 영험한 질종[75]이 神旣靈兮秩宗
수고스럽게 기도하며 엄숙하고 공손하였네 煩禱祀兮肅恭
아! 오늘은 신이 어찌 총명하지 못하여 嗟今日兮神胡不聰
때 맞는 비를 아껴 우리 농민을 해칩니까 靳時雨兮傷我農
부지런히 파종하여 봄 농사가 끝났고 勤播植兮春事終
보리 이삭 늘어져서 붉게 익으려 하네 麥漸漸兮芒欲紅
불볕더위 지극하여 가뭄이 흉악으로 변하니 亢陽極兮魃爲兇
아! 염제 신농씨께서 우리를 애통해하지 않네 唉炎帝兮不我恫

73 윤열(尹悅) : 본관은 파평(坡平)으로 1597년에 평해 군수를 지냈다.

74 신룡(神龍) : 물에 사는 비의 신이다. 한(漢)나라 가의(賈誼)의 〈조굴원부(弔屈原賦)〉에 "깊은 못의 신룡이여, 깊이 숨어서 스스로 보전하도다.〔襲九淵之神龍兮, 沕淵潛以自珍.〕"라는 말이 나온다.

75 질종(秩宗) : 백신(百神)을 차례로 제사함을 주관하는 관직이다. 《서경》 〈순전(舜典)〉의 "백이(伯夷)여, 그대를 삼례(三禮)를 관장하는 질종(秩宗)에 임명하노니, 이른 새벽부터 밤까지 오직 공경하는 자세로 곧고 맑게 처리하라." 하였다. 삼례는 천신(天神)에게 제사하고 인귀(人鬼)에 제향하고 지기(地祇)에 제사하는 예이다.

저지대에도 습기가 없고 고지대에는 이미 말라　下無濕兮高已烘
비 오려나 하였더니 태양만 하늘에 떴네[76]　其雨其雨兮火輪凝空
기성이 혀를 내밀어 동쪽에서 바람이 부니[77]　箕張舌兮風自東
용이 승천하려고 하나 구름이 따르지 않네[78]　龍欲升兮雲不從
쟁기는 갈 데가 없고 호미는 소용이 없으며　犁無施兮鋤不庸
산천이 휑하니 처참하여 형편없는 모습이네　山川濯濯兮慘無容
애달픈 우리 백성들이 난리가 지극함에　哀我人兮喪亂弘
병란에 짓밟혀 푸른 하늘에 부르짖네　糜干戈兮籲蒼穹
신의 은혜로 자주 풍년 들기를 바랐더니　庶幾神惠兮屢豐
어찌 차마 이런 더운 기운이 성대한가　胡寧忍此太蘊融
고을의 군수는 은택이 백성에게 미치지 못하여　守此土兮澤靡下蒙
노심초사하나 정성이 하늘에 통하지 못하네　心憂勞兮誠未上通
직분에 허물이 있어 죄가 나의 몸에 있거늘　職旣愆兮罪在我躬
어찌 무고한 백성을 이런 혹독한 흉년에 거듭 걸리게 하는가
何無辜兮重罹此鞠凶

76 비……떴네 : 《시경》 〈백혜(伯兮)〉에 "비 오려나 비 오려나 하였더니, 쨍쨍 해만 뜨는구나.〔其雨其雨, 杲杲出日.〕"라는 말이 나온다.

77 기성이……부니 : 《서경》 〈홍범(洪範)〉에 "별에는 바람을 좋아하는 것이 있고, 비를 좋아하는 것이 있다. 해와 달의 운행에도 겨울이 있고 여름이 있다. 달이 별을 따르는 것을 보고서 비와 바람을 알 수 있다.〔星有好風, 星有好雨. 日月之行, 則有冬有夏. 月之從星, 則以風雨.〕"라는 말이 있는데, 채침(蔡沈)의 주에 "달이 동북쪽으로 가서 기성(箕星)에 들어가면 바람이 많이 불고, 달이 서남쪽으로 가서 필성(畢星)에 들어가면 비가 많이 온다.〔月行東北, 入于箕則多風, 月行西南, 入于畢則多雨.〕"라고 하였다.

78 용이……않네 : 《주역》 〈건괘(乾卦) 문언(文言)〉의 "구름은 용을 따르고 바람은 범을 좇는다.〔雲從龍, 風從虎.〕"라고 하였다.

나의 마음을 재계하고 충실한 희생물도 갖추어 齋余心兮牲亦充
공경히 제사 드리려 신령한 사당에 오르네 穆將祀兮登靈宮
신이 밝은 나의 소원을 들어주시어 神之聽兮昭余衷
큰 기운을 불어 먹구름 그늘을 만드소서 嘘大氣兮陰雲濃
비렴[79]을 죽이고 잠겨 있는 용을 채찍질하여 戮蜚廉兮鞭潛龍
강의 물결 뒤집어 이 땅에 물 대어 주소서 翻江波兮注域中
말라 가는 붕어를 적셔 주고 지친 백성 소생시켜 澤涸鮒兮蘇疲癃
바람 이슬로 윤택하게 하여 곡식이 풍성하소서 風露流津兮禾黍芃芃
노래하고 춤추며 화기가 무르녹으니 謳歌蹈舞兮和氣瀜瀜
아! 신의 은택을 누구와 함께할까 嗟神之賜兮誰與同
감히 지금부터 너의 신공을 칭송하지 않으랴 敢不自今兮頌爾神功
공경히 제사 드림을 화산 숭산의 숭상과 나란히 하네
欽祀事兮齊華嵩

79 비렴(蜚廉) : 전설 속에 나오는, 바람을 일으킨다고 하는 신수(神獸)의 이름이다. 또는 풍신(風神)을 가리키기도 한다.

깃발에 대한 제문 도원수 장만[80]을 대신하여 짓다

祭旗文 代都元帥張晩作

태백기[81]를 상징하여 밝게 게양하니	象太白以昭揭
채색 구름을 따라 높이 휘날리네	倣彩雲以高麾
삼군의 이목이요	三軍耳目
일진의 용의라	一陣容儀
모관 모는	某官某
백수의 나이에 부절을 받드니	白首奉節
평소 마음이 순국에 있었네	素心殉國
새 성군의 밝은 명을 이어받아	承新聖之明命

80 장만(張晩) : 1566~1629. 본관은 인동(仁同), 자는 호고(好古), 호는 낙서(洛西)이다. 1589년(선조22) 생원·진사에 모두 합격하고 1591년 문과에 급제하였다. 1623년 반정으로 인조가 등극하자 도원수에 임명되어 원수부를 평양에 두고 후금의 침입에 대비하였다. 이듬해 이괄(李适)이 반란을 일으키자 각지의 관군과 의병을 모집해 이를 진압하였다. 이 전공으로 진무공신(振武功臣) 1등에 책록되고 보국숭록대부(輔國崇祿大夫)에 올라 옥성부원군(玉城府院君)에 봉해졌다. 저서로는 《낙서집》이 있다. 시호는 충정(忠定)이다.

81 태백기(太白旗) : 《해동역사》 권20 〈예지(禮志) 의물(儀物)〉에 태백기에 대하여 다음과 같이 정의하였다. 만듦새는 깃발과 수술이 모두 희니, 금수수(金水數)를 상징한다. 가운데에는 사람 하나를 그렸는데, 금관을 쓰고 옥규(玉圭)를 들었으며, 누런 옷에 초록 겉옷을 걸쳤는데, 이는 태백신(太白神)을 상징한다. 한 마리의 거북을 탔는데, 거북은 뱀의 머리를 하고 있어서 거북과 뱀이 합쳐진 모양을 취하였다. 대개 금(金)은 수(水)의 모체가 되고 수는 능히 금을 생(生)하는 것이다. 위(位)는 백호(白虎)와 진무(眞武)의 두 신에 응한다.

정벌의 위임을 받았네	荷專征之委督
잠시 황강〔黃州〕에 머물고	暫駐黃岡
마음을 압록강으로 달렸네	馳心鴨綠
이에서 무예를 익히고	于以講武
또한 기독[82]을 사열하였네	亦閱旗纛
퇴색한 옛 깃발을 바꾸니	革舊物之漫漶
선명하게 새로운 채색 빛나네	煥新彩之鮮明
당당한 용호가 변화무쌍하고	堂堂龍虎之變幻
정정한 풍운이 종횡무진하네	整整風雲之縱橫
좌로 우로 가라 지휘할 수 있고	可以指揮左右
앉으라 서라 호령할 수 있네	可以號令坐作
삼천이 한마음으로 된 대중에게 맹세하고[83]	矢三千一心之衆
천하가 함께 원수로 여기는 적을 소탕하네	掃天下同仇之賊
태공이 기정[84]을 몰래 운용하였고	太公默運其奇正
치우가 몰래 용력을 바쳤네[85]	蚩尤陰效其勇力

82 기독(旗纛) : 새의 깃털로 장식한 큰 깃발로 군기(軍旗)를 말한다.

83 삼천이……맹세하고 : 《서경》 〈태서 상(泰誓上)〉에 무왕(武王)이 말하기를 "수(受 : 紂임금의 이름)에게는 억만 명의 신하가 있지만 이들은 억만 개의 마음을 가지고 있으며, 나에게는 3,000명의 신하가 있지만, 이들은 한마음을 가지고 있다.〔受有臣億萬, 惟億萬心, 予有臣三千, 惟一心.〕"라고 하였다.

84 태공이 기정(奇正) : 태공은 강태공(姜太公)으로 병서(兵書)를 익숙히 익혔다. 기정은 병법(兵法)의 용어로서, 정면으로 접전을 벌이는 것을 '정(正)'이라 하고 매복(埋伏)이나 기습(奇襲) 등의 방법을 쓰는 것을 '기(奇)'라고 한다.

85 치우가……바쳤네 : 옛날 황제(黃帝)가 치우와 탁록(涿鹿)의 벌판에서 대전(大戰)을 벌일 때, 치우가 풍백(風伯)과 우사(雨師)를 동원하여 크게 풍우(風雨)를 일

가한[86]의 머리를 높이 매달고　高懸可汗之頭
명광궁[87]에 승전의 첩보 알리네　奏捷明光之闕
명분이 바른 군대는 사기가 왕성하니[88]　師直則氣壯
어찌 군사와 병마의 다소에 달렸겠는가　豈在士馬之衆寡
의리가 욕심을 이기는[89] 자는 도모가 확립되니　義勝者謀立
어찌 병력의 강약을 논하겠는가　何論兵力之强弱
신이 말없이 보살펴 주나니　神其陰騭
순리를 돕고 역리를 꺾네　助順摧逆
맑게 목욕하고 마음을 재계하노니　淸浴齊心
밝게 강림하기를 바라네　庶冀昭格

으키자, 황제가 발(魃)이라는 천녀(天女)를 불러 풍우를 그치게 하고 마침내 치우를 잡아서 죽였다는 전설이 있다. 《史記 卷1 五帝本紀》 그러나 여기서는 치우가 붉은 악마의 귀신으로 능력을 발휘한 것으로 보아야 할 것 같다.

86 가한(可汗) : 왕을 뜻하는 몽고어(蒙古語)로, 선우(單于)를 말한다.

87 명광궁(明光宮) : 한 무제(漢武帝)가 건립한 궁전 이름으로, 미앙궁(未央宮) 서편에 있었다. 발을 금과 옥, 진주 등으로 만들어 쳐서 밤낮없이 빛나고 밝기 때문에 붙여진 이름이다. 후대에는 임금이 있는 대궐을 뜻하는 말로 쓰였다.

88 명분이……왕성하니 : 원문 '사직(師直)'은 명분이 정대(正大)한 군대라는 뜻이다. 《춘추좌전(春秋左傳)》 선공(宣公) 12년 조에 "명분이 바른 군대는 사기가 왕성한 반면, 명분이 없는 군대는 쇠하기 마련이다.〔師直爲壯, 曲爲老.〕"라는 말이 있다.

89 의리가 욕심을 이기는 : 주 무왕(周武王)이 즉위하자 스승 태공이 〈단서〉에 나오는 "의리가 욕심을 이기는 자는 일이 순조롭고, 욕심이 의리를 이기는 자는 흉하다.〔義勝欲者從, 欲勝義者凶.〕"라는 내용을 일러 주었다. 《大戴禮記 卷6 武王踐阼》 〈단서〉는 주나라 때 붉은 새가 물고 왔다는 글이다.

학봉 선생에 대한 제문
祭鶴峯先生文

아, 선생께서 이 세상에 살아 계실 적에는 세상 사람들이 멀고 가깝거나 귀하고 천하거나를 막론하고 모두들 기뻐하지 않음이 없으면서 말하기를, "오늘날의 세상에서 무언가를 할 만함은 이와 같은 사람에게 달려 있다. 그가 벼슬에 나가면 나는 그가 한 세상의 시귀(蓍龜)가 될 것임을 알겠고, 그가 물러나면 또한 사문(斯文)의 태산북두(泰山北斗)가 될 것이다." 하였습니다. 그리고 선생이 돌아가시자 세상 사람들이 멀거나 가깝거나 귀하거나 천하거나를 막론하고 모두들 슬퍼하지 않음이 없으면서 말하기를, "이 사람이 죽었으니 내가 누구와 더불어 일을 하겠는가. 어진 이들은 누구와 더불어 선(善)을 행하고, 용감한 자들은 누구와 더불어 의(義)를 행하겠는가." 하였습니다.

지난날에 사람들이 기뻐한 것은 선생을 위해서 기뻐한 것이 아니라 한 세상을 위하여 기뻐한 것이고, 지금 사람들이 슬퍼하는 것은 선생을 위해서 슬퍼하는 것이 아니라 한 세상을 위하여 슬퍼하는 것입니다. 선생께서 살고 죽는 것을 세상 사람들이 기뻐하고 슬퍼하니, 세상 사람들이 기뻐하고 슬퍼하는 것을 선생 역시 기뻐하고 슬퍼하지 않을 수 없을 것입니다. 그러므로 저는 선생께서 평소에 지녔던 나라를 걱정하고 백성들을 걱정하는 생각으로 인해 죽어서도 지하에서 편히 눈감지 못할 것임을 압니다.

아, 선생의 덕은 한두 가지를 가지고 말할 수가 없습니다. 더구나 못난 저는 뒤늦게 태어난 탓에 제가 본 것은 선생께서 남기신 찌꺼기〔저술〕일 뿐입니다. 그러니 어찌 선생의 아름다움에 대해서 다 말할 수 있겠습니까. 용에 대해 말하면서 뱀을 그리고 있으니, 이 또한 제 자신의 역량을 헤아리지 못한 데에서 나온 것입니다.

혼후하고 강건한 덕이 백번 정련한 금과 같고, 화락하고 순수한 용모가 조탁한 옥과 같음만을 한갓 보았습니다. 간절한 정성은 완악한 사람도 감동시키지 않음이 없고 정직한 기상은 나약한 사람의 의지를 세우지 않음이 없었으니, 하늘이 부여한 바가 아니면 어떻게 이렇게 될 수 있겠습니까. 실천하는 공부는 대개 또한 퇴계(退溪)의 문하에서 직접 배우는 데서 출발하였습니다. 이 때문에 그윽이 홀로 있을 때 자신을 견지함이 항상 엄한 스승이 곁에 있는 것처럼 하여 조금도 게으른 기색이 없었습니다. 한가로이 홀로 있을 때 더욱 얼굴빛이 장엄하였으나 타인을 대할 때는 온화하였으며, 안으로 마음을 닦는 데 독실하여 다른 사람이 알아주기를 구하지 않았습니다. 남에게 선을 취하는 것을 즐기고 의로운 데로 옮겨 가는 데 용감하였습니다. 평소에 제가 일찍이 선생의 모나거나 세상에 어긋나는 행실을 본 적이 없었습니다. 그러나 의리(義利)와 공사(公私)의 구분에 이르러서는 칼로 자르듯 범하기 어려웠고 용감하게 나아가고 돌아보지 않았으니, 비록 당시의 이름난 사람이라 할지라도 모두 채찍을 잡고 선후를 다툴 수가 없었습니다.

애석하게도 제가 선생께서 부모를 섬기던 것을 직접 보지는 못하였으나, 선생께서 여묘살이를 할 때를 보았습니다. 그때 보니, 백씨, 중씨, 계씨와 함께 지내며 피눈물을 흘렸는데, 모든 것은 반드시 예를 따랐고 예는 반드시 두터운 정을 따랐습니다. 슬퍼하고 사모하는 정과 제사를 올리는 의례는 모두 옛사람이 남긴 법이었습니다. 이런 것들이 자식으로서 지켜야 할 직분의 밖의 일이 아니었으나 또한 타인이 미칠 수 있는 것이 아니었습니다. 죽은 사람을 섬기는 것이 이와 같았으니, 살았을 때 섬긴 예가 어떠하였다는 것을 잘 알 수가 있습니다. 그러나 선생께서는 이것으로 자식의 도리를 스스로 극진히 했다고 생각하지 않았거늘 사람들이 혹 지나치게 예를 지킨다고 말하였습니다.

아, 충과 효가 두 가지가 아님을 더욱 믿겠습니다. 선생께서는 조정에 있음에 내외직을 넘나들면서도 하나의 직위에 오래 있은 적이 없었지만 선생이 있었던 관직에서는 중시를 받았습니다. 사직(社稷)의 안위(安危)와 현명한 사람을 진출시키고 사악한 사람을 퇴출시키는 데 이르러서는, 시대 상황이 꺼리는 바이고 임금이 듣기 싫어하는 바이며 사람들이 말하기 어려운 바였지만, 선생께서 반드시 말하였고 사람들도 선생이 아니면 말할 수가 없다는 것을 알았습니다. 대각(臺閣)에서 독수리처럼 우뚝 섬에 임금이 예모를 갖추었고, 사방에 지방관으로 나감[90]에 탐관오리들이 사표를 내었습니다. 청탁을 막아 끊으니 권귀(權貴)들이 자취를 감추었는데, 사람들이 신변의 위태로움을 경계하였으나 공은 조금도

90 사방에 지방관으로 나감 : 원문 '남비(攬轡)'는 지방 장관으로 부임할 때, 난세에 혁신 정치를 행하여 백성을 안정시키겠다는 의지를 비유한다. 후한(後漢) 범방(范滂)이 기주 자사(冀州刺史)로 나갈 적에, "수레에 올라 고삐를 잡고서는 천하를 정화할 뜻을 개연히 품었다.〔登車攬轡, 慨然有澄清天下之志.〕"라는 고사에서 온 것이다. 《後漢書 卷67 黨錮列傳 范滂》

두려워하지 않았습니다. 나라 걱정을 집안 걱정처럼 하며, 임금 사랑함을 아버지 사랑함과 같이 한 선생의 정성은 해와 별처럼 환하고 신명(神明)에게 질정할 만합니다. 그럼에도 불구하고 세상에서 이야기하는 자들이 다만 지나치게 강직한 것을 선생의 문제점으로 생각하니, 어찌 선생의 뜻을 알았다 하겠습니까. 선생의 뜻을 알아주고 알아주지 않는 것이 어찌 선생에게 중요한 일이 되겠습니까.

아, 선비의 절의(節義)는 평소에 길러지지만 나라가 어지러울 때[91] 나타나고, 군자의 덕은 은미한 가운데 확립되지만 위급한 즈음에 더욱 나타납니다. 선생께서 일본에 사신으로 감에 풍랑에 배가 뒤집힐 뻔한 위험함을 만났으나 생각을 고요하고 안정시켜 요동하지 않았으며, 선생께서 경상도 병마절도사의 직임을 받음에 지극히 어수선한 병란을 만났으나 중요한 주춧돌로 자임하였습니다. 의연(毅然)한 정직(正直)의 기상은 교만한 일본의 억세고 거친 성질을 꺾어서 패만(悖慢)한 말투를 고치게 하는 데 이르렀고, 늠연(凜然)한 충의(忠義)의 심지는 경상도 의사(義士)들의 마음에 믿음을 주어 선생을 장성(長城)처럼 의지하여 일본의 승승장구의 세력을 막을 수 있게 하는 데 이르렀으니, 공자(孔子)가 말한, "오랑캐 땅에 가서도 행할 수 있는 것[92]과 죽음에 이르러도 변하지 않는다.[93]"는 것이 선생에게 있을 것입니다. 그럼에도 불구하

91 나라가 어지러울 때 : 원문 '판탕(板蕩)'의 뜻이다. 판(板)과 탕(蕩)은 《시경(詩經)》 대아(大雅)의 편명(篇名)으로 주 여왕(周厲王)의 학정(虐政)을 읊은 시이다.

92 오랑캐……것 : 《논어》 〈위령공(衛靈公)〉에 나온다.

고 세상에서 시기하는 사람들이 일본 침략의 칼날을 막지 못하고 나라를 회복하는 공로를 이루지 못한 것으로 선생에게 구실로 삼습니다.

아, 성패이둔(成敗利鈍)은 제갈공명(諸葛孔明)도 미리 알기가 어려웠던 것이니[94] 선생께서 또한 장차 어떻게 하리오. 기산(祈山)[95]에서 올린 〈출사표〉는 촉한(蜀漢)과 위(魏)의 가슴을 놀라게 하였고, 강남(江南 낙동강 남쪽)에서 창의(倡義)하니 의사(義士)들이 구름같이 모였습니다.[96] 모든 고을이 일본에 와해되는 날에 나라가 넘어 쓰러지는 것이 마치 빠른 바람이 낙엽을 떨어지게 하는 것 같아 다시는 손을 써서 힘을 쓸 곳이 없었습니다. 그럼에도 불구하고 몸을 칼날에 맡기고 안색을 전혀 꿈쩍도 하지 않았으며, 눈물을 뿌리며 대중들에게 맹세하였습니다. 충의(忠義)로 격동시켜 흩어진 인심을 수습하여 나라를 회복하는 근간이 되게 했던 것은 어찌 성을 공격하고 진지를 노략질하는 공로와 비교할 수 있겠습니까.

93 죽음에……않는다 : 《중용장구》 제10장에 나온다.

94 성패이둔(成敗利鈍)은……것이니 : 제갈공명(諸葛孔明)의 〈후출사표(後出師表)〉에 나온다.

95 기산(祈山) : 제갈공명이 위(魏)나라를 치기 위해 출동했다가 군량이 부족하여 여기에서 후퇴한 일이 있다. 《三國志 卷35 蜀書 諸葛亮傳》

96 기산(祈山)에서……모였습니다 : 김성일이 경상우도 초유사와 병마절도사로 있으면서 각 고을에 격문(檄文)과 소모문(召募文)을 보내니 많은 의병들이 운집하였다. 이에 촉한에 비유되는 조선과 위(魏)에 비유되는 일본이 모두 놀랐다는 말이다. 제갈공명은 〈후출사표(後出師表)〉에서 "촉한과 적(賊 : 魏)은 양립(兩立)할 수 없다."고 하였다.

당초 선생께서 경상우도 초유사 부월을 잡고 남쪽으로 내려올 때 제가 길가에서 만나 절하고 눈물을 흘리며 말하기를 "생각지도 않게 선생에게 이런 행차가 있게 되었습니다. 일에 임하여 두려워하며 조심하고 삼가 적을 가볍게 보지 마십시오."라고 하니, 선생이 정색하며 꾸짖어 말하기를 "자네가 어찌 이런 말을 하는가. 내가 할 일이 신하의 직분이 아님이 없다. 또 남아가 세상에 태어나 무슨 일을 함에 어려운 상황을 만나지 않으면 탁월한 재능이 구별될 수 없다. 하늘이 만약 우리를 돕는다면 반드시 나를 흉악한 칼날에 헛되이 죽게 하지 않을 것이고, 늙은 서생이라고 위약(危弱)하게 여기지 않을 것이다."라고 하였습니다. 아, 이 말씀이 내 귀에 쟁쟁거리며 남아 있어 나로 하여금 척연(惕然)하게 만들었습니다.

선생께서 경상좌도의 군사를 순시하고 돌아와 낙동강을 건널 때 제가 또 문소(聞韶 의성)에서 뵈었는데, 정신과 기운이 아직도 건강하고 심지와 사려가 더욱 굳세어서 전란 중에 전혀 분주하게 다니는 사람과 같지 않았습니다. 집(潗)과 굉(浤) 두 아들과 영결하고 나라를 위하여 죽을 의리로 깨우쳤으며 비통하고 슬퍼하는 마음이 전혀 없었습니다. 제가 마음속으로 기뻐하고 다행으로 여겨 신명이 도와서 하늘이 장차 한 분의 원로를 남겨 두어 뒷날에 크게 기약할 수 있을 것이라고 여겼습니다. 그런데 어찌 이번 행차가 영원히 다시는 돌아오지 못할 줄을 알았겠습니까.

아, 붉은 마음으로 나라를 걱정하여 범로(范老)의 수염이 온통 하얗게 되었고,[97] 출동한 군사가 승리하지 못하자 촉(蜀)나라 부인들의 머리를 복 머리가 되게 하였으니,[98] 깃발이 지휘하는 것에 바야흐로 부로들의 바람에 연계되었더니 만 길의 두류산(頭流山)에 갑자기 하늘을 지탱하던 기둥이 기울어졌습니다.[99] 사람들이 모두 말하기를 "지유(地維 지구를 얽어서 유지하고 있다는 밧줄)가 끊어지고 인기(人紀)가 다하였다. 시운 탓인가, 운명 탓인가. 하늘이 우리 동방을 돕지 않으려고 한 것입니까. 백성들이 기뻐하는 것을 하늘이 기뻐하지 않으며, 백성들이 슬퍼하는 것을 하늘이 슬퍼하지 않는단 말입니까. 아니면 저 푸른 하늘은 망망하기만 하여 기쁨과 슬픔을 되는 대로 맡겨 두면서 사생(死生)과 선악(善惡)에 전혀 관여하지 않는 것입니까."라고 말하니, 이것을 알 수가 없습니다. 생각건대, 하늘이 선생에게 큰 임무를 내린 것이 애초에 업적을 쌓는 것에 기약하지 않았고 선생이 기약한 것도 또한 여기에 있지 않았을 것입니다.

97 범로(范老)의……되었고 : 범로는 송(宋)나라 인종(仁宗) 때의 범진(范鎭)을 가리킨다. 범진이 간원(諫院)에 있으면서 일찍이 태자를 세울 것을 청하였는데, 면전에서 몹시 간절하게 진달하면서 눈물을 흘리기까지 하였다. 그러자 인종이 이르기를, "짐이 그대의 충성을 잘 알았으니, 기다리고 있으라." 하였다. 그러자 범진이 전후로 19차례나 상소를 올리고는 백여 일 동안 명이 내려지기를 기다렸는데, 노심초사한 탓에 수염과 눈썹이 하얗게 세었다. 《宋史 卷337 范鎭列傳》

98 촉(蜀)나라……하였으니 : 복 머리는 상중(喪中)에 부인들이 머리를 위로 묶는 것을 말한다. 촉나라의 제갈량(諸葛亮)이 죽었을 때 촉나라 부인들이 모두 머리를 묶어 애도를 표했다고 한다. 《소동파시집(蘇東坡詩集)》 제4권 〈시일지하마적(是日至下馬磧)〉 시에, "하루아침에 별이 떨어져서 마침내 촉나라 부인들 복 머리 되게 하였네.〔一朝長星墮, 竟使蜀婦髽.〕"라고 하였다.

99 만……기울어졌습니다 : 김성일이 1593년 4월 29일에 진주 공관에서 병으로 죽었으며 지리산(智異山)에 가매장하였다. 두류산은 지리산이다.

선생은 만년에 호수(湖水)의 청성산(靑城山)에 정사(精舍)를 지어[100] 퇴직하여 한가하게 지내며 병을 요양하는 곳으로 삼으려고 한 적이 있었으나, 나라에 큰 어려움이 있었기 때문에 뜻을 이루지 못하게 되었으니, 이것 또한 인생에서 만난 불행입니다. 가령 선생이 넉넉하게 공부하며 편안하고 고요하게 지내는 이곳에서 조금 더 살 수 있게 하여[101] 박문약례(博文約禮)의 공부에 힘을 다하여 중년 만년의 학업을 마칠 수 있게 하였다면 선생의 학업의 조예가 어찌 한량이 있었겠습니까. 그리고 하늘이 부여한 바와 선생이 기대한 것이 아마도 거의 이루어졌을 것입니다. 그러나 선생으로 하여금 벼슬에 나아가서는 충성을 극진히 할 수 없게 하였고 물러나서는 자기의 뜻을 이룰 수 없게 하여, 당세 사람에게는 도야해 주는 희망을 저버렸고 후학에게는 현인을 잃는[102] 아픔을 남겼으니, 백성들이 복이 없는 것이며 사도(斯道)가 불행한 것입니다.

100 청성산(靑城山)에 정사(精舍)를 지어 : 청성산은 안동군 서후면에 있는 해발 251m의 조그마한 산이다. 1587년(선조20) 김성일 나이 50세 때 이곳에 석문정사(石門精舍)를 지어 거처하였다.

101 조금……하여 : 원문 '가지학역지년(假之學易之年)'은 《주역》 공부를 할 수 있는 해를 더 살게 해 준다는 말이다. 《논어》 〈술이(述而)〉에 공자가 말하기를 "하늘이 나에게 몇 년 더 수명을 허락하여 주역을 배우는 것을 마칠 수 있게 해 주신다면 큰 허물을 없앨 수 있으련만.〔假我數年, 卒以學易, 可以無大過矣.〕"이라고 하였다.

102 현인을 잃는 : 원문 '산량(山梁)'은 스승이나 현인을 잃는 것을 말한다. 공자가 자신의 죽음을 예견하고 "태산이 무너지려나, 들보가 꺾이려나, 철인이 시들려나?〔泰山其頹乎? 梁木其摧乎? 哲人其萎乎?〕"라고 노래하였는데, 과연 7일 뒤에 세상을 떠났다는 고사에서 유래하였다. 《禮記 檀弓上》

아무것도 아는 것이 없는 저[103]는 학문을 함에 있어서 나아갈 방향도 모르면서 썩은 나무에는 아로새기기가 어렵다는 것도 헤아리지 않은 채 스스로 귀의할 곳이 있다고 으스댔습니다. 그러면서 장차 선생께서 청성산(青城山)으로 물러나 한가로이 지내시기를 기다렸습니다. 만약 그 전에 모든 일을 포기하고 책을 들고 찾아가 가르침을 받았더라면, 제가 비록 형편없는 사람이기는 하지만, 또한 어찌 제 스스로 낮은 부류의 사람이 되는 것을 달갑게 여겼겠습니까. 한 번 돌아가신 뒤에는 따라갈 수가 없고 저의 평소에 가진 뜻을 빼앗아 버렸으니 끝이 없는 애통함이 마땅히 보통 사람보다 10배나 됩니다. 이것은 자공(子貢)이 짐을 챙겨 돌아가는 날에 홀로 슬퍼하였던 까닭입니다.[104] 끝이로구나. 영원히 선생의 가르침을 다시는 들을 수 없습니다.

이미 돌아가시는 즈음에 임종[105]하지 못하였고, 또 반장(返葬)

103 아무것도……저 : 원문 '공공여아(空空如我)'를 해석한 것이다. 《논어》 〈자한(子罕)〉에 "내가 아는 것이 있느냐? 아는 것이 없다. 무식한 사람이 내게 물을 경우 그가 아무것도 모른다 하더라도 나는 그 양쪽의 실마리를 따져 빠짐없이 말해 줄 뿐이다.〔吾有知乎哉? 無知也. 有鄙夫問於我, 空空如也, 我叩其兩端而竭焉.〕"라고 하였다.

104 자공(子貢)이……까닭입니다 : 공자(孔子)가 돌아가시자, 문인들이 3년상을 마친 다음 모두가 자공(子貢)에게 읍하고 서로 향하여 통곡하여 모두 목이 쉰 뒤에 짐을 챙겨 각자 집으로 돌아갔다. 그러나 자공은 다시 돌아와 공자묘 마당에 여막을 짓고 홀로 3년을 더 거처한 뒤에 집으로 돌아갔다. 《孟子 滕文公上》

105 임종 : 원문 '계수(啓手)'의 뜻이다. 《논어》 〈태백(泰伯)〉에서 증자(曾子)가 죽음에 임해 제자들에게 "나의 발을 들춰 보고 나의 손을 들춰 보아라. 《시경》에 '전전긍긍하여, 깊은 못 옆에 서 있는 듯이 하고, 얇은 얼음을 밟는 듯이 하라.' 하였으니, 이제는 내가 훼손을 면했음을 알겠노라, 얘들아.〔啓予足, 啓予手. 詩云戰戰兢兢,

하는 날에 달려와 통곡하며 사람들과 함께 상여의 뒤를 따라가지도 못하였습니다. 유명(幽明) 간에 죄를 짓게 되니 하는 말도 비정(非情)합니다. 간략하게 제수를 차리고서 애오라지 저의 정성을 붙입니다.

如臨深淵, 如履薄氷, 而今而後, 吾知免夫, 小子.〕"라고 하였다.

한강 선생에 대한 제문
祭寒岡先生文

천지의 원기는 사시(四時)에 드러나 있고, 국가의 원기는 군자에게 의지해 있습니다. 천지가 만물에 있어서 싹을 틔워 기르고 무성하게 하며 열매를 맺게 하는 것은 원기가 온화할 때 그렇게 되는 것입니다. 그러나 원기는 항상 온화할 수가 없으므로 바람과 서리로 잎을 시들어 떨어지게 하고 얼음과 눈으로 가지를 얼어 죽게 만듭니다. 그리하여 만물이 거의 사라지는 상황에 이르게 됩니다만, 이 원기만은 뿌리로 돌아가고 땅속에 숨어 있으면서 다시 생명의 싹을 틔우고 길러 내는 근간이 되어 주는 것입니다. 군자가 시대에 있어서도 그와 마찬가지라 할 수 있습니다. 그가 지닌 역량을 세상에 구현한다면 기강이 바로 서고 정치와 교화가 밝아지며 많은 인재가 다 등용되어 여러 가지 공적이 이루어집니다. 반면에 불행하여 세상에 쓰이지 않는다면 산림과 강호 사이에 버려져 은둔하여 당대의 일에 간여하지 않으며, 혼탁함이 소용돌이치는 세파 속에서 엄연하게 홀로 버티어 평소의 지조를 변치 않을 것입니다.

자신의 몸을 수양하며 정결하게 하고 학문을 강론하며 예를 밝히는 일이 세도(世道)의 치란(治亂)과 무관한 것 같지만 이 또한 애당초 관련이 없지 않습니다. 무슨 말을 하지도 않고 어떤 행동도 하지 않으며 애를 써서 인도하거나 붙잡아 주지 않더라도 사람들이 자신도 모르게 그 풍화에 젖어 들고 덕망에 취할 것입니다. 그리하여 슬기로운 자는 그 방향을 알게 되고, 용기 있는 자는 그 의리를 추종하고, 어진 자는 그 도를 벗 삼게 되고, 우매한 자는 경외하여 나쁜 데에 빠지지 않게 되고, 나약한 자는 부끄러워 비열한 짓을 하지 않게 되고, 어질지 못한 자는 두려워 옳지 않은 짓을 감히 행하지 못하는 것입니다. 그리고 이들 가운데 간혹 사숙(私淑)하는 무리가 나와서 그 설을 전수받아 익힘으로써 후진을 창도하여 밝히는 일을 이어 갑니다. 세도(世道)가 의지하여 유지되고 인심이 금수(禽獸)가 되지 않는 것은 과연 누가 그렇게 만든 것이겠습니까. 이렇게 보면 이 원기는 조정에 있지 않을 경우에는 산림에 있고, 당대에 행해지지 않으면 후세에 행해지며, 밖으로 드러나기도 하고 혹은 숨어 있기도 하면서 영원히 끊어지거나 소멸되지 않는 것인데, 이는 곧 군자에게 의지한 것이 아니겠습니까.

옛날 구양공(歐陽公)이 죽었을 때 소동파(蘇東坡)가 제문을 지어 애도하기를, "공의 생존 시에는 큰 내와 큰 산악의 움직임은 볼 수 없으나 자연에 미치는 공과 이익은 숫자로 헤아려 두루 알 수 없는 것과 같았는데, 공이 별세하고 보니 깊은 산과 큰 못에 용이 없어지고 범이 떠나가자 온갖 변괴가 일어나 미꾸라지와 드렁허리가 춤을 추고 여우와 살쾡이가 호령하는 것과 같습니다." 하였습니다.[106] 아, 구양공의 기운은 그의 생존에 따라 존재했다가 죽음을

106 구양공(歐陽公)이……하였습니다 : 구양수(歐陽脩, 1007~1072)가 여음(汝陰)에서 죽자 그의 제자 동파 소식(蘇軾, 1037~1101)이 항주 통판(杭州通判)으로 있으면서 〈제구양공문(祭歐陽公文)〉을 지어 천 리나 떨어져 있는 여음으로 보냈다.

따라 소멸하였으니, 소동파가 이 때문에 공적인 세도와 사적인 자기 한 개인의 슬픈 정을 위해 통곡함이 그러했던 것입니다.[107]

그러나 지금 선생의 존망(存亡)은 그 경우와 다릅니다. 생존 시에는 세도를 붙잡아 인심을 순화시켰고 돌아가신 뒤에도 후진들이 그 학문을 익혀 또 다음의 후진에게 전해 줌으로써 인륜이 여전히 유지가 되고 공론이 여전히 의지할 데가 있게 되었습니다. 이를 비유하자면 저 하늘의 해와 별이 비록 그 모습을 숨겼더라도 남은 빛이 오히려 사방을 비추어 사람들이 으슥함과 어두움 속에서 올바른 길을 찾아가고 범과 표범, 여우와 살쾡이의 굴에 빠져들지 않도록 하는 것과 같습니다. 이로 볼 때 선생의 기운은 선생의 생존에 따라 존재하거나 죽음을 따라 없어지지 않으니, 공사 간에 비통함 중에서도 오히려 위안이 되고 다행스럽다는 생각이 듭니다.

선생께서 닦으신 학문이 얼마나 정밀한지, 조예가 얼마나 깊은지는 학문이 빈약한 제 후생이 어떻게 그려 낼 수 있는 일이 아닙니다. 하지만 선생께서 일생 동안 학문에 부단히 힘쓰고 마음을 굳게 다잡아 지키신 결과 그것이 행동과 언어에 드러난 것을 가지고 대강 살펴본다면, 따뜻하여 봄바람이 일어나고 성대하여 덕스러운 모습이 수연(睟然)하며 빛나서 학문의 문리(文理)가 도저

107 소동파가……것입니다 : 〈제구양공문〉 끝에 "천 리 먼 곳에서 조사(弔詞)를 봉투에 봉하여 보내어 저의 슬픈 마음을 부칠 따름입니다. 대개 위로는 천하를 위하여 애통해하고 아래에서는 제 사사로운 정을 통곡합니다.〔緘辭千里, 以寓一哀而已, 蓋上以爲天下慟, 而下以哭吾私.〕"라고 하였으니, 공적으로 천하 국가의 세도를 위하여 슬퍼하고 사적으로 동파가 구양수의 제자가 되었던 것을 위하여 애통해한다는 말이다.

하니, 이것이 어찌 학문을 좋아하고 예를 좋아하며 덕을 지니고 훌륭한 말을 하는 군자가 아니겠습니까. 더구나 호방한 기운을 지니고서도 그것을 예법으로 잡아 꺾었으며 뛰어난 재주를 지니고서도 그것을 소박함으로 덮어 감쌌습니다. 동강(桐江)의 높은 의리[108]를 흠모하고 운곡(雲谷)의 도통(道統)[109]을 찾아서 강론하여 구하고 좋아하여 즐기면서 몸이 늙어 가는 줄을 모르셨으니, 선생께서 얻은 것이 여느 사람보다 매우 훌륭하지 않습니까.

이 때문에 업적으로 나타난 것을 보면 군현(郡縣)을 다스릴 때는 백성들이 예악을 행하는 교화의 정치를 즐거워하였고 대궐에서 임금을 보좌할[110] 때는 마음을 열어 인도하는[111] 충성을 인정받으셨으며, 한 도의 관찰사가 되어서는 수령을 승진시키고 축출하는 법을 공정히 하였고, 사헌부의 대사헌이 되어서는 국법의 적용

108 동강(桐江)의 높은 의리 : 후한 때 엄광(嚴光 : 자는 子陵)이 부춘산(富春山) 동강(桐江)의 칠리탄(七里灘)에서 낚시질하며 은거하였던 높은 의리를 말한다. 그는 광무제(光武帝)와 친구였는데 광무제가 왕위에 올라 벼슬로 불렀으나 끝내 나아가지 않고 여기에 은거하였다.

109 운곡(雲谷)의 도통(道統) : 운곡은 복건성(福建省) 건양현(建陽縣) 서쪽에 있는 산으로 본디 이름은 노봉(蘆峯)인데, 주자(朱子)가 그곳에 회암초당(晦庵草堂)을 짓고 글을 읽으며 운곡이라고 고쳤다. 《朱子大全 卷78 雲谷記》 주희(朱熹)의 성리학의 도통을 찾았다는 말이다.

110 임금을 보좌할 : 원문 '헌체(獻替)'는 행해야 할 일을 진헌(進獻)하고 행해서는 안 되는 일을 폐지하도록 임금에게 건의한다는 '헌가체부(獻可替否)'의 준말로, 중대한 국사(國事)를 조정에서 의논하는 것을 말한다. 《春秋左氏傳 昭公20年》

111 마음을 열어 인도하는 : 원문 '계옥(啓沃)'은 선도(善道)를 개진하여 임금을 인도하고 보좌한다는 뜻이다. 《서경(書經)》 〈열명(說命)〉에, 은(殷)나라 고종(高宗)이 부열(傅說)에게 "그대의 마음을 열어 나의 마음을 적셔라.〔啓乃心, 沃朕心.〕" 하였다.

을 옳게 할 것을 밝히셨습니다. 이리하여 정성을 다해 소장을 올리자 임금은 요순(堯舜) 같은 도(道)로 너그럽게 용납하였고, 관직을 떠나 전원으로 돌아오자 조정은 의문에 관해 물어 오는 예를 앞다투어 극진히 하였습니다. 비록 조정에 오랫동안 벼슬하지 않아 그 역량을 펴는 것을 마치지 못했으나 나라의 안위에 관한 중책과 많은 사람의 모범이 되는 명망은 항상 한 몸에 지니셨습니다. 결국에는 한적한 곳에서 넉넉하게 노닐고 금호강(琴湖江)과 사수(泗水)[112]에서 자유롭게 지내면서, 불만도 없고 걱정도 없이 태곳적의 태평한 세월을 스스로 즐기셨으니, 하늘이 선생에게 누리도록 내린 복이 또 많지 않다고 말할 수는 없을 것입니다.

저 소자(小子)는 선생의 도덕과 의리를 흠모해 온 지 오래되었습니다만, 문하에 들어가 가르침을 받들지 못하여 의지할 곳을 얻지 못하다가 다행히 세파에 이리저리 밀려다니던 끝에 초야로 돌아왔습니다. 그리하여 하늘이 5, 6년 동안의 한가로운 세월을 빌려 줘 사수(泗水)가의 문하에 공손히 출입하게 되었는데,[113] 한 번 찾아가고 두 번 찾아가고 세 번을 찾아가더라도 싫어하지 않

112 금호강(琴湖江)과 사수(泗水) : 한강은 1614년 1월에 화재로 노곡정사(蘆谷精舍)가 불타자 사수가로 이주하였다. 사수는 지금 대구광역시 북구 사수동으로 금호강과 접해 있다. 여기서 조금 북쪽에 있는 상지(上枝 : 칠곡군 지천면 신리. 웃갓)에도 1617년 사양정사(泗陽精舍)를 짓고 사양병수(泗陽病叟)라 자칭하며 거주하였다. 한강은 1620년 죽을 때까지 이곳에서 지냈다.

113 공손히 출입하게 되었는데 : 원문의 '경절(磬折)'은 'ㄱ' 자 모양의 경쇠처럼 꺾어졌다는 뜻으로, 경의를 다하여 몸을 굽혀 삼가 공경하는 모양을 비유한다. 《예기(禮記)》 〈곡례 하(曲禮下)〉에 "설 때에는 경쇠 모양으로 몸을 구부정하게 굽혀 패옥을 드리운다.〔立則磬折垂佩〕" 하였다.

으시어, 누차 담소하시는 소리를 접하고 수시로 당부하고 가르쳐 주시는 말씀을 들었습니다. 이에 지난날 흠모하고 존경하는 정성을 가지고 거의 직접 학문을 전수받고 싶던 소원을 이룰 수 있게 되었으나, 불행히도 선생의 병환이 오랫동안 지속되며 아무리 좋은 약도 효험이 없었습니다. 그렇지만 믿었던 것은, 정신력이 왕성하여 평소와 다름없이 사람들과의 대화를 나누시면서 매일 중단하지 않고 문인들과 예를 강론하시므로, 내심 신명이 혹시 이 세상과 이 유학을 위하여 선생을 보호하는 것이라고 여겼습니다. 그런데 이승에서 제가 모시며 강학하는 문사(文事)가 채 마무리되지 않았는데 상제(上帝)께서 부르는 명이 갑자기 내려와 복 없는 이 나라 백성의 처지를 생각지 않고 세상이 싫어 영원히 떠나실 줄을 어찌 알았겠습니까.

아, 나이 78세는 장수하지 않은 것이 아닌데도 모두 태산이 무너지고 들보가 부러진 듯이[114] 슬퍼하고, 100권에 이르는 모범이 될 말씀들은 성대하지 않은 것이 아닌데도 화재로 인해 보전할 수 없었으니,[115] 사림의 아픔이 어찌 한량이 있겠습니까. 다행히

114 태산이……듯이 : 원문 '산량(山樑)'은 스승이나 현인을 잃는 것을 말한다. 공자가 자신의 죽음을 예견하고 "태산이 무너지려나, 들보가 꺾이려나, 철인이 시들려나?〔泰山其頹乎? 梁木其摧乎? 哲人其萎乎?〕"라고 노래하였는데, 과연 7일 뒤에 세상을 떠났다는 고사에서 유래하였다. 《禮記 檀弓上》

115 화재로……없었으니 : 한강 《연보》에 의하면, 1612년 1월에 회연초당(檜淵草堂)을 떠나 팔거현(八莒縣) 노곡(蘆谷)에 이주하였는데, 1614년 1월에 노곡정사에 대화재가 일어났다. 이 화재로 한강이 저술한 많은 서적이 잿더미가 되었고 몇몇 책만 화를 면하였다. 이에 사수(泗水)가로 이거하였다.

《심경(心經)》을 풀이한 글이 남아 있고 《예설(禮說)》의 편집이 이미 완성되었기에,[116] 옛 성현이 서로 전수한 심오한 말들을 이를 통해 탐구할 수 있고, 학자들이 각기 주장한 다른 설들도 이를 통해 가닥을 잡을 수 있습니다. 선생께서는 비록 세상을 떠나셨으나 선생께서 이루어 놓으신 도는 없어지지 않아 국가의 원기가 마침내 의지할 데가 있게 되었으며, 우리 후학을 진흥시킬 힘 또한 어찌 여기에 있지 않겠습니까.

아, 지난해 10월 선생을 하직하고 돌아올 적에 석 잔 술로 전별하여 아쉽기 그지없었는데, 올봄 통곡하며 상여를 보내면서 한 잔 술을 권해 올리는 지금 이 술을 맛보시는 모습을 눈으로 볼 수가 없습니다. 아, 슬픕니다. 이 우주가 너무도 무심합니다.

116 심경(心經)을……완성되었기에 : 1603년에 편찬한 《심경발휘(心經發揮)》와 《오선생예설분류(五先生禮說分類)》를 말한다.

두곡 선생[117]에 대한 제문
祭杜谷先生文

아, 천지의 동쪽이며 낙동강의 물가에 고인의 학문을 배우며 고인의 마음을 자기의 마음으로 삼는 자가 있었으니, 우리 선생이 실로 거기에 해당합니다. 어려서 스스로 분발하여 뜻이 명리(名利)에 있지 않았고, 만년에는 학문을 연마하고 궁구하여 식견이 날로 고명한 경지에 올랐습니다. 담박한 맑은 물과 같은 흉금은 하나의 티끌만큼도 누가 됨이 없고 편안한 태허(太虛)와 같은 마음은 만상(萬象)을 모두 포괄하였으니, 선생이 식견에 있어서 위대하다고 말할 수 있습니다.

닭이 울면 일어나 부지런히 배우고 촌음의 시간도 쉬지 않고 공부하여 8년간 《대학》과 《중용》을 정밀하게 생각하였고, 횡거(橫渠 장재(張載))처럼 촛불을 밝혀 공부하고 강절(康節 소옹(邵雍))처럼 잠을 자지 않고 학문을 하여 공자(孔子)가 위편삼절(韋編三絶)한 《주역》을 완미하였습니다. 항상 연어(鳶魚)장[118]을 강론하

117 두곡 선생(杜谷先生) : 고응척(高應陟, 1531~1605)이다. 본관은 안동(安東), 자는 숙명(叔明), 호는 두곡(杜谷) 또는 취병(翠屛)이다. 1549년(명종4) 사마시에 합격하였으나 고향에서 학문 연구에 전심하여 《대학》과 《주자혹문(朱子或問)》 등을 읽고 깨달은 바가 많았다. 1561년 문과에 급제하였으며 벼슬이 경주 부윤에 이르렀다. 선산의 낙봉서원(洛峯書院)에 제향되었다.

118 연어(鳶魚)장 : 《중용장구》 제12장의 "시(詩)에서 '솔개는 날아 하늘에 다다르고 물고기는 연못에서 뛰어논다.〔鳶飛戾天, 魚躍于淵.〕'라고 하니, 이는 천지의 도가

고 비은(費隱)의 오묘함[119]을 발휘하였습니다. 매양 추월한수(秋月寒水)의 시구[120]를 읊조리고 유정유일(惟精惟一)의 도[121]를 유추하여 밝혔으니, 선생이 학문을 함에 있어서 성실했다고 말할 수 있습니다.

천언만어(千言萬語)를 눈으로 한 번 보면 문득 외웠지만 궤변과 음사(淫辭)를 가혹하게 배척하였습니다. 사물을 보고 회포를 읊조리며 붓을 휘갈겨 문장을 이루었지만 정밀한 성률과 공교로운 말을 구사하려고 하지 않았습니다. 눈으로는 제자백가 구류(九流)와 같은 성인의 책이 아닌 것은 보지 않으니 용이 날고 호랑이가 뛰듯 자연스러운 기변(奇變)이 노정되었습니다. 말은 육경과

상하로 밝게 드러나 있음을 말한 것이다." 한 것을 가리킨다. 이것은 이(理)의 체(體)는 은미하여〔隱〕 보고 들을 수 없으나 이의 용(用)은 상하 사방으로 널리 드러나 있음〔費〕을 말하는 것이다.

119 비은(費隱)의 오묘함 : 《중용장구》 제12장에 "군자의 도는 비하고 은하다.〔費而隱〕"라고 하였는데, 주자의 주에 "비는 용(用)의 넓음이고 은은 체(體)의 은미함이다."라고 하였다.

120 추월한수(秋月寒水)의 시구 : 가을 달처럼 티끌 한 점 없이 맑고 차가운 강물처럼 투철하고 명징(明澄)한 철인의 경지를 뜻하는 말이다. 주자(朱子)의 〈재거감흥(齋居感興) 이십수(二十首)〉에 "삼가 천년의 마음을 살피건대, 가을 달이 찬 강물을 비추는 듯하네. 노수의 스승 어찌 한 사람만 있으리요, 성현께서 전해 주신 법도가 모두 스승일세.〔恭惟千載心, 秋月照寒水. 魯叟何常師? 删述存聖軌.〕"라는 구절이 있다.

121 유정유일(惟精惟一)의 도 : 《서경》 〈대우모(大禹謨)〉에 보이는 순(舜)이 우(禹)에게 한 말로, "인심은 오직 위태롭고 도심은 오직 은미하니, 오직 정밀히 하고 오직 한결같이 해야 진실로 그 중을 잡을 수 있다.〔人心惟危, 道心惟微, 惟精惟一, 允執厥中.〕"라고 하였는데, 이 네 구가 심학(心學)의 연원으로 십육자(十六字) 심법(心法)이라 한다.

사서의 도를 전하는 취지에 벗어나지 않아 태양이 빛나고 옥이 고결하듯 찬란한 문리(文理)가 순수하고 깊었으니, 선생이 글을 짓는 데 그 지류를 막고 그 근원을 맑게 했다고 말할 수 있습니다.

해진 핫옷과 높은 관으로 태연자약하게 담소하며 왕공(王公)의 존귀함을 하찮게 보았으며, 먹고 쉬며 앉고 누워도 학문을 강론하여 탐구하기를 그치지 않아 정미(精微)한 의리(義理)를 변석(辨析)하였습니다. 자신을 수양하고 타인을 다스림에 체용(體用)의 학문을 적용하여 부지런히 입으로 말해 주고, 형이상학과 형이하학을 도기(道器)로 구분하여 정성스레 타일러 잘 유도해 주니, 선생이 사람을 가르침에 그 요체를 가리키고 그 귀추를 지도했다 말할 수 있습니다.

높은 수레와 사두마차를 세상 사람들이 부러워하는 것이지만 보기를 거름같이 여길 뿐만 아니었으며, 콩죽과 여곽 나물국을 사람들이 싫어하는 것이지만 좋아하기를 사탕수수 즙같이 달게 여겼습니다. 이것은 실로 자기를 대단하게 여기거나, 외물을 사소하게 여기거나, 이욕이 마음을 어지럽히지 못하는 것입니다. 이미 내면을 중시하고 외면을 경시할 줄 알았으니 빈천에도 심신을 수양할 수 있었습니다. 아, 선생은 취사선택을 잘 살필 수 있었습니다.

명명덕(明明德)과 신민(新民)의 학문에 넉넉하였지만 조그만 오두막집에서 부질없이 늙었고, 임금을 성군으로 만들어 백성에게 은택이 이르게 하는 뜻이 컸지만 백수가 되도록 제독관(提督官)으로 일생을 마쳤습니다.[122] 도정절(陶靖節)의 무릎을 들일 만한

122 백수가……마쳤습니다 : 제독관(提督官)은 지방 유생의 교육에 관한 일을 맡

작은 방의 창문 앞에는 다섯 그루의 버드나무가 맑은 바람에 서 있는 신세이고,[123] 소강절(邵康節)의 안락와(安樂窩)에서 오동나무가 비 갠 달빛 아래에 서 있는 흉금이었습니다.[124] 아, 선생은 여기에 즐김이 있었습니다. 치안(治安)의 계책을 여러 차례 올렸으나 밝게 빛나는 임금 곁에 가지 못하였고, 죽은 뒤의 일은 처량하기 그지없으니 무심한 푸른 하늘에 그 원인을 물어봅니다. 이것은 만난 바가 불행한 것이니 혹 그것이 하늘에서 나왔거나 혹 사람에게 관계된다 한들 선생이 또한 장차 어찌하겠습니까.

긴 노래〔長歌〕와 느린 춤〔慢舞〕으로 일세(一世)를 흘겨보는 데[125] 이르러서는 마음이 멀면 땅이 외진 곳이 된다[126]는 뜻이 있

아보던 벼슬아치이다. 두곡은 1585년에 상주(尙州) 제독, 1591년에 안동(安東) 제독, 1605년에 경주(慶州) 제독을 각각 역임하였다.

123 도정절(陶靖節)의……신세이고 : 정절(靖節) 도연명(陶淵明)은 〈귀거래사(歸去來辭)〉에서 "남쪽 창가에 기대어 거리낌 없이 자유로우니, 무릎을 용납할 만한 좁은 공간이나 편안함을 알겠네.〔倚南窓以寄傲, 審容膝之易安.〕"라고 하였다. 또 집 주위에 다섯 그루의 버드나무를 심어 놓고 오류선생(五柳先生)이라 자호하며 스스로 즐겼다.

124 소강절(邵康節)의……흉금이었습니다 : 강절(康節) 소옹(邵雍)은 자기 집의 이름을 안락와(安樂窩)라 하였다. 또 〈월도오동상음(月到梧桐上吟)〉이라는 시에 "달은 오동나무 위에 이르고, 바람은 버드나무 가로 불어오네. 서재가 깊숙하고 사람도 없어 조용하니, 이 경치를 누구와 함께 말하겠는가.〔月到梧桐上, 風來楊柳邊. 院深人復靜, 此景共誰言.〕"라고 하였다.

125 긴……데 : 두곡은 《대학》의 여러 편을 시조로 읊었는데, 그 외 시조작품으로 〈도부(道賦)〉, 〈탄시(嘆詩)〉, 〈차기음(差碁吟)〉, 〈두곡우음(杜谷偶吟)〉, 〈유감(有感)〉, 〈임인제야시(壬寅除夜詩)〉 등을 남겼다.

126 마음이……된다 : 도잠(陶潛)의 〈음주(飮酒) 20수〉 중에 "내 집이 사람 사는 동네에 있어도, 내 귀에는 시끄러운 거마 소리가 안 들리오. 어떻게 그렇게 할 수

었습니다. 거리낌 없이 말하며 파안대소하였고 얽매이며 구속되지 않았고, 마음껏 즐기며 유유자적한 아취가 있었습니다. 이것은 선생의 높은 재주와 호방한 기상으로 때때로 일반인이 예측하여 알 수 없는 뛰어난 점인데, 혹자는 선생이 간솔(簡率)하다고 조롱하고 풍자하였으나 선생은 전혀 마음에 요동이 없었습니다.

아, 가난함을 편안하게 여긴다는 일은 보통 사람이 실천하기 어려운 처지이지만 선생은 거기에 처하기를 여유 있는 듯이 하였고, '오활(迂闊)' 두 글자는 일생토록 비난을 받는 매개물이 되었지만 선생이 받아들이고 사양하지 않았습니다. 사람들이 어려워하는 것을 홀로 편안하게 여기고 사람들이 비웃는 바를 홀로 좋아하였습니다. 이것은 터득한 바와 믿는 바가 어찌 근원하는 것이 없이 그렇게 되겠습니까.

아, 덕을 숭상하는 세대가 멀고 자기의 마음을 알아주는 사람이 단절되었으니, 선생이 불신의 자리에 있으면서도[127] 이존(二尊)[128]의 귀함이 있었고 견디기 어려운 근심에 처하면서도 집을

있냐고 묻는다면, 마음이 멀면 땅은 절로 외진다고 답하겠소.〔結廬在人境, 而無車馬喧. 問君何能爾? 心遠地自偏.〕"라는 말이 나온다.

127 불신의 자리에 있으면서도 : 공이 1577년(선조10)에 임피 현령(臨陂縣令)이 되어 선정을 베풀었다. 그러나 많은 빈한한 친척과 고구(故舊)들을 주휼해 준 것이 도리어 관아의 문에 간알하는 사람이 시장과 같이 많이 모였다고 하면서 대평(臺評)에게 탄핵을 받게 되었다. 이에 이후백(李後白)이 "일찍이 《대학》에 발문을 지은 고응척이 어찌 이와 같을 리가 있겠는가. 반드시 오해의 불신이 있을 것이다."라 하고 공을 24번이나 의망(擬望)하였다.

128 이존(二尊) : 삼달존(三達尊) 중 장수한 치존(齒尊)과 덕이 높은 덕존(德尊)을 말한다.

윤택하게 하는 부함[129]이 있었음을 누가 알겠습니까. 지금 세상에 이른바 학자는 입으로 외우고 귀로 기억하며 과거에 급제하여 벼슬에 진출하려고 하면서 도리어 선생을 헐뜯으니, 아 또한 스스로를 헤아리지 못한 것입니다.

저 소자(小子)는 매우 보잘것없는 사람입니다. 어릴 때 가르침을 받음에 병산(屛山)의 삼자부(三字符)[130]를 공경히 명심하였으나 노년이 되도록 어긋나고 있습니다. 매양 사광(師曠)의 병촉(炳燭)의 경계[131]를 가슴에 새겼으나 천 길의 탁한 황하[132]에 골몰

129 집을……부함 : 《대학장구(大學章句)》 전6장에 "부는 집을 윤택하게 하고, 덕은 몸을 윤택하게 해서 마음이 넓어지고 몸이 펴지게 한다. 그러므로 군자는 반드시 자기의 뜻을 참되게 하는 것이다.〔富潤屋, 德潤身. 心廣體胖. 故君子必誠其意.〕"라는 말이 나온다. 여기서는 두곡이 가난함에 처하여도 마음이 넓어지고 몸이 펴졌다는 말이다.

130 병산(屛山)의 삼자부(三字符) : 주희(朱熹)가 어렸을 적에 유병산(劉屛山)을 모시고 있었는데 도(道)에 들어가는 공부의 차례를 묻자, 유병산이 "나는 《주역》에서 덕(德)으로 들어가는 문을 얻었다. 이른바 '불원복(不遠復)'이 나의 삼자부(三字符)이니, 너는 힘쓸지어다."라고 하였다. 《晦庵集 卷90 屛山先生劉公墓表》 병산(屛山)은 유자휘(劉子翬)의 호이다. 불원복은 잘못된 길로 접어든 것이 머지않아 바른 것으로 돌아온다는 뜻이다.

131 사광(師曠)의 병촉(炳燭)의 경계 : 사광은 춘추 시대 진(晉)나라 사람으로, 소리를 잘 구분하는 음악가였다. 진 평공(平公)이 사광(師曠)에게 묻기를, "내 나이 칠십이라 배우고자 해도 이미 늦은 듯하다."라고 하니, 사광이 말하기를 "어찌 촛불을 밝히지 않습니까?……신은 들으니, '어려서 학문을 좋아하는 것은 해가 돋아 오를 때의 햇빛과 같고, 장성하여 학문을 좋아하는 것은 해가 중천에 오를 때의 햇빛과 같으며, 늙어서 학문을 좋아하는 것은 촛불을 밝혀 밝게 하는 것과 같다.'라고 하였습니다. 촛불을 밝혀 밝게 하는 것이 어둠 속에 길을 가는 것과 어느 것이 낫겠습니까?〔何不炳燭乎?……臣聞之少而好學, 如日出之陽, 長而好學, 如日中之光, 老而好學,

해 있습니다. 어려서 집을 떠나 타향살이하면서 고향 집으로 돌아오지 않았거늘,[133] 추향할 바를 조금이나마 안 것은 선생의 깨우쳐주는 가르침 덕분이었습니다. 아직도 소경이 지팡이로 길을 걷는 것[134]은 바로 소자가 바른 도리에 돌아옴에 혼미한 것입니다.[135] 생존하실 때 경서를 배워서 학업을 마치지 못하였고 돌아가셔서는 반함(飯含)을 보며 널을 만드는 일에 참여하지 못했으니, 다만 유명 간에 죄를 지었을 뿐만 아니라 또한 평소에 스스로 저버림이 있는 것입니다. 애통하고 끝이로다. 후회한들 어찌 미치겠습니까.

如炳燭之明, 炳燭之明, 孰與昧行乎?〕"라고 하였다. 《說苑 建本》

132 천……황하 : 황하의 물은 흐린데 그것이 천 길이나 되니, 맑게 할 날이 없다는 것이다. 《포박자(抱朴子)》 〈가돈(嘉遯)〉에 "한 치 아교로 황하를 다스릴 수 없다.〔寸膠不能治黃河〕"라고 하였는데, 이것을 인용하여 주희가 〈수남헌(酬南軒)〉 시에서 "어찌 알랴 조그마한 아교가, 천 길의 혼탁함을 구할 줄을.〔豈知一寸膠, 救此千丈渾.〕"이라고 하였다.

133 어려서……않았거늘 : 어려서 집을 떠나 오래도록 타향에서 편안하게 살다 보니 마침내 고향에 돌아갈 줄도 모르게 된 경우를 말하니, 잡된 학문에 오래 방황하며 정통의 학문으로 돌아올 줄 모르는 것을 의미한다. 《장자(莊子)》 〈제물론(齊物論)〉에 "내가 삶만을 좋아하는 것이 미혹된 것이 아닌 줄 어찌 알랴. 그리고 내가 죽음을 싫어하는 것 역시 어려서 집을 떠나 돌아갈 줄을 모르는 것이 아니라고 어떻게 단언할 수 있으랴.〔予惡乎知說生之非惑邪? 予惡乎知惡死之非弱喪而不知歸者邪?〕"라고 하였다.

134 소경이……것 : 원문 '적식(擿埴)'은 명행적식(冥行擿埴)의 준말이다. 한(漢)나라 양웅(揚雄)의 《법언(法言)》 〈수신(修身)〉에 "맹인(盲人)이 지팡이로 땅을 짚으면서 길을 찾을 적에 비록 대낮이라도 밤과 다를 것이 없다."라고 하였다.

135 바른……것입니다 : 원문 '미복(迷復)'은 도(道)를 잃은 것이 이미 멀어 다시 돌아갈 곳이 없는 것을 뜻하는데, 《주역》 〈복괘(復卦) 상육(上六)〉에 "돌아옴에 혼미하므로 흉하다.〔迷復, 凶.〕"라고 한 말에서 유래한다.

아, 취병산(翠屛山)에 천 권의 책은 처량한 생계로 다시 찾아 주는 이 없지만 낙동강 가의 배에 뜬 달은 여전히 옛날과 같이 산뜻함에 탄식할 만합니다. 여산(廬山)의 정초(庭草)[136]는 시들었고 용문산(龍門山)의 끊어진 거문고 줄을 누가 잇겠습니까.[137] 단잔으로 길게 애통해하니 우주가 더욱 좁습니다.

136 여산(廬山)의 정초(庭草) : 염계(濂溪) 주돈이(周敦頤)가 여산(廬山) 연화봉(蓮花峯) 아래에 옮겨 와 살면서, 창 앞뜰에 풀이 무성해도 제거하지 않았는데, 누가 그 까닭을 묻자 "나의 의사(意思)와 저 풀의 의사가 서로 같다." 하였다. 즉, 풀도 나와 마찬가지로 살려는 생(生)의 의사가 있다는 것이다. 《近思錄 卷14》

137 용문산(龍門山)의……잇겠습니까 : 용문산은 황하 주변에 있는 산이다. 이곳에서 생산되는 오동나무는 거문고를 만드는 데 사용되는데, 높이가 백 척으로 가지도 없다고 한다. 끊어진 거문고의 줄은 백아(伯牙)와 종자기(鍾子期)의 고사이다. 용문산에서 나는 오동나무로 만든 거문고의 끊어진 줄을 누가 이을 것인가라는 뜻이다.

박순백[138]에 대한 제문

祭朴純伯文

모년 모월 모일에 족우(族友) 결의(結義) 형제 생원 최현(崔晛)은 처사(處士) 박공(朴公) 순백씨(純伯氏)의 영전에 와서 곡합니다. 아, 박형이여! 제가 어찌 차마 우리 형을 곡하리오. 지난번에 제가 진성(眞城)과 안동(安東)에 있을 때 형이 돌아가셨다는 소식을 듣고 처음에는 놀라서 혼절하여 땅에 넘어졌습니다. 열흘이 되어서는 의혹하면서 전달된 소식이 망령된 거짓말이었을 것이라고 의심하였습니다. 한 달을 넘겨서는 비통하여 다시는 형과 얼굴을 보며 그 죽은 이유를 따질 수 없음을 한스러워하였습니다.

아, 박형이여! 그대는 어떠한 사람인데, 지금 어찌하여 저승으로 돌아갔습니까. 아득하고 아득한 인간 세상에 형과 같은 이를 볼 수가 없으니, 바람에 쏠리고 물결에 휩쓸리는 즈음에 지키는 바의 마음이 확고하였음을 더욱 징험하겠습니다. 우뚝한 산악과 송죽(松竹) 같은 존재는 거대한 파도와 상설(霜雪)이라도 감히 털끝만큼도 요동시킬 수 없으니, 정히 이른바 물에 잠기게 하여도 죽일 수 없고 불에 태워도 죽일 수 없으며 난세에 처해도 화를 입

138 박순백(朴純伯) : 박수일(朴遂一, 1553~1597)이다. 본관은 밀양(密陽), 자는 순백, 호는 건재(健齋)로 선산(善山)에 거주하였다. 이황(李滉)과 노수신(盧守愼)의 문인이다. 임진왜란과 정유재란 때 창의하고 군자감 정(軍資監正)을 지냈다. 정유재란 때 전사하였다. 저서로는 《건재일고》가 있다.

힐 수 없는 자입니다. 이 점을 사람들이 우리 형에게 다 함께 믿었던 것인데, 지금 이렇게 죽는 극한 상황에 이르렀으니 제가 어찌 의혹하지 않을 수 있겠습니까. 의혹해도 풀리지 않아 허둥지둥하며 마치 그 원인을 구하였으나 해결할 수 없는 것이 여러 날이 되었습니다. 대중의 말도 그대를 아는 사람이든 알지 못하는 사람이든 그대의 죽음을 애석히 여기고 그 이치를 괴이하게 여기지 않음이 없으니, 우리 형의 덕이 사람들의 이목에 푹 젖어든 것이 오래임을 알겠습니다. 그럼에도 불구하고 이 세상에 능력을 베풀지 못하여 그대를 알아주는 자가 애통하게 여길 뿐만 아니거늘 지금 도리어 불초자에게 구실이 되고 착한 자에게 저지당하니, 하늘의 화복과 선악의 이치가 과연 어떠합니까. 제가 어찌 길이 한탄하고 애통해함이 오래될수록 더욱 절실하지 않을 수 있겠습니까.

근래 옥산 태수(玉山太守) 이군(李君)[139]은 군자다운 사람으로 형과 저에게 모두 막역한 친구입니다. 저의 비통함을 가련히 여기고 저의 의혹을 풀어 주며 말하기를 "하늘이 덕 있는 사람을 돕는 것이 평상의 도리이지만 운수가 궁하면 하늘도 그 평상의 도리에 반대로 하고, 선한 사람이 복을 받는 것이 떳떳한 원리이나 재변(災變)이 극한 데 이르면 선한 사람이 또한 재앙에 걸린다. 오늘날만 그런 것이 아니라 예로부터 그러함이 있었다. 그러나 덕이

139 옥산 태수(玉山太守) 이군(李君) : 이보(李輔, 1545~1608)를 말한다. 본관은 연안(延安), 자는 경임(景任), 호는 남계(南溪)이다. 유성룡(柳成龍)의 문인으로 1590년 생원시에 합격하였다. 임진왜란 때 의병으로 활약하였으며 인동(仁同)을 임시로 맡아 다스렸다. 당진 현감이 되었다가 다시 인동 현감이 되어 선정하였기에 주민들이 거사비(去思碑)를 세웠다. 옥산은 인동의 별호이다.

있으면서 하늘의 도움을 받지 못하는 자는 명성이 불후하고, 덕이 없으면서 복을 받는 자는 세상에 알려짐이 없다. 선한 일을 하면서 재앙에 걸리는 자는 영광스럽고 불선하면서도 오래 사는 자는 칭송됨이 없다. 지란(芝蘭)이 불에 타나 더욱 향기로우니 어찌 쓸모없는 나무가 장수하는 것[140]을 부러워하리오. 양옥(良玉)이 부서지나 더욱 빛나니 질그릇으로 온전한 것을 애달파할 만하네.[141]

순백의 덕으로 이 세상을 교화할 수 있거늘 푸른 하늘에 도움을 받지 못한 것은 운수의 궁함을 만난 것이 아닌가. 순백의 효성으로 해를 멀리하여 몸을 온전히 보존할 수 있거늘 난세에 몸을 보존하지 못한 것은 재변의 극함을 만난 것이 아닌가. 그러나 그 몸을 온전히 보존하지 못하였지만 반드시 하늘의 이치를 온전히 하였으니, 몸을 온전히 하여 죽었다고 말하지 않겠는가. 자신의 몸에 도움을 받지는 못하였지만 반드시 그 후손이 도움을 받았으니 그 덕에 도움을 받았다고 말하지 않겠는가. 하늘의 이치를 온전히 하여 죽었고 그 후손이 도움을 받았으니, 내가 순백에게 어찌 한스러워하랴. 세상에 화를 면하기를 바라고 구차하게 살면서

140 쓸모없는……것 : 본문의 '역(櫟)'은 상수리나무로 크기만 할 뿐 아무 쓸모가 없어서 어떤 목수도 돌아보지 않는다고 한다. 때문에 대목수가 베어 가지 않아 그대로 오래도록 안전하게 살 수 있다고 한다. 《莊子 逍遙遊》

141 양옥(良玉)이……만하네 : 《북제서(北齊書)》 권41 〈원경안열전(元景安列傳)〉에 "대장부가 차라리 옥그릇으로 부서짐을 당할지언정, 질그릇으로 온전하기를 바랄 수는 없다.〔大丈夫, 寧可玉碎, 不能瓦全.〕"라고 한 말이 있는데, 이 말은 차라리 정의(正義)를 위해서 죽을지언정 구차히 생명을 보전하기를 원치 않는다는 강한 절의를 비유한 말이다.

절로 나고 절로 죽는 자와는 같은 수준에서 말할 수가 없다. 내가 살아 있는 것은 죽은 것과 같고 순백이 죽은 것은 살아 있는 것과 같다. 안연(顔淵)이 장수하지 못한 것 때문에 그 덕을 보잘것없게 여기지 않으며, 중유(仲由)가 천명을 받지 못했다고 하여 그 명성을 매몰시킬 수 없다.[142] 내가 순백에 대하여 다시 무엇을 슬퍼하리오."라고 하였다. 이에 저의 의혹이 조금 풀렸으나 저의 슬픔은 끝이 없었습니다. 제가 우리 박형을 슬퍼하는 것이 아니라 우리 형을 잃은 것을 스스로 슬퍼합니다.

아, 박형이여! 그대는 어찌 여기에 그쳤습니까. 형을 아는 자가 많고 형을 모르는 자가 더욱 많습니다. 사람들이 형을 알든 알지 못하든 형에게는 조금의 손익이 없습니다. 덕회(德晦) 장씨(張氏)[143] 어른은 형의 벗이며 저의 스승입니다. 성백(誠伯) 박군(朴君)[144]은 저의 벗이며 형의 동생입니다. 형이 저를 알아줌이 형이 저와의 관계같이 함을 알겠고 제가 형을 앎이 제가 형과의 관계같이 함을 알겠습니다. 따뜻한 얼굴과 순수한 자질, 청고(清苦)한 조행(操行)과 순정(淳正)한 학문은 형을 보는 사람들이 모두 심복하고 형에 대하여 듣는 자들이 모두 흠뻑 취하였습니다. 형이

142 중유(仲由)가……없다 : 중유는 공자 제자 자로(子路)이다. 그가 위(衛)나라 출공첩(出公輒)의 난리에 죽어서 자기 명대로 살지 못하였다. 때문에 공자는 "중유는 명대로 죽지 못할 것이다.〔若由也, 不得其死然.〕"라고 하였다. 《論語 先進》

143 덕회(德晦) 장씨(張氏) : 장현광(張顯光, 1554~1637)을 말한다. 본관은 인동(仁同), 자는 덕회, 호는 여헌(旅軒), 시호는 문강(文康)이다.

144 성백(誠伯) 박군(朴君) : 박성일(朴成一, 1562~1601)이다. 본관은 밀양(密陽), 자는 성백, 호는 풍뢰당(風雷堂)으로 선산(善山)에 거주하였다.

사람들이 알지 못하는 것을 알고 사람들이 보지 못하는 것을 보는 데 이르러서는 우리 여러 사람이 동일하게 인정하지만, 형이 스스로만 알고 우리 여러 사람들이 알지 못하는 것이 또한 어찌 한량이 있겠습니까. 경서의 가르침에 마음을 노닐어 전하지 않는 오묘한 뜻을 터득하고, 밤에는 생각하고 낮에는 실천하여 일상생활의 온갖 변화에 대응합니다. 무릎을 안고 길게 시를 읊으면서도[145] 경세제민(經世濟民)할 큰 솜씨를 감추었고, 형편없는 밥을 먹고 물을 마시면서도 난리에 처하여 넉넉하게 여유가 있었습니다. 이것은 대개 흉중에 얻은 것이 천만의 곳집에 가득하였으나, 세상 사람들은 엿볼 수가 없었습니다.

낙동강 물가에 넉넉하게 노닐었던 것은 즐기는 바가 아니었고, 미리 국가의 우환을 내다보았으나 더욱 스스로 학식을 감추었습니다. 명예에 대하여 머리를 흔들며 기피하여 집을 나서지 않았고, 장차 만권의 도서를 읽으며 길이 늙다가 죽을 것으로 여겼습니다. 형의 덕택으로 일선(一善)의 강산이 은하수의 밝은 빛을 받았고, 선사(先師)의 학업을 발휘(發揮)하여 추로(鄒魯)의 고을을 더럽힘이 없었으니, 형이 도를 또렷이 보여 주면[146] 제가 마땅히

145 무릎을……읊으면서도 : 이는 큰 재주를 품고 있으나 아직 세상에 나가지 않은 현자의 태도를 의미한다. 일찍이 제갈량(諸葛亮)이 남양(南陽)에 있을 때 항상 무릎을 끌어안고 길게 시를 읊었다고 한다.

146 또렷이 보여 주면 : 원문 '약여(躍如)'는 장차 화살을 쏘려 하여 조금 그 발을 들고 뛰려는 자와 같이 또렷하게 보여 주는 모습이다. 《맹자》 〈진심 상(盡心上)〉에 "군자는 활을 당기고 쏘지 않으나, 또렷이 보여 주어 적중한 도로 서 있으면 능한 자가 따르는 것이다.〔君子引而不發, 躍如也, 中道而立, 能者從之.〕"라고 하였다.

따랐습니다. 외물의 기쁨과 슬픔으로 자신의 즐거움을 바꾸지 않았는데, 불행하게도 지금 중도에서 재앙을 만났습니다. 저에게 귀가 있더라도 누가 제가 들을 수 있게 해 주겠으며, 저에게 눈이 있더라도 누가 제가 볼 수 있게 해 주겠으며, 혼미하고 어리석어도 누가 저를 깨우쳐 주겠습니까.

끝이로다. 영원히 형의 가르침을 받을 수가 없게 되었습니다. 이 때문에 제가 형을 슬퍼하는 것이 아니라 제 스스로를 슬퍼합니다. 아아, 용암 선생(龍巖先生)[147]의 덕행(德行)으로도 우리 형을 요절하게 하였으며 우리 형의 순명(純明)한 자질로도 고종명(考終命)을 잘 하지 못하였으니, 하늘이 아마도 뒷날에 바른 여론을 결정하여 그 후사를 도우려는 것입니까. 저는 이에 보잘것없는 제수를 갖추어 곡하는데, 옥산 태수의 뜻을 말하여 저의 의혹을 풀어서 여러 상주들을 위로합니다. 말이 저의 뜻을 다하지 못한 채 저의 애달픔을 부칩니다.

147 용암 선생(龍巖先生) : 박운(朴雲, 1493~1562)이다. 본관은 밀양(密陽), 자는 택지(澤之) 또는 백유(伯濡), 호는 용암이다. 박수일의 조부이다. 박영(朴英)과 이황(李滉)의 문인이다. 1519년 진사에 합격하였으며 효행이 출중하였다. 낙봉서원(洛峰書院)에 제향되었다. 저서로는 《용암집》, 《격몽편(擊蒙編)》, 《경행록(景行錄)》, 《삼후전(三侯傳)》 등이 있다.

노구중[148]에 대한 제문 이름은 경필이다. 을미년(1595, 선조28) 여름에 안기 찰방으로 역관에서 갑자기 죽었다. 고향으로 반장하였다가 이해 겨울에 개장하였다.

祭盧懼仲文 名景佖 乙未夏 以安奇察訪暴卒于驛館 返葬古丘 是冬改葬

을미년(1595)	歲屬青羊
11월	月生一陽
을미일은	日惟配甲
좋은 때이네	玆辰之良
제가 노군을 보내니	我送盧君
저 구천으로 가네	適彼泉鄉
통에 포과를 싸고	包果于榼
술잔에 술을 따랐네	浥酒于觴
제수가 깨끗하고 술이 맑으니	旣蠲旣淸
어찌 군이 드시지 않으랴	君胡不嘗
군이 갑자기 돌아가시니	君歸之遽
저의 한스러움이 많네	我恨之長
저의 통곡 소리 애통함을	我哭之慟

148 노구중(盧懼仲) : 노경필(盧景佖, 1554~1595)이다. 본관은 안강(安康), 자는 구중, 호는 역정(櫟亭)으로 선산에 거주하였다. 정구(鄭逑)의 문인으로 1573년 생원시에 합격하였다. 임진왜란이 일어나자 의병을 일으켜 왜군과 맞서 싸웠고, 1594년(선조27) 안기 찰방(安奇察訪)이 되어 안동 부사(安東府使)를 겸임하였다. 저서로 《역정일고(櫟亭逸稿)》가 있다. 구미의 문산서원(文山書院)에 제향되었다.

군은 알지 못하리라	君莫之詳
근래에 들어서	閱歲年來
최고로 비통하고 상심되거늘	最堪悲傷
이분마저 돌아가시니	斯人又逝
내가 누구와 선을 행할까	吾誰與臧
우리 군이 세상에 있을 때	我君在世
정련한 금이며 강건한 옥이었네	金精玉剛
뜻을 연마하여 마음이 꿋꿋하고	礪志內植
의리를 실행하여 믿음이 향기 났네	服義信芳
우리 선산 옛 고을은	惟我舊邑
추로의 지역으로	鄒魯之邦
도통을 전하고 받으니	有傳有受
끼친 교훈이 성대하네	遺訓洋洋
군은 가정의 가르침을 받아	君承庭敎
일찍 면장[149]에서 벗어났네	早脫面墻
부지런히 공부하여 능력을 한계 짓지 않고	孜孜無畫
승당과 입실[150]에 들기를 기약하였네	期躋室堂

149 면장(面墻) : 장면(墻面)과 같은 뜻으로, 이치를 몰라 담장을 마주하고 선 것처럼 앞이 캄캄한 것을 가리킨다. 공자가 아들 백어(伯魚)에게 "너는 《시경》의 〈주남(周南)〉과 〈소남(召南)〉을 배웠느냐? 사람으로서 〈주남〉과 〈소남〉을 배우지 않으면 바로 담장을 마주하고 선 것과 같다."라고 한 말에서 유래하였다. 《論語 陽貨》

150 승당(升堂)과 입실(入室) : 마루에 오르고 방에 들어가는 것으로 유학의 경지에 조예가 높음을 비유하는 말이다. 《논어》 〈선진(先進)〉에 "자로(子路)는 마루에는 올랐으나 아직 방에는 들어오지 못했다.〔由也, 升堂矣, 未入於室也.〕" 하였다.

뜻이 이미 돈독하니 志旣篤矣
벗을 취함에도 방정하였네 取友亦方
마음과 향기를 같이한 친구[151]는 同心同臭
박수일(朴遂一)과 장현광(張顯光)이네 維朴維張
만년에 넉넉하게 교유하며 優游晩歲
그들과 함께 노닐었네 與爾徜徉
저는 비록 미련하였지만 我雖頑樸
또한 그들의 큰 길을 따라갔네 亦循周行
군의 책려를 받으니 蒙君策勵
감히 분발하지 않으랴 敢不激昂
맑은 강물에서 달을 구경하고 澄江得月
명경지에서 서늘함을 맞이하였네 明鏡迎凉
서로 마주하고 흉금을 헤치며 相對披襟
맑은 달빛을 함께 완미하였네 共翫淸光
어느 여가에 외물을 사모하랴 何暇外慕
즐거움이 장차 끝이 없었네 樂且無央
어찌하여 우환을 만났던가 如何遘閔
왜구들이 으르렁거리며 날뛰었네 海寇狺猖
우리의 산천을 피로 물들이고 血我川原

151 마음과……친구 : 우정이 매우 두터운 친구인 금란지교(金蘭之交)라는 말로, 《주역(周易)》 〈계사전 상(繫辭傳上)〉에 "두 사람이 마음을 같이하니 그 예리함이 쇠를 끊는다. 마음을 같이하는 말은 그 향기가 난초와 같다.〔二人同心, 其利斷金. 同心之言, 其臭如蘭.〕"라고 하였다.

우리의 의상을 더럽혔네　腥我衣裳
군이 눈물을 휘날리며 의리를 분발하니　揮涕奮義
뜻이 나라를 도와 바로잡는 데 있었네　志存扶匡
산을 옮겨 바다를 메우는데　移山塡海
어찌 역량을 계교하리오[152]　何可較量
찰방에 임명되는 것은　馹官之除
군이 바라는 바가 아니었네　非君所望
의리상 난리를 사양하지 못하여　義不辭難
힘써 임지로 달려갔네　黽勉趨蹌
시절은 어렵고 할 일은 많아　時艱事殷
업무 처리에 겨를이 없었네　將毋未遑
임금과 어버이를 생각하며　君親係念
애간장을 다 태웠네　煎肺焦腸
세상을 걱정하느라 양쪽 살쩍이　憂世雙鬢
늙기도 전에 먼저 희어졌네　未秋先霜
그래도 믿을 것이 있었으니　猶有所恃
정신과 기운이 더욱 건장함이었네　神氣益莊
어찌 진원의 기혈에 병이　那知眞元
몰래 파고들어 손상될 줄을 알았으랴　暗鑠潛戕
저는 장차 누구와 함께할까　將誰爲與
선인이 죽었구나　善人云亡

152 산을……계교하리오 : 산을 옮겨 바다를 메우는 것은 매우 어려운 일이나 나라와 임금을 위하여 자신의 역량을 돌아보지 않고 최선을 다하였다는 말이다.

선자에게 복을 주는 것이 천리이거늘	福善者天
지금은 어찌 평상과 반대가 되었는가	今胡反常
인자는 장수한다는 이치는	壽仁者理
지금 어찌 아득하게 되었는가	今何渺茫
옛날 현자도 이런 재앙을 받았으니	昔賢所受
지금 군에 있어서 무슨 상관이리오	在今何妨
세 그루의 홰나무가 못 자랐으니[153]	槐不成三
아, 저 푸른 하늘은 무슨 마음인가	嗚呼彼蒼
군이 죽은 뒤로부터	自君之逝
나라의 형편은 더욱 갈팡질팡	勢益蒼黃
죽고 사는 것도 알 수 없으니	不知死生
누가 복을 받고 누가 재앙을 받았는가	誰福誰殃
고향의 동산은 어제와 같은데	故園如昨
거기서 영혼이 서성거리네	魂庶彷徨
한 번 청산에 누운 뒤로부터	一枕青山
만사가 황량몽[154]과 같네	萬事黃粱

153 세……자랐으니 : 자손이 잘 성장하지 못하였다는 뜻이다. 송(宋)나라의 왕호(王祜)가 뜰에다 세 그루의 홰나무를 손수 심으면서 말하기를, "나의 자손 가운데는 반드시 삼공(三公)의 자리에 오르는 자가 있을 것이다." 하였는데, 그 뒤에 왕호의 아들 왕단(王旦)이 과연 정승이 되었으며, 손자인 왕소(王素), 증손자인 왕공(王鞏)도 모두 훌륭한 인물이 되었다. 소식(蘇軾)의 〈삼괴당명(三槐堂銘)〉에 나오는 이야기이다.

154 황량몽(黃粱夢) : 부귀공명의 덧없음을 비유한 말이다. 당(唐)나라 때 노생(盧生)이 한단(邯鄲)의 여사(旅舍)에서 도사(道士) 여옹(呂翁)을 만나 자신의 궁곤한 신세를 한탄하자, 여옹이 주머니 속에서 베개 하나를 꺼내 주면서 "이 베개를 베

흘러가는 물은 오열하고　逝水嗚咽
뭉게구름은 드날리네　繁雲悠揚
영혼이여 돌아올지어다　魂兮歸來
한 가닥 맑은 향 연기로　一炷淸香
저의 작은 정성 굽어 살피시어　鑑我微誠
저의 보잘것없는 제수를 흠향하소서　右我菲將

면 영달(榮達)할 수 있다." 하였다. 때마침 여사의 주인이 황량(黃粱 : 누른 기장)을 찌기 시작하였고 노생은 베개를 베고 잠이 들었다. 꿈속에서 노생은 미인인 최씨(崔氏) 여자에게 장가들어 훌륭한 자녀를 많이 낳았고 진사시(進士試)에 급제하여 벼슬이 재상에 이르는 동시에 아들 5형제가 다 벼슬하고 손자도 10여 명이나 되었으며, 80세가 넘어서 죽었는데, 꿈을 깨고 나니 황량이 아직 익지 않았더라는 고사이다. 《枕中記》

박 대구[155] 홍장에 대한 제문

祭朴大丘弘長文

아! 영공이여	嗟乎令公
명이 여기에 이르고 말았습니까	命至斯耶
이미 태어나게 해 놓고는	夫旣生之
목숨을 빼앗아 간 이는 누군가	奪者伊誰
공이 이 세상에 태어날 때	公之生世
하늘이 천리마를 풀어놓았네	天放驥騏
안중에는 사해가 다 비었고[156]	眼空四海
험한 길을 평탄한 것처럼 보았네	視險如夷
장도에 오르기 전에도	長途未騁
세상살이가 험준하였네[157]	世路險巇

155 박 대구(朴大丘) : 박홍장(朴弘長, 1558~1598)이다. 본관은 무안(務安), 자는 사임(士任)으로 의장(毅長)의 아우이다. 1580년(선조13) 무과에 급제하였다. 1596년(선조29) 대구 부사(大丘府使)로 있을 때 유성룡(柳成龍)의 추천으로 통신사의 부사가 되어 정사 황신(黃愼)과 더불어 강화의 중책을 띠고 일본에 갔다. 풍신수길(豊臣秀吉)이 조선의 사절을 멸시, 국서에 답하지 않았으나 조금도 굴함이 없이 국가의 체면을 욕되게 하지 않고 돌아왔다. 그해 순천 부사를 거쳐 상주 목사 재임 중에 죽었다. 사후에 형 의장과 함께 영해(寧海)의 구봉정사(九峰精舍)에 제향되었다.

156 안중에는……비었고 : 이 세상 사람 중에는 뛰어난 자질을 겨룰 만한 사람이 없었다는 뜻이다. 소식의 시 〈서단원자소시이태백진(書丹元子所示李太白眞)〉에 "아미산과 민산이 가로놓인 서쪽 태백산, 그처럼 눈이 높아 사해에는 사람이 없었어라.〔西望太白橫峨岷, 眼高四海空無人.〕"라고 하였다. 《蘇東坡詩集 卷37》

그러나 공의 장대한 뜻은	公之壯志
붕새가 천지를 치고 오르는 격이었네	鵬擊天地
기상은 바다를 좁게 여겼고	氣隘溟海
교룡을 개미처럼 보았네	蟻視蛟螭
그러나 하늘에 드리운 날개는	垂天有翼
거두어 날지 못하였네	戢而不飛
공이 스스로 심은	公之自樹
곧은 소나무 백 아름이네	貞松百圍
서리 내리는 언덕에 특별히 빼어나	特秀霜崖
우뚝하여 요동하지 않네	挺然不移
세상에 뛰어난 목수 없으니	世無匠石
큰 집을 짓는 데 누가 쓸까	大廈誰支
아아! 영화와 이익은	嗟嗟榮利
사람들이 모두 눈독을 들이는 곳이네	人所共窺
사람들이 조맹[158]의 문전에서	趙孟門前
얼굴에 땀을 흘리는 비굴한 노비 같네	汗顔膝婢

157 장도(長途)에……험준하였네 : 장도는 1596년에 통신사의 부사로 강화의 중책을 띠고 일본에 사신으로 간 것을 말한다. 그는 과거에 합격한 이후 서북 변방에 수자리에서 10여 년을 지냈고 제주도 판관으로 6년을 재임하는 등 험난한 벼슬살이를 하였다.

158 조맹(趙孟) : 춘추 시대 진(晉)나라의 최고 권세가인 경(卿)을 가리키는데, 그는 남에게 벼슬을 주어 귀하게 할 수도 있고, 벼슬을 빼앗아서 천하게 할 수도 있으므로, 맹자(孟子)가 이르기를, "조맹이 귀하게 해 준 사람을 조맹이 다시 천하게 할 수도 있다.〔趙孟之所貴, 趙孟能賤之.〕"라고 하였다. 《孟子 告子上》

누가 영공을 두고 생각했으랴	孰謂令公
무인이면서 몸가짐을 중시할 줄을	武人自持
승진과 침체를 운수에 맡기고	升沈任數
지조는 더욱 기특하였네	志操愈奇
아아! 입과 배의 육체는	嗟嗟口腹
사람들이 영위하는 것으로	人所營爲
궁핍하면 슬퍼하고	窮則戚戚
이로우면 구구하게 추구하네	利則規規
누가 영공을 두고 생각했으랴	孰謂令公
장부이면서 굶주릴 것이라고	丈夫而飢
소량의 곡식도 자주 떨어졌으나	甔石屢罄
한결같이 웃으며 기뻐하였네	一笑怡怡
아아! 일본에 사신 가는 두려운 길은	嗟嗟畏途
사람들이 모두 위태롭게 여겼네	人所共危
풍파가 하늘에까지 치고	風濤拍天
고래와 악어가 으르렁거리며 엿보네	鯨鰐狺伺
누가 영공을 두고 생각했으랴	孰謂令公
오랑캐에서도 행할 수 있다고[159]	蠻貊可之

159 풍파가……있다고 : 박홍장이 위험을 무릅쓰고 통신사의 부사가 되어 일본에 사신을 가서 조금도 굴함이 없이 국가의 체면을 욕되게 하지 않고 돌아온 것을 말한다. 오랑캐〔蠻貊〕는 일본을 말하니, 일본에서도 언행이 먹혀들었다는 말이다. 자장(子張)이 행해짐〔行〕을 물은 데 대하여 공자가 이르기를 "말이 충신하고 행실이 독경하면 오랑캐의 나라에서도 행해질 수 있거니와 말이 충신하지 못하고 행실이 독경하지 못하면 주리에선들 행해질 수 있겠는가.〔言忠信, 行篤敬, 雖蠻貊之邦行矣. 言

나라의 사신으로 갔다 옴이여	邦傳使乎
비단옷을 입고 고향에서 빛났네	鄉耀錦衣
저는 세상과 어울리기 어려웠지만	生也寡合
유독 공의 알아줌을 받았네	獨許公知
공의 맑은 위의에 심복하고	服公淸儀
공의 풍모를 공경하였네	揖公風姿
공이 능력을 펼 수 있었다면	謂公得展
난을 평정함을 기약할 수 있다고 생각했네	撥亂可期
공의 명성 바야흐로 중망을 받았기에	公名方重
인망이 대장군으로 기대하였네	望屬旄旗
공이 병이 나서 치료할 수 없었으니	公病不醫
세상의 운수가 쇠퇴한 것이네	世運其衰
공의 큰 재주가	嘆公大才
겨우 백 리에 베푼 것[160]을 탄식하네	百里僅施
공의 원대한 책략이	惜公遠略
편비장에 매였음을 애석해하네	縶乎褊裨
공은 태어남이 늦은데	公生之晚
공이 갑자기 돌아가셨네	公遽其歸
공에게 무슨 한스러움이 있겠는가	在公何恨
제가 공을 위하여 비통해하네	我爲公悲
비통해한들 어찌하리오	悲之爲何

不忠信, 行不篤敬, 雖州里行乎哉?]"라고 하였다. 《論語 衛靈公》

160 백……것 : 대구 부사 등 지방 고을 원을 지낸 것을 말한다.

사랑해도 따라갈 수 없네	愛之莫追
한 잔의 술로 길게 애통해하니	一杯長慟
저의 사적인 마음 때문이 아니네	非爲吾私

조 함양[161] 종도 을 조곡하는 글 기해년(1599, 선조32)
哭趙咸陽 宗道 文 己亥

오호라	嗚呼
어르신의 우뚝함이여	丈人之卓犖兮
뜻은 어찌 그리도 크고도 걸출하였습니까	志何瑰而傑也
충신을 복행하고 마음 변치 않음이여	服忠信而靡他兮
행실은 어찌 그리도 수칙하고 열렬하였습니까	行何修而烈也
학문은 남명에게 배워 교화되니	學遡風於南冥
의리와 이익을 분명하게 판가름하였네	判義利之截也
문장은 비단처럼 고운 것을 비루하게 여기고	文鄙夷乎纖麗
하늘 길에 올라 옥가락지를 떨쳤네[162]	凌天衢而振玉玦也
제나라 피리에 조화의 음을 내지 않고[163]	音不諧於齊竽

161 조 함양(趙咸陽) : 조종도(趙宗道, 1537~1597)이다. 본관은 함안(咸安), 자는 백유(伯由), 호는 대소헌(大笑軒)으로 조식(曺植)의 문인이다. 1558년(명종13) 생원시에 합격하였다. 1592년 임진왜란이 일어나자 초유사(招諭使) 김성일과 함께 창의하여 의병 모집에 진력하였고, 1596년에는 함양 군수가 되었다. 이듬해 정유재란이 일어나자 명을 받고 안음 현감 곽준과 함께 의병을 규합, 황석산성(黃石山城)을 수축하고 가족까지 이끌고 들어가 성을 지키면서 가등청정(加藤淸正)이 인솔한 적군과 싸우다가 전사하였다. 함안의 덕암서원(德巖書院), 안의의 황암서원(黃巖書院)에 제향되었다. 저서로는 《대소헌집(大笑軒集)》이 있다. 시호는 충의(忠毅)이다.

162 하늘……떨쳤네 : 고문(古文)과 같은 고상한 문장을 지었다는 말이다.

163 제나라……않고 : 자격도 없는 사람이 허명만 지니고서 높은 자리를 차지하는 것을 하지 않았다는 뜻이다. 제 선왕(齊宣王)이 피리 연주를 좋아하여 항상 300인을 모아 합주하게 하자, 남곽처사(南郭處士)라는 사람이 그 자리에 슬쩍 끼어들어 피리

재야에서 맑은 소리 내었네　發淸嘯於林樾也
잠시 벼슬에 나아가 소금 수레를 끄니[164]　暫就服於鹽車
길이 험난하여 넘어졌네[165]　路險巇而顚蹶也
어찌 매우 어려운 세상을 만났던가　何遭世之孔艱
나라가 위태로움에 직면하였네　値邦家之抓捏也
달리는 고래가 갈기를 떨치고 날뛰며　奔鯨振鬣而橫騰
해악을 뒤흔들며 어별을 삼켰네　震蕩海岳呑魚鼈也
저 쥐와 참새처럼 숨는 관리를 어찌 나무라랴　彼首鼠竄雀之何誅
아, 홀로 풍교가 없어짐을 애달파하였네　羌獨哀此風敎之蔑也
공과 같은 무리 몇 사람이　如公輩之幾介
의리의 창을 휘두르며 먼저 시작하였네　揮義戈而先發也
믿을 만한 상벌이 있는 것이 아니거늘　非賞罰之可憑
'의' 자를 내걺이 있었네　有義字之揭也
동지와 약속하여 요새지를 지키려　約同志而守保障
높고 외로운 성에서 적과 대항했네　抗孤墉之屹也

부는 흉내만 내면서 국록을 타 먹곤 하였는데, 선왕이 죽고 민왕(湣王)이 즉위한 뒤에 한 사람씩 연주하게 하자 본색이 드러날까 겁낸 나머지 도망쳤다는 고사가 전한다. 《韓非子 內儲說上》

164 소금 수레를 끄니 : 현재(賢才)가 세상에 제대로 쓰이지 못하고 매몰되어 곤경에 처한 시대를 비유하는 말이다. 옛날에 누구에게도 인정을 받지 못한 늙은 천리마가 소금 수레〔鹽車〕를 끌고 험준한 태항산(太行山)을 넘어가다가 힘에 부쳐서 더 이상 가지 못하고 쓰러졌는데, 백락(伯樂)이 이 말을 알아보고는 통곡하며 옷을 벗어 덮어 주자, 천리마가 백락을 쳐다보며 슬프게 울었다는 이야기가 전한다. 《戰國策 楚策4》

165 길이 험난하여 넘어졌네 : 1589년에 정여립(鄭汝立)의 모반 사건에 연루되어 투옥되었다가 무고함이 밝혀져 석방되었던 것을 말한다.

홀로 무너진 벼랑에 팔을 휘두르며	獨橫臂於崩崖
뼈가 가루가 되는 것을 달게 여겼네	甘糜粉其骨也
산초와 난초 불타고 솔과 계수나무 꺾였으나	椒蘭焚而松桂摧
아름다운 향기가 없어지지 않았네	芳菲菲其未沫也
하란진명은 살아서 악취를 남기니	賀蘭生而遺臭
누가 장순과 허원의 죽음과 같은가[166]	孰與巡遠之磔也
나에게 칼이 있은들 어디에 쓸 것인가	吾有劍其何用兮
달아나는 장군의 머리를 자르지 못함이 한스럽네	恨未擢逃將之髮也
아! 벼슬아치들[167]이 조정에 가득하나	嗟肉食之滿堂
한갓 임금의 봉록만 훔쳐 먹네	徒君祿之竊也
저는 그대의 금옥에 도움이 없었으니	生無補而金玉
공이 방게[168]와 같이 보리라	公視之若蟛蚏也

166 하란진명은……같은가 : 당나라 안녹산의 난 때 하란진명(賀蘭進明)은 하남절도사(河南節度使)에 재직하였다. 안녹산의 부하 윤자기(尹子奇)가 수양(睢陽)을 포위했을 적에, 수양 태수 장순(張巡)과 허원(許遠)이 뇌만춘(雷萬春)과 남제운(南霽雲)을 하란진명에게 보내어 구원을 요청하였으나, 하란진명은 장순의 성위(聲威)가 자기보다 월등함을 시기하여 구원해 주지 않았다. 이에 장순(張巡)과 허원(許遠)은 수양성(睢陽城)을 결사적으로 끝까지 지키다가 부하인 남제운, 뇌만춘 등과 함께 장렬하게 죽고 말았다. 여기서 하란진명은 황석산성 전투에서 도망간 백사림(白士霖)이고 장순과 허원은 장렬하게 죽은 곽준과 조종도이다.

167 벼슬아치들 : 원문 '육식(肉食)'의 뜻이다. 《춘추좌씨전》 장공(莊公) 10년 기사에 "고기 먹는 자들이 잘 알아서 할 텐데, 또 뭣 때문에 끼어드는가.〔肉食者謀之, 又何間焉?〕"라고 마을 사람이 묻자, "고기 먹는 높은 분들은 식견이 낮아서 멀리 꾀하지 못하니까.〔肉食者鄙, 未能遠謀.〕"라고 대답한 조귀(曹劌)의 말이 나온다.

168 방게 : 팽월(蟛蚏)은 방게〔작은 게〕로 음차하여 팽월(彭越)로도 쓴다. 《고금주(古今注)》 〈어충(魚蟲)〉에 "팽월은 작은 게다. 바닷가 갯벌 속에 살며 흙을 먹는데,

공이 저승에서 학봉 어른을 만날 것이니　公歸遻其鶴老
무슨 말을 할지 나는 알지 못하네　我不知其何說也
아! 시절의 형세가 더욱 어려움이여　吁時勢之益艱
분노는 죽어서도 응당 씻기지 않으리　憤入地應未洩也
어찌하여 귀신은 사납게 굴지 않는가　豈其鬼之不厲
어찌하여 적들을 아직도 죽이지 않는가　胡賊徒猶未殺也
저는 무지하여 달리는 고깃덩이[169]지만　汨余貿貿其走肉
어찌 공을 위하여 슬퍼하지 않으리오　寧不爲公而怛也
생존 시에 절차탁마하며 취정[170]받지 못했으나　生不能切磋而就正
돌아가심에 제가 고절에 공경히 절하네　死吾敬拜乎高節也
와서 초장[171]을 올리며 통곡하고　奠椒漿而來哭
푸른 하늘을 우러르니 가슴이 찢어질 것 같네　仰蒼穹兮膽欲裂也

장경이라고도 한다.〔蟚蜞, 小蟹也. 生海邊塗中, 食土, 一名長卿.〕"라는 구절이 보인다.

169 달리는 고깃덩이 : 원문 '주육(走肉)'은 걸어 다니는 시체와 뛰어다니는 고깃덩어리, 즉 행시주육(行屍走肉)이라는 말로, 형체만 갖추었을 뿐 정신은 빈약해서 쓸모없는 사람을 비유하는 말이다. 후한의 임말(任末)이 스승의 상을 당해 급히 달려가다가 길에서 죽었는데, 임종할 적에 조카에게 자신의 시신을 스승의 집까지 데려다 달라고 부탁하면서 "사람이 학문을 좋아하면 몸은 비록 죽더라도 영혼은 살아 있는 것과 같은데, 이와 반대로 학문을 하지 않으면 몸은 살아 있더라도 걸어 다니는 시체요, 뛰어다니는 고깃덩어리라고 할 것이다.〔夫人好學, 雖死若存. 不學者, 雖存, 謂之行屍走肉耳.〕"라고 말한 고사가 전한다. 《拾遺記 後漢》

170 취정(就正) : 유도자에게 나아가 자기의 잘못된 점을 바로잡는 것을 말한다. 《논어》 〈학이(學而)〉에 공자가 "도가 있는 이를 찾아가서 질정한다면, 배우기를 좋아한다고 이를 만하다.〔就有道而正焉, 可謂好學也已.〕"라고 하였다.

171 초장(椒漿) : 산초(山椒)를 넣어 만든 술로 미주(美酒)이다.

이여직[172] 정백 에 대한 제문 경자년(1600, 선조33)

祭李汝直 庭柏 文 庚子

오호라	嗚呼
사람이라면 누구인들 살아가지 않으랴만	人孰無生
우뚝하게 뜻을 세우는 자는 드무네	卓立者希
선비가 누구인들 명성을 남기려 하지 않으랴만	士孰無聞
확고하게 뜻을 지키는 자 누구인가	確守者誰
아, 우리 이군은	嗟吾李君
지금 세상에 우뚝한 존재이네	今世其獨
기품이 이미 바름을 품부받아	質旣稟正
견고한 철이며 강건한 옥이네	堅鐵剛玉
학문은 또 유도자에게 바로잡고	學又就正
바른 길을 알아 빨리 달렸네	識路馳疾
세월이 부족함에 부지런히 힘쓰니[173]	孶孶不足

172 이여직(李汝直) : 이정백(李庭柏, 1553~1600)이다. 본관은 진성(眞城), 자는 여직, 호는 낙금헌(樂琴軒)으로 안동 출신이다. 1588년(선조21) 생원시에 합격하였다. 임진왜란이 일어나자 의병 대장에 추대되어 1,000여 명의 의병을 이끌고 예천 용궁(龍宮)으로 진격하여 왜적을 격퇴하는 무공을 세웠다. 이듬해 밀양(密陽)과 응천(凝川) 지방을 전전하면서 왜적을 격파했다. 이에 유성룡이 추천하여 경기전 참봉에 제수되었으나 부임하지 않았다.

173 세월이……힘쓰니 : 남은 세월이 얼마인지를 염두에 두지 않고 부지런히 노력한다는 말이다. 《시경》 〈거할(車舝)〉의 "높은 산은 누구나 우러러보게 마련이고, 큰 길은 누구나 함께 걸어가게 마련이다.〔高山仰止, 景行行之.〕"라는 구절에 대해서, 공

효성스럽고 우애로웠네	惟孝惟友
여사로 과거 시험을 공부했지만	餘事擧業
과거에 몰입하지는 않았네	不落科臼
중인들은 미혹되고 미혹되어	衆人惑惑
가난을 견디어 내지 못하네	叵耐貧窶
득실에 마음을 두기 때문에	得失關心
지킬 지조를 상실하네	喪其所守
군은 의리를 잃지 않아	君不失義
궁한 데 처해도 더욱 여유 있네	處窮愈裕
검약함으로 스스로 견지하고	儉約自持
후한 마음을 간직하였네	周給以厚
명성이 있는 곳에는	名聲所在
온 세상 사람들은 뒤질까 염려하여	擧世恐後
조맹과 같은 높은 집안에	趙孟高門
종처럼 아부하며 무릎을 꿇네	婢膝穿股
군은 이런 것에 급급하지 않아	君不汲汲
문을 닫고 머리를 움츠렸네	杜門縮首
꿋꿋한 그 절개여	介然其操

자가 "시에서 인을 좋아함이 이와 같다. 사람들은 큰길을 걸어가다가 힘이 다해서 계속 걸을 수 없을 때에야 중도에 그만둔다. 마찬가지로 몸이 이미 늙은 것도 잊고서 앞으로 남은 세월이 얼마 되지 않은 것도 염두에 두지 않은 채 날마다 열심히 노력하다가 죽은 뒤에야 그만두어야 한다.〔詩之好仁如此. 鄕道而行, 中道而廢. 忘身之老也, 不知年數之不足也, 俛焉日有孶孶, 斃而後已.〕"라고 평한 말이 《예기》 〈표기(表記)〉에 나온다.

높은 기개였기에 머리를 숙이지 않았네	亢亢難頫
세상살이 험준하여	世道險巇
험난하고 굽은 산길이었네	聱牙曲茀
세인들은 공허한 얘기 멋대로 치달리며	浮說橫騖
시비로 서로 쟁탈전을 벌이네	是非相奪
바름을 버리고 자기가 좋아함을 추구하며	舍正趨好
법도를 등지고 굽은 것을 따르네	背繩追曲
풍만한 몸집과 윤택한 살결[174]로	平脅曼膚
부드럽고 아부하는 이를 다투어 취하네	競取軟熟
군은 절조를 굽혀 따름을 부끄럽게 여기고	君恥枉循
청렴하고 강직하였네	廉劌棘棘
의리를 숭상하고 사특함을 미워하며	尙義嫉邪
본성은 가식이 없었네	所性非假
군은 자기 견해를 돈독히 하거늘	君篤己見
저 세인들은 어떠한 사람인가	彼何人者
옛날 우리 학봉[175]과	昔吾鶴峯
우리 장인[176]께서는	曁我聘君

174 풍만한……살결 : 한유(韓愈)의 〈잡설(雜說)〉에 "또한 풍만한 몸집 윤택한 살결에 얼굴이 붉고 번지르르하여 외모는 아름다우나 마음이 잔악한 자가 있으니, 용모는 사람이지만 마음은 금수이거늘 또 어찌 그를 사람이라 할 수 있겠는가.〔卽有平脅曼膚, 顔如渥丹, 美而狠者, 貌則人, 其心則禽獸, 又惡可謂之人邪.〕"라고 하였다. 《韓昌黎集 卷11》

175 학봉(鶴峯) : 김성일(金誠一, 1538~1593)의 호로, 공의 외사촌이다.

176 장인 : 김복일(金復一, 1541~1591)로, 학봉의 동생이다.

법도로 자신들을 다스려	繩墨律己
우뚝하게 뛰어났네	卓然不群
군의 형제[177]들은	惟君弟兄
그분들과 절차탁마하며 도야하였네	切磋陶薰
벗으로는 달원[178]과	友有達遠
정보[179]가 있었네	與定甫云
벗과 강마하여 인에 도움이 되게 하고	講劘輔仁
형제가 젓대와 질나발로 창화하였네	唱和篪壎
이것은 도의의 사귐이니	斯爲道交
이외의 사람도 많았네	餘子紛紛
지금에는 모두들 죽고 없으니	今也俱亡
믿을 사람은 오직 군밖에 없었네	所恃惟君
비록 크게 경륜을 펴지 못했지만	縱不大施
저 더러운 풍속을 씻었네	洗彼垢氛
사림들에게 존경받아	矜式士林

177 군의 형제 : 공의 형은 이정회(李庭檜, 1542～1613)로, 자는 경직(景直)이고 호는 송간(松澗)이다.

178 달원(達遠) : 김해(金垓, 1555～1593)의 자이다. 본관은 광산(光山), 호는 근시재(近始齋)이다. 1588년 생원에 합격하고 1589년 문과에 급제하였다. 임진왜란 때 의병대장으로 활약하다가 전사하였다. 이에 이정백이 군중에서 정성을 다해 김해의 시신을 염습하여 본가에 보내 주었다.

179 정보(定甫) : 권우(權宇, 1552～1590)의 자이다. 본관은 안동, 호는 송소(松巢)이다. 1573년 생원에 합격하여 벼슬이 세자사부에 이르렀다. 죽을 때 자녀가 모두 어렸기에 노비들이 환난을 꾸미려고 하였다. 이를 알아챈 이정백이 본가와 의논하여 모의를 꾀한 노비들의 우두머리를 죽임으로 권우의 집안을 안전하게 유지해 주었다.

사문을 맑게 하였네	以淑斯文
하늘이 만약 군을 장수하게 하였다면	天若壽君
어찌 여기에 그치고 말았겠는가	夫豈止此
군이 장수하지 못하니	君而不壽
또한 무슨 이치인가	抑又何理
내가 공경하여 심복하는	我所敬服
군의 백씨는	君之伯氏
군과 난형난제로	難兄難弟
서로 덕의를 숭상하였네	相尙德義
한집에서 진정 마음을 알아주었으니	一家知音
즐거움이 무엇이 이와 같으랴	樂孰如是
한방에 거처하는 즐거움	同室之歡
삼공과도 바꾸지 않았네	不換三公
외물에 구함이 없이	自謂無求
이에서 삶을 마치리라 스스로 말하였네	于以將終
어찌하여 중도에 세상을 버려	胡棄中道
백씨에게 상심을 끼쳤는가	貽伯氏恫
아! 저는 작은 언덕에 지나지 않으니	嗟我丘垤
군의 높은 화산과 숭산에 비교되네	視君華嵩
일찍 사마시에 나란히 합격하였고[180]	夙聯蓮榻
만년에 상종함을 의탁하였네	晩托相從

180 사마시에 나란히 합격하였고 : 연탑(蓮榻)은 연방(蓮榜)으로, 사마시에 합격하는 것을 말한다. 1588년에 공과 인재가 사마시에 함께 급제한 동방인(同榜人)이다.

군의 높은 의표에 심복하고	服君高標
저의 몽매함을 떨쳐 주었네	振我惛蒙
군이 날카로운 도끼를 휘둘러	揮君利斧
저의 봉심[181]을 깎아 내었네	斲我心蓬
허례[182]를 이미 제거하니	毛皮旣去
정의가 서로 화락하였네	情意交融
지난해 늦은 봄	去歲春暮
문암[183]의 동쪽에	文巖之東
버드나무 물가에 낚싯대 드리우고	柳汀投竿
돌길을 걸으며 지팡이 소리 울렸네	石逕鳴笻
꽃은 비단 같은 병풍산(屛風山)에 환하게 피었고	花明錦屛
빗줄기는 듬성듬성 난 소나무를 씻었네	雨洗疏松
솥처럼 둘러앉아 물고기를 구경하니	鼎坐觀魚
옥과 같은 못물이 출렁거렸네	玉潭溶溶
한 잔의 술로 밝은 달을 맞이하고	一杯明月

181 봉심(蓬心) : 곧게 자라지 못하는 쑥에 마음을 비유하여, 지식이 천박하여 사리에 통달하지 못하는 것을 스스로 겸손하게 표현한 말이다. 장주(莊周)가 친구인 혜시(惠施)와 문답을 나누다가 "그대는 아직도 쑥대가 우거진 것과 같은 마음을 지니고 있다.〔夫子猶有蓬之心也夫〕"라고 하였다. 《莊子 逍遙遊》

182 허례 : 원문 '모피(毛皮)'의 뜻이다. 《오백가주창려문집(五百家注昌黎文集)》 권2의 〈귀팽성(歸彭城)〉 시에 "모피를 제거하지 못하였다.〔未能去毛皮〕"라는 말이 보이는데, 그 주석에 "모피는 허례(虛禮)이다." 하였다.

183 문암(文巖) : 경북 영양군 입암면 홍구리에 있다. 낙금헌이 여기에 재실을 지어 공부하려고 하였으나 채 완성하지 못하였다.

석 자 길이의 거문고가 있었는데 三尺枯桐
군이 유연히 물결치듯 타니 悠然浪撫
옛 뜻[184]이 무궁하였네 古意無窮
한 번 웃으며 할 말을 잊으니 一笑忘言
우주가 모두 텅 비는 것 같았네 宇宙皆空
이로부터 넉넉한 놀이를 從此優游
그리워하며 자주 거기에 왕래하였네 往來憧憧
제가 공의 재실 곁에 집을 지어 期以卜築
뜬구름 같은 인생을 보내려 기약했네 以遣浮生
군이 말하기를 "말을 함과 침묵을 君言語默
어둡고 밝은 시대에 맞게 하시오 以時晦明
비바람이 몰아치는데 風雨凄凄
어찌하여 닭 우는 소리 내는가[185] 何用鷄鳴
백발로 봉창에 앉아서 白首蓬窓
강개한들 무엇을 이루겠는가 慷慨何成
스스로 수양할 따름이니 自修而已
어느 여가에 남을 꾸짖으리오" 하였네 責人奚暇

184 옛 뜻 : 공은 거문고를 잘 탔고 즐겼기에 호를 낙금헌이라 하였다. 그러므로 고인(古人) 중에 거문고를 잘 탄 백아(伯牙)나 무현금을 탄 도연명(陶淵明)처럼 고상하였다는 말이다.

185 비바람이……내는가 : 《시경》 〈풍우(風雨)〉에 "비바람이 몰아치는데 닭 울음소리 멈추지 않는구나.〔風雨凄凄, 鷄鳴不已.〕"라고 하였다. 〈모서(毛序)〉에서 "이 시는 군자를 그리워한 시이니, 난세가 되면 군자가 그 법도를 변치 않음을 그리워하게 된다."라고 말하였다.

이 말이 나를 경계시키니 斯言砭我
두려운 마음으로 땀을 흘렸네 惕焉汗下
자기 몸에 돌이켜 구할 것을 바라고 庶幾反求
외물에 힘쓰는 것을 모두 버렸네 外務都謝
이 홍구 들판을 돌아보니 睠此興原
넓고 한가한 전야이네 寬閑其野
농사짓고 거처할 만하여 可耕可居
용마루 연이어 집을 지으려 하였네 連棟爲舍
목재를 모으고 새끼를 꼬아 材鳩索綯
봄과 여름까지 준공하려 하였네 不違春夏
아름다운 기약 이루어지려 하는데 佳期將遂
갑자기 신선의 수레〔죽음〕를 재촉하였네 奄催仙駕
옥과 같은 시냇물이 쓸쓸하고 玉川蕭瑟
원숭이와 학이 슬퍼하네 猿鶴悲吒
숲 언덕을 지나가니 言歷林皐
떨어지는 눈물이 쏟아질 것 같네 涙隕如瀉
학이 앉은 기둥은 완연하나 鶴柱宛然
누구와 함께 날까 誰與翺翔
요금의 줄 끊어지니[186] 瑤琴絃斷
누가 아양곡[187]에 화답할까 誰和峨洋

186 요금의 줄 끊어지니 : 요금은 옥으로 장식한 좋은 거문고로, 춘추 시대에 거문고를 잘 탔던 백아(伯牙)가 자신의 벗 종자기(鍾子期)가 죽자 거문고 소리를 들을 사람이 없다 하여 거문고 줄을 모두 끊고 다시는 거문고를 타지 않았다는 고사가 있다.

서늘한 가을에 이별을 고하였더니	凉秋告別
절기가 바뀌어 3월이 되었네	節換載陽
군은 주촌[188]에서 편찮고	君病周村
저는 고향으로 갔네	我往桑鄕
반년 동안의 이별의 회포로	半歲離懷
더욱 마음에 애통하였네	益慟于腸
길이 서로 잘 지낼 것으로 여겨	永擬相好
안부 편지도 잊었네	書問亦忘
답장을 부치지도 않아서	修緘未寄
부고가 먼저 도착하였네	凶問先將
실성하며 길게 부르짖으니	失聲長號
부모를 잃은 듯 미친 듯하였네	如喪如狂
선인이 저를 돕지 않으니	善人不佑
아! 저 푸른 하늘이여	嗚呼彼蒼
덩그런 무덤만 남아 있으니	熊兆有遺
하늘을 혹 헤아릴 수 있으랴	天或可量
바라건대 영령께서는 도와주시어	庶其右之
길이 후손에게 창성함을 주소서	永錫爾昌
제가 백 리 길을 와 구운 닭과	炙鷄百里

187 아양곡(峨洋曲) : 기막힌 거문고 연주 솜씨를 뜻하는 말이다. 거문고의 명인인 백아(伯牙)가 높은 고산(高山)을 염두에 두고 연주하자 종자기(鍾子期)가 "아아(峩峩)하여 태산과 같다."라고 하였고, 유수(流水)에 뜻을 두고 연주하자 다시 "양양(洋洋)하여 강하와 같다."라고 했다는 고사에서 유래한 것이다. 《列子 湯問》

188 주촌(周村) : 공이 태어난 안동 와룡면에 있는 고을로 두루마을이라고도 한다.

보잘것없는 술 한 잔을 올립니다 酸酒一觴
한 번 통곡하고 길이 이별을 고하니 一慟長辭
곤궁한 신세의 감회가 슬프고 처량하네 窮途悲凉

김운천[189] 용에 대한 제문

祭金雲川 涌 文

오호라 嗚呼
제가 옛날 약관의 나이 때 我昔弱齡
임하(臨河)에서 공부하였네[190] 鼓篋河汾
과거 시험에 함께 합격한 자가 共登龍門
구름처럼 많았는데 濟濟如雲
30명의 무리 중에 輩行三十
공이 유독 뛰어났네 公獨超倫
난새가 벽오동에 머물고 鸞停碧梧
학이 서리 대에 앉은 격이네 鶴倚霜筠

189 김운천(金雲川) : 김용(金涌, 1557~1620)이다. 본관은 의성(義城), 자는 도원(道源), 호는 운천이다. 아버지는 김수일(金守一, 1528~1583)이며 김성일(金誠一)의 조카이다. 1590년(선조23) 문과에 급제하였다. 1592년 임진왜란 때 의병을 일으켜 안동에서 안동수성장(安東守城將)에 추대되었고, 1597년 정유재란 때 제도도체찰사(諸道都體察使) 이원익(李元翼)의 종사관으로 수행해 많은 활약을 했다. 벼슬이 병조 참의에 이르렀다. 저서로 《운천집》과 《운천호종일기(雲川扈從日記)》 등이 있다.

190 임하(臨河)에서 공부하였네 : 최현이 19세인 1581년 봄에 안동 임하 천전(川前)에서 김성일(金誠一)에게 배웠고, 그해 7월에 김복일(金復一)의 딸과 혼인하였다. 고협(鼓篋)은 배운다는 뜻이다. 《예기》 〈학기(學記)〉에 "입학하여 북을 쳐서 울리고 책을 꺼내는 것은 그 학업을 공손히 받기 위함이다.〔入學鼓篋, 孫其業也.〕"라고 하였으니, 학생이 책을 싸 갖고 수업하러 가는 것을 말한다.

의표가 단아하고 　　儀表端雅
마음가짐은 정순하였네 　　內植精純
정신은 맑고 밝았으며 　　神淸而瑩
기상은 강건하면서 온화하였네 　　氣剛而溫
빼어난 오동나무로 　　挺然梧檟
장석〔대목수〕의 정원에서 자랐네 　　匠石之園
재목은 좋고 무늬는 순결하니 　　材良理純
목재로 손질하기가 어찌 어렵겠는가 　　繩斲何煩
가정에서 견문을 넓히며 　　見聞家庭
간절하게 훈도를 받았네 　　親切陶薰
행실은 효우에 도타웠고 　　行惇孝友
학문은 박식함을 성취하였네 　　學就多聞
저는 썩은 나무이기에 　　惟我朽木
공의 날카로운 지적[191]을 바랐네 　　託公風斤
붕우 간에 강습하여 도움을 주고 　　資以麗澤
학문으로 강마하였네 　　劘以學文
절차탁마로 서로 규계하고 　　切磋相規
고인의 의리를 여전히 보존하였네 　　古義猶存
그러나 저는 메추라기에 지나지 않으니 　　然此鷃翼

191 날카로운 지적 : 원문 '풍근(風斤)'의 뜻이다. 옛날 초(楚)나라 영(郢) 땅 사람이 자기 코끝에다 흰 흙을 마치 파리 날개만큼 얇게 발라 놓고, 장석(匠石)을 불러 그 흙을 닦아 내게 했더니, 장석이 바람이 휙휙 나도록 도끼를 휘둘러 그 흙을 완전히 깎아 냈으나, 그 사람의 코는 조금도 다치지 않았다는 고사에서 온 말로, 여기서는 날카로운 지적이나 문장의 솜씨가 아주 정교함을 비유한 말이다. 《莊子 徐無鬼》

감히 훨훨 나는 대붕에 비기겠는가[192] 敢擬鵬騫
공은 은하수에 오르고 公登雲漢
저는 낙동강 가에 막혔네[193] 我滯江濆
제가 조정의 벼슬아치로 있을 때 我忝鵷班
공은 남쪽 고을의 수령이 되었네 公宰南藩
제비는 가고 기러기는 머무니[194] 燕去鴻留
출처에 같은 무리가 될 수 없었네 出處無群
한 번 지실[195]과 헤어지니 一違芝室
오랫동안 맑은 향기와 멀어졌네 久隔淸芬
때때로 측백나무 무성함[196]을 듣고 時聞柏茂

192 저는……비기겠는가 : 메추라기 척안(斥鷃)이 대붕(大鵬)을 따라갈 수 없다는 말이다. 《장자》 〈소요유(逍遙遊)〉에 대붕(大鵬)이 하늘 높이 날아서 구만리를 가는 것을 보고 메추라기는 비웃으며 "저 새는 장차 어디로 가려는 것인가. 우리는 뛰어올라 두어 길도 못 가고 아래로 내려와 쑥대밭 속에서 파닥거리니, 이것이 가장 높이 나는 것이다. 그런데 저 새는 어디로 가는 것인가."라고 하였다 한다.

193 공은……막혔네 : 운천은 1590년에 문과에 급제하였기에 은하수에 올랐던 반면에, 인재는 1606년에 문과에 급제하기 전에는 해평 낙동강 가에 막혀 있었다는 말이다.

194 제비는……머무니 : 제비는 여름 철새이고 기러기는 겨울 철새여서 서로 만날 수가 없듯이 멀리 헤어져서 만나지 못하는 것을 비유하는 말로 쓰인다.

195 지실(芝室) : 선한 사람, 즉 운천을 가리킨다. 《공자가어(孔子家語)》에 "착한 사람과 함께 있으면 마치 지초와 난초의 방에 들어간 것 같아서 오래되면 그 향기는 맡지 못하더라도 곧 그에게로 변화하게 된다.〔與善人居, 如入芝蘭之室, 久而不聞其香, 卽與之化矣.〕"라고 하였다.

196 측백나무 무성함 : 운천의 성대한 절조를 비유한다. 《시경》 〈천보(天保)〉의 "소나무 측백나무처럼 무성해야 그대를 온전히 계승할 수 있도다.〔如松柏之茂, 無不爾或承.〕"라는 말이 있다.

애오라지 머물러 있는 구름[197]을 위로하네　　聊慰停雲
공이 때에 맞추어 벼슬하여　　公時于仕
문물이 창성하고 넉넉하였네　　文物昌殷
봉황지[198]에서 날고　　翱翔鳳池
수문[199]에서 패옥을 끌었네　　曳佩脩門
관각에서 큰 계책을 내고　　弘謨館閣
대각에서 능력을 떨쳤네　　振彩臺垣
명성이 날로 따랐지만　　名聲日逐
겸손하고 삼감에 더욱 애썼네　　謙恪愈勤
세인들은 붕당 짓기를 좋아해　　世好朋徒
악착스레 자기편을 들었네　　齪齪齗齗
공은 함부로 남을 따르지 않고[200]　　公不詭隨
평정하게 논의를 견지하였네　　平正持論
세인들은 영화와 총애를 사모하여　　世慕榮寵

197 머물러 있는 구름 : 운천의 친구인 최현을 말한다. 도연명(陶淵明)이 친구를 생각하며 지은 〈정운(停雲)〉이라는 제목의 사언시에 "뭉게뭉게 제자리에 서 있는 구름이요, 부슬부슬 제때에 내리는 비라.〔靄靄停雲, 濛濛時雨.〕"라는 말이 나온다. 《陶淵明集 卷1》

198 봉황지(鳳凰池) : 대궐 안에 있는 못이다.

199 수문(脩門) : 초(楚)나라 도읍인 영(郢)의 성문 이름으로, 보통 도성(都城)의 문을 말한다.

200 함부로……않고 : 원문 '궤수(詭隨)'는 옳고 그른 것을 따지지 않고 함부로 남을 따르는 것을 말한다. 《시경》 〈민로(民勞)〉에 "잘잘못 가리지 않고 제멋대로 남을 따르지 말 것이요, 어질지 못한 자를 삼가야 할 것이네.〔無縱詭隨, 以謹無良.〕"라는 말이 나온다.

굽은 길과 지름길로 달려가네　曲趨徑奔
공은 득실에 대하여 잊어버리고　公忘得喪
슬픔과 기쁨으로 여기지 않았네　不爲戚欣
세인들은 권력을 탐하여　世耽權柄
칭예를 기뻐하고 은혜를 파네[201]　悅譽市恩
공은 법도의 저울을 잡아　公執銓衡
고결(孤潔)하여 도움을 받지 않았네　孤介無援
승진과 침체를 운수에 맡겨　昇沈任數
세속의 도리와 반대로 하였네　世道翻反
어버이 봉양을 위하여 지방직을 빌어　乞郡榮養
다섯 고을에서 군수를 지냈네[202]　五州憂分
선보에서 거문고 울리고[203]　單父鳴琴
발해에서 분란을 다스렸네[204]　渤海理紛

201 은혜를 파네 : 원문 '시은(市恩)'은 남에게 은혜를 베풀고서 자기가 이익을 얻고자 하는 것을 말한다.

202 다섯……지냈네 : 선산 부사, 예천 군수, 상주 목사, 홍주 목사, 여주 목사를 지냈다.

203 선보(單父)에서 거문고 울리고 : 공자 제자 자천(子賤)이 선보 지방을 다스릴 때 거문고를 타면서 당(堂) 아래로 내려가지 않고도 고을이 잘 다스려졌다고 한다. 여기서 명금이치(鳴琴而治)나 선보명금(單父鳴琴)이라는 말이 유래하였다. 여기서는 운천이 예악으로 고을을 다스렸다는 말이다.

204 발해에서 분란을 다스렸네 : 발해군(渤海郡)에 흉년이 들어 도적이 자주 출몰하자, 한나라 선제(宣帝)가 공수(龔遂)를 불러 발해 태수(渤海太守)로 삼고는 그 대책을 물었다. 이에 공수가 관대한 정책을 건의하며 일체 편의종사(便宜從事)할 수 있도록 요청하여 윤허를 받은 뒤에, 단거(單車)로 혼자 가서 관아에 이르니 온 경내

맑은 절조 한결같아 清操如一
자랑하지 않아도 소문이 났네 不衒而聞
중간에 온갖 근심을 만나 中遭百罹
기이한 재앙이 집안에 모였네 奇禍萃門
난초가 꺾이고 구슬이 부서져 蘭摧璧碎
뼈를 바르며 정신이 위축되었네[205] 剔骨消魂
갓끈을 끊고 인끈을 던지며 斷懸投紱
고향으로 돌아와 은거하였네[206] 歸臥山樊
넉넉하게 노닐며 庶幾優游
또한 천진을 보존하기를 바랐네 亦保天眞
어찌 생각했으랴 신명이 那意神明
선인을 돕지 않음을 不佑善人
오호라 嗚呼
신맛의 배는 열매가 많고 酸梨多實
지초와 혜초는 번성하지 않네[207] 芝蕙不蕃

가 반가이 맞으면서 도적들 역시 모두 해산했다고 한다. 《漢書 卷89 循吏傳 龔遂》 공수는 지방 장관으로 선정을 베풀어 치민(治民) 제일로 꼽혔던 한(漢)나라의 순리(循吏)이다. 여기서는 운천이 고을을 다스림에 선정을 베풀었다는 말이다.

205 중간에……위축되었네 : 운천은 다섯 아들 김시주(金是柱), 김시건(金是楗), 김시정(金是楨), 김시릉(金是棱), 김시상(金是相)을 두었으나, 김시릉 이외 네 아들이 운천보다 먼저 죽었다. 난초가 꺾이고 구슬이 부서진 것은 자식이 먼저 죽은 것을 말한다. 때문에 운천은 뼈를 바르는 고통으로 정신이 위축되었다는 말이다.

206 갓끈을……은거하였네 : 운천이 60세 때 여주 목사로 재직하다가 맏아들 김시주가 죽자, 벼슬을 버리고 고향으로 돌아와 은거하다가 4년 뒤에 죽었다.

207 신맛의……않네 : 유성룡을 중심으로 하는 동인의 지초와 혜초 같은 군자는 적

질그릇과 조약돌은 잘 보전되고	瓦礫善全
흰 구슬은 흠이 많네[208]	白璧多痕
옛사람이 탄식한 바이거늘	昔人所歎
하물며 지금 무슨 말을 하리오	矧今何言
공이 병석에 있을 때	公在床席
저도 또한 묵은 병 때문에	我亦沈綿
달려가 문병을 하지 못하고	奔問未果
꿈속에서만 한갓 자주 갔네	夢想徒頻
지난해에 동림[209]에서	往歲東林
공을 한 번 뵈었네	一覩精神
형용이 파리하였으나	形容羸悴
말씀은 자상하였네	言辭諄諄

고 정철을 중심으로 하는 서인의 신맛 나는 배 같은 소인은 많음을 뜻한다. 《주자어류》 권118 〈주훈문인(朱訓門人)〉에, 정자상(鄭子上)이 《좌전(左傳)》의 몇 가지 일에 대해 묻자, 주희가 "사서(四書)에서 궁구하여 통철할 수 있다면 경전(經傳) 가운데 곡절이 극심한 큰일도 그 이치로 미루어 나가면 이해하지 못할 것이 없는데, 더구나 이러한 지엽적인 일이야 말할 것이 있겠는가. 지금 이와 같은 것은 '단맛 나는 복숭아를 버리고 산 근처의 신맛 나는 배를 따는 것이다.'라고 이를 수 있다.〔四書窮究得通透, 則經傳中折莫甚大事, 以其理推之, 無有不曉者, 況此末事? 今若此, 可謂是颺了甛桃樹, 沿山摘醋梨也.〕"라고 하였다.

208 질그릇과……많네 : 질그릇과 조약돌은 가치가 없는 것이거늘 오히려 온전히 잘 보존되고 흰 구슬은 매우 가치가 높음에도 천시하여 흠이 많다고 여기는 것이다.

209 동림(東林) : 안동시 임동면 수곡리에 있었던 지명이다. 이곳에는 운천의 고종사촌 유복기(柳復起, 1558~1617)와 그의 아들 유우잠(柳友潛, 1575~1635)이 살고 있었기에 운천이 자주 왕래하였다.

함께 희비를 술회하며 共敍悲歡
마주 보고 수건에 눈물을 적셨네 相對霑巾
가을 낮은 쉽게 저녁이 되고 秋日易夕
강물에는 나루터가 없네 江水無津
뒤에 어느 때 만날까 後會何時
서글픈 마음 은근하였네 惻惻慇懃
어찌 이 이별이 詎知此別
유명을 달리할 것을 알았으랴 幽明之分
도리어 당시에 却悔當時
수레를 빨리 돌려 왔음을 후회하네 遄回征軒
오호라 嗚呼
여강에 사당이 있으니 廬江有廟
선정〔李滉〕의 혼백이 있네[210] 先正有魂
요순시대 군민이 되게 하려는 생각[211] 君民一念
저승에서도 차이가 없었네 無間九原
공은 돌아가 선정에게 절하고 公其歸拜
무엇으로 여쭈었는가 何以詢只
백성의 생계가 극도로 어려운데 民生計極

210 여강에……있네 : 안동시 임하면 임하리에 있었던 여강서원(廬江書院)이다. 1575년(선조8) 이황(李滉)의 안동 출신 제자들이 백련사(白蓮寺) 절터에 건립하여 이황의 위판을 봉안하고 도학을 강론한 곳이다. 안동 일대에서 가장 큰 규모를 자랑했는데, 1676년(숙종2)에 사액되면서 호계서원(虎溪書院)으로 개칭하였다.

211 요순시대……생각 : 지극한 치세(治世)를 이루어서 당대의 임금과 백성을 요순시대의 임금과 백성처럼 만들려는 생각을 말한다.

어찌 인정(仁政)을 하시지 않습니까 胡不仁只
도의가 어두워 무너졌는데 道義晦盲
어찌 새롭게 진작시키지 않습니까 胡不新只
나라가 액운과 궁핍으로 어려운데 邦其厄窮
어찌 서로 재앙에 빠지게 합니까 胡胥淪只
옷자락 펼치고 꿇어앉아 말을 올리는데 敷衽而跪
마음이 조용하고 한가하였네 情申申只
제가 그대의 혜초를 잡고 攬子之蕙
눈물 주르륵 흘리네 涕淚沄沄
오호통재라 嗚呼痛哉
끝이로다 무슨 말을 하리오 已矣何云
평소에 허여한 마음이기에 平生契許
백발의 나이에 더욱 정답네 白首情親
묘소에 찾아와 통곡함을 臨穴一哭
저는 유독 남보다 뒤졌네 我獨後人
면주[212]를 대신하여 올리게 하니 代奠綿酒
애달픈 마음 펼 수 없네 哀抱莫伸
신령은 어둡지 않다면 神其不昧
저의 정성스러운 제사를 돌아보리라 鑑此精禋

212 면주(綿酒) : 솜뭉치에 적신 술이라는 뜻으로, 변변찮은 제수(祭需)를 뜻한다. 서주(絮酒)라고도 한다. 후한(後漢) 때 서치(徐穉)가 먼 곳에 조문하러 갈 때 미리 솜에 술을 적셔서 햇볕에 말린 다음에 묘소 앞에 왔을 때 다시 물에 적셔서 술기운이 우러나게 한 것을 제수로 올리고 조문했다는 고사에서 나온 것이다.《後漢書 卷53 徐穉列傳》

정 강릉[213] 종명 에 대한 제문

祭鄭江陵 宗溟 文

사씨 집안의 보배나무이고[214]	謝家寶樹
강좌의 풍류였네[215]	江左風流
일찍부터 천지에 도약하였고[216]	早躍天池
오랫동안 화류마가 매여 있었네[217]	久縶驊騮

213 정 강릉(鄭江陵) : 정종명(鄭宗溟, 1565～1626)이다. 본관은 연일(延日), 자는 사조(士朝), 호는 화곡(華谷) 또는 벽은(薜隱)이다. 정철(鄭澈)의 아들이며 이이(李珥)와 성혼(成渾)의 문인이다. 1590년(선조23) 진사시에 합격하고, 1592년 문과에 장원으로 급제하였다. 1625년 의정부 검상·홍문관 교리·세자시강원 보덕을 거쳐 통정대부(通政大夫)에 승진하면서 강릉대도호부사로 파견되었다가 임지에서 죽었다.

214 사씨 집안의 보배나무이고 : 훌륭한 남의 자제를 칭찬하는 말이다. 진(晉)나라 때 큰 문벌을 이루었던 사안(謝安)이 자질(子姪)들에게 "어찌하여 사람들은 자기 자제가 출중하기를 바라는가?" 하고 묻자, 조카 사현(謝玄)이 "비유하자면 마치 지란(芝蘭)과 옥수가 자기 집 뜰에 자라기를 바라는 것과 같습니다."라고 한 데서 유래하였다. 《晉書 卷79 謝安列傳》

215 강좌의 풍류였네 : 강좌는 강동(江東)이라 불리는 양자강 하류의 동쪽 지역이다. 진나라 사안(謝安)이 풍류를 매우 즐겨 벼슬길에 나아가기 전 동산(東山)에 은거할 때 산천을 유람하면서 늘 기생을 데리고 다녔다 한다.

216 천지에 도약하였고 : 큰 뜻을 가졌다는 말이다. 대붕(大鵬)이 남명(南冥), 즉 천지(天池)를 향해 날아갈 적에 삼천 리에 걸쳐 바다 물결을 치고 앞으로 나아가다가〔水擊三千里〕, 때마침 불어오는 회오리바람을 타고서 구만 리 위로 날아오른다는 이야기가 《장자》 〈소요유(逍遙遊)〉 첫머리에 나온다.

217 오랫동안……있었네 : 화류마(驊騮馬)는 털빛이 붉어 땀을 흘리면 마치 피가

태평성대 성군 현신이 만나니 明時際會
명성이 높이 뛰어올랐네 聲譽騰驤
화현한 관직으로 세 번 맑았고 三淸華顯
비양한 관직으로 두 번 빼어났네 二雋蜚颺
내가 이때에 余於是時
또한 조정의 벼슬자리에 있었네 亦忝鵷行
봉각과 오대[218]에서 鳳閣烏臺
함께 근무하였네 共佩聯裳
우리 모두가 만년이 다가옴에 俱迫桑楡
한직의 근무에 뜻이 간절하였네 志切丐閑
공은 강릉 부사에 임명되고 公宰江陵
나는 강원도 관찰사가 되었네 余按東關
신선 지역에서 태평세월을 보내며 仙區烟月
서성거리며 유유자적하였네 庶可盤桓
그러나 바야흐로 군정이 많아서 軍政方殷
함께 즐겁게 놀 여가가 없었네 未暇同歡
진주관[219]에서 한 번 웃었고 一笑眞珠

흐르는 것처럼 보이는 준마로, 주 목왕(周穆王)의 8준마 중 하나이다. 정종명이 뛰어난 재주를 가졌음에도 불구하고 오랫동안 등용되지 못했다는 말이다.

218 봉각(鳳閣)과 오대(烏臺) : 봉각은 예문관이고 오대는 사헌부이다.

219 진주관(眞珠觀) : 삼척도호부(三陟都護府)의 관아(官衙)였던 진주관(眞珠館)을 가리킨다. 허목(許穆)의 《척주지(陟州誌)》에 "옛 객사가 죽서루 아래에 있었는데, 정덕(正德) 13년(1518)에 부사 김순종(金順宗)이 옮겨 지었으니 이것이 진주관이다."라는 말이 나온다.

임영관[220]에서 두 번 보았네 再覿臨瀛
떠나는 말 돌아가기를 재촉하니 征驂催返
공이 질병에 걸렸기 때문이네 公疾又嬰
급하게 작별 인사하였는데 倏迅分袂
갑자기 유명을 달리하였네 奄隔幽明
객지에서의 널은 바람에 나부껴 멀고 旅櫬飄遙
대관령의 길은 순탄치 않네 嶺路攲傾
천 리 길 영구를 호송함에 護送千里
내가 감히 애를 쓰지 않으랴 敢不經營
상여[221]가 빨리 가니 龍輴言邁
저녁에 원주에 머무네 夕次原城
어제는 웃고 말하며 이별하였더니 笑語相別
오늘은 눈물 흘리며 맞이하네 泣涕相迎
한 잔의 술과 하찮은 제수 올리니 單杯薄奠
저의 정성에 강림하여 흠향하소서 庶歆于誠

220 임영관(臨瀛館) : 강릉부 동헌의 이름이다. 임영은 강릉의 고호이다.

221 상여 : 원문 '용순(龍輴)'은 영구를 싣는 순거(輴車)의 끌채에 용을 그린 것을 말한다.

고언룡[222] 빙운 에 대한 제문

祭高彦龍 騁雲 文

사람이라면 누구인들 살아가지 않으랴만	人孰無生
재주 있는 자가 이름이 나네	有才者名
사람이 혹 재주가 있더라도	人或有才
뭇사람들이 좋아하는 자가 영화롭네	衆好者榮
누가 좋아함을 하지 않으랴	孰不爲好
좋아하고 싫어함은 어찌 다른가	好惡何異
누구에게나 죽음이 있지 않으랴	孰不有死
장수와 요절을 누가 조절하는가	壽夭誰使
오호라 우리 공에 대하여	嗚呼我公
나는 실로 이해하기 어려운 점이 있네	我實難曉
그대에게 좋아하는 재주가 있었으나	子有好才
뭇사람이 다 좋아함은 아니며	衆莫同好
그대는 장수할 조짐이 있었으나	子有壽徵
끝내 장수하는 데는 인색하였네	竟嗇壽考
천하에 드높은 명성이었으나	四海聲名
한 가지 명성도 차지하지 못했네	不需一名

222 고언룡(高彦龍) : 고빙운(高騁雲)이다. 본관은 안동(安東), 자는 언룡, 호는 역락재(亦樂齋)로 고응척(高應陟)의 조카이다. 선산 해평에서 태어났으나 상주로 이주하였다.

백세를 살 정신을 가졌으나　百歲精神
60세로 저승길을 재촉했네　六十催程
운우와 같은 사람의 마음[223]을　雲雨人心
진실로 밝힐 수가 없네　固不可明
공평한 천도는　公平天道
또한 어찌 공평하지 않는가　亦胡不平
그대의 영오함이여　子之英悟
현명한 부형이 있었네　有賢父兄
일찍부터 시서를 공부하여　早事詩書
많은 경서에 박통하였네　博通群經
가슴에 새기며 학습하는 것은　服膺誦習
성리서와 대학과 중용이었네　性理學庸
귀와 눈으로 익숙하게 알아　耳濡目慣
핵심적인 내용을 모두 통하였네　肯綮皆通
백락의 마구간에 있음에　伯樂廏中
뭇 천리마들이 바람 앞에 우네[224]　群驥嘶風
순씨의 어진 이들을　荀氏諸彦
세상에서 팔룡이라 부르네[225]　世稱八龍

223 운우와……마음 : 하늘에 떠 있는 구름과 땅속에 스며든 빗물처럼 서로 떨어져서 영원히 만나지 못하게 된 것을 비유하는 말이다.

224 백락의……우네 : 백락은 말을 잘 감정하는 사람으로 여기서는 고응척(高應陟)을 말한다. 고응척의 아들 고한운(高翰雲), 조카 고빙운 등은 천리마에 해당한다.

225 순씨(荀氏)의……부르네 : 후한(後漢) 순숙(荀淑)의 여덟 아들인 순검(荀儉), 순곤(荀緄), 순정(荀靖), 순도(荀燾), 순왕(荀汪), 순상(荀爽), 순숙(荀肅), 순전

과장에서 천군과 기예를 다툼에 戰藝千軍
굳센 적이 모두 쓰러졌네 勁敵皆空
청운에 달리어〔과거에 급제하여〕 擬騁雲衢
재능을 크게 펼치리라 생각했네 大展才猷
한결같이 어찌 불우하였던가 一何蹭蹬
운명이 원수와 서로 도모하였네 命與仇謀
변화가 세 번 발꿈치를 베임은 卞和三刖
초나라의 수치이고[226] 楚國之羞
제호가 과거에 낙방함은 齊皡不第
고시관의 허물이네[227] 有司之尤
중간에 병에 걸림이여 中罹瘼矣
곤궁하며 떠돌아다녔네 顚沛飄流
다행히 모든 식구를 온전히 하여 幸全百口
고향으로 돌아왔네 返于狐丘
역락재가 이루어짐에 亦樂齋成
거처하며 공부할 만하였네 可處以遊

(荀專)을 가리킨다. 이 여덟 사람이 모두 재덕(才德)이 출중하였기 때문에 당시에 팔룡(八龍)이라고 일컬었다. 《後漢書 卷62 荀淑列傳》

226 변화(卞和)가……수치이고 : 춘추 시대 변화(卞和)가 초(楚)나라 여왕(厲王)과 무왕(武王)에게 계속 옥돌을 바쳤으나 임금을 기만한다는 이유로 두 발을 잘렸다가, 문왕(文王) 대에 이르러서 옥돌을 품에 안고 사흘 낮밤을 통곡한 끝에 비로소 보옥(寶玉)으로 인정을 받았다는 화씨벽(和氏璧)의 고사가 있다. 《韓非子 卷4 和氏》

227 제호(齊皡)가……허물이네 : 제호는 당나라 때 문인으로, 그 형이 당시 재상이었음에도 과거에 낙방하였다. 《韓昌黎集 卷8 送高陽齊皡下第序》

자손을 선으로 기르고[228]	式穀嗣息
붕우와 모여 이야기를 나누었네	會話朋儔
아침에는 채소밭에 물 주고	朝焉灌圃
저녁에는 불을 밝혀 독서하였네	夕焉焚油
세금을 내고 자급자족하며	供賦自給
여생을 마치기를 바랐네	庶保餘齡
검은 살쩍이 막 하얗게 되자	青鬢纔衰
황량몽[229]에 놀라 깨어났네	黃粱告驚
득과 실, 장수와 요절에 대하여	得喪淹速
사물의 이치를 믿기 어렵네	物理難憑
탄식하는 이웃 사람들이고	齎咨隣里
애통해하는 친구들이네	含慟親朋
내가 어릴 때부터	自余童稚
취병[230]에게 학문을 배웠네	受學翠屛

228 자손을 선으로 기르고 : 《시경》 〈소완(小宛)〉에 "명령의 새끼를 과라가 업어 데리고 가서 키우니, 그대도 아들을 잘 가르쳐서, 선으로 닮도록 하라.〔螟蛉有子, 蜾蠃負之. 教誨爾子, 式穀似之.〕"라고 하였다.

229 황량몽(黃粱夢) : 부귀공명의 덧없음을 비유하는 말이다. 당(唐)나라 때 노생(盧生)이 한단(邯鄲)의 여사(旅舍)에서 도사(道士) 여옹(呂翁)을 만나 자신의 궁곤한 신세를 한탄하자, 여옹은 주머니 속에서 베개 하나를 꺼내 주면서 "이 베개를 베면 영달(榮達)할 수 있다." 하였다. 이때에 그 주인은 황량(黃粱 : 누른 기장)을 찌기 시작하였는데, 노생은 이 베개를 베고 잠이 들어 꿈속에 온갖 부귀영화를 누렸는데 그 꿈을 깨고 나니 황량이 아직 익지 않았더라는 고사이다. 《枕中記》

230 취병(翠屛) : 고응척(高應陟, 1531~1605)의 호이다. 본관은 안동(安東), 자는 숙명(叔明), 호는 두곡(杜谷) 또는 취병이다.

문하에 종유하고 출입한 것이 從遊出入
몇 해가 지났던가 閱幾霜星
의리상 사우의 관계이지만 義存師友
그대를 형처럼 보았네 視子若兄
그러나 강마한 날은 적었고 講劘日少
이별할 때가 많았네 闊別時多
머문 구름〔친구〕을 슬프게 바라보니 悵望停雲
금옥과 같은 그대는 멀리 있지 않았네 金玉無遐
내가 몸이 아파 일어남이 드무니 我病罕起
지척의 거리도 하늘 끝처럼 머네 尺地天涯
시를 읊어 나를 일깨워 주었고 吟詩起予
수레를 타고 나를 방문해 주었네 命駕相過
나의 나태하고 게으름을 꾸짖었고 責我疏慵
나의 묵은 병을 가련히 여겼네 憐我沈痾
그런데 어찌 지금에 那意如今
그대가 먼저 죽으리라 생각했으리오 子先溘然
지난해 늦겨울에 去歲季冬
차가운 바람이 솜옷을 찢으려 하였네 風寒折綿
나는 정응(靜膺)[231]과 함께 我與靜膺

231 정응(靜膺) : 채몽연(蔡夢硯, 1561~1638)의 자이다. 본관은 인천(仁川), 호는 투암(投巖)으로 대구에 거주하였다. 정구(鄭逑)의 문인으로 임진왜란 때 의병을 일으켰다. 효행으로 천거되어 이조 참의에 증직되고 인동(仁同)의 소암서원(嘯巖書院)에 제향되었다.

그대에게 문병하러 갔네	問子候愆
감기에 손상된 것이니	感冒所傷
약을 쓰지 않아도 나으리라	勿藥而痊
집에 돌아온 지 며칠 만에	還家數日
부음이 갑자기 전해졌네	凶耗忽傳
꿈이고 참은 아니리라 생각하고	疑夢非眞
놀라 소리치며 바보처럼 되었네	驚呼癡顚
들어 보니, 그대가 위독할 때	聞子危劇
나를 생각함이 정성스러웠다는 것을	念我諄諄
생각건대 반드시 부탁할 것이 있어서	意必有托
말하고자 하였으나 펴지 못했으리라	欲言莫伸
나는 그대의 뜻이 무엇인지를 아니	我知子志
어찌 감히 끝내 통하지 않으랴	其敢終湮
그대의 두 아들을 성취시키는 것을	成就兩胤
내가 감히 감당하지 못하네	我不敢當
드러나지 않은 두곡을 천양하는 일을	闡幽杜谷
내가 어찌 감히 잊으랴	我豈敢忘
인간 세상에 일이 많아	人間多事
어지러운 운수를 만났네	運丁搶攘
백성의 목숨 다 죽게 되었고	民命近止
태양은 어두워 빛남이 없네	日黭無光
나는 비록 살아 있지만	我雖在世
온갖 병이 고통을 주네	百疾攻腸
그대가 이런 것에 벗어나	羡子脫落

선영[232]에 한가하게 누워 있음을 부러워하네	閑臥牛岡
돌아가 아버지와 스승을 모시고	歸侍父師
형제들 곁에 있게 되었네	兄弟之傍
그대는 편안하리니	子其寧矣
영혼이 오랫동안 머물리라	魂魄久藏
나는 몸이 아픈 것이 빌미가 되어	一疾爲祟
끝내 장례에 참석하지 못하였네	竟負臨穴
면주를 대신하여 올리게 하니	代奠綿酒
어찌 나의 속마음을 다하랴	詎盡衷曲
비록 유명이 가로막고 있지만	幽明雖隔
정의는 갈라지는 틈이 없네	情意無間
영혼은 어둡지 않거든	魂其不昧
나의 정성을 돌아볼지어다	鑑此誠款

232 선영 : 원문 '우강(牛岡)'은 소가 잠자던 산기슭으로, 여기서는 선영을 가리킨다. 진(晉)나라 도간(陶侃)이 아직 벼슬에 오르지 못했을 때 상을 당하여 장례를 지내려 하는데 집 안에 있던 소가 홀연 사라졌다. 소를 찾다가 한 노인을 만났는데 그가 말하기를 "앞산에 소 한 마리가 움푹한 곳에서 자고 있는 것을 보았는데 그곳에 장사 지내면 인신(人臣)으로서 가장 높은 지위에 오를 수 있을 것이다." 하고, 또 한 산을 가리키며 "이곳은 그다음이니, 응당 대대로 이천 석(二千石)의 벼슬이 나올 것이다." 하였다. 《晉書 卷58 周訪列傳》

박성백[233]에 대한 제문
祭朴誠伯文

오호통재라. 내가 어찌 차마 다시 우리 성백을 통곡하리오. 저 지난해에 순백(純伯 박수일(朴遂一))을 곡하였고 작년에 여직(汝直)[234]을 곡하였네. 아 하늘이 화복을 주고 빼앗는 이치에 대하여는 내가 감히 알 바가 아니지만, 나를 알아주는 그대의 형제가 죽으매 이런 사람을 애통해하지 않고 누구를 애통해하겠는가. 아, 우리 박군은 지금 세상에 있어서 보기 드문 사람이니, 자질이 순정(純正)하며 잡됨이 없고 절조가 정결(貞潔)하며 스스로 뜻이 확고하게 섰네. 가정에서 부형에게 학문을 직접 배워 일찍부터 학문의 길을 알아 그곳으로 빨리 달려갔네. 부지런히 노력하는데 또한 이익을 추구하지 않았고, 오직 효도와 우애를 돈독히 하였네. 뜻에 급급한 것은 영귀(榮貴)가 아니고, 착한 말을 들으면 반드시 실행하였네.

세상 사람들은 득실에 마음을 두고 분분하게 이해에 시선이 빼앗기네. 때문에 궁핍한 길을 만나서 슬퍼하고 지킬 절조를 잃고 요혹(搖惑)되네. 그러나 군은 궁핍한 데 처하기를 여유 있게 하며

233 박성백(朴誠伯) : 박성일(朴成一, 1562～1601)이다. 본관은 밀양(密陽), 자는 성백, 호는 풍뢰당(風雷堂)으로 선산(善山)에 거주하였다.

234 여직(汝直) : 이정백(李庭柏, 1553～1600)의 자이다. 본관은 진성(眞城), 호는 낙금헌(樂琴軒)으로 안동 출신이다.

자기에게 빈약하게 하고 타인에게 후하게 하였네. 험난하고 굽은 산길처럼 세상의 길은 험준하니, 근거 없는 논리로 시비를 따지는데 종횡무진하네. 풍만한 몸집과 윤택한 살결로 억지로 기쁜 웃음을 지으니, 아 얻는 바가 얼마나 되는지 모르겠네. 그러나 군은 굽혀 순종하고 함부로 남의 견해를 따르는 것을 싫어함이 죽는 것보다 심한 것이 있고, 자신이 마음으로 좋아하는 일을 좇아 추구하여 의리를 숭상하고 사특함을 질시하였네.

군이 본성으로 여김은 쇠를 녹일 듯이 수많은 사람들이 입으로 말하는 것을 신경 쓰지 않고, 기쁜 마음으로 정묵(靜默)하고 문을 닫고 스스로 수양하는 것이니, 바로 청전(青氈)[235]의 두터운 뜻이네. 명경(明鏡)으로 연못에 이름하니 마음에 누가 됨이 없고 풍뢰(風雷)로 당에 이름하니 의미가 있네.[236] 아침저녁으로 강학하고 연마하여 선조의 교훈을 떨어뜨리지 않을 것을 맹세하였네. 그 터득한 지식을 유추하여 동지들을 권장하니 또한 선을 좋아하는 아름다운 뜻이네. 누가 용암(龍巖)[237]에게 훌륭한 후손이 있다고 말

235 청전(青氈) : 선대(先代)로부터 전해진 귀한 유물을 가리키는데, 여기서는 선대의 유훈을 말한다. 진(晉)나라 왕헌지(王獻之)가 누워 있는 방에 도둑이 들어와서 물건을 모조리 훔쳐 가려 할 적에, 그가 "도둑이여, 그 푸른 모포는 우리 집안의 오랜 유물이니, 그것만은 두고 가는 것이 좋겠다.〔偸兒, 青氈我家舊物, 可特置之.〕"라고 하자, 도둑이 질겁하고 도망쳤다는 고사가 있다. 《晉書 卷80 王羲之列傳 王獻之》

236 명경(明鏡)으로……있네 : 공이 연못을 명경지라 하고 당호를 풍뢰당이라 하였다. 현재 명경지는 명경당으로 바뀌어 구미시 해평면 괴곡리에 소재하고 있다. 풍뢰당은 《주역》 익괘(益卦)에서 온 것으로 주된 교훈은 개과천선(改過遷善)이다.

237 용암(龍巖) : 박운(朴雲, 1493~1562)의 호로, 박성일의 조부이다. 본관은 밀양(密陽), 자는 택지(澤之) 또는 백유(伯濡)로 박영(朴英)과 이황(李滉)의 문인이다.

하지 않으랴. 공을 아는 사람은 사랑하고 그렇지 않은 사람은 심복하네. 하늘이 몇 해를 더 살게 하여 공부할 수 있게 하였다면[238] 죽는 날에 획득한 수준이 이 정도에 그치지 않았을 것임을 알겠네. 수명과 복을 두텁게 받은 자는 누구인가. 갑자기 강사(强仕)의 나이[239]에 그대를 꺾었네. 풍우(風雨)와 한서(寒暑)에 몸을 삼가지 않아서 죽음에 이른 것은 아니니 그대는 평소에 오직 질병에 걸릴까 염려하였기 때문이네. 의원을 찾고 약을 지음에 내가 성의를 극진하지 못한 것을 후회하니, 운명이구나 추급하기 어려움이여.

초봄 상순에 나는 맑은 낙동강을 건너 여유롭게 배회하며 몇 사람과 옷자락을 나란히 하고 그대를 방문하여 남촌(南村)에서 이틀을 묵었네. 담박하게 말을 잊고 집에 돌아갈 것을 잊었는데 금오산은 만 길이나 되었네. 늠름하게 눈이 덮인 골짜기의 청기(淸奇)한 모습을 넉넉하게 노닐며 마주 대하고 있었네. 영원히 좋게 지낼 것으로 여겼더니 이런 낙토(樂土)를 버리고 어디로 갔습니까. 자신을 힘쓰고 타인을 면려함에 도의(道義)가 아님이 없었고, 더욱이 타인의 그윽하고 은미하게 숨은 덕을 드러내는 데 뜻을 다하였네. 한 시대에 같이 태어난 것을 참으로 다행으로 여겨

1519년 진사에 합격하였으며 효행이 출중하였다. 낙봉서원(洛峰書院)에 제향되었다.

238 하늘이……하였다면 : 《논어》 〈술이(述而)〉에 "하늘이 나에게 몇 년의 세월을 더 살도록 허락하여 《주역》에 대한 공부를 마치게 해 주신다면, 큰 허물이 없게 될 수 있으련만.〔假我數年, 卒以學易, 可以無大過矣.〕"이라고 한 공자의 말이 실려 있다.

239 강사(强仕)의 나이 : 40세를 말한다. 《예기》 〈곡례 상〉에 "나이 사십을 강이라고 하니, 이때에 벼슬길에 나선다.〔四十曰强而仕〕"라는 말이 나온다.

금오산의 남북에 집을 연이어 짓고 살 것을 생각했었네.

말함이 어제 같고 웃는 모습이 목전에 있거늘, 의형(儀刑)과 영원히 격리됨을 애통해하네. 이때 우환이 많고 집안이 빈한하여 유월장(踰月葬)을 치르지 못했네. 붕우와 고을 사람들이 와서 전송하며 애석히 여기지 않음이 없었고, 그대가 저승으로 돌아감에 뼈에 사무치게 상심하였네. 묘소가 들어설 청산은 집에서 6리쯤 떨어져 있으니, 북쪽으로 선영의 적림(赤林)에 연이었네.[240] 토양은 이미 두텁고 관도 걸맞으니, 어두운 무덤 속의 공을 위로할 수 있겠네. 저승으로 돌아감에 그대의 몸을 편안하게 할 것이니, 그대의 후손을 창성하게 하는 큰 복을 내려 주소서. 한 잔의 술을 따르고 향기로운 제수 올리니, 영혼은 저를 돌아보아 주시기를 바랍니다.

240 청산은……연이었네 : 청산은 공이 묻힌 반이산(反伊山)으로 현재의 주소는 구미시 장천면 상림리 산 80-2이니, 선영인 적림과 연이어 있다.

임소암[241] 숙영 에 대한 제문
祭任疏庵 叔英 文

오호라	嗚呼
용광로에 풀무질함이여[242]	鼓橐籥於洪爐兮
규벽[243]의 정기로운 빛을 모았네	鍾奎璧之精芒
상서로운 세상에 영웅호걸로 강림함이여	降瑞世之英豪兮
구름 비단 의상을 입었네[244]	披雲錦之衣裳

241 임소암(任疏庵) : 임숙영(任叔英, 1576~1623)이다. 본관은 풍천(豊川), 초명은 상(湘), 자는 무숙(茂淑), 호는 소암이다. 1601년(선조34) 진사가 되고, 성균관에 10년 동안 수학, 논의가 과감하였으며 전후 유소(儒疏)가 그의 손에서 나왔다. 1611년(광해군3) 별시문과의 대책(對策)에서 주어진 이외의 제목으로 척족의 횡포와 이이첨(李爾瞻)이 왕의 환심을 살 목적으로 존호를 올리려는 것을 심하게 비난하였다. 이를 시관 심희수(沈喜壽)가 적극 취하여 병과로 급제시켰는데 광해군이 대책문을 보고 크게 노하여 이름을 삭제하도록 하였다. 몇 달간의 삼사의 간쟁과 이항복(李恒福) 등의 주장으로 무마, 다시 급제되었다. 1613년에 영창대군(永昌大君)의 무옥이 일어나자 다리가 아프다는 핑계를 대고 정청(庭請)에 참가하지 않았다. 곧 파직되어 집에서 지내다가 외방으로 쫓겨나 광주(廣州)에서 은둔하였다. 인조반정 초에 복직되어 벼슬이 지평에 이르렀다.

242 용광로에 풀무질함이여 : 원문 '탁약(橐籥)'은 대장간에서 불을 피울 적에 바람을 일으키는 풀무를 말하는데, 《노자(老子)》 5장에 "하늘과 땅 사이에 일어나는 운동을 보면, 마치 풀무질을 하는 것과 같다.〔天地之間, 其猶橐籥乎.〕"라는 말이 나온다.

243 규벽(奎壁) : 28수(宿)에 속하는 규수(奎宿)와 벽수(壁宿)의 병칭으로, 옛날에 문운(文運)을 주관한다고 여겼다.

244 구름……입었네 : 소식(蘇軾)의 〈조주한문공묘비(潮州韓文公廟碑)〉에, "공이 옛날 용을 타고 백운향에 노닐면서, 손으로 은하수 긁어 하늘 문장 잘라 내니, 직녀

곧은 절조를 내면에 온축함이여　蘊貞操之內植兮
향기로운 난초와 채초를 껴입었네　襲蘭茝之芬芳
하늘 길에 올라 옥가락지를 떨침이여　淩天衢而振玉玦兮
탁한 세상의 쭉정이를 쓸어 내었네[245]　掃濁世之粃糠
어찌 험난한 시절을 만났던가　何遭時之險巇兮
갑자기 어두움에 가려져 흐릿해졌네　忽曃曖而曭莽
먹구름이 몰려와 비가 내림이여　黕雲鬱結而滃漠兮
삭풍이 사납게 불어 만물을 뒤흔드네　朔吹厲以振蕩
민생들이 놀라 죄받음을 애달파함이여　哀民生之震愆兮
민생은 날로 위축되어 달려갈 곳이 없네　日蹙蹙兮靡所騁
세속의 더럽고 탁함을 미워함이여　嫉世俗之汚濁兮
세인은 성대하게 함부로 따르고 교묘하게 아첨하네　紛詭隨而巧佞
어찌 부자는 그리도 탁월하고 우뚝한가　何夫子之踔厲兮
홀로 분노하면서 나라를 잊지 못하네　獨慍憤而耿耿
높은 관 해진 옷으로 곧바로 가고 돌아보지 않음이여
危冠弊袍直行而不顧兮
진실로 만백성이 걱정하였네　固衆兆之病也
왕궁의 섬돌에 올라 천문〔왕〕에 감이여　登龍墀兮歷閶闔
유분의 대책문에 대적하네[246]　抗劉蕡之策也

가 공을 위해 구름 치마를 짰도다.〔公昔騎龍白雲鄕, 手抉雲漢分天章, 天孫爲織雲錦裳.〕"라고 하였다.

245 하늘……내었네 : 고상한 고문(古文)을 지어 화려하게 문식에 힘쓰는 변려문과 같은 것을 물리쳤다는 말이다.

솔개 무리에서 봉황[247]이 울이여 鳴鸑鷟於鴟群兮

바로 기이한 재앙의 표적이 되었네 迺奇禍之的也

호표가 대궐을 지키며 백성을 잡아먹음이여[248] 虎豹守關而喙害兮

붉은 충심을 지니고 아뢰는 자가 없었네 抱忠赤而莫之白也

공자가 난방에는 거하지 말라 경계함이여[249] 聖有戒於不居兮

진실로 나라에 도가 없을 때 봉록이 부끄럽네[250] 誠可恥乎穀也

가의는 통달한 식견을 가졌음이여 賈生之達識兮

또 어찌하여 통곡하였던가[251] 又何爲乎痛哭也

246 유분(劉蕡)의 대책문에 대적하네 : 당 문종(唐文宗)이 현량 대책(賢良對策)의 친시(親試)를 거행할 적에 유분이 환관의 폐해를 극언하며 종사(宗社)의 위급함을 호소하자, 고관(考官)들이 한(漢)나라의 조조(鼂錯)나 동중서(董仲舒)도 여기에 미치지 못할 것이라고 탄복하였으나, 끝내는 환관의 권세를 두려워한 나머지 그를 낙제(落第)시킨 고사가 전한다. 《舊唐書 卷190下 文苑列傳下 劉蕡》

247 봉황 : 원문 '악족(鸑鷟)'은 왕업(王業)을 이루게 될 때 나타난다는 봉황새의 일종이다. 《국어(國語)》 〈주어 상(周語上)〉에 "주(周)나라가 홍할 때에 악족이 기산(岐山)에서 울었다."라고 하였다.

248 호표가……잡아먹음이여 : 궁궐을 지키는 무시무시한 무장(武將)이 백성을 해친다는 뜻이다. 전국 시대 초(楚)나라 송옥(宋玉)의 〈초혼(招魂)〉에 "호랑이와 표범이 아홉 겹의 하늘 문을 지키면서, 아래 세상 사람들이 못 들어오게 잡아먹네.〔虎豹九關, 啄害下人些.〕"라는 표현이 있다.

249 공자가……경계함이여 : 《논어》 〈태백(泰伯)〉에 "위태로운 나라에는 들어가지 말고, 어지러운 나라에는 거주하지 말아야 한다. 천하에 도가 있으면 자기를 드러내고, 천하에 도가 없으면 숨어야 한다.〔危邦不入, 亂邦不居, 天下有道則見, 無道則隱.〕"라는 공자의 말이 나온다.

250 나라에……부끄럽네 : 《논어》 〈헌문(憲問)〉에 원헌(原憲)이 치욕에 대하여 묻자 공자가 말하기를 "나라에 도가 있을 때 봉록만 먹으며 나라에 도가 없을 때 봉록을 먹는 것이 치욕스러운 일이다.〔子曰 邦有道穀, 邦無道穀, 恥也.〕"라고 하였다.

신도반은 명철보신함이여 申屠之明哲兮

드디어 양탕의 골짜기로 은둔했네[252] 遂云徂乎梁碭之谷也

푸른 바위 깎아 빗장 만들고 劚青巖以爲扃兮

붉은 계수나무 베어 대들보 만들었네 斫丹桂而爲梁

흰 구름으로 지붕을 이고 葺之兮白雲

중당에 밝은 달을 걸었네 懸明月兮中堂

그늘진 송백이 무성하게 우거지고 蔭松柏之晻藹兮

정원에 방초가 늘어서 있네 羅芳草兮壇場

6, 7명의 신선 친구를 맞이하여 邀六七之仙侶兮

구슬과 같은 시문을 펼치네 散珠璣之篇章

자라와 악어를 꾸짖고 교룡을 몰아내며 叱黿鼉兮麾蛟龍

맑은 황려강[253]에 배를 타고 건너네 泛黃驪之清江

청학에 멍에를 메우고 검은 표범으로 수레를 끌며 駕青鶴兮驂玄豹

251 가의는……통곡하였던가 : 한 문제(漢文帝) 때 가의(賈誼)가 치안책(治安策)을 올렸는데, 거기에 "통곡할 만한 일이 하나 있고,〔可爲痛哭者一〕 눈물을 흘릴 만한 일이 두 가지 있고, 길게 탄식할 만한 일이 여섯 가지 있다."라는 말이 나온다. 《漢書 卷48 賈誼列傳》

252 신도반은……은둔했네 : 후한(後漢) 말에 유생들이 크게 등용되자 신도반(申屠蟠)은 전국 시대 말에 유사(遊士)들이 횡행하여 진시황(秦始皇)의 분서갱유(焚書坑儒)를 초래하였고 또 머지않아 화가 있을 것이라 생각하고, 벼슬을 버리고 양군(梁郡)의 탕산(碭山)에 은둔하였다. 몇 년 뒤 당고(黨錮)의 화로 많은 유생이 죽었지만 신도반은 화를 면할 수 있었다. 《後漢書 卷53 申屠蟠列傳》

253 황려강(黃驪江) : 남한강 중 여주(驪州)의 앞의 여강(驪江)을 말한다. 임숙영이 은거한 곳이 양수리에서 여주 사이인데, 이곳은 모두 광주(廣州)에 속했다. 뒤에 나오는 용문산은 양평의 용문산이다.

높은 언덕의 용문산을 올라가네　　陟龍門之崇岡
내가 상안〔상주〕으로 나귀를 타고 가다가　　策征驢於商顏兮
그대[254]의 평상에 나란히 앉았네　　聯玉成之匡床
같은 기운의 사람은 서로 구할 줄 앎이여　　知同氣之相求兮
먼 곳에서 와서 기약도 없이 만났네　　會不期於遠方
고금을 오가며 장엄하게 이야기하고　　雜古今以雄談兮
번갈아 시를 지으며 수창하였네　　迭賦詩以酬唱
참으로 근심과 기쁨을 같이할 수 없음이여　　誠憂喜之不可并兮
세상 일을 잊어버리는 데 맡겨 두었네　　付世事於相忘
10년 동안 지음과 떨어져 있음이여　　隔知音於十年兮
머문 구름〔친구〕을 바라보니 아득하네　　望停雲而茫茫
편지를 은근히 전하기는 하였지만　　簡牘之潛傳兮
또한 속마음을 토로하기는 어려웠네　　亦難吐其肺腸
서산을 가리키며 면려하고　　指西山而相勉兮
넘실거리는 동해에 맹세하였네[255]　　誓東海之洋洋
비와 태[256]가 서로 꼬리를 무니　　惟否泰之相乘兮

254 그대 : 원문 '옥성(玉成)'은 인격이 바람직하게 성취된 상대방을 말한다. 송(宋)나라 장재(張載)의 〈서명(西銘)〉에 "그대를 빈궁하게 하고 시름에 잠기게 하는 것은, 장차 그대를 옥으로 만들어 주려 함이다.〔貧賤憂戚, 庸玉汝於成也.〕"라는 말이 나온다.

255 서산을……맹세하였네 : 소암이 절의를 지키겠다고 마음을 다짐한다는 말이다. 서산(西山)은 백이(伯夷)가 은나라를 위하여 주나라를 섬기지 않고 불사이군하며 고사리를 캐 먹다가 굶어 죽은 수양산(首陽山)이다. 노중련(魯仲連)의 고사에서 그가 진(秦)나라를 황제로 받든다면 동해를 밟아 죽겠다고 하였다.

천도는 일정하기 어려움을 알겠네 諒天道之難常
봄이 겨울[257]을 교대함이여 春代謝乎玄冥兮
아침 햇살로 짙은 구름을 가렸네 屛陰翳於朝陽
음허에서 마른 가지에 생명이 나고 發枯槀於陰墟
조정에서 뛰어난 인재 배출되었네[258] 登俊乂於鵷行
나의 옷이 화려하고 나의 패옥이 빛나니 我衣華兮我佩光
애오라지 그대와 함께 벼슬하였네 聊與子兮翶翔
경연에서 임금의 계책을 돕고 翼皇猷於經席
사헌부에서 풍상의 기상을 떨쳤네 振柏臺之風霜
군신 간[259]에 성대한 은혜로 얽어 紆盛眷於魚水兮
바야흐로 나라를 잘 다스려 주기[260]를 바랐네 方有望乎陶鎔
어찌 치장이 바야흐로 장엄하더니 何容飾之方壯兮

256 비와 태 : 《주역》의 천지(天地) 비괘(否卦)와 지천(地天) 태괘(泰卦)로, 비괘는 막힘을, 태괘는 안정됨을 상징하는 괘이다.

257 겨울 : 원문 '현명(玄冥)'은 겨울 귀신 이름이다. 《예기(禮記)》 〈월령(月令)〉에 "겨울을 주관하는 상제(上帝)는 전욱(顓頊)이요, 그 귀신은 현명(玄冥)이다."라고 하였다.

258 비와……배출되었네 : 광해군의 암울한 정치가 인조반정으로 새로운 정치가 시작됨을 말한다.

259 군신 간 : 원문 '어수(魚水)'는 임금과 신하가 서로 감응하여 의기투합하는 것을 말한다. 유비(劉備)가 제갈량(諸葛亮)을 얻고 나서 "물고기가 물을 만난 것처럼 기쁘다.〔猶魚之有水也〕"라고 말한 고사에서 유래한 것이다. 《三國志 卷35 蜀書 諸葛亮傳》

260 나라를……주기 : 원문 '도용(陶鎔)'은 가마에서 도자기를 굽고 용광로에서 쇠를 녹이는 것처럼 인재를 배양해서 육성한다는 뜻으로, 보통 대신이 나라를 다스리는 것을 비유한다.

갑자기 가을 바람에 낙엽처럼 떨어졌는가 奄搖落於秋風
아침에 웃는 모습이 즐거웠고 朝之笑兮嬉嬉
저녁에 말하는 태도가 화기애애하더니 夕之言兮雍雍
아! 하룻밤에 갑자기 떠나감이여 吁一夜溘然其逝兮
모습과 목소리가 황천으로 갔네 隔黃壚於形音
임금[261]께서 귀감이 없어짐을 슬퍼하고 悲亡鏡於黼扆兮
유림에서 구슬이 묻혀 버림을 애석히 여기네 惜埋璧於儒林
어찌 만남이 얼마 되지 않았더니 胡盍簪之未幾兮
갑자기 아름다운 거문고에서 줄이 끊어졌는가 忽斷絃於瑤琴
아! 내 마음을 알아줌이 끝이로다 다시 만나기 어려움이여
吁知心已矣其難再覿兮
나의 눈물이 주르륵 흘러내리네 渙余涕之滛滛
나는 아노니 그대의 정신이 吾知子之精神兮
죽음을 따라 갑자기 없어지지 않음을 不隨死而遽亡
시원하게 불어오는 서늘한 바람을 타고 御冷風之瀏瀏兮
운기[262]가 펄럭펄럭 날리네 載雲旗之揚揚
티끌세상을 지나 하늘로 올라감이여 軼浮埃而上征兮
태청을 지나 옥황상제에게 인사드리겠지 歷太淸兮朝玉皇

261 임금 : 원문 '보의(黼扆)'는 고대에 제왕이 앉는 자리의 뒤쪽에 설치했던 병풍이다. 윗부분에 도끼 모양의 문양이 그려져 있었으므로 보의라고 하였다.

262 운기(雲旗) : 구름무늬를 수놓은 깃발, 또는 구름으로 만든 깃발로, 신령의 행차를 의미한다. 《초사(楚辭)》 〈동군(東君)〉에 "용 수레를 몰고 우레를 타고서 구름 깃발을 길게 드날리도다.〔駕龍輈兮乘雷, 載雲旗兮委蛇.〕"라고 하였다.

그렇지 않으면 난새와 봉황을 타고 현포[263]에 노닒이여

不然驂鸞鳳而遊玄圃兮

뭇 신선들과 짝하여 소요하고 伴群仙而相羊

세속의 시끄러운 소리를 굽어보며 俯塵寰之喧啾兮

내가 허둥대며 살아가는 것을 비웃겠지 哂此生之劻勷

벼슬아치와 친구들이 눈물을 닦으며 탄식하지 않음이 없음이여

搢紳親朋莫不掩泣而咨嗟兮

그대는 또 어찌 그들의 애통함을 알겠는가 子又焉知夫痛傷

길일을 가려 먼 길 오르니 歷吉日兮卽遠

풍수가[264]가 선영에 묘터를 잡았네 靑烏卜兮牛岡

초장과 계서[265]를 올리고 奠椒漿兮桂醑

맑은 향 한 개를 피우네 瓣一炷之淸香

원하건대 말을 진술하여 나의 뜻을 말하니 願陳辭兮道余意

영혼은 어렴풋이 나의 곁에 강림한 듯하네 靈彷彿兮來在傍

263 현포(玄圃) : 위로 천계(天界)와 통한다고 일컬어지는 곤륜산(崑崙山)의 정상에 있다는 신선의 거처를 말한다.

264 풍수가 : 원문 '청오(靑烏)'는 풍수가(風水家)의 술(術)을 말한다. 진(晉)나라 곽박(郭璞)의 장서(葬書)에서 한(漢)나라 청오 선생(靑烏先生)의 장경(葬經)의 설(說)을 많이 인용하였기 때문에 붙여진 이름이다.

265 초장(椒漿)과 계서(桂醑) : 초장은 산초(山椒)를 넣어 담근 술이고 계서는 계피(桂皮)를 썰어 넣어 담근 술로, 모두 미주(美酒)를 의미한다.

종질 진보 현감 산립[266] 에 대한 제문
祭從侄眞寶 山立 文

오호라	嗚呼
세월은 순환하여	歲運循環
봄이 가면 다시 가을이 되는데	春而復秋
사람은 어찌 죽으면 영원히 가 버리고	人胡長往
이 세상을 떠나서 머물지 않는가	逝而莫留
군이 죽은 뒤로부터	自君之喪
꿈과 같고 의아하게 여겼더니	如夢如疑
지금 멀리 묘소로 떠나니	今其遠矣
더욱 아득하고 희미해지네	愈杳愈微
군은 있는가 없는가	有耶無耶
아는가 모르는가	知乎不知
들어 보니 저승은	傳聞冥道
이승과 다른 곳이라 하네	與世殊方
현명함을 드러내고 곧음을 받아들여[267]	表賢容直
상제 곁에서 실력을 드날리리라	悠揚帝傍

266 산립(山立) : 최산립(崔山立, 1550~1604)이다. 본관은 전주(全州), 자는 입지(立之), 호는 우암(愚庵)으로, 1590년 생원에 합격하였고 1591년 문과에 급제하여 진보 현감(眞寶縣監)을 지냈다.

267 현명함을……받아들여 : 최산립은 현명함을 드러내고 상제는 그의 곧음을 받아들인다는 말이다.

만약에 거기에 조정이 있다면	如其有之
적은 것을 굽히고 큰 것을 폈으리라	屈少伸長
군이 세상에 살아 있을 때	君之在世
나의 선량하지 못함을 경계하였네	警我無良
만약 나에게 기대하는 것이 있었다면	若有期我
황폐하게 무너지도록 놓아두지 않았으리	毋令荒隳
내가 이미 굳세지 않았으니	我旣不競
군의 기대에 부합할 수 있겠는가	能副君期
군이 비록 저승으로 갔으나	君雖卽幽
나는 실로 부끄럽네	我實忸怩
세대의 순서에 따라 신주를 옮기니	世序迭遷
예의 절차에 어찌하리오	禮也如何
선조께서 있는 곳에 의탁하나	祖先所托
쇠잔한 나의 마음 탄식스럽네	衰緖堪嗟
알지 못하겠네 지금에	未知于今
누가 우리 집안을 창성하게 할까	孰大吾家
회포를 다 쏟을 수 없고	懷不盡瀉
눈물만 주르륵 흐르네	涕淚滂沱

망실 이씨[268]에 대한 제문 을묘년(1615, 광해군7) 12월 3일
祭亡室李氏文 乙卯十二月三日

오호라	嗚呼
저 숲속을 보니	相彼中林
울창한 나무가 있네	有菀其樹
뿌리가 검은 흙에 서려 있고	根蟠玄壤
잎은 맑은 이슬에 윤택이 나네	葉滋淸露
저 길가를 보니	相彼路左
홀로 우뚝 선 아가위나무가 있네[269]	有杕之杜
아침엔 들불에 타고	朝焉野燒
저녁엔 나무꾼에게 잘리네	夕焉樵斧
누가 심었으며	有誰栽植
누가 죽였는가	有誰戕蠹
무슨 죄를 지어 수명이 박한가	胡罪而薄

268 망실 이씨 : 재령 이씨(載寧李氏)로 영해(寧海)에 거주하였다. 1593년에 혼인하여 1615년 9월에 죽었다. 이때 인재는 심원(尋源)에 있었는데, 부고를 듣고 고향으로 돌아왔다.

269 홀로……있네 : 원래는 형제도 하나 없이 쓸쓸하게 지내는 외로운 심정을 읊은 《시경》의 가사이다. 당풍(唐風) 〈체두(杕杜)〉에 "홀로 우뚝 선 아가위나무여, 오직 잎새만 더부룩하네. 외로이 길을 가는 나의 신세여, 어찌 남이야 없으랴마는, 어찌 내 형제와 같다고 할까.〔有杕之杜, 其葉湑湑. 獨行踽踽, 豈無他人? 不如我同父.〕"라는 말이 있다.

무슨 덕을 쌓아 수명이 후한가 胡德而厚
사람이 세상에 태어나 人生于世
누가 부모가 없겠는가 誰無父母
나는 태어날 때 기구하여 我生險釁
일찍 부모님을 잃었네 早失怙恃
누가 형제가 없겠는가 誰無兄弟
발과 같고 손과 같네 如足如手
나의 누이와 형은 我姊我兄
덕이 있었지만 장수하지 못했네 有德無壽
누가 부부가 없겠는가 誰無夫婦
손님과 같고 벗과 같네 如賓如友
나는 유독 무슨 허물인고 我獨何辜
혈혈단신으로 외롭게 되었네 孑孑孤苦
인생의 즐거움이 人生所樂
나에게 무엇이 있는가 於我何有
인생살이 우환을 人生憂患
유독 내가 많이 받았네 獨我偏受
그만두고 논하지 말자 已矣勿論
죽은 사람을 애도할 만하네 逝者可悼
아! 아내여 嗟嗟室君
부인의 도리를 잘 따랐네 克順婦道
성품은 어긋나거나 다투지 않았고 性靡乖爭
덕은 큰 복을 누리기에 마땅하였네 德宜純嘏
어려운 일을 두루 겪어 備經艱難

지게미와 쌀겨도 배불리 먹지 못했네 糟糠不飽
나를 따라 준령을 넘어 相隨踰嶺
낙동강 가 해평에 이르렀네 至于洛滸
나는 고향으로 돌아오는 생각이지만 我懷首丘
그대는 친정과 멀어졌네 子遠故土
산뽕나무 무성한데 桑柘依依
도착하여 집을 바라보네 載瞻載宇
비바람을 가릴 정도의 집이지만 風雨攸庇
백년해로할 수 있네 可以偕老
채전밭은 기름지니 中園膴膴
대두와 소두가 있네 有菽有荳
파종하고 수확하니 可種可採
나의 제기에 가득 차네 實我籩豆
백 년 살자는 이야기가 百年成說
24년 만에 어긋났네 二紀而謬
태어난 지 40년이 홀연히 지남에 四十忽焉
흘러가던 물이 동쪽에서 거꾸러졌네 逝水東倒
어찌하고 어찌하여 如何如何
나를 버리고 돌아보지 않는가 棄余不顧
장수와 단명은 곧 그러하니 脩短卽然
끝이로다 누구에게 하소연하리오 已矣誰訴
더욱 한스러운 것이 있으니 尤有所恨
길이 탄식하고 길게 부르짖네 永噫長號
사람이 살면서 지극히 가까운 이는 人生至親

자모와 부부이네	子母夫婦
생존해서는 먼 이별이 없고	生無遠別
죽어서는 후사를 부탁하네	歿有托後
그대는 유독 자식을 낳지 못했으니	子獨不育
애통함이 폐부에 있었네	痛在肺腑
내가 또 멀리 가 있어서	我又遠征
소식이 오랫동안 막혔네	音耗久阻
그대의 병환이 이에 심하였으나	子疾斯亟
나는 치료해 주지 못했네	我不能救
그대는 친척이 없었으니	子無親戚
영결의 말을 누구에게 고했을까	訣語誰告
한을 가진 채 갑자기 죽으니	茹恨溘然
이것은 나 때문이네	伊我之故
내가 천 리 길을 달려와 보니	千里來奔
다만 영구만 보이네	但見靈柩
그대는 나를 알아보지 못하고	子不我知
나도 그대를 볼 수가 없네	我莫子覩
보지도 못하고 듣지도 못하지만	不覩不聞
그대의 마음은 알겠네	知子情抱
그대가 원하는 것을	子之所願
내가 어찌 저버리겠는가	我豈相負
끝이로다 끝이로다	已矣已矣
유명의 길이 각각 다르네	幽明異路
장례 지낼 날이 다가오니	卽遠有期

상여가 이미 갖추어졌네　　靈輀旣具
그대는 유택에서 길이 편안하고　　永寧爾宅
시부모에게 인사를 드릴 것이니　　見于舅姑
곧 이해 이달에　　卽以是月
같은 묏자리에 개장했기 때문이네[270]　　遷改同兆
혼은 원통함이 없을지어다　　魂無冤哉
몸을 의탁할 곳이 있네　　托體有所
나와 헤어져 있음이 얼마나 될까　　相別幾時
나도 결국에는 죽어 같이 합치리라　　畢竟同聚
오늘 저녁에 영결하니　　永訣此夕
한 잔의 술로 제사를 드리네　　一杯相侑

270 시부모에게……때문이네 : 묘소에 있는 시부모에게 인사를 드린다는 말이다. 상림(上林)에 장례를 지냈는데, 이때 인재의 고비(考妣)의 묘를 이곳으로 이장하였다.

아들 산휘[271]에게 곡하는 글 정축년(1637, 인조15) 9월

哭子山輝文 丁丑九月

애통하구나 애통하구나. 묘소의 나무가 이미 한 아름이 되도록 자랐고 나의 나이는 70여 세이구나. 50세에 관청의 정무를 맡아 일할 때니, 너의 나이가 정히 한창 일할 나이[272]에 해당한다. 젊은 네가 무슨 까닭으로 먼저 죽고 늙은 내가 무슨 까닭으로 뒤에 죽는가. 5대에 걸친 우리의 한집안이고,[273] 2대에 걸쳐 나와 너는 독자이다. 10살의 증손자는 인사를 분변하지 못하니, 늙은 아버지가 의지하는 사람은 누구이며 선조가 의탁할 사람은 누구인가. 시험삼아 금일의 형편을 보건대 나도 조만간에 죽을 날이 매우 가까

271 산휘(山輝) : 최산휘(崔山輝, 1585~1637)이다. 본관은 전주(全州), 자는 백옥(伯玉), 호는 낙남(洛南), 시호는 효헌(孝憲)이다. 1628년(인조6) 제천(堤川)에 귀양 가 있던 유효립(柳孝立)이 역모하고 인성군(仁城君 : 선조의 7남)도 관여하고 있다고 고변하였다. 그 공으로 영사공신(寧社功臣) 3등에 책록되고 완해군(完海君)에 봉해졌고, 사섬시 주부(司贍寺主簿)를 초수(超授)받았다. 뒤에 통정대부(通政大夫)에 올라 하사받은 전토와 노비를 반환하였다. 1637년 병자호란을 만나 청송 부사를 사임하고 남한산성으로 가기 위해 의병을 이끌고 문경에 이르러 아버지 인재의 군대와 만났다. 그러나 임금이 항복했다는 소식을 듣고 인재는 돌아오고 공은 서울로 갔다. 1637년 3월에 조정에 가서 인조에게 인사를 드리고 고향으로 돌아오던 중 천연두에 걸려 풍천정사(楓川精舍)에서 세상을 떠났다.

272 한창 일할 나이 : 원문 '강사(彊仕)'는 40세를 의미하나 여기서는 이렇게 해석하였다.

273 5대에……한집안이고 : 최현의 고조부 수지(水智)가 해평에 처음 들어온 입향조이다. 그러므로 최산휘에게는 5대가 된다.

이 다가옴에 높이 날아서 멀리 달려가지 못할 것이니, 다시 누가 나를 부축하여 전란을 피하여 도망가게 할까. 네가 이미 나보다 먼저 죽어서 나로 하여금 애통하게 울부짖으며 너를 묻게 한다. 나는 너보다 뒤에 죽으니 누가 다시 저승에 나를 묻을까.

애통하구나 애통하구나. 너는 몸을 나라에 맡긴 신하로 국가가 위급한 때를 당하여 사친(私親)을 돌보지 않은 것은 의리로 보아 진실로 당연하다. 어찌하여 조정에 나아가 임금에게 위문의 인사를 드린 후에 서울을 떠나는 마음이 더디고 더뎠던가. 종남산(終南山 서울의 임금)을 연모하여 차마 문득 결별하지 못하고 전쟁터의 전염병 가운데를 서성거리다가 돌아옴에 집에도 미치지 못하여 독한 전염병에 걸려 갑자기 죽었구나.

애통하구나 애통하구나. 옛날에 네가 태어나서 머리털이 마르기 전에 어머니를 잃어 종에게 젖을 빌려 먹였다. 조금 말을 할 줄 알아서는 양양(襄陽)의 외가[274]에게 가서 길러졌다. 네가 관례를 하고 장가들어서는 내가 오랫동안 사방에 벼슬하다가 늙어서 집으로 돌아오니, 너도 서울과 지방에 관직 생활을 하고 있었다. 어려서부터 늙을 때까지 어찌 1년 동안이라도 한집에서 부자가 같이 있는 즐거움이 있었던가. 살았을 때는 길러 주며 함께 거처하지 못하였고 죽어서는 손을 잡고 영결하지 못하였다. 나의 눈이 비록 달려 있지만 다시는 빙옥(氷玉) 같은 너의 얼굴을 볼 수가 없다. 너는 교유하는 사람이 드물었으니, 누가 너의 빙벽(氷蘗)의

274 양양(襄陽)의 외가 : 양양은 예천(醴泉)이다. 최산휘의 외조부는 김복일(金復一)로, 예천에 장가들어 거기에서 살았다.

고절(苦節)[275]을 알 수 있겠는가.

애통하구나 애통하구나. 사람들이 너를 효자라고 생각한다면 어찌 늙은 아버지로 하여금 하늘에 부르짖으며 돌아갈 곳이 없어 어찌할 줄을 모르며 원망하고 상심하게 하는 것이 이와 같이 지극하게 만드는가. 사람들이 너를 불효자라고 생각한다면 두 고을의 군수가 되어 맑고 삼가는 것으로 스스로 견지하여 너의 아버지를 욕되게 하지 않은 것은 효도가 아니랴. 네가 효자인지 불효자인지와 재주 있는지 재주 없는지에 대하여 나는 실로 어떠한지를 알지 못하나, 부모는 각기 자기의 자식을 자랑하며 말하기 마련이니, 현명함과 어리석음을 누가 구별하겠는가. 간장(肝腸)이 돌이 아닌데 날카로운 칼로 누가 베는가. 지금 백성들이 바야흐로 위태하여 장차 서로 재앙에 빠지려 하니, 누가 먼저이며 누가 뒤라 할 것이 있겠는가. 하늘에게 물어도 하늘은 막막하게 대답이 없네. 지금 이미 선영에 길지를 잡아 장례를 지내니 너는 너의 유택으로 돌아가 편히 지내기를 바란다.

275 빙벽(氷蘗)의 고절(苦節) : 맑은 얼음물을 마시고 쓰디쓴 소태나무를 씹는다는 뜻으로, 굳게 절조를 지키면서 온갖 고난을 감내하는 것을 비유할 때 흔히 쓰는 표현이다. 당(唐)나라 백거이(白居易)가 지은 〈삼년위자사(三年爲刺史)〉의 "삼 년 세월 동안 자사로 있으면서, 맑은 얼음물을 마시고 쓰디쓴 소태를 씹었노라.〔三年爲刺史, 飮氷復食蘗.〕"라는 시구에서 유래한 것이다. 《白樂天詩集 卷1》

인재집

제12권

제문 祭文
묘갈 墓碣
묘지 墓誌
행록 行錄

제문 祭文

여헌 장 선생에 대한 제문
祭旅軒張先生文

아 우리 동방은	嗚呼我東
기자 조선의 옛 강역이네	箕封舊域
지역이 오랑캐 나라이지만	地雖夷邦
염락의 도통이 전해졌네	道傳濂洛
사문이 땅에 떨어지지 않으니	斯文不墜
철인이 계속 태어났네	哲人繼作
우리 선생은	惟我先生
삼광오악의 정기를 품부받았네	稟精光岳
강하와 같은 국량이며	江河之量
금석처럼 뜻이 확고하였네	金石之確
분화한 세상의 습속을	紛華習俗
자신을 더럽힐 것처럼 통렬하게 깎아 내었네	若浼痛刮
학문은 위기를 오로지 하였고	學專爲己
행실은 실천을 돈독히 하였네	行敦踐實
침묵하며 내면을 수양하고	沈默內修

문채를 깎아 내고 빛을 감추었네　鏟彩韜光
오랫동안 덕을 충적함에　充積之久
은은한 속에서 빛이 났네　闇然而章
덕스러운 용모가 겉을 수연케 하고　德容粹外
정성과 믿음이 속에 가득 찼네　誠信弸中
간직하여 곧은 덕이 되고　藏爲貞德
드러내어 봄바람이 되었네　暢爲春風
서유자의 고상한 운치에다가　徐孺高致
학문의 공로가 있었고[1]　有學問功
도연명의 한가한 아취에다가　淵明閑趣
세상을 오만하게 보는 기상이 없었네　無傲世氣
자기를 지키고 고요함에 거하며　守己居靜
명예와 이익에 생각을 끊었네　念絶名利
난초가 빈 골짜기에 그윽하고　蘭幽空谷
향기가 계수나무 궁전[2]에 풍기네　香徹桂殿
여러 차례 벼슬 추천서에 올랐으나　屢登薦牘
잠깐 동안 두 고을의 수령을 지냈네[3]　暫試兩縣

1 서유자의……있었고 : 서유자(徐孺子)는 서치(徐穉, 97～168)이다. 후한 예장(豫章)의 학자로 진번(陳蕃)의 우대를 받아 천거되었으나 조정에 나가지 않고, 직접 농사지으며 공손 검약하여 고사(高士)로 불렸다. 명망이 있었으나 말을 공손히 하여 당고의 화를 면하였다.

2 계수나무 궁전 : 원문 '계전(桂殿)'은 달 속에 있다는 궁전인 광한전(廣寒殿)을 가리키나, 여기서는 장현광이 지내던 뜰의 계단을 말한다.

3 두……지냈네 : 보은 현감과 의성 현령을 지낸 것을 말한다.

긴 허리에 옥을 차고 있는데 王佩長腰
어찌 벼슬에 끝내 몸을 굽히랴 豈合終屈
인끈을 던지고 전원으로 돌아오니 投紱歸田
푸른 소나무가 무성하였네 蒼髯有菀
바위 밑에는 물의 깊이를 알 수 없고[4] 巖有不知
낙동강에는 맑은 소가 있네 江有淸淵
여기에 깃들고 쉬니 棲焉息焉
보잘것없는 삼 칸 집이네 弊屋三椽
세상이 눈보라로 어수선하지만 風雪紛如
책을 읽으며 고요히 지냈네 圖書靜嘉
성군께서 현자를 구하며 聖主求賢
자리를 비워 두고 탄식을 일으켰네 側席興嗟
조서[5]가 끊임없이 날아들고 鶴書翩翩
사신의 수레가 줄을 이었네 使蓋相磨
세 번 임금의 은총이 내려져 三錫寵命
벼슬이 찬성의 청반에 올랐네 貳公淸班
태도를 바꾸어 일어나 사례하니 幡然起謝

4 바위……없고 : 장현광이 구미시 임수동 낙동대교 옆에 부지암정사(不知巖精舍)을 지었다. 그 명칭은 정사 옆 낙동강 물속에 점점이 수놓은 바위가 있는데, 그 밑의 깊이가 얼마나 되는지 모르는 바위〔不知巖〕라는 데서 유래하였다. 장현광 사후에 부지암정사 옆에 동락서원(東洛書院)이 세워져서 여기에 제향되었다.

5 조서(詔書) : 원문 '학서(鶴書)'는 은자(隱者)를 부르는 임명장인 조서(詔書)를 말한다. 옛날에 조서를 학의 머리 모양의 학두서체(鶴頭書體)로 썼기 때문에 일명 학두서(鶴頭書)라고도 한다.

두 번째 임금을 뵈었네 再接天顔
높다란 관과 고풍스러운 옷으로 巍冠古服
임금의 기쁨에 계합하였네 感契宸歡
임금이 “여기에 머물며 나를 보필하여 曰留弼予
함께 어려움을 헤쳐 나가자”라고 말씀하였네 共濟艱難
그러나 본성이 산야를 좋아하니 山野素性
조정을 어찌 편안하게 여기리오 廊廟何安
겸손해하며 거기에 처하지 않고 撝謙不居
구름처럼 고향으로 돌아왔네 雲返故山
나아가고 물러남을 예에 맞게 하고 進退以禮
가고 멈춤이 편안하고 한가로웠네 行止安閑
때를 살피고 분수를 헤아리며 相時量分
조짐을 보아 은거하였네 兆足以藏
그러나 멀리 강호에 있지만 江湖雖遠
어찌 감히 임금을 잊으랴 豈敢相忘
만 겹의 청산에 있으면서 青山萬疊
근심의 눈물 천 줄기였네 憂淚千行
오호라 嗚呼
종곡에 바람이 서늘하고[6] 鍾谷風凉

6 종곡에 바람이 서늘하고 : 종곡은 보은(報恩) 종곡에 은거한 성운(成運, 1497~1579)을 말한다. 성운의 본관은 창녕, 자는 건숙(健叔), 호는 대곡(大谷)이다. 그는 외가인 선산에서 태어나 성장하였기에 여헌과 일찍부터 알았다. 또 여헌이 보은 현감으로 부임하여 그와의 교유가 두터웠다. 바람이 서늘하다 함은 죽었다는 뜻이다.

한강〔鄭逑〕이 초야에서 죽었네	寒岡草沒
높은 절의의 사람들은 적막하고	高義寂寞
맑은 기운의 사람들은 다 사라졌네	淑氣消歇
오직 선생만 남아	獨有先生
모두가 삼달존[7]으로 존숭하였네	共尊三達
사람들이 풍도를 듣고 덕행을 보고서	聞風觀德
비부를 너그럽게 박부를 돈독하게 만들었네	寬鄙敦薄
지금에는 하늘이 공을 남겨 두지 않아	今也不憖
세상에는 선각자가 없게 되었네	世無先覺
도는 곤궁하게 되었고	道其窮矣
나라에 인재가 텅 비었네	邦其罄矣
무덤이 비록 편안하나	眞宅雖安
눈을 감지 못하리라	目不瞑矣
무지하여 형편없는 저는	空空無狀
만년에야 선생에게 귀의하였네	晩得依歸
마음으로 존경하고 본받으니	矜式乎心
어찌 배움을 기다릴 것이 있으랴	豈待摳衣
하나의 '성' 자를	一箇誠字
저에게 명확하게 보여 주었네	示人以的
두려워하며 뉘우쳤지만	惕然悔懊
세월만 괜히 흘러갔네	光陰虛擲

7 삼달존(三達尊) : 모든 사람에게 존경받는 세 가지이다. 나이가 많은 것, 벼슬이 높은 것, 덕이 높은 것이다.

절뚝이는 다리가 넘어지니	軟脚蹉跌
나아가려고 하나 되지 않았네	欲進未得
남기신 향기 내 마음을 적시니	餘馥薰心
때때로 유익함을 깨닫겠네	時覺有益
오호라 끝이로다	嗚呼已矣
누구와 함께 갈까	誰與爲適
올해 봄에	今歲之春
수레를 타고 입암에 들어가셨네[8]	駕言立巖
저의 집에서 이틀을 묵었으니	蓬廬信宿
떠나시는 분을 기쁘게 받들었네	喜奉征衫
장차 동쪽으로 난 길을 따라 가서	將隨東路
골짜기를 대하고서 암자를 지었네[9]	對壑構庵
늙고 노쇠한 남은 인생	耄癃餘喘
푸성귀 자시는 것도 달게 여겨셨네	茹草猶甘
날짜를 잡아 장차 출발하려 하였으나	卜日將發
나는 사친의 상복을 입고 있었네[10]	余陷私服
아들을 통곡하고 장례를 지내지 못했을 때	哭子未葬

8 올해……들어가셨네 : 1637년 2월에 인조가 삼전도에서 청나라에 항복하자 장현광이 포항시 죽장면 입암(立巖)으로 들어가 은거하다가 반년 만에 그곳에서 죽었다.

9 골짜기를……지었네 : 장현광은 입암에 만활당(萬活堂)과 일제당(日躋堂)을 짓고 거처하며 제자를 가르쳤다.

10 날짜를……있었네 : 인재가 장현광이 있는 입암에 가 보려고 하였으나, 1637년 3월에 아들 산휘(山輝)가 죽어 사친(私親)의 상복을 입고 있었기 때문에 가지 못하였다는 말이다.

선생에게 병마가 침입하여 해독을 끼쳤네 二竪侵毒
고질병에 걸린 반년 동안에 沈綿半歲
안부의 편지도 못하였네 遂闕問牘
질병에 약을 지어 드리지도 못하고 疾不問藥
돌아가실 때 달려가 문상도 못했네 斂不奔哭
상여가 발인하여 장지로 떠나는데 靈輀卽遠
장례에 참석도 하지 못했네 又孤匍匐
저의 인생이 여기에 이르니 人生到此
남은 한을 속죄받기 어렵네 遺恨難贖
사람을 대신하여 제수를 올리게 하니 代奠蕉黃
어찌 저의 충정을 다하리오 詎盡衷情
영혼은 어둡지 않거든 靈其不昧
보잘것없는 저의 정성을 살펴보소서 鑑此微誠

이종형 처사 신공 흘[11] 에 대한 제문
祭姨從兄處士申公 仡 文

오호라	嗚呼
문소〔의성〕의 신씨는	聞韶之申
안렴사[12]의 후손이네	按廉耳孫
대대로 성실과 효도를 돈독히 하고	世篤誠孝
시례로 집안 전통을 전하였네	詩禮傳門
그 뒤 도암[13]에 이르니	至于陶巖
이분이 나의 이모부이네	寔我姨舅

11 신공(申公) 흘(仡) : 신흘(申仡, 1550~1614). 본관은 아주(鵝州), 자는 구지(懼之), 호는 성은(城隱)으로 의성(義城) 출신이다. 영가 교수(永嘉教授)를 지내다가, 임진왜란이 일어나자 형 신심(申伈)을 도와 창의하였다. 1603년(선조36) 조정의 명으로 《난중사적(亂中事蹟)》을 편찬하였다. 1608년에는 종질인 신홍도(申弘道)와 함께 회퇴(晦退) 변무소(辨誣疏)를 올렸다. 1611년(광해군5)에 정인홍이 국정을 농락하고 성현을 모함하자 무현죄(誣賢罪)로 논핵하였다. 그 후 어지러운 세상에 나서지 않고 두문불출하면서 고요함을 지켰으며, 경전과 역사책을 보면서 스스로 즐기는 삶을 살았다. 사림에서 아들 신적도, 신달도, 신열도 삼형제를 비롯하여 신적도의 아들 인재(忍齋) 신채(申埰)를 단구서원(丹丘書院)에 배향하였다.

12 안렴사(按廉使) : 고려 충혜왕 때 전라도 안렴사를 지낸 신우(申祐)를 말한다.

13 도암(陶巖) : 신원록(申元祿, 1516~1576)의 호이다. 자는 계수(季綏), 또 다른 호는 회당(悔堂)이다. 주세붕(周世鵬), 이황(李滉), 조식(曺植)의 문인이다. 주세붕이 풍기 군수로 재임할 때 백운동서원(白雲洞書院)에 머물면서 학자들과 강론하고 교유하였다. 학행으로 관학의 교수(教授)를 지냈다. 의성의 장대서원(藏待書院)에 제향되었다. 저서로는 《회당집》이 있다.

학문은 선철을 사모하였고 學慕先哲
고을에서 효우로 일컬어졌네 鄕稱孝友
덕을 쌓았으나 베풀지 못하였고 種德莫施
하늘이 장수하지 못하게 하였네 天奪其壽
나의 이모는 惟我從母
남편에게 좋은 배필이 되었네 克配君子
친족에게 화목하고 아이들에게 자애로웠으며 睦族慈幼
타인에게 후하고 자기에게 검약하였네 厚人約己
아, 나의 이종형은 嗚呼我兄
부모에게 이런 순미한 자질을 품부받았네 稟此純美
온화하고 공손하며 화락하고 점잖았으며 溫恭愷悌
교만함과 인색함에 생각을 끊었네 念絶驕吝
꾸미지도 않고 다듬지도 않았지만 不雕不琢
좋은 옥은 절로 윤택이 났네 良玉自潤
무엇을 꾸미고 치장하였겠는가 何修何飾
천부적인 자질을 온전히 하였네 天賦能全
복을 받음이 이와 같으니 錫類如此
그 선조를 공경함 때문이네 敬矣其先
재물을 물려받는 것[14]이 어찌 귀하랴 籯金何貴

14 재물을 물려받는 것 : 원문 '영금(籯金)'은 상자에 담겨진 황금이란 뜻으로 많은 재물을 말한다. 《한서(漢書)》 권73 〈위현전(韋賢傳)〉에 "자식에게 한 상자 가득 황금을 물려주는 것이 책 한 권을 가르치는 것보다 못하다.〔遺子黃金滿籯不如教子一經〕"라고 하였다.

선대의 유훈[15]을 두터이 받았네	厚遺靑氈
나는 운명이 기구하여	我命奇釁
어려서 어머니를 잃었네	幼失慈天
이미 이모를 만나 보니	旣覯從母
완연히 어머니 앞에 있는 듯하였네	宛在母前
어머니의 말씀과 모습을 추상해 보고	追想言貌
눈물을 주르륵 흘렸네	有淚漣漣
부모를 잃은 외로운 인생은	孤露此生
두 집이 동일하였네	兩家同然
서로 조상하며 슬퍼함이 간절하니	相弔悲切
마음이 슬프고 슬펐네	中心戚戚
임진왜란이 일어났을 시절에	越在龍蛇
매우 위태로운 때를 만났네	遭時孔棘
내가 가족을 데리고 함께 피난하여	提携共避
여기의 수풀과 산천으로 왔네	林藪川谷
사생결단의 환란 중에	死生患難
우리의 정애는 날로 돈독하였네	情愛日篤
만년에 벼슬의 승진과 침체로	升沈晩歲
한가하고 바쁨으로 각기 길이 달랐네	閑忙異路

15 선대의 유훈 : 원문 '청전(靑氈)'은 선대(先代)로부터 전해진 귀한 유물을 가리키는데, 선대의 유훈을 말한다. 진(晉)나라 왕헌지(王獻之)가 누워 있는 방에 도둑이 들어와서 물건을 모조리 훔쳐 가려 할 적에, 그가 "도둑이여, 그 푸른 모포는 우리 집안의 유물이니, 그것만은 두고 가는 것이 좋겠다.〔偸兒, 靑氈我家舊物, 可特置之.〕"라고 하자, 도둑이 질겁하고 도망쳤다는 고사가 있다. 《晉書 卷80 王羲之列傳 王獻之》

넉넉하게 노닐고 병을 조리하며 優遊養痾
형은 자신을 견고하게 지켰네 兄自固守
날은 저물고 길은 궁한데 日暮道窮
나는 유독 군색한 걸음이었네 我獨窘步
가서 뵙지 못한 채 스스로 단절을 초래하니 自貽伊阻
아픔이 가슴을 찧는 듯하였네 惄焉如擣
올해 중춘에 今歲仲春
서로 만남에 조촐하였네 相對草草
두 형[16]과 솥발처럼 앉으니 二兄鼎坐
나의 괴로움을 위로해 주었네 慰余勞苦
두 집의 형제는 兩家兄弟
우리 세 사람뿐이었네 惟我三人
백발의 늙은이로 오랫동안 이별하였으니 白首久別
어찌 눈물이 수건을 적시지 않으랴 寧不沾巾
진펄에는 향기나는 푸성귀가 있고 隰有香蔌
강에는 큰 물고기가 있었네 江有脩鱗
채소를 뜯고 물고기를 잡아 可採可釣
우리들의 정다운 친함을 즐겼네 娛我情親
먼 곳에 있으면 무척 생각나리니 遠處苦念
남은 인생들이 얼마나 될까 餘生幾日
어찌 이 말이 那知斯語

16 두 형 : 신흠의 형은 신심(申忄心, 1547～1625)이다. 자는 희지(喜之), 호는 홍계(興溪)이다. 임진왜란에 군공이 있고 사헌부 감찰을 지냈다.

영결이 될 줄 알았으랴	是爲訣別
형과 형수는	兄曁賢嫂
같은 경술년(1550)에 태어났네	生同庚戌
부부간에 마땅한 도리로 즐거워하며	宜爾樂爾
거문고와 비파로 벗처럼 지냈네	友以琴瑟
아직 해로할 날이 멀었거늘	尙遠偕老
갑자기 같은 무덤에 들어갔네	奄成同穴
두 분의 상이 전후로 난 것이	兩喪先後
다만 몇 달 사이였네	只隔數月
상주 이종질이 편지를 보내	哀姪馳書
형의 병이 갑자기 위독하다 하였네	兄病忽劇
달려서 구제해 보려고 왔는데	奔走來救
문에 들어서자 곡소리가 들렸네	踵門聞哭
형수와 같은 빈소에 두었고	及嫂同殯
오토산 기슭에 장례 지냈네[17]	五土山麓
오호라	嗚呼
형의 순박하고 정성스러운 마음으로도	以兄淳慤
운명이 어찌도 그리 궁액하였던가	命何窮厄
형의 고요하고 두터운 성품으로도	以兄靜厚
목숨이 어찌도 매우 인색하였던가	壽何偏嗇
천도는 어찌 어긋나서	天道何舛

17 부부간에……지냈네 : 공의 부인은 1614년 4월 16일에 죽었고 공은 6월 27일에 죽었으며, 12월 28일에 같이 장례를 지냈다.

나로 하여금 의아하게 만드는가	使人疑惑
인자는 반드시 훌륭한 후손이 있음을	仁必有後
나는 그 이야기를 들었네	吾聞其說
왕씨의 집안에	王氏之門
회화나무 그늘이 무성하네[18]	槐陰鬱鬱
봉록과 장수 모두 누리지 못했으니	不祿不壽
뒷날 후손에게 그것을 기다릴 것이네	有待後日
상상컨대 형은 평소에 형제간에	想兄平日
훈지[19]로 화합하고 기뻐하였네	壎篪和悅
늙을 때까지 더욱 돈독하여	至老愈篤
차마 잠시도 곁을 떠나지 않았네	不忍暫離
백형이 여기에 살아 있는데	伯兄在此
형은 버리고 어디로 갔는가	舍而何之
오호라	嗚呼
단정하고 양순한 성품이며	端良之性
돈후하고 소박한 자질이네	敦素之質

18 왕씨의……무성하네 : 송(宋)나라의 왕호(王祜)가 뜰에다 세 그루의 홰나무를 손수 심으면서 말하기를, "나의 자손 가운데는 반드시 삼공(三公)의 자리에 오르는 자가 있을 것이다."라고 하였는데, 그 뒤에 왕호의 아들 왕단(王旦)이 과연 정승이 되었으며, 손자인 왕소(王素), 증손자인 왕공(王鞏)도 모두 훌륭한 인물이 되었다. 소식(蘇軾)의 〈삼괴당명(三槐堂銘)〉에 "돌아와 그 집안을 보니 회화나무 그늘이 뜰에 가득하네.〔歸視其家, 槐陰滿庭.〕"라고 하였다.

19 훈지(壎篪) : 형제의 화목과 조화를 비유할 때 쓰는 표현으로, 《시경》〈하인사(何人斯)〉에 "맏형은 질나발을 불고 둘째형은 젓대를 분다.〔伯氏吹壎, 仲氏吹篪.〕"라는 말에서 나온 것이다.

온화하고 고아한 회포이며	溫雅之懷
화하고 순한 안색이네	和順之色
통재통재라	痛哉痛哉
영원히 볼 수 없구나	永不可覿
선영이 남쪽에 있거늘	牛岡在南
풍수가가 이미 터를 잡았네	靑烏旣卜
붉은 만장(挽章)이 쌍으로 펄럭이고	丹旐雙飛
두 관을 하나의 곽에 넣었네	異棺同槨
만사가 끝이로다	萬事已矣
한 번 청산에 누움이여	一枕靑山
그러나 나는 어찌 슬퍼하랴	夫我何悲
형은 편안히 여길 것이기 때문이네	兄所安兮

신 장령[20] 달도 에 대한 제문

祭申掌令 達道 文

오호라. 세상에 행실이 방정하고 덕이 맑으며 자신을 지킴이 견고하고, 또 효도로 어버이를 섬기고 충성으로 임금을 섬기며 우애로 형제에게 대하고 믿음으로 붕우와 교제하는 자는 선인(善人)이라 말하지 않으랴. 공자(孔子)가 "선인을 내가 볼 수 없다."라고 말하였는데,[21] 선인을 만나기 어려움이 이와 같다. 그러나 다행히 형보(亨甫)에게 볼 수 있었지만 지금에는 죽고 없으니, 내가 어찌 슬프지 않을 수 있겠는가. 나의 슬픔에 동조하는 자가 세상에 다시 몇 사람이나 있을까. 그런데 나는 늙었으니, 영원히 다시 그런 사람을 볼 수 없을 것이다. 형보는 백발이 되도록 같이 살며 사생을 서로 의탁하는 약속을 하였거늘 어찌하여 갑자기 먼저 약속을 저버렸는가.

나의 삶은 기구하여 거의 죽을 뻔한 것이 몇 번이었으며, 군에

20 신 장령(申掌令) : 신달도(申達道, 1576~1631). 본관은 아주(鵝州), 자는 형보(亨甫), 호는 만오(晩悟)로 신흘(申仡)의 아들이다. 조목(趙穆)과 장현광(張顯光)의 문인이다. 1610년(광해군2) 생원시에 합격하였고, 1623년(인조1) 정시 문과(庭試文科)에 장원 급제하였다. 청나라의 침략에 척화론을 주장하였다. 벼슬이 사헌부 장령에 이르렀다.

21 공자(孔子)가……말하였는데 : 《논어》 〈술이(述而)〉에 "선인을 내가 볼 수 없다면, 떳떳한 마음을 지닌 사람이라도 보면 좋겠다.〔善人吾不得以見之, 得見有恒者, 斯可矣.〕"라고 하였다.

게 근심을 끼친 것이 또다시 몇 번이었던가. 북방의 눈 내리는 함관(咸關 함경도)에 군은 나를 위하여 행차하였는데, 참담하게 서로 이별하여 웃음으로 울음을 대신하였다. 차가운 봄날 서울에서 군이 봉심사(奉審使)에 뜻이 있은 것이 아니었거늘 애를 써서 병든 몸으로 멀리 두려운 길을 선택하여 갔다.[22] 군은 비록 말하지 않았지만 나는 군이 나를 위하여 행차를 하였다는 것을 아노니, 군의 병을 재촉한 것은 내가 실로 그렇게 만든 것이다. 군의 병이 날로 심해짐에 내가 군의 옆에 있으면서 군의 병을 치료해 줄 수가 없었으며, 나는 위기에서 한 번 벗어나자 군을 버리고 남쪽으로 돌아왔다.[23] 군은 참으로 나를 아버지로 대우하였거늘 나는 군을 자식과 같이 대하지 못하였으니, 남은 한이 무궁하고 애통함도 무궁하다. 망망하게 하늘에 죄를 지었으면서도 장수하고 복을 받는 자가 어찌 한량이 있으랴. 어찌 군은 3대에 걸쳐 선행을 하여 집안에 효우(孝友)를 전하고 하늘이 준 본성을 더럽히지 않았거늘 도리어 하늘에 도움을 받지 못했는가. 군의 형제는 모두 과거에 급제하여[24] 아름답고 훌륭하여 태평성대에 모범이 되었으니,

22 북방의……갔다 : 1628년(선조6) 2월에 공은 함흥(咸興)에 있는 덕릉(德陵)과 안릉(安陵)의 봉심사(奉審使)로 자청하다시피 하여 가게 된다. 공은 봉심을 마치고 그때 회령(會寧)에 귀양 가 있던 최현을 만나러 갔다가 다시 함흥으로 돌아왔고 3월에 서울로 돌아와 왕에게 복명하였다. 함흥에서 회령까지는 매우 먼 거리이고 때도 2월이라 차가운 봄 날씨이기 때문에 상당히 무리한 여정이었다. 그러므로 최현이 공의 병을 더욱 악화시켜 죽게 만든 것이 자신이라고 하였던 것이다.

23 나는……돌아왔다 : 최현이 이인거(李仁居)의 모반에 관련되었다는 혐의를 받고 1628년 1월에 회령에 귀양을 갔다가 9월에 해배(解配)되어 집으로 돌아왔다.

사람들이 모두 적선(積善)의 집에 상서로움을 내림을 하늘에 기필할 수 있다고 말하였다. 그러나 지금에는 불행하게도 재주를 크게 펴지 못하였고 수명은 50여 세에 그쳤다. 사람들이 장차 하늘을 기필할 수 있다고 말하였으나, 끝내 기필할 수가 없다. 그래서 선행을 하려는 마음을 태만하게 하고 떨쳐 일으키려는 기운을 없게 만들었으니, 아, 하늘이 장차 어떻게 사람에게 선행을 하도록 권하겠는가.

오호라. 나는 들어 보니, 군자는 죽어서 성신(星辰)이 되고 운예(雲霓)가 되지만 중인들은 그렇지 않아 어찌 세간에서의 즐거움이 다만 하나의 몽환(夢幻)임을 알겠는가. 그러나 군은 백운(白雲)을 타고 제향(帝鄕)에 들어가 하늘의 위에 노닐며 나의 이모부 회당(悔堂 신원록(申元祿))과 이종형 성은(城隱 신흘(申仡))과 함께 성대하게 옆에서 모시면서 흐릿한 인간 세상을 굽어볼 것이니 이것이 진실로 참 즐거움이다. 만약 그렇다면 형보를 위하여 불행하다고 생각한 것이 진실로 의혹된 일이며 나의 슬픔이 또한 조금 사그라질 수 있겠다. 영혼은 그것을 알면 나의 꿈속에 나타나 고해 주어 나의 슬프고 의혹된 마음을 풀어 주게.

24 군의……급제하여 : 공의 형인 신적도(申適道, 1574~1663)는 1606년 진사에 합격하였고, 공의 동생인 신열도(申悅道, 1589~1659)는 1606년 진사에 합격하고 1624년 문과에 합격하였다.

노 교리[25] 홍중에 대한 제문
祭盧校理弘仲文

오호라 우리 공이	嗚呼我公
이런 지경에 이르고 말았는가	而至然耶
어찌 하늘에서 품부받은 것이 온전하거늘	何稟之全
수명은 온전하지 못하였는가	而壽不全
어찌 타고난 자질이 두텁거늘	胡質之厚
복을 받음은 두텁지 못하였는가	而福不厚
세상에서 말하는 오복[26]을	世謂五福
인자는 그것을 소유하네	仁者能有
공은 거기에 가까운 사람이고	公其庶幾
대중들도 같이 그렇게 기약하였네	衆亦同期
덕을 충적함이 이미 오래이니	充積旣久
평소의 뜻을 펼 수 있었네	素志可施

25 노 교리(盧校理) : 노경임(盧景任, 1569~1620)이다. 본관은 안강(安康), 자는 홍중(弘仲), 호는 경암(敬菴)으로 장현광(張顯光)과 유성룡(柳成龍)의 문인이다. 1591년(선조24) 문과에 급제하였다. 1592년 임진왜란이 일어나자 고향에 돌아와서 의병을 모집하여 왜군에 대항하였다. 벼슬이 홍문관 교리와 성주 목사에 이르렀다. 저서로 《경암집》이 있다.

26 오복(五福) : 기자(箕子)가 지었다는 홍범구주(洪範九疇) 가운데 아홉 번째로 나오는 다섯 가지의 복, 즉 수(壽)・부(富)・강녕(康寧)・유호덕(攸好德)・고종명(考終命)을 말한다.

양생하는 데 방법이 있었기에 嗇養有方
머리카락이 희어지지 않았네 鬢髮未衰
그런데 어찌하여 오늘 那知今日
이와 같이 갑자기 죽을 줄 알았으랴 而遽如斯
50세가 요절이 아니지만 五十非夭
공에게는 요절인 셈이고 在公爲夭
오마[27]가 하찮은 벼슬이 아니지만 五馬非少
공에게는 보잘것없는 것이 되네 在公爲少
공은 하늘에서 품부받은 자질이 公之稟受
이미 순박하고 넓었네 旣淳而弘
풍도는 침착하고 원대하며 風度凝遠
고상한 거동은 온화하였네 雅儀雍容
집안에 효우를 전해 오기에 家傳孝友
일찍부터 유풍을 들었네 早聞儒風
귀와 눈으로 푹 익혔고 耳濡目染
훌륭한 부형이 계심을 즐거워하였네 樂有父兄
공의 아름다운 자질로는 以公美質
학문을 일찍 성취함이 마땅하였네 宜其夙成
나이가 겨우 약관에 年甫弱冠
대책문과 명경과에 시험 쳤네 對策明經
의관을 정제하여 궁문에 들어가 曳裾脩門

27 오마(五馬) : 지방 장관으로 나가는 것을 말한다. 한(漢)나라 때 태수(太守)가 부임할 때 다섯 필의 말이 끄는 수레를 타고 갔다는 고사가 있다.

문채와 영화(英華)를 드날렸네	振彩飛英
번화한 서울에서 벼슬길에 오르니	發軔通衢
사람들이 축하하며 영광스럽게 여겼네	人賀爲榮
그러나 공은 겸손한 마음을 가지고서	公懷謙退
학문이 넉넉하지 않다고 생각하였네	謂學未優
장차 책임의 무거움[28]을 기약하고	將期任重
고요히 수양하는 데 뜻을 두었네	志存靜修
경전을 탐닉하여 정갈하게 쓰고	耽經淨寫
단정히 묵묵하게 앉아 넉넉하게 공부했네	端默優游
그릇이 덕으로 충만하여	器宇充然
마치 도를 터득한 듯하였네	若有所得
네 고을에 태수를 지내니[29]	製錦四郡
백성들이 청백함을 추모하였네	民思淸白

28 책임의 무거움 : 원문 '임중(任重)'은 인(仁)을 실천하는 것을 자기의 임무로 생각하니 막중하다는 뜻이다. 《논어》 〈태백(泰伯)〉에서 증자(曾子)가 말하기를, "선비는 도량이 넓고 뜻이 굳세지 않으면 안 되니 책임이 무겁고 길이 멀기 때문이다. 인(仁)으로 자기의 책임을 삼으니 또한 막중하지 않은가? 죽은 뒤에야 끝나는 것이니 또한 멀지 않은가?〔士不可以不弘毅, 任重而道遠. 仁以爲己任, 不亦重乎? 死而後已, 不亦遠乎?〕"라고 하였다.

29 태수를 지내니 : 원문 '제금(製錦)'은 비단을 재단한다는 말로, 태수가 되어 고을을 다스리는 것을 뜻한다. 정(鄭)나라 자피(子皮)가 윤하(尹何)로 하여금 고을을 다스리게 하려 하자 자산(子産)이 "그대가 아름다운 비단이 있다면 배우는 사람을 시켜 재단하게 하지는 않을 것이다. 대관(大官)·대읍(大邑)은 몸을 비호(庇護)하는 옷과 같은데 배우는 사람으로 하여금 다스리게 하니, 비단 아끼기를 몸보다 더 중하게 하는 것이 아닌가?"라고 하였다. 《左傳 襄公 30年》

벼슬은 다만 부모 봉양을 위한 것이고 秖爲榮養
또한 즐기는 바가 아니었네 亦非所樂
영험한 새는 사람의 안색을 보고 나니 靈禽色擧
어찌 오랫동안 머물러 있겠는가[30] 豈可久集
관직에 있은 날은 적고 居官日淺
집에 있은 날은 많았네 在家日多
금오산 동쪽 기슭이고 烏山東麓
냉산(冷山) 서쪽 언덕이네 冷岳西阿
들판에는 벼와 기장이 있고 野有禾黍
동산에는 과일이 있네 園有苽果
여기에 집 짓고 여기에 머물며 爰築爰止
왕래함이 질서 정연하였네 往來雅雅
저 낙동강을 보니 眄彼洛水
깊고 맑으며 넓고 넓네 淵澄灝灝
그 곁에 정자를 지어 構亭其側
노년을 보내려고 하였네 要以終老
집을 짓는 것을 막 시작하자 堂室纔營
주인이 죽고 말았네 主人不留
이내와 구름은 참담함을 띠고 煙雲帶慘

30 영험한……있겠는가 : 시사를 살펴보아 벼슬에 오래 머물지 않는다는 말이니, 사람이 어떤 기미를 보고서 신속하게 행동을 취해 자신의 안전을 도모하는 것을 말한다. 《논어》 〈향당(鄕黨)〉의 "새가 사람의 기색이 좋지 않은 것을 보면 날아올라 빙빙 돌며 살펴보고 나서 내려앉는다.〔色斯擧矣, 翔而後集.〕"라는 말에서 유래한 것이다.

물고기와 새는 근심을 머금었네	魚鳥含愁
공에게 노모가 계시니	公有偏親
연세가 90세가 넘었네	年逾九耋
공이 출타하여 돌아오지 않으니	公出不返
문에 기대어 바라보던 희망이 끊어졌네	倚門望絶
공에게 자녀가 있으니	公有子女
출가하여 자립하기를 날마다 바랐네	日望成立
그런데 어찌하여 상평처럼	如何向平
자식의 혼인을 마치지 못했는가[31]	婚嫁未畢
사람의 마음이 이런 지경에 이르니	人情到此
누가 슬퍼하며 목메지 않으랴	孰不悽咽
아! 홍중이여	嗚呼弘仲
하늘이 목숨을 빼앗음이 어찌나 빠른가	天奪何速
살아서는 기대하는 바가 있었고	生有所期
죽어서는 뭇사람들이 애석히 여기네	歿爲衆惜
나는 천박하고 졸렬하지만	惟我譾劣
다행히 공과 같은 고을에 살았네	幸同鄕里

31 상평처럼……못했는가 : 상평(向平)은 후한(後漢) 때의 은사(隱士)로 자가 자평(子平)인 상장(向長)을 가리킨다. 그는 일찍이 《노자(老子)》와 《주역(周易)》에 모두 정통했는데, 젊어서부터 벼슬하지 않고 은거하면서 일찍이 말하기를 "남혼여가를 마치고 나면 집안일은 끊어 버리고 다시 상관하지 않겠다.〔男女嫁娶既畢, 勑斷家事勿相關.〕"라고 하더니, 광무제(光武帝) 연간에 남혼여가를 마치고는 과연 친구들과 함께 오악(五嶽) 등의 명산을 두루 유람하고 끝내 신선이 되어 갔다고 한다. 《後漢書 卷83 逸民列傳 向長》

공이 봉황새처럼 나는 것을 바라보고	望公翔鳳
스스로를 땅강아지와 개미처럼 보았네	自視螻蟻
맑고 탁한 것의 자질이 다르나	淸濁殊質
진퇴에 있어서는 합치되었네	趣舍契合
청춘 시절은 뜻을 같이하였고	靑陽同志
백수가 되어서는 서로 의탁하였네	白首相托
공은 관대하고 화락하며	公惟寬和
스스로 마음을 지킴이 굳세었네	自守堅執
나의 심지가 취약함을 경계하여	戒我脆弱
혹 넘어져 실패할까 염려하였네	恐或蹉跌
실제로 나의 문제점을 적중시켰으니	實中我病
감히 가슴에 새기지 않겠는가	敢不佩服
나도 공을 풍자함에	我又諷公
성실한 마음으로 면려하였네	勉以誠實
겉을 꾸미기를 힘쓰는 자장[32]은	堂堂子張
측달한 마음이 조금 부족하다네	少欠惻怛
공은 마음을 비워 받아들이니	公能虛受
나의 충고를 수용함이 너그럽고 소탈하였네	容我坦率
절차탁마하며 서로 규계하고	切磋相規

32 겉을……자장 : 원문 '당당(堂堂)'은 겉을 꾸미는 데 힘쓰고 스스로 높은 체하는 것을 이르는 말이다. 증자(曾子)가 자장(子張)을 두고 비판하기를 "당당하여라, 자장이여, 그와 함께 인을 하기 어렵겠도다.〔堂堂乎張也, 難與竝爲仁矣.〕"라고 하였다. 《論語 子張》

옛사람의 의리를 숭상하였네	古義所尙
만년에 종유하면서	歲晩從遊
서로 도와주기를 바랐네	庶幾相長
지금은 끝이로다	今其已矣
홀로 있는 나는 누구에게 의지할까	踽踽誰仗
공이 몸이 아프다는 소식을 듣고	聞公有恙
저물녘에 산을 넘고 강을 건넜네	乘暮跋涉
병세는 어찌 해볼 수가 없었고	疾不可爲
대화도 할 수가 없었네	語音莫接
갑자기 돌아가시니	溘然隨化
정기는 침침하고 소리는 끊어졌네	精沈響絶
애통하구나 사림이여	慟哉士林
비통함이 나라에 꽉 찼네	悲纒邦國
달을 넘겨 장례를 지냄에	踰月有禮
갑자기 장례 날이 되었네	奄迫窀穸
묘소에 임하여 애통해하니	臨穴一慟
아! 영원히 헤어지는구나	嗚呼永隔
애오라지 닭고기와 술[33]을 올리니	聊奠鷄酒
부디 굽어 살펴 흠향하소서	冀垂歆格

33 닭고기와 술 : 원문 '계주(鷄酒)'는 간단한 제수를 말한다. 후한(後漢)의 서치(徐穉)가 먼 곳으로 문상(問喪)하러 갈 때 술을 솜에 적셔서 햇볕에 말리고 그것으로 구운 닭을 싸서 휴대하기에 간편하도록 만든 다음 가지고 가서 솜을 물에 적셔 술을 만들고 닭을 앞에 놓아 제수를 올린 뒤 떠났다 한다. 《後漢書 卷35 徐穉列傳》

박순백[34]에 대한 제문

祭朴純伯文

오호라	嗚呼
공이 돌아가신 지 3년에	自公之逝閱三霜
분분한 세상일에 상심할 만하네	紛紛人事吁可傷
공이 세상에 계실 때 난봉이 날고	公之在世鸞鳳翔
낙동강 물은 넓고 금오산은 푸르렀네	洛波浩渺烏山蒼
진원의 한 맥이 이로 인해 장구하더니	眞源一脈賴而長
공이 돌아가심에 교룡이 자취를 감추었네	公之云沒蛟龍藏
향기로운 난초 꺾이고 가시덤불 무성하며	芳蘭萎折荊棘昌
여우와 살쾡이 춤추고 까마귀와 솔개 나네	狐貍號舞烏鳶張
공의 정신은 죽음을 따라 없어지지 않으니	公之精神不隨亡
성현을 좌우에 모시고 책상 앞에 계시리	賢聖左右如在床
뿌리 깊고 가지 멀리 뻗어 남은 향기 잡으니	根深枝遠挹餘香
내가 상상하는 의형이 완연히 곁에 있네	我想儀刑宛在傍
둥근 가을 달이 차가운 못에 잠겨 드니	一輪秋月浸寒塘
맑은 빛 옛날처럼 나의 마음 비추어 주기를	淸光猶昔庶照余之寸腸

34 박순백(朴純伯) : 박수일(朴遂一, 1553∼1597)이다. 본관은 밀양(密陽), 자는 순백, 호는 건재(健齋)로 선산(善山)에 거주하였다. 이황(李滉)과 노수신(盧守愼)의 문인이다. 임진왜란과 정유재란 때 창의하고 군자감 정(軍資監正)을 지냈다. 정유재란 때 전사하였다. 저서로는 《건재일고》가 있다.

이 승지 관보 민성[35] 에 대한 제문
祭李承旨寬甫 民宬 文

오호라	嗚呼
편나무와 녹나무가 먼저 꺾이고	楩枬先摧
가죽나무와 상수리나무가 오래 사네	樗櫟永年
흰 구슬은 쉽게 부서지고	白璧易毁
기왓장과 자갈돌은 오히려 온전하네	瓦礫猶全
누가 우리 공을 두고	孰謂我公
유독 하늘에서 품부받음이 인색하다 말하랴	獨嗇于天
그릇은 어찌 그리 컸던가	器何宏偉
그러나 재주를 크게 펼치지 못했네	才不大施
자질은 어찌 그리 후중하였던가	質何厚重
그러나 수명은 장수를 하지 못했네	壽靳耄期
누가 그대를 칭찬하지 않으랴	孰不爾譽
일찍부터 천지에 도약하였네[36]	早躍天池

35 이민성(李民宬) : 1570~1629. 본관은 영천(永川), 자는 관보(寬甫), 호는 경정(敬亭)으로 의성군 금성면 출신이다. 1597년(선조30) 문과에 급제하였다. 1623년 주청사(奏請使)의 서장관으로 명나라에 다녀왔으며 동부승지를 거쳐 좌승지로 승진되었다. 1627년 정묘호란 때 경상좌도 의병대장이 되어 전주에 있던 왕세자를 보호하였다. 저서로 《경정집》과 《조천록(朝天錄)》 등이 있다. 의성의 장대서원(藏待書院)에 제향되었다.

36 천지에 도약하였네 : 큰 뜻을 가졌다는 말이다. 대붕(大鵬)이 남명(南冥), 즉

공은 함부로 남의 견해를 따르지 않고 公不詭隨
때를 보아 침체하고 숨었네 沈冥以時
누가 그대를 영광스럽게 여기지 않으랴 孰不爾榮
금란[37]과 옥당에서 벼슬하였네 金鑾玉堂
그러다가 공은 물러나 은둔하며 公惟斂退
거두어들이고 드날리지 않았네 戢而不揚
큰 기량을 주고서도 畀之以大
작은 것으로 막아 버렸고 少以泥之
풍부한 재능을 부여하고서도 賦之以豐
어려움으로 보답하였네 艱以報之
아! 우리 공은 嗟嗟我公
여기에 그치고 말았네 而止於斯
그러나 또한 어찌하랴 然亦奈何
나라의 액운인 것을 邦家之厄
애통한 마음 풀리지 않으니 隱慟不釋
유독 나의 회포가 이러하다네 我懷惟獨
백발로 늙고 쇠퇴하니 白首衰頹
친척과 붕우들도 드물어졌네 親朋零落
쓸쓸하게 홀로 선 그림자이며 凉凉隻影

천지(天池)를 향해 날아갈 적에 삼천 리에 걸쳐 바다 물결을 치고 앞으로 나아가다가〔水擊三千里〕, 때마침 불어오는 회오리바람을 타고서 구만 리 위로 날아오른다는 이야기가 《장자》 〈소요유(逍遙遊)〉 첫머리에 나온다.

37 금란(金鑾) : 금란전(金鑾殿)의 준말로 당 덕종(唐德宗) 때 금란파(金鑾坡) 위에 세웠기 때문에 붙여진 이름인데, 보통은 관각을 가리킨다.

고독하게 외로운 자취였네　惸惸孤跡
나의 생은 얼마나 다행인가　此生何幸
마음으로 알아주어 의탁할 곳이 있었네　心知有託
누우면 베개를 나란히 하였고　臥則連枕
앉으면 반드시 자리를 함께하였네　坐必共席
고금의 일에 대하여 들추어내고　揄揚今古
경전에 대하여 토론하였네　討論經籍
패연히 막힘이 없어서　沛然無礙
안개가 걷히고 황하를 터놓은 듯하였네　霧拳河決
한숨 쉬거나 원망함을　戚嗟怨尤
말과 안색에 나타내지 않았네　不形言色
서로 마주하며 기뻐하니　相對怡然
우주가 툭 트였네　宇宙軒豁
덕은 외롭지 않고 이웃이 있으니[38]　不孤有隣
옛사람이 즐긴 바이네　昔人所樂
공이 돌아가심에　公其逝矣
나는 장차 어디로 갈까　我將安適
나에게 답답한 회포가 있음에　我有壹鬱
누가 막힌 마음을 열어 줄까　孰開茅塞
빙계[39]에서의 좋은 만남을　氷溪良晤

38 덕은……있으니 : 《논어》 〈이인(里仁)〉에 “덕이 있는 사람은 외롭지 않고 반드시 이웃이 있다.〔德不孤, 必有鄰.〕”라고 하였다.

39 빙계(氷溪) : 의성군 춘산면에 있다. 여름에도 얼음이 얼고 시원한 바람이 나온

영원히 이을 수 없게 되었네	永不可續
만 번 죽었다가 겨우 살아난 저는	萬死餘喘
병석에 누운 위태로운 몸이네	阽身床席
염할 때 조상하지 못하였고	斂不憑棺
장례에 참석하지 못하였네	葬不臨穴
유명을 저버렸음을 한스러워하며	恨負幽明
통곡의 소리 길게 부르짖네	長號一聲
사람을 대신 보내 제수를 올리니	代手而奠
어찌 나의 정을 다하겠는가	豈盡余情
영혼이 어둡지 않거든	靈其不昧
저의 보잘것없는 정성을 살펴 주소서	庶鑑微誠

다고 하여 빙계계곡이라 한다. 여기에 빙계서원이 있다. 이민성은 금성면 산운리 출신으로 빙계와 거리가 멀지 않다.

묘갈 墓碣

통훈대부 사헌부 장령 길공 묘갈

通訓大夫司憲府掌令吉公墓碣

길씨(吉氏)가 해평(海平)에 정착하여 본관으로 삼은 것은 오래전이다. 휘 재(再)는 고려 시대 문하주서(門下注書)로 금오산(金烏山)에 은거하였는데, 충성스럽고 현명한 점을 드러내어 고을에서 제향을 지내니 이분이 야은(冶隱) 선생이다. 그 손자 인종(仁種)은 벼슬이 임피 현령(臨陂縣令)에 이르렀으니, 공의 증조부이다. 이분이 참봉 대연(大淵)을 낳고, 이분이 휘 면지(勉之)를 낳았으니 성균관 생원을 지냈다. 면지는 증(贈) 가선대부(嘉善大夫) 호조 참판(戶曹參判) 최이한(崔以漢)의 따님에게 장가를 들어 가정(嘉靖) 기유년(1549, 명종4)에 해평 금삼동(金三洞)에서 공을 낳았다.

공은 13세에 아버지 상을 당하였다. 경오년(1570, 선조3)에 생원에 합격하였고, 정축년(1577, 선조10)에 문과에 급제하여 성균학유(成均學諭)에 임명되었다. 기묘년(1579)에 어머니 상을 당하였는데, 상례와 제례를 치름에 예문(禮文)을 따랐다. 탈상하고는 예문관 검열(藝文館檢閱)에 선발되어 임명되었고 뒤에 신창 현감(新昌縣監)에 임명되어 청간(淸簡)한 정치를 하였다고 칭송되었다. 임진년(1592)에 형조 정랑(刑曹正郎)에 임명되니, 바로 선조 25년이었다. 이때 왜구들이 서울 근교에 다가오자 임금의 수레가 서쪽으로 몽진하였다. 공이 호종하여 영변(寧邊)에 도착하였고 임금이 의주(義州)로 향하였다. 공은 명을 받들어 동궁(東宮)을 모시고 방향을 바꾸어 협군(峽郡)으로 들어가 갖은 고생을 두루 겪었다. 이해 겨울에 사헌부 지평(司憲府持平)에 임명되어 부름을 받들어 행궁(行宮)에 갔다.

계사년(1593)에 정언(正言), 헌납(獻納), 직강(直講), 정랑(正郎)을 거쳤다가 다시 지평에 임명되었다. 겨울에 임금의 수레가 서울로 돌아오자 공이 임금의 연(輦) 앞에서 말을 올려 "왜적이 아직 국경을 점거하여 종묘와 사직이 욕을 당하고 있으니, 이것은 정히 군신이 와신상담할 때인데, 말 대신에 연을 타는 것은 스스로 안일한 것에 가까운 것입니다."라고 말하였다. 이에 임금이 즉시 연을 없애도록 명하였다. 헌납에 옮겨 임명하고 장령으로 전직시켜 임명하였다. 윤 11월 18일에 병환으로 서울에서 죽어 과천(果川)에 임시로 매장하니 향년 45세였다. 계묘년(1603)에 호종공훈을 추록(追錄)할 때 원종공신일등(原從功臣一等)에 참여하였다. 신축(辛丑)의 변고[40]가 공의 집에서 나왔고 또 이때 나라가 어지러워 반장을 하지 못하였다. 공의 중씨 영(詠)이 밤낮으로 공의 영

40 신축(辛丑)의 변고 : 신축년인 1601년(선조34)에 길운절(吉云節, ?~1601)이 정여립(鄭汝立)의 인척인 소덕유(蘇德裕)와 함께 제주도로 가서 지역의 토호인 문충기(文忠基) 등을 포섭하여 역모를 꾀하였다. 상황이 불리해지자 스스로 고변(告變)하였으나, 결국 역모를 수창(首倡)한 것이 드러나 복주(伏誅)되었다. 《宣祖實錄 34年 7月, 8月》 길운절은 이 묘갈의 주인공인 길회(吉誨)의 아들이다.

혼이 객지에서 의탁할 곳이 없는 것을 슬퍼하여 마음 아프게 생각하였기에, 공이 죽은 지 14년 만에 비로소 선영으로 반장할 수 있었다. 지금 또 그로부터 19년 뒤에 묘갈을 세우니, 영원(鴒原)의 뜻[41]과 수구(首丘)의 정[42]이 이에 유감이 없게 되었다. 그리고 나는 공의 외가 재종질이며 좌우에서 공을 모신 것이 여러 해라는 이유로 비문을 지어 달라고 부탁을 받았다. 나는 학문이 일천하고 재주가 형편없으니, 어찌 공의 묘도를 빛낼 수 있겠는가.

공의 휘는 회(誨)이고 자는 사가(士可)이다. 자품이 단아(端雅)하고 지조(志操)가 정강(貞剛)하였다. 말과 웃음이 적고 경학을 오로지 공부하였다. 어머니 최씨는 또한 사랑 때문에 자식에 대한 가르침을 느슨하게 하지 않았으며 자식들을 훈도함에 매우 엄중하였다. 형제 6명이 모두 학문하는 방법을 알아 성대하게 성취하여 연방(蓮榜)과 계방(桂榜)[43]이 당에 가득하여 집안이 환하게 빛이 났다. 공은 일찍이 외숙 최송정(崔松亭)[44]에게 배움을 받

41 영원(鴒原)의 뜻 : 영원은 우애 있는 형제를 뜻하는 말이다. 《시경》 〈상체(常棣)〉에 "저 할미새 들판에서 호들갑 떨 듯, 급할 때는 형제들이 서로 돕는 법이라오. 항상 좋은 벗이 있다고 해도, 그저 길게 탄식만을 늘어놓을 뿐이라오.〔鶺鴒在原, 兄弟急難. 每有良朋, 況也永歎.〕"라는 말에서 유래한 것이다.

42 수구(首丘)의 정 : 근본인 고향을 잊지 않는 마음이란 말이다. 《예기》 〈단궁 상〉에 "여우는 죽을 때에 머리를 원래 살던 언덕으로 향한다."라고 하였다.

43 연방(蓮榜)과 계방(桂榜) : 생원과 진사의 소과에 합격하면 연꽃을 꽂기 때문에 연방이라 하고, 대과에 합격하면 계수나무를 꽂기 때문에 계방이라 한다.

44 최송정(崔松亭) : 최응룡(崔應龍, 1514~1580)이다. 본관은 전주(全州), 자는 현숙(見叔), 호는 송정이다. 이황(李滉)과 박영(朴英)의 문인이다. 1546년 문과에 급제하여 벼슬이 형조 참판과 개성 유수(開城留守)에 이르렀다. 송산서원(松山書院)에 제향되었다.

았는데, 송정이 자주 칭찬하였다. 공의 동문우(同門友)인 박수일(朴遂一)이 또한 일찍이 공의 아름다움을 말하기를 그만두지 않았다. 오호라. 송정은 위대한 사람이고 박공은 선인(善人)이다. 두 사람이 허여함이 이와 같으니, 두 사람을 아는 자는 공을 알 것이다.

공은 전의 이씨(全義李氏) 감찰(監察)을 지낸 원후(元厚)의 따님에게 장가들어 후사가 없었다. 일찍 들어 보니, 천도(天道)는 선한 이를 도와서 반드시 그에게 관직도 누리고 장수도 하고 후손도 있게 한다고 하거늘 공에게는 그렇게 하지 못하였으니, 안타깝다. 통정대부 성균관 대사성 지제교(通政大夫成均館大司成知製教) 최현은 글을 짓는다.

별제 조공 묘갈명

別提曺公墓碣銘

공의 휘는 사우(士虞)이고 자는 □□이며 성은 조씨(曺氏)이고 본관은 창녕(昌寧)이다. 증조부는 휘가 심(深)으로 병조 참의(兵曹參議)에 증직되었는데, 군기감 부정(軍器監副正) 정윤홍(鄭允弘)의 따님에게 장가들어 비로소 김산(金山) 봉계촌(鳳溪村)에 거주하였다. 조부는 휘가 계문(繼門)으로 울진 현령(蔚珍縣令)을 지냈으며 이조 참판(吏曹參判)에 증직되었으니, 아들이 귀해졌기 때문이다. 아버지는 휘가 위(偉)로 호조 참판(戶曹參判)을 지냈고 어머니는 평산 신씨(平山申氏)로 현감을 지낸 윤범(允範)의 따님이다. 호조 참의와 고양 군수(高陽郡守)를 지낸 사촌 동생 휘 주(倜)가 공의 생부이니, 연일 정씨(延日鄭氏) 모의 따님에게 장가들었는데, 생부가 부인을 데리고 함창현(咸昌縣)으로 이주하여 홍치(弘治) 계해년(1503, 연산군9)에 공을 낳았다. 그해에 호조 참판이 죽자 부인 신씨가 강보에 있는 조주(曺倜)의 아들을 취해서 양자로 삼았으니, 유명(遺命)을 따른 것이다.

호조 참판은 호가 매계(梅溪)인데 문장(文章)과 행의(行誼)로 성종(成宗)에게 지우를 받았다. 화려한 요직을 역임하고 임금의 자문에 응하였으며, 강직한 풍도가 당시 사람들을 감동시켰다. 연산군의 무오사화에 선류(善類)들이 제거되었는데, 간사한 소인배들이 공을 무고함에 빠뜨렸다. 처음에는 의주(義州)에 귀양을 갔고 얼마 후 순천(順天)으로 이배(移配)되었다가 5년 뒤 적소에서 죽으니 사림들이 애통해하였다.

공은 음직으로 전함사(典艦司)와 전설사(典設司)의 별제에 보임되었다. 초취는 거창 신씨(居昌愼氏)로 일찍 죽어서 후사가 없고 재취는 평산 신씨(平山申氏)로 5남 1녀를 낳았다. 장남 윤희(胤禧)는 사도시 첨정(司䆃寺僉正)을 지냈고 수직(壽職)으로 통정대부에 올랐다. 둘째 아들 윤신(胤申)은 고성 군수(高城郡守)를 지냈다. 셋째 아들 윤지(胤祉)는 양구 현감(楊口縣監)을 지냈다. 나머지는 모두 요절하였다. 측실에서 낳은 아들은 윤기(胤祺)이다. 첨정(僉正) 윤희는 영천군(永川君) 이미수(李眉壽)의 따님에게 장가들어 외동딸을 낳았으니 직장(直長) 이권(李勸)에게 시집갔다. 윤희는 이씨(李氏)에게 재차 장가들어 3남 2녀를 낳았으니, 아들은 오(澳), 익(瀷), 옥(沃)이고 장녀는 채종렴(蔡宗濂)에게 시집갔고 차녀는 15세가 되지 않았다. 측실에는 딸이 셋이 있다. 고성 군수를 지낸 윤신은 동지중추부사(同知中樞府事) 심봉원(沈逢源)의 따님에게 장가들어 4남 3녀를 낳았다. 장남은 참군(參軍)을 지낸 형(泂)이고, 둘째는 찰방(察訪)을 지낸 흡(滃)이다. 셋째 한(澣)과 넷째 징(澄)은 모두 요절하였다. 장녀는 대사간(大司諫) 임몽정(任蒙正)에게 시집갔고, 둘째는 화산(華山) 도정영(都正楹)에게 시집갔으며, 셋째는 화순 현감(和順縣監) 신수무(愼守武)에게 시집갔다. 측실에게는 외동딸이 있다. 양구 현감을 지낸 윤지는 부사(府使) 송률(宋嵂)의 따님에게 장가들어 1녀 3남을 낳았다. 딸은 부제학(副提學) 송준(宋駿)에게 시집갔다. 장남 호(浩)는 강령 현감(康翎縣監)을 지냈고 차남 연(淵)은 요절하였으며 막내 영(泳)은 선전관(宣傳官)을 지냈다. 측실에게는 외동딸이 있다. 증손자와 증손녀는 약간 명이다.

오호라. 호조 참판공은 50세에 자식이 없어서 항상 공이 태어나기를 기다렸다. 공이 태어났으나 오히려 하늘 끝〔순천〕에 몸이 매여 있었기에 공의 얼굴을 보지 못하고 죽었다. 신씨 부인이 참판공이 임종할 때 그리워하는 뜻을 특별히 비통하게 여겨 공을 양육하기를 자기가 낳은 아이처럼 하였다. 공도 선군(先君)에게 길러지지 않았음을 비통하게 여기고 신씨 부인을 정성으로 봉양하였다. 신씨 부인이 죽자 그 애통함을 극진히 하였다.

삼년상을 마치고 서울에서 벼슬살이하면서도 오히려 추모의 정이 미진하다고 생각하여 항상 말하기를 "내가 죽으면 반드시 김산(金山) 선영의 곁에 묻어라."라고 하였다. 그런데 40세에 갑자기 위급한 질병에 걸릴 것이라고는 스스로 헤아리지 못했다. 그러나 백씨는 금릉(金陵)의 먼 거리에 떨어져 있었고 자식들은 모두 어려서 부탁할 수가 없었다. 고향으로 반장할 수 없음을 염려하며 슬픈 마음으로 유감스럽게 생각하였으니, 대개 일념의 지극한 정(情)이 마음에 정성스러울 뿐이었다. 임인년(1542, 중종37) 6월 모일에 죽으니 향년 40세였다. 아이들과 부인은 상을 당하자 김산까지 멀리 운구하는 것을 힘에 겨워하며 어려워하였기 때문에 공의 뜻을 이루지 못하게 되었다. 이에 부평(富平)에 있는 장인〔婦翁〕 신씨(申氏)의 선영 모좌(某坐) 모향(某向) 언덕에 장례를 지냈다.

공은 성품이 진솔하여 수식하고 인위적으로 함이 없었다. 상례와 제례에 이르러서는 반드시 슬픔과 공경을 극진히 하였다. 병이 위독해져도 선조의 제삿날에 제수를 조촐하게 마련하여 친히 올렸다. 좌우의 사람들이 힘써 간하여 말렸지만 공이 듣지 않고 말하기를 "내가 비록 다시 이것을 하고자 하나 되겠는가."라고 하였다. 이 때문에 병이 점점 심해져서 이에 죽었으니, 여기서 또한 공의 천성을 볼 수 있다. 첫째 부인 신씨(愼氏)는 판사(判事) 거이(居易)의 따님으로 모 땅에 장례를 지냈다. 두 번째 부인 신씨(申氏)는 남양 부사(南陽府使) 모의 따님이다. 일찍 과부가 되어 집안을 꾸려 나감에 집안 법도를 닦고 자제들을 가르쳤다. 제사를 받들고 집안일을 다스림에 예의가 엄중하고 정성이 지극하여 조씨의 가문 명성을 떨어뜨리지 않을 수 있었다. 사람들이 모두 "아내의 도리를 온전히 하였다."라고 말하였다. 모월 모일에 죽어서 공의 묘소 왼쪽에 부장되었다. 명은 다음과 같다.

고향으로 가려는 인자함이여	首丘之仁
지극한 정을 가지고 있었네	至情之存
혼은 어디라도 가지 않음이 없다는	魂無不往
계자의 말이 있네[45]	季子之言
이미 인자하고 이미 혼이 간다면	旣仁旣往
저승에서 위로받을 것이네	庶慰九原

45 혼은……있네 : 계자(季子)는 춘추 시대 오(吳)나라의 계찰(季札)이다. 그가 제(齊)나라에 갔다 돌아올 적에, 그 맏아들이 죽어서 영박(嬴博 : 영현과 박현)의 사이에 장사 지냈다. 봉분이 끝나자 계자가 왼쪽 소매를 걷어 매고 바른편으로 그 봉분을 돌며 세 번 외치기를, "골육이 흙 속에 들어가는 것은 명(命)이거니와, 혼기(魂氣)는 못 갈 데가 없느니라. 못 갈 데가 없느니라." 하고, 드디어 떠났다고 한다. 《禮記 檀弓下》

진사 허군 묘갈명

進士許君墓碣銘

군의 휘는 국필(國弼)이고 자는 여경(汝敬)이다. 분성(盆城) 허씨는 나라에서 중망을 받는 성씨가 되었으니, 가락군(駕洛君) 창(敞)이 그 시조이다. 중세에 선산부(善山府)에 이주하였다. 5대조 성균 생원 휘 양(諒)은 최경원(崔景源)의 따님에게 장가들어 선산부에서 또다시 해평(海平)의 고리곡(古里谷)에 이주하였다. 이분이 휘 유(裕)를 낳았는데 성균 생원으로 군의 고조부이다. 증조부의 휘는 임(任)이고 조부의 휘는 태수(台壽)로 집경전 참봉(集慶殿參奉)을 지냈다. 아버지의 휘는 의(顗)로 조산대부(朝散大夫) 사도시 첨정(司導寺僉正)에 증직되었다. 이분은, 승문원 저작(承文院著作)을 지낸 대구 배씨(大丘裵氏) 숙기(淑綺)의 따님이며 가선대부(嘉善大夫) 호조참판(戶曹參判)에 증직된 최이한(崔以漢)의 외손녀에게 장가들었다. 만력(萬曆) 무인년(1578, 선조11) 정월에 군을 낳았다.

군은 어려서 총명하고 질박하였다. 임진왜란의 병화에 겨우 벗어나서 두곡(杜谷) 고 선생(高先生)과 이종형 박성일(朴成一)군에게 배워서 자못 견문이 넓어져 입신양명할 것으로 기대하였다. 임자년(1612, 광해군4)에 사마시에 합격하였으나, 불행하게도 고질병에 걸린 것이 여러 해가 되었다. 숭정(崇禎) 을해년(1635, 인조13) 4월에 정침에서 죽으니 향년 58세였다. 이해 7월 모일에 칙동(勅洞) 유좌묘향(酉坐卯向) 언덕에 장례를 지내니 증조부 이하의 묘소가 있는 선영이다. 군은 영천 훈도(永川訓導)를 지낸 의흥 박씨(義興朴氏) 문윤(文潤)의 따님에게 장가를 들었으나 자식이 없었다. 측실(側室)에서 난 절충장군(折衝將軍) 첨지중추부사(僉知中樞府事) 영남(英男)이 군의 제사를 받들고 있는데, 이미 장례를 지내고 통곡하며 나에게 와서 고하며 아버지의 내력을 비석에 새길 것을 청하니, 이에 글을 짓는다. 명은 다음과 같다.

어려서 학문을 하지 못함은	幼而失學
난리를 만났기 때문이네	亂離之故
이미 사마시에 합격하였으나	旣登司馬
그 실력을 펼치지 못했네	未展其步
어찌 후손에게 박했으며	胡薄於後
또 수명도 인색했는가	又嗇其壽
선영에 몸을 의탁하니	托體先壟
길이 종고토록 편안하리라	永寧終古

통정대부(通政大夫) 전(前) 수(守) 강원도 관찰사(江原道觀察使) 겸(兼) 병마수군절도사(兵馬水軍節度使) 최현은 글을 짓는다.

처사 강군 묘갈명

處士姜君墓碣銘

나의 벗으로 진양(晉陽) 강태초(姜太初)[46]가 있다. 이때 나는 바닷가 고을에 우거하고 있었는데, 나에게 편지를 보내서 말하기를 "나를 아는 자로 그대만 한 이가 없으니, 그대가 만약 나의 선조의 묘갈명을 지어 준다면 거의 죽어도 불후할 것이다."라고 하였다. 내가 이미 글을 잘 짓지 못한다며 사양하였다. 영남으로 돌아온 지 6개월 만에 또 벗이 심부름꾼을 보내어 안부를 묻고 앞에서 부탁한 것을 거듭 당부하였다.

나는 다음과 같이 말하였다. 진양 강씨는 고려 시대부터 드러나 대대로 도덕(道德)과 문장(文章) 그리고 큰 공렬을 이룬 선비가 끊어진 적이 없었다. 통정공(通亭公) 회백(淮伯),[47] 완역재(玩易齋) 석덕(碩德),[48] 문량공(文良公) 희맹(希孟)[49]과 같은 이는 지

46 강태초(姜太初) : 강항(姜沆, 1567~1618)이다. 본관은 진주(晉州), 자는 태초(太初), 호는 수은(睡隱)으로 전남 영광(靈光)에서 태어났다. 1588년(선조21) 진사가 되고 1593년 문과에 급제하였다. 1597년 정유재란 때 왜적의 포로가 되어 일본에 가서 조선의 유학을 일본에 전수하였다. 1600년 포로 생활에서 풀려나 가족들과 함께 고국에 돌아왔다. 저서로 《수은집》과 《간양록(看羊錄)》 등이 있다.

47 통정공(通亭公) 회백(淮伯) : 강회백(1357~1402)이다. 본관은 진주(晉州), 자는 백보(伯父), 호는 통정(通亭)이다. 1376년(우왕2) 문과에 급제하였다. 고려 시대에 정당문학 겸 사헌부 대사헌(政堂文學兼司憲府大司憲)이 되었고, 조선조에서는 동북면 도순문사(東北面都巡問使)가 되었다. 저서로 《통정집》이 있다.

48 완역재(玩易齋) 석덕(碩德) : 강석덕(1395~1459)이다. 본관은 진주(晉州), 자

금까지도 칭송하기를 그치지 않고 있다. 그 종족으로 나라 가운데 성대한 자가 아직도 태반이나 된다. 공은 비록 벼슬하지 않고 죽었으나 가성(家聲)과 세범(世範)에 있어서 반드시 칭찬할 만한 것이 있다. 태초가 상중에 있으면서 선조에게 효심을 미루어 비석을 세우고 계보를 서술하는 거사는 매우 중요한 일이다. 마땅히 옛것에 독실하고 문사에 통달한 사람에게 비문을 구해야 한다. 이에 거기에 적합하지 않은 나에게 부탁하니, 내가 어떻게 전인(前人)을 빛내 후세에 보여 줄까. 일이 매우 그릇되어 감히 감당할 수 없다.

심부름꾼이 절하고 말하기를 "세상에는 현달한 관리와 문인(文人)이 없는 것이 아니니, 아마도 저희들이 아는 사람에게 부탁할 만합니다. 그러나 주인께서 편지에 절하고 저에게 주어 위임함에 제가 강을 건너고 산을 넘어 17일이 걸려 그대의 집에 도착하였습니다. 그대는 어찌 그 뜻을 알지 못하고 이에 감히 여러 번 사양합니까. 사양한다면 제가 주인 강군에게 돌아가 보고할 수가 없습니다."라고 하였다. 내가 끝내 사양할 수가 없어서 대략 그 세계를 서술한다.

공의 원조(遠祖) 계용(啓庸)은 국자박사(國子博士)로 김방경

는 자명(子明), 호는 완역재(玩易齋)로 강회백(姜淮伯)의 아들이다. 음사로 벼슬을 시작하여 지돈녕부사(知敦寧府事)에 이르렀다. 시호는 대민(戴敏)이며, 저서로 《완역재집》이 있다.

49 문량공(文良公) 희맹(希孟) : 강희맹(1424~1483)이다. 본관은 진주(晋州), 자는 경순(景醇), 호는 사숙재(私淑齋)로 강석덕의 아들이다. 1447년(세종29) 문과에 장원 급제하여 벼슬이 좌찬성에 이르렀다. 시호는 문량이며 저서로 《사숙재집》이 있다.

(金方慶)을 도와 왜국의 막부를 정벌하였는데, 벼슬하여 진산부원군(晉山府院君)에 이르렀다. 전중내급사(殿中內給事) 홍문(引文), 감찰어사(監察御史) 사첨(師瞻), 진원부원군(晉原府院君) 창귀(昌貴), 시중(侍中) 문경공(文敬公) 군보(君寶), 문하찬성사(門下贊成事) 시(蓍)의 7대를 지나 통정에 이른다. 통정은 조선조에 들어와 동북면 도순문사(東北面都巡問使)가 되었는데 형제 다섯 사람이 모두 현달하였으며 통정은 맏아들이다. 통정은 또 다섯 아들을 낳으니 넷째 아들이 완역재(玩易齋)이다. 완역재는 세 아들을 낳으니 문량공은 두 번째로 곧 공의 증조부에 해당한다. 문량공은 재차 녹훈되어 익대좌리공신(翊戴佐理功臣)이 되었고 진산군(晉山君)에 봉해졌으며 관직이 의정부 좌찬성에 이르렀다. 또 그의 아들 숙헌공(肅憲公) 좌의정(左議政) 귀손(龜孫)의 훈공 덕분으로 영의정에 증직되었다. 문량공은 두 아들을 낳으니, 맏아들은 곧 귀손이다. 둘째는 학손(鶴孫)으로 벼슬이 장예원 사평(掌隷院司評)에 이르렀는데, 혜문(惠文)[50]에 저촉되어 연좌되어 영광군(靈光郡)에 귀양을 가서 거기서 사니, 영광군의 강씨가 공의 조부로부터 시작된다. 8남 2녀를 낳으니 둘째 아들이 형수(亨壽)로 공의 아버지이다. 나이 28세 때 상의원 별좌(尙衣院別座)로 외숙부 신용개(申用漑)[51]를 따라 연경(燕京)에 사신을 갔다가 도중에

50 혜문(惠文) : 주후혜문관(柱後惠文冠)의 준말로, 법관(法官)과 무관(武官)이 쓰는 모자를 말하는데, 전하여 대관(臺官)을 뜻하는 말로 쓰인다. 여기서는 강학손이 김종직(金宗直)의 제자였기 때문에 무오사화 때 화를 입었던 것을 말한다.

51 신용개(申用漑) : 1463~1519. 본관은 고령(高靈), 자는 개지(漑之), 호는 이요정(二樂亭)이다. 1483년(성종14) 사마시에 합격하고 1488년 문과에 급제하였다.

서 죽었다. 공이 젖니도 갈기 전인 7, 8세에 아버지를 잃으니 사평 조부가 가련히 여겨 이름을 지어 오복(五福)이라 하고 자를 원우(元祐)라고 하였으니 그것은 장수하지 못할까 걱정한 것이고 문인으로 글을 잘하기를 요구한 것은 아니다. 성장하여서 질박하고 곧으며 강개하여 선인(善人)으로 일컬어졌으니, 해오라기는 목욕하지 않아도 흰 성질을 가지는 것이다.

탐라(耽羅) 성주(星主)[52]의 후손으로 교수(敎授)를 지낸 양석정(梁碩鼎)의 따님에게 장가들어 7남 2녀를 낳았다. 장남은 극온(克溫)이다. 극온은 두 아들 원(源)과 연(淵)을 낳았는데 연은 을유년 사마시에 합격하였다. 둘째는 극량(克良)이다. 극량은 세 아들 호(灝), 홍(洪), 담(湛)을 낳았는데, 홍은 신유년 무과에 합격하여 내섬시 주부(內贍寺主簿)를 지냈다. 셋째는 극공(克恭)이니 그가 낳은 아들 형(泂)은 사재감 참봉(司宰監參奉)을 지냈다. 넷째는 극검(克儉)이다. 극검은 다섯 아들 해(海), 준(濬), 환(渙), 항(沆), 영(泳)을 낳았는데, 해와 항은 모두 무자년 사마시에 합격하였으니 나와 같은 해에 합격한 자이다. 또 영은 계축년 사마시에 합격하였다. 항은 곧 태초이니, 학문에 박식하고 문장을 공부하여 갑오년 정시(庭試)에 선발되었다. 다섯째 극효(克孝)는 4남 2녀를 낳았다. 4남은 수(洙), 사(泗), 염(濂), 낙(洛)인데, 수

1503년 명나라에 사신으로 다녀온 뒤 갑자사화에 연루되어 전라도 영광에 유배되었다. 벼슬이 좌의정에 이르렀다. 시호는 문경(文景)이다.

52 성주(星主) : 본래 탐라(耽羅 : 제주도)의 우두머리에게 주던 칭호인데, 후에는 제주 목사(濟州牧使)의 별칭으로 쓰이기도 하였다.

는 갑오년 무과에 합격하였고 염은 계사년 무과에 합격하였다. 2녀 중 장녀는 참례도 찰방(參禮道察訪) 이굉중(李宏仲)에게 시집가서 정(侹), 일(佾), 수(修)를 낳았고, 둘째 딸은 충순위(忠順衛) 이거(李琚)에게 시집가서 산두(山斗)를 낳았다.

공은 향년 62세로 죽어서 영광군 남쪽 무악산(毋岳山) 간좌곤향(艮坐坤向)의 언덕에 묻혔다. 나는 근원이 먼 물은 유파(流波)가 길다고 들었다. 공의 선조 11대 동안은 쌓은 덕이 많고, 공의 후손 2대 동안은 손자가 30명인데 근후(謹厚)하고 재능(才能)이 있으면서 통정의 실마리를 이은 자는 태초이다. 그러나 오히려 사장(詞章)을 지나치게 즐겨 세상과 원만한 관계를 이루지 못하였다. 또 그는 자신이 터득한 바를 유추하여 자제들을 깨우쳤으니, 공이 마땅히 소유해야 하였으나 소유하지 못했던 것이 이〔태초〕에 있게 되었다. 명은 다음과 같다.

사물의 이치는 순환하니	物理循環
다시 나아갔다가 무너진다네	復晉而夷
그러나 끝내 막힐 수 없어서	終不可塞
형통한 시절이 돌아온다네	泰以受之
상서로움을 묻어 복을 저축한 곳은	埋祥蓄祉
무악산 언덕이라네	毋岳之原
길이 천년이 되도록 편안하여	永寧千祀
후손을 도와주소서	以佑後昆

묘지 墓誌

선고 증 자헌대부 의정부 좌참찬 부군과 선비 증 정부인 이씨를 합장한 묘지

先考贈資憲大夫議政府左參贊府君先妣贈貞夫人李氏合葬墓誌

전주(全州) 최씨 일파가 중간에 경상도 사천현(泗川縣)으로 이주하였다. 또 그 후에 선산(善山) 해평현(海平縣)으로 이주한 것은 승지공(承旨公)으로부터 시작한다. 승지공은 휘가 수지(水智)로 문과에 합격하여 행(行) 비안 현감(比安縣監)을 지냈는데, 손자 응룡(應龍)이 귀해진 덕택으로 도승지(都承旨)에 추증되었으니, 선군의 증조부이다. 이분이 휘 이회(以淮)를 낳았으니 음직으로 사복시 주부(司僕寺主簿)에 보임되었고 통례원 좌통례(通禮院左通禮)에 증직되었다. 이분이 휘 치운(致雲)을 낳으니 승정원 좌승지(承政院左承旨)에 증직되었는데, 김해 허씨(金海許氏) 가락군(駕洛君) 창(敞)의 후손인 생원 유(裕)의 따님에게 장가들어 정덕(正德) 임신년(1512, 중종7) 8월 22일에 선군을 낳았다.

선군의 휘는 심(深)이고 자는 태원(太源)으로 박송당(朴松堂)[53]

53 박송당(朴松堂) : 박영(朴英, 1471~1540)이다. 본관은 밀양(密陽), 자는 자실

문인에게 종유(從遊)하여 독서에 뜻을 두었다. 독한 감기에 걸려 과거 시험을 그만두고 마음을 가다듬고 정신을 수양하였기에 질병이 심할수록 정신은 더욱 또렷했다. 기축년(1589, 선조22) 6월 25일에 정침에서 고종명하시니 연세가 78세였다. 선군께서는 염정(恬靜)하고 신묵(愼默)하시어 입으로 남의 과실을 말하지 않았으며 얼굴에는 희로(喜怒)를 드러내지 않았다. 자주 쌀독이 비어 배가 고파도 개의치 않았다. 선유(先儒)의 가르침을 손수 써서 아이들로 하여금 항상 외우고 익히게 하였다. 임종 때 아이를 불러 영결하기를 "'집에 거처하기를 공손히 하고, 일을 행하기를 조심스럽게 하며, 남을 대할 때 성의를 다하는 것을 비록 오랑캐 땅에 간다 하더라도 버려서는 안 된다.'[54]라는 성인의 말씀을 잠시라도 잊지 말아라."라고 하였다. 이 말씀을 불초자가 가슴에 새기지 않은 적이 없지만, 오히려 남기신 경계를 실천할 수 없어서 걸핏하면 후회하는 데 이르게 되니, 애통하구나. 경인년(1590, 선조23)에 상림역(上林驛) 남쪽에 장례를 지냈고 을묘년(1615, 광해군7)에 상림역 뒤 계좌정향(癸坐丁向)의 언덕에 개장하였다.

선비(先妣)는 성주 이씨(星州李氏)로 사간원 정언(司諫院正言) 맹전(孟專)의 증손녀이며 충순위(忠順衛) 지원(智源)의 따님이다. 자상(慈詳)하고 인서(仁恕)하였으며 제사를 삼가 받들고 이웃과

(子實), 호는 송당(松堂)이다. 1492년 무과에 급제하여 선전관(宣傳官)이 되었다. 그러나 벼슬을 버리고 정붕(鄭鵬)·박경(朴耕) 등을 사우(師友)로 삼아 유학 공부에 전념하였다. 벼슬이 영남좌절도사(嶺南左節度使)에 이르렀다. 시호는 문목(文穆)이다. 황간의 송계서원(松溪書院), 선산의 금오서원(金烏書院)에 제향되었다.

54 집에……된다 : 《논어》 〈자로(子路)〉에 나온다.

종족에게 화목하였다. 돌아가셔서 장례를 지낼 때 고을 사람들이 와서 조문하였다. 갑신년(1524, 중종19)에 태어나 신미년(1571, 선조4)에 돌아가시니 향년 48세에 그쳤다. 1녀 2남을 두었는데, 딸은 충의위(忠義衛) 이경록(李景祿)에게 시집갔다. 장남 흔(昕)은 후사가 없이 부모가 돌아가시기 전에 죽었고 차남은 현(晛)이다. 충의위는 아들 원근(遠根), 원수(遠樹), 원지(遠枝)를 두었는데, 원근과 원지는 일찍 죽었다. 원수는 아들 둘이 있으니, 성명(成命)과 입명(立命)이다. 현은 창원 부사(昌原府使) 김복일(金復一)의 따님에게 장가들어 외아들 산휘(山輝)를 낳았는데, 산휘는 영사공신(寧社功臣)에 책록되고 행(行) 청송 부사(青松府使)가 되었다. 3남 1녀를 낳았다. 장남 이박(爾博)은 일찍 요절하였는데, 2남 1녀를 두었으니 모두 어리다. 둘째 이후(爾厚)는 3남 1녀를 두었으니 아들은 어리고 딸은 박황(朴榥)에게 시집가서 3명의 자녀를 두었으니 모두 어리다. 막내 이원(爾遠)은 20세가 되지 않았다. 천계(天啓) 병인년(1626, 인조4)에 현(晛)이 강원도 관찰사에 임명되었기에 성은으로 3대가 추존되었다. 또 진무원종공신(振武原從功臣)으로 인하여 부모님의 작위를 가봉(加封)하니 경사는 선인(先人)에 도움을 받은 것이나 저는 행실에 있어 선훈(先訓)을 떨어뜨렸다. 저는 나라의 많은 어려움을 만났고, 자식이 또 먼저 죽었는데 늙어서도 죽지 않고 있으니, 앞으로의 일을 알 수 없는 것을 두려워하며 피눈물을 흘리며 묘지를 쓴다.

숭정(崇禎) 10년 정축년(1637, 인조15) 가을에 아들 통정대부(通政大夫) 수(守) 강원도 관찰사(江原道觀察使) 겸 순찰사(巡察使) 지제교(知製教) 현(晛)은 삼가 기록한다.

망장손 선략장군 행 충좌위 부사과 묘지
亡長孫宣略將軍行忠佐衛副司果墓誌

이름을 이박으로 짓고	名以爾博
자를 여구로 지은 것은	字以汝久
장수하게 하려는 것이었네	欲其壽也
갑진년(1604, 선조37)에 태어나	生于甲辰
임신년(1632, 인조10)에 죽으니	歿于壬申
어찌 그리도 명이 짧은가	何其夭耶
학문은 성취함이 없었고	學文無成
벼슬은 음직으로 사과에 그쳤으니	蔭止司果
또한 어찌 보잘것없는가	亦何少耶
아버지 산휘는	父曰山輝
이름이 충훈부(忠勳府)에 들었고	名在勳府
할아버지 현은	祖曰晛也
치사하여 노년을 보내고 있네	致仕而老
둘 다 3품에 올랐으니	俱躋三品
또한 분수에 넘치는 일이네	亦云濫矣
네가 먼저 죽으니	汝其先逝
어찌 그리도 처참한가	何其慘矣
석린과 서린[55]은	石麟瑞麟

55 석린(石麟)과 서린(瑞麟) : 망자의 아들 응건(應乾)과 체건(體乾)을 가리킨다.

아직 콩과 보리도 구분하지 못하네	菽麥未辨
아비가 없는 자식을	無父之兒
누가 가르쳐 선하게 할까	誰教而善
젖먹이 딸 하나가 있으니	一女在乳
어찌 무시할 수 있겠는가	曷爲無有
바라는 것은 그들이 잘 자라	冀其長養
후손을 넉넉하게 하는 것이네	庶幾裕後
나는 늙고 병들었으며	我耄且病
또 너는 아버지를 잃었네	又喪汝父
외로운 뿌리를 누가 북돋울까	孤根誰培
넘어질까 두렵네	恐其顚仆
네가 만약 안다면	汝其有知
어찌 몰래 돕지 않으랴	曷不陰祐
네 어머니 주씨는	汝母朱氏
선사〔江陵〕의 명문이네	仙槎族右
봉사를 지낸 응방이	奉事應邦
너의 외조부이네	是汝外祖

석린과 서린은 그 아이들이 재주가 뛰어남을 말하는 '석기린(石麒麟) 같은 아이'라는 뜻이다. 석기린은 진(陳)나라 사람 서릉(徐陵)을 지칭하는 말인데, 오색의 구름이 봉황으로 변하더니 그의 어머니 왼쪽 어깨 위에 내려앉는 꿈을 꾸고 그를 낳았다고 한다. 그가 두어 살 되던 해에 당시 도가 통했다고 일컬어지던 보지 상인(寶誌上人)을 찾아간 적이 있는데, 보지 상인이 서릉의 머리를 쓰다듬으면서 "천상(天上)의 석기린이다."라고 말했다고 한다. 이후로 대단히 총명한 아이를 비유하는 말로 쓰인다. 《陳書 卷26 徐陵列傳》

너의 처 유씨는	汝妻曰柳
본관이 진양인 명문이네	晉陽華胄
현감을 지낸 시형이	縣監時亨
너의 장인이네	是汝之舅
세상이 변하여 매우 험난하니	世變孔棘
과부〔손부〕를 어디에 부탁할까	嫠婦何托
선영의 북쪽은	先壟之北
너의 혼백을 묻은 곳이네	藏汝體魄
상림의 언덕이고	原曰上林
간좌의 묘소이네	艮坐爲穴
5년이 지난 지금	于今五載
너의 집이 편안한가	寗爾室耶
지석을 섬돌에 묻어	誌以埋砌
뒷날을 증명하네	以證後日

숭정(崇禎) 10년(1637, 인조15) 가을에 조부 통정대부(通政大夫) 수(守) 강원도 관찰사(江原道觀察使) 겸 순찰사(巡察使) 현은 기록한다.

회당 신공 묘지
悔堂申公墓誌

공의 성은 신씨(申氏)이고 휘는 원록(元祿)이며 자는 계수(季綏)이고 호는 회당(悔堂)이며 본관은 아주(鵝州)이다. 6대조 휘 우(祐)는 고려 말에 벼슬하여 전라도 안렴사(全羅道按廉使)가 되었다. 이때 혼탁한 세상을 만나서 홀로 청렴하고 결백함을 견지하여 효행으로 정려(旌閭)되었다. 내부령(內府令) 휘 광부(光富), 언양현감(彦陽縣監) 휘 사렴(士廉)을 거쳐 성균 생원 휘 석명(錫命)에 이르니 이분이 공의 증조부이다. 조부는 휘가 준정(俊禎)으로 승사랑(承仕郎)을 지냈고 아버지는 휘가 수(壽)로 유자의 학문을 공부하였다. 어머니는 의흥 박씨(義興朴氏)로 군수 유창(惟昌)의 후손이며 주부(主簿) 자검(自儉)의 따님이다.

공은 어려서 총명하고 지조가 굳었으며 효제(孝悌)를 도타이 행하는 데 억지로 힘쓰지 않아도 저절로 되었다. 아버지가 일찍이 풍병(風病)에 걸렸는데 의사가 치료해도 효과가 없었다. 공이 이때 나이가 십여 세였는데, 팔공산(八公山)에 올라 약초를 캐서 훌륭한 의사에게 가서 조제하여 밤낮으로 달인 탕약을 올렸다. 그리고 밤에는 잠을 자지 않고 옷을 입고 허리띠를 풀지 않은 것이 8년이었다. 계사년(1533, 중종28) 봄에 공이 나이 18세 때 초상을 당하였는데, 애달픔이 지나쳤으나 예도에 어긋남이 없었다. 빈소를 차리는 것부터 장례를 지낼 때까지 부신부관(附身附棺)하는 모든 것에 그 성신(誠信)을 극진히 하였다.[56] 묘소 곁에 여막을 짓고 3년간 피눈물을 흘렸으니 사람들이 거상(居喪)을 잘한다고 칭찬하였다.

무술년(1538, 중종33)에 어머니의 가르침을 받들어 성균관에 유학하였다. 이로부터 정밀하게 연구하고 뜻을 돈독히 하여 강습함을 게을리하지 않았다. 일찍이 백씨와 한성(漢城)에서 치르는 발해시(發解試 문과 초시)에 나란히 낙방하여 집으로 돌아오는 길에 백씨가 학질에 걸려 앞길을 갈 수가 없었다. 천민천(天民川)에 이르니 가을 물이 막 불어났는데, 사람들이 이 물속에는 독한 이무기가 사람을 해치니 맨몸으로 건널 수 없다고 말하였다. 그러나 공은 형을 업고 건넜다.

계묘년(1543, 중종38) 겨울에 풍기 군수(豐基郡守) 신재(愼齋) 주세붕(周世鵬)이 처음으로 죽계서원(竹溪書院)[57]을 건립하여 선비들이 구름처럼 모인다는 소식을 듣고 공이 집지하는 글을 지어 가서 뵈었다. 신재가 문제를 내어 서원 생도들에게 시험을 치렀는데, 공이 지은 글에 신재가 비점을 찍어 말하기를 "우리 서원에 훌륭한 인재가 있으니 그 마음은 옥과 같네. 하늘이 장차 너를 옥

56 빈소를……하였다 : 《예기》 〈단궁 상(檀弓上)〉에 자사(子思)가 말하기를 "상을 당하면 3일 만에 빈(殯)을 하는데, 시신과 함께 관에 넣는 물건은 반드시 정성스럽고 신실하게 하여 후회를 남기는 일이 없어야 한다. 3개월이 지나 장사를 지내는데, 관곽(棺槨)과 함께 부장하는 물품들은 반드시 정성스럽고 신실하게 하여 후회를 남기는 일이 없어야 한다.〔子思曰喪三日而殯, 凡附於身者, 必誠必信, 勿之有悔焉耳矣. 三月而葬, 凡附於棺者, 必誠必信, 勿之有悔焉耳矣.〕"라고 하였다.

57 죽계서원(竹溪書院) : 백운동서원(白雲洞書院)을 말하는데, 나중에 소수서원(紹修書院)으로 바뀌었다.

으로 만들어 그 복록을 펼치게 하리라.〔我院有人, 其心如玉. 天將玉汝, 申其祿矣.〕"라고 하였다. 이로부터 공이 덕기(德器)로 일컬어지니, 이로 인하여 공이 말과 행동이 서로 돌아보는 실상으로 규계하였다. 우리나라 도학의 실마리를 찾기 위하여 부지런히 노력하며 피로함을 잊었다. 인사하고 돌아오는 날에 신재가 공에게 준 시에 "학문을 함에 근원의 물을 생각하고 벗을 사귐에 무소뿔 술잔을 취하네.[58] 서로 규계하기를 오직 이 열 글자로 하면 거의 백년토록 친구의 정을 유지하리.〔爲學思原水, 論交取兕觥. 相規唯十字, 庶悉百年情.〕"라 하였으니 신재가 애지중지함이 이와 같았고, 공도 그 말을 종신토록 마음에 새겼다.

중종과 인종의 상을 연달아 당하였는데, 당시 사람들이 다만 의복(義服)의 제도[59]를 실행하였으나, 공은 홀로 3년 동안 소찬을 하였다. 신해년(1551, 명종6) 봄에 공이 탄식하여 말하기를 "세월이 쉬이 흘러가고 입신양명은 기약이 없네. 어머님 연세가 많음에도 맛있는 음식으로 봉양을 하지 못하네. 고인이 말하기를 '집이 가난하고 어버이가 연로한데도 봉록을 받기 위하여 벼슬하지 않는 것은 첫 번째 불효이다.'[60]라 하였으니, 나는 장차 치욕과 비웃

58 무소뿔 술잔을 취하네 : 오만하지 말라는 뜻이다. 《시경(詩經)》 〈상호(桑扈)〉에 "무소뿔 술잔이 굽어 있으니 맛있는 술이 부드럽도다. 교제가 오만하지 않으니 만복이 찾아오도다.〔兕觥其觩, 旨酒思柔. 彼交匪敖, 萬福來求.〕"라고 하였다.

59 의복(義服)의 제도 : 복제(服制)가 없는 사람이 의리로 입는 상복을 말한다.

60 집이……불효이다 : 이는 《맹자》 〈이루 상(離婁上)〉의 글인데, 후한(後漢) 조기(趙岐)의 《십삼경주(十三經注)》에 이르기를, "《예기(禮記)》에 따르면 불효에는 세 가지가 있는데,〔于禮有不孝者三者〕 부모의 뜻을 무조건 따르고 좇아서 부모가 불의

음을 무릅쓰고 폐잔한 고을에 학생들을 가르치는 교수에 임명되어 쌀을 등에 지고 와서 효도하는 마음[61]을 성취할 것이다."라고 하였다. 이에 호남의 장수(長水)의 관학 교수에 임명되어 봉록으로 어머니를 봉양하였다.

계축년(1553, 명종8)에 흉년을 구제하는 정책이 바야흐로 어려워서 군수가 공에게 진휼의 임무를 위임하였다. 공이 말하기를 "이것은 사람을 구제하는 일이니, 어찌 감히 교묘히 피하겠는가." 하고는 정성을 다하여 조치함에 백성들이 그 덕분으로 살아날 수 있었다. 갑인년(1554, 명종9)에 주신재가 돌아가셨다는 소식을 듣고 달려가서 곡하고 심상(心喪) 삼 년을 하였다. 공이 죽계로부터 돌아와서 백씨에게 말하기를 "풍천(豐川 풍기)에 서원이 있는 것은 바로 성대한 일인데, 우리 고을에는 유독 공부할[62] 장소가

에 빠지는 것이 그 첫 번째 불효이고,〔謂阿意曲從, 陷親不義, 一不孝也.〕 집안이 가난하고 부모가 늙었는데도 벼슬에 나아가서 봉록을 받지 않는 것이 두 번째 불효이며,〔家貧親老, 不爲祿仕, 二不孝也.〕 혼인을 하지 않아 자식이 없어 선조에 대한 제사가 끊기는 것이 세 번째 불효이다.〔不娶無子, 絶先祖祀, 三不孝也.〕"라고 하였다.

61 쌀을……마음 : 공자(孔子)의 제자 자로(子路)의 효성에 관한 고사이다. 그가 옛날에 어버이를 모시고 있을 적에 집이 가난했기 때문에, 자기는 되는대로 거친 음식을 먹으면서도 어버이를 위해서는 백 리 바깥에서 쌀을 등에 지고 오곤 하였는데〔爲親負米百里之外〕, 어버이가 돌아가시고 나서 높은 벼슬에 올라 솥을 늘어놓고 진수성찬을 맛보는 신분이 되었지만, 거친 음식을 먹으며 어버이를 위해 쌀을 등에 지고 왔던 그때의 행복을 다시는 느낄 수 없게 되었다고 술회한 고사가 전한다. 《孔子家語 致思》

62 공부할 : 원문 '장수(藏修)'는 열심히 공부를 한다는 뜻이다. 《예기》 〈학기(學記)〉에 "군자는 학문할 적에 장(藏)하고 수(修)한다.〔君子之於學也, 藏焉修焉.〕"라고 하였는데, 주소(注疏)에 "장(藏)이란 마음에 늘 학업을 생각함이요, 수(修)란 항

없습니까."라고 하였다. 드디어 뜻을 같이하는 사람들과 약속하여 장천(長川) 가에 서원을 건립할 것을 도모하여 공사를 시작하여 10여 칸을 세웠으나 시대 상황이 좋지 않아 중도에 그만두었다. 무진년(1568, 선조1) 가을에 군수에게 고하여 그 일을 전담하였다. 새벽부터 밤늦게까지 힘을 다하여 2년 만에 공사를 마치고 사묘(祠廟)를 세워 향선정(鄕先正) 김모재(金慕齋)[63]를 봉안하니, 관찰사가 임금에게 글로 상주하여 장천서원(長川書院)[64]으로 사액받았다. 공이 학교 교육의 일에 독실하여 후학을 면진(勉進)하여 사문(斯文)을 보위하였으니 바로 공의 평소 뜻이다.

경신년(1540, 명종15)에 같은 고을의 성족(姓族)과 수계(修契)를 결성하고 친목을 강신(講信)[65]하였다. 또 의흥 현감(義興縣監) 유희잠(柳希潛)[66]과 의논하여 향약을 세우고 춘추로 예를 강론하였다. 백씨가 딸을 시집보낼 때 신부의 치장에 필요한 재물을 애써 마련하여 경비와 힘이 들지 않게 하였다. 매부의 상례와 장례

상 닦고 익혀서 학업을 폐기하지 않는 것이다."라고 하였다.

63 김모재(金慕齋) : 김안국(金安國, 1478~1543)이다. 본관은 의성(義城), 자는 국경(國卿), 호는 모재이다. 1501년(연산군7) 생진과에 합격하고 1503년 문과에 급제하였다. 1517년 경상도 관찰사가 되었고 대제학에 이르렀다. 죽은 뒤 인종의 묘정(廟庭)에 배향되었으며, 여주의 기천서원(沂川書院)과 이천의 설봉서원(雪峰書院) 및 의성의 빙계서원(氷溪書院) 등에 제향되었다. 시호는 문경(文敬)이다.

64 장천서원(長川書院) : 나중에 명칭이 빙계서원(氷溪書院)으로 바뀌었다.

65 강신(講信) : 조직체의 구성원들이 한자리에 모여서 우의와 신의를 새롭게 다짐하는 일을 말한다.

66 유희잠(柳希潛) : 1536~1611. 본관은 전주(全州), 자는 현지(賢之)로 안동에 거주하였다.

에 홀로 그 일을 준비하고 장만하였으며, 그의 4녀 1남을 친히 배필을 구해 혼인을 시켜 혼기를 놓치지 않게 하였다. 무릇 궁핍한 종족들의 혼례와 상례에도 모두 이와 같이 하였다. 일찍이 벽에다가 써서 "무거운 짐을 지고 멀리 가면 땅을 가리지 않고 쉬며 어버이가 연로하고 집이 가난할 때 봉록의 수준을 고려하지 않고 벼슬한다."라고 말하였으니, 공이 전후로 학관(學官)에 임명된 것은 모두 어버이를 위하여 자신을 굽힌 것임을 알 수 있다. 어버이 연세가 더욱 노쇠하자 전적으로 혼정신성을 일삼아 멀리 유람 간 적이 없었다. 무릇 어버이 마음을 위로하고 기쁘게 할 수 있는 것은 뜻을 극진히 하지 않음이 없었다.

일찍이 기이한 화초를 섞어 심어 놓고 매양 좋은 때와 절기에 어버이를 모시고 형을 맞이하여 어버이께 잔치를 베푸는 여덟 곡조를 지어서 노래하며 술잔을 올려서, 어버이에게는 애일(愛日)[67]의 정성을 극진히 하였고 형에게는 천륜의 즐거움을 폈다. 인하여 시 한 수를 즉석에서 읊어 말하기를 "근심 속의 생애 원망하고 탄식하지 마라, 우리 집의 즐거움을 최고로 자랑할 만하네. 칠순의 형제가 색동옷을 입은 곳에 백 세의 어머니가 계시는 집이 얼마나 될까.〔愁裏生涯莫怨嗟, 吾門一樂最堪誇. 七旬兄弟斑衣處, 百歲慈親有幾家.〕"라고 하였으니, 이때 어머니 연세가 90여 세였다.

67 애일(愛日) : 어버이 봉양을 위하여 조금의 시간이라도 아낀다는 말이다. 한나라 양웅(揚雄)의 《법언(法言)》 〈효지(孝至)〉에 "이 세상에서 오래 가질 수 없는 것은 어버이를 모실 수 있는 시간이다. 따라서 효자는 어버이를 봉양할 수 있는 동안 하루하루 날을 아낀다.〔不可得而久者, 事親之謂也, 孝子愛日.〕"라는 말이 나온다.

어버이께서 후하게 대하는 사람에게는 공이 반드시 그 사람에게 후하게 대하였다. 음식은 반드시 두 종류로 구분하여 그중에 맛있는 것을 가려서 올렸고, 남은 음식을 누구에게 줄 것인가를 청하여 주었다. 어머니께서 입었던 속옷은 항상 작은 통을 만들어 보관했다가 반드시 손수 빤 이후에 아내에게 주었다. 변기에 있어 또한 반드시 몸소 소·대변을 씻었고 남에게 시키지 않았다. 어머니 병이 위독해지자 어찌할 줄 모르며 밤낮으로 병상 곁에 있었다. 병상이 조금이라도 편안하지 않으면 겹자리와 겹방석에다가 혹 흰 솜과 부드러운 털을 깔아서 어머니 몸을 편안하게 하도록 하여 어머니의 피부가 문드러질까 걱정하였다. 공은 속옷을 껴안고 앉아 모시는 것을 날마다 더욱 부지런히 하였다. 어머니가 말하기를 "내가 빨리 죽지 않아서 너를 고생스럽게 만드는구나. 누가 네가 이와 같이 하는 줄을 알겠는가."라 하니, 공이 두려워하며 말하기를 "이것은 진실로 자식이 할 직분이니 이 무슨 말씀입니까. 비록 천만년 동안 하더라도 오히려 부족한데 무슨 수고스러움이 있겠습니까."라고 하였다.

을해년(1575, 선조8)에 어머니 병이 날로 위독하자 어머니의 대변을 맛보아 징험하였다. 흐느껴 울며 하늘을 부르짖으니 음식이 목에 넘어가지 않았다. 돌아가시자 백 세를 살았지만 장수로 여기지 않았고 돌아가심을 재촉하게 만든 것을 무궁한 애통함으로 삼았다. 장례를 치르는 일은 평소 마음에 강구하고 있었기에 집이 비록 가난하고 궁핍하였으나 미리 계획해 놓은 것처럼 마련하여 형과 누님에게 도움을 빌리지 않았다. 장례를 치름에 예제(禮制)에 합치되게 하기를 힘써서 유감이 없었다. 제수를 갖추어 올림에 수고스러움을 몸소 행하였다. 푸성귀와 젓갈을 먹지 않았고 오직 죽과 현미밥을 먹었을 따름이었다. 일찍이 어머니의 영정을 그렸는데, 이때에 궤연(几筵)에 걸어 놓고 아침저녁으로 곡하고 절하여 여재(如在)[68]의 정성을 극진히 하였다. 날마다 세 번 성묘하였는데 묘소를 돌면서 애통해하였다. 비가 오나 눈이 내려도 그만두지 않자 자제들이 울면서 그만두기를 간하니, 공이 곧바로 "목숨은 태어날 초기에 품부받았으니 어찌 이렇게 한다고 죽기야 하겠는가."라고 말하였다.

병자년(1576, 선조9) 3월에 병이 들어 낫지 않았지만 빈소에 곡하며 제사 드리는 예를 오히려 조금도 폐하지 않았다. 4월 7일에 이르러 이에 말하기를 "내일은 부처님 오신 날의 명절이니, 특별히 제수를 마련하는 것이 좋겠다."하고는 명하여 장미꽃을 가지고 오게 하였다. 인하여 부축하게 하여 일어나 세수하고 양치질하자 병이 곧바로 크게 악화하여 이미 어찌해 볼 수가 없었다. 부인이 와서 임종을 보려 하자 이마를 찡그리며 말하기를 "여막에는 부인이 오는 곳이 아니거늘 어찌하여 왔소."라고 하였고, 사후의 일에 대하여 물어도 대답하지 않았다. 다만 "어머니의 영정을 나의 관 곁에 두시오. 내가 장차 저승에 받들고 가서 모실 것이오."라고 하였다. 8일 유시(酉時)에 죽었다.

오호라. 사람이 천지간에 태어남에 누구인들 하늘에서 품부받

68 여재(如在) : 제사를 지극히 모심에 죽은 조상이 마치 옆에 강림하는 듯하다는 뜻이다. 《논어》 〈팔일(八佾)〉에 "공자가 제사를 지낼 적에는 선조가 강림하여 계시는 듯이 하였다.〔祭如在〕"라는 말이 있다.

은 선량한 성품이 없겠으며 누구인들 자식의 직분으로 마땅히 할 일이 아니겠는가마는 효제의 행실을 온전히 실행함이 있는 자는 드물다. 공은 품부받은 자질이 이미 사람들과 다르고 일찍부터 실천하는 학문을 알았다. 이미 효도하고 이미 우애함에 늙어도 더욱 독실하여 지나치게 모난 행동을 하지 않았다. 다만 일상생활에서 마땅히 행할 바를 극진히 하였다. 그러므로 공을 아는 자는 적고 명성이 세상에 드러나지 않았다. 마음을 쓰고 자기 몸을 행하는 바름과 사람을 대하고 사물을 접하는 정성, 올바른 방법으로 자식을 가르침과 손순하고 공경함으로 사람을 훈도함에 있어서는 마음에 간직한 것은 인자함이고 일을 처리함에는 부지런함이었다. 고통을 견디며 독실하게 행하는 뜻을 부지런히 노력하여 날이 부족하듯 여겼다. 비록 여러 책을 널리 궁구하여 성취하는 경지를 지극하게 하지는 못했지만, 본원의 마음이 이와 같았으니 그 외의 것은 구태여 논할 것이 없다. 하물며 효제는 모든 행실의 근원이다. 공이 타인이 알아주지 않은 곳에서 힘써 행하여 능히 안렴공(按廉公)의 향기 나는 행적을 이어서 집안의 모범을 세울 수 있었으니, 군자는 능한 것이 많음을 추구하겠는가. 이 점이 후세에 법칙이 될 만하다.

공은 정덕(正德) 병자년(1516, 중종11) 12월 계해일에 태어나 만력(萬曆) 병자년(1576, 선조9) 4월 신미일에 돌아가시니 춘추가 61세 환갑의 나이이다. 6월 모일에 팔지산(八智山) 선영 아래 손좌(巽坐) 언덕에 장례를 지냈다. 부인 성산 이씨(星山李氏)는 대제학(大提學) 견간(堅幹)의 후손이며 사간원 정언(司諫院正言) 맹전(孟專)의 증손녀이다. 부인의 조부는 통덕랑(通德郎) 통례문 통찬(通禮門通贊) 휘 서(瑞)[69]이고 아버지는 병절교위(秉節校尉) 휘 지원(智源)이다. 부인은 공과 같은 해에 태어났는데, 유순하고 숙신(淑愼)하여 공의 뜻을 잘 받들었다. 집이 가난해도 슬픈 얼굴빛이 없었으며 남에게 베푸는 데 어려워하는 안색이 없었다. 시어머니를 섬기기를 35년 동안 함에 효성과 정성이 또한 순수하고 지극하였다. 만력(萬曆) 계사년(1593, 선조26)에 죽으니 공의 묘에 합장되었다.

두 아들을 두었으니, 장남 심(伈)은 사헌부 감찰(司憲府監察)을 지냈고 차남 흘(仡)은 통정대부(通政大夫) 승정원 좌승지(承政院左承旨)에 증직되었다. 감찰공은 사맹(司猛) 장륜(蔣崙)의 따님에게 장가들어 5남 1녀를 낳았으니, 장남 상도(尙道)는 판관을 지냈고 딸은 찰방(察訪) 이정남(李挺南)에게 시집갔으며, 나머지 네 아들은 영도(泳道), 지도(志道), 민도(敏道), 사도(師道)이다. 승지공은 전력부위(展力副尉) 박윤(朴倫)의 따님에게 장가들어 3남 3녀를 낳으니, 장남 적도(適道)는 상운도 찰방(祥雲道察訪)을 지냈고, 둘째 달도(達道)는 사헌부 장령(司憲府掌令)을 지냈으며 셋째 열도(悅道)는 예조 정랑(禮曹正郎)을 지냈다. 장녀는 사인(士人) 김유엽(金有曄)에게 시집갔고, 둘째는 봉사(奉事) 임내중(任乃重)에게 시집갔으며 셋째는 첨정(僉正) 박종경(朴宗敬)에게 시집갔다. 증손자와 증손녀는 40여 명이 되니, 아 하늘이 장차 이것으로 공에게 보답하려는 것인가. 공의 부인 이씨는 나의 이모이다.

69 서(瑞) : 원문에는 '췌(惴)' 자로 되어 있으나, 바로 뒤에 나오는 〈증 승지 신공 묘지(贈承旨申公墓誌)〉에 의거하여 고쳤다.

공의 아름다운 행적을 이미 상세하게 알고 있는 데다가 공의 맏아들이 찬술한 가장(家狀)을 받아 보니 한 글자도 과장되게 찬미한 것이 없었으니, 이른바 '부모와 형제들이 하는 말에 사람들이 이설을 달 수 없다.'는 것이다. 드디어 대략 가감을 더하여 묘지로 삼는다.

숭정(崇禎) 을해년(1635, 인조13) 겨울 11월 모일에 통정대부(通政大夫) 전(前) 수(守) 강원도 관찰사(江原道觀察使) 겸 병마수군절도사(兵馬水軍節度使) 순찰사(巡察使) 최현(崔晛)은 삼가 기록한다.

증 승지 신공 묘지

贈承旨申公墓誌

공의 휘는 흘(仡)이고 자는 구지(懼之)이며 본관은 아주(鵝州)이다. 8대조 휘 우(祐)는 고려 시대에 벼슬하여 전라도 안렴사(全羅道按廉使)가 되었고 효행으로 정려를 받았다. 이분이 휘 광부(光富)를 낳으니 중현대부(中顯大夫) 내부령(內府令)를 지냈고, 내부령은 휘 사렴(士廉)을 낳으니 언양 현감(彦陽縣監)을 지냈다. 현감은 휘 석명(錫命)을 낳으니, 석명은 성균 생원으로 공에게 고조부가 된다. 증조부는 휘 준정(俊禎)으로 승사랑(承仕郞)을 지냈고 조부는 휘 수(壽)로 처사(處士)이다. 아버지는 휘가 원록(元祿)이며 호가 회당(悔堂)으로 효우(孝友)의 현명한 행실이 있어서 임금에게 보고되어 정려를 받았다. 어머니는 성산 이씨(星山李氏)이니, 증조부는 휘가 맹전(孟專)으로 봉정대부(奉正大夫) 사간원 정언(司諫院正言)을 지냈고, 조부는 휘가 서(瑞)로 통덕랑(通德郞) 통례문 통찬(通禮門通贊)을 지냈으며, 아버지는 휘가 지원(智源)으로 병절교위(秉節校尉)를 지냈다. 가정(嘉靖) 경술년(1550, 명종5) 9월 9일에 공을 낳았다.

공은 품부받은 자질이 순후(醇厚)하였으며 자상(慈詳)하고 측달(惻怛)하였다. 효도와 우애를 아버지께서 하시는 것을 본받아 행하였고 선조의 교훈을 본받아 따랐다. 병자년(1576, 선조9)에 아버지 상을 당하여 여묘살이로 삼 년을 마쳤으며 홀어머니를 18년 동안 모시며 어머니의 안색에 맞추어 봉양함[70]에 뜻을 어김이 없었다. 계사년(1593, 선조26)에 어머니 상을 당하였는데, 이때 큰 전란을 만나 예의(禮義)를 갖출 겨를이 없었지만, 장례와 제례를 한결같이 예제(禮制)를 따라 하여 추모의 마음을 시종 게을리 함이 없었다.

백씨를 섬김에 우애와 공경을 극진히 하였고 자식들을 가르침에 바른 길로 인도하였다.[71] 일찍이 시 한 수를 지어 말하기를 "몸을 견지하기를 엷은 얼음을 밟듯이 하고 사람을 대함에 한결같이 지극 정성으로 하네. 만약 겸손함으로 유익함을 받지[72] 않으면 너를 낳아 준 부모를 더럽힐까 염려되네.〔持身如履薄, 待人一至誠, 若不謙受益, 恐忝爾所生.〕"라고 하였다. 또 반드시 단정한 벗을 취함과 망령되게 교유하지 않는 것으로 경계를 삼았다. 향당에 거처할 때는 겸손하고 공경하는 것으로 자신을 다스렸고 타인과 다투는 일이 없었다. 무릇 사람들이 상을 당하면 급히 달려가 구원해 주지 않음이 없었다.

계사년(1593)과 갑오년(1594)에 병란이 일어났을 때 자신은 죽

70 안색에 맞추어 봉양함 : 원문 '색양(色養)'의 뜻이다. 《논어》 〈위정(爲政)〉의 '색난(色難)'이라는 말에서 나온 것으로, 얼굴빛을 화열(和悅)하게 하여 부모님을 섬기는 것, 혹은 부모님의 안색을 맞춰서 봉양하는 것을 말한다.

71 자식들을……인도하였다 : 《춘추좌씨전》 은공(隱公) 3년 조에, 위(衛)나라 장공(莊公)의 아들 주우(州吁)가 오만 방자하게 굴자, 현대부(賢大夫) 석작(石碏)이 장공에게 "아들을 사랑한다면 그에게 바른길로 가도록 가르쳐서 잘못된 곳으로 빠져들지 않게 해야 한다.〔愛子, 教之以義方, 弗納於邪.〕"라고 충간(忠諫)한 말이 나온다.

72 겸손함으로 유익함을 받지 : 《서경》 〈대우모(大禹謨)〉에 "자만하면 손해를 자초하고, 겸손하면 유익함을 받게 되니, 이것이 바로 하늘의 도이다.〔滿招損, 謙受益, 時乃天道.〕"라는 말이 나온다.

도 넉넉하게 먹지 못하였으나 친척 중에 굶주린 자를 반드시 주휼해 주었다. 평생토록 급한 말과 당황한 얼굴빛이 없었으며 입에는 타인의 과실을 말하지 않았다. 그러나 좋아하고 싫어함 그리고 취사선택에 있어서는 한결같이 의리로 재단하여 도를 굽혀서 구차하게 합하는 경우가 없었다. 집안 살림이 어려워 자주 쌀독이 비어 배를 굶았지만 태연자약하게 지내고 걱정하거나 탄식하지 않았다. 일찍이 말하기를 "내가 세상 사람들이 힘들게 애써 재산을 일구어 자손에게 물려주나 자손이 능히 지키지 못하는 것을 보았으니 천명을 알지 못하였기 때문이다."라고 하였다. 중년에 병이 많아 고요함으로 마음을 지키며 병을 조리하였다. 과거 시험을 공부하여 여러 차례 향해(鄕解)에 합격하였으나, 또한 마음에 집착한 적이 없었다. 갑인년(1614, 광해군6) 6월 27일에 질병으로 정침에서 돌아가시니 향년 65세이다.

부인 순천 박씨(順天朴氏)는 단정하고 선량하며 인자하고 효성스러워 공의 덕에 잘 합치되었다. 남편을 섬기고 자녀를 가르침에 모두 규방의 모범이 될 만하였다. 공과 같은 해에 태어났고 죽은 것도 같은 해 4월 16일이다. 이해 12월 28일 병오일에 의성현(義城縣) 남쪽 오토산(五兎山) 태향(兌向) 언덕에 부부를 합장하였다.

오호라. 공은 부부간에 아름다움이 서로 합쳐져서 큰 복을 누릴 수 있는 것이 마땅함에도 불구하고 자신은 곤궁함을 면하지 못하였고 수명도 장수하는 데 인색하였으니, 하늘이 선인(善人)에 보답하는 것이 과연 여기에 그치는가. 숭정(崇禎) 기사년(1629, 인조7)에 공이 통정대부(通政大夫) 승정원 좌승지(承政院左承旨) 겸 경연참찬관(經筵參贊官)에 증직되니, 아들 달도(達道)가 영사

원종공신(寧社原從功臣)에 들었기 때문이다.

3남 3녀를 두었으니 장남 적도(適道)는 병오년 진사에 합격하여 상운도 찰방(祥雲道察訪)을 지냈고 둘째 아들 달도(達道)는 계해년 정시(廷試)에 장원 급제하여 지금 사헌부 장령(司憲府掌令)이 되었으며, 셋째 아들 열도(悅道)는 갑자년 증광시(增廣試)에 합격하여 병조 좌랑(兵曹佐郎)이 되었다. 장녀는 사인(士人) 김유엽(金有曄)에게 시집갔으나 후사가 없고, 둘째 딸은 훈련원 봉사(訓鍊院奉事) 임내중(任乃重)에게 시집갔으며, 셋째 딸은 첨정(僉正) 박종경(朴宗敬)에게 시집갔다. 내외 손자 손녀가 총 약간 명이다. 공의 아들들이 아버지의 뜻을 잘 따라 집안의 명성을 계술(繼述)하였으니, 생각건대 하늘이 선한 사람에게 복을 주는 도가 오늘날을 기다림이 있었던 것이다.

장령 달도가 아버지의 세계(世系)와 행적을 기술하여 나에게 묘지를 지어 줄 것을 청하였다. 나와 공과의 관계는 이종사촌 간이다. 내가 어려서 어머니를 잃었기에 이모에게 가련히 여겨줌을 받았고 공도 나를 친동생처럼 여겼다. 임진왜란 때 내가 공의 백씨와 중씨에게 의탁하여 목숨을 부지하여 생사를 같이하였다. 형의 독실한 행실에 대하여 아는 것이 마땅히 나만 한 이가 없다. 그러나 내가 공을 찬양하는 일에는 졸렬하지만 과장되게 찬미한 혐의는 없다. 효도와 우애를 대대로 돈독히 한 점과 그리고 아름다운 말과 훌륭한 행실 같은 것에는 일컬을 만한 것이 많이 있지만, 지금 다 기술하지 않는다.

황명(皇明) 숭정(崇禎) 3년(1630, 인조8) 경오년 5월 모일에 전(前) 강원도 감사(江原道監司) 최현(崔晛)은 삼가 기록한다.

재령 이군 묘지

載寧李君墓誌

군의 휘는 시청(時淸)이고 자는 화숙(和叔)이다. 시조 이알평(李謁平)은 신라 시대 좌명공신(佐命功臣)이 되었다. 그 뒤에 휘 소봉(小鳳)은 고려 시대에 벼슬하여 순성보조공신(純誠補祚功臣) 광정상호군(匡靖上護軍)이 되었는데, 공민왕(恭愍王)의 공주에게 장가들어 재령군(載寧君)에 봉해지니, 이로 인하여 재령을 본관으로 삼았다. 그 뒤에 휘 오(午)는 함안(咸安)으로 이주하였으며 병조 참의에 증직되었다. 참의공은 개지(介智)를 낳으니 호조 참판에 증직되었다. 참판공은 맹현(孟賢)을 낳으니, 맹현이 어릴 때부터 재명(才名)이 있어서 정시(庭試)에 합격하여 임금 앞에 나아가 대책문을 지음에 세조가 대단히 기특하게 생각하여 일등의 자리에 두도록 명하였다. 또 발영시(拔英試)에 장원으로 뽑혀 임금이 특명으로 잔치를 베풀어 주었다. 벼슬이 홍문관 부제학(弘文館副提學) 황해도 관찰사(黃海道觀察使)에 이르렀는데, 임금의 명령으로 함녕대군(咸寧大君) 사위인 부정(副正) 윤오(尹塢)의 따님에게 장가들어 휘 애(璦)를 낳았다. 애는 정덕(正德) 을해년(1515, 중종10) 무과에 합격하여 함창(咸昌), 무안(務安), 울진(蔚珍) 등의 현(縣) 통판(通判)을 거쳐 경주 통판을 지냈으며 장수한 덕택으로 통정대부(通政大夫)에 증직되었다. 이로부터 영해(寧海)에 이주하였으니 군의 증조부이다.

통판공은 휘 은보(殷輔)를 낳았으니 은보는 유명한 성으로 드러난 전의 이씨(全義李氏) 이순응(李舜應)의 따님에게 장가들어 휘 함(涵)을 낳았다. 함은 무자년 사마시에 합격하여 추천을 받아 김천도 찰방(金泉道察訪)이 되었고 또 의금부 도사(義禁府都事), 사재감 직장(司宰監直長), 풍저창 주부(豐儲倉主簿), 의령 현감(宜寧縣監)에 임명되었는데, 부임하는 곳마다 명성과 칭송이 있었다. 처음에 경자년 문과에 제9등으로 합격하였으나, 대책문에서 《장자(莊子)》의 말을 사용하였기에 낙방되었다. 재차 기유년 문과에 합격하였다. 의령에서 벼슬을 버리고 집으로 돌아왔다. 성품이 근후(勤厚)하고 이치에 통달(通達)하며 사무를 처리하는 도량이 남보다 뛰어나 집안을 크게 융성하게 하기에 마땅하였다. 그러나 중년에 병이 들어 벼슬하지 않았으니, 적선(積善)에 보답을 받는 것은 자손에게 있게 되었다. 부인 진성 이씨(眞城李氏)는 통정대부에 증직된 희안(希顏)의 따님이다. 천성이 자애롭고 선량하며 규방의 의범을 매우 잘 닦았다. 경진년(1580, 선조13) 7월 15일 임오일에 영해의 집에서 군을 낳았다.

군은 총명하고 조숙하였다. 효우에 돈독하였고 외모는 맑고 마음은 고아하였으며 언어는 손순하고 행동은 단정하였다. 또 문장은 배우지 않아도 능하여 경술년(1610, 광해군2) 사마시에 합격하였다. 아버지 현감공이 소갈병에 걸려 위태로웠는데, 군이 병을 간호하면서 곁을 떠나지 않았으며 몸소 탕약을 달이고 약을 조제하였다. 밤에는 옷을 입은 채로 자는 것이 6, 7년 되었다. 공의 병이 조금 나아지자 군에게 서울에 가서 과거 시험을 보기를 권하였는데, 과거 보러 갔다가 병에 걸려 고향으로 돌아오다가 도중에서 죽었으니 나이 37세이다. 원근의 사우들이 탄식하고 애석하게 여기지 않음이 없으면서 "이 사람이 여기에 그치고 요절하였구나."라고 하였다. 군은 병진년(1616, 광해군8) 8월에 죽었고 이해 12월 모일에 장례를 지냈다. 군은 통정대부(通政大夫) 대구 부사(大丘府使) 박홍장(朴弘長)의 따님에게 장가들어 2남 3녀를 낳았으니, 아들은 신일(莘逸)과 전일(傳逸)이고 딸들은 모두 어리다. 통훈대부(通訓大夫) 사간원 정언(司諫院正言) 최현(崔晛)은 글을 짓는다.

직장 최공 묘지
直長崔公墓誌

본관이 전주(全州)인 최씨(崔氏)로 최고로 번성하며 드러난 사람은 고려 시대 문하시중(門下侍中) 문성공(文成公) 휘 아(阿)니 비로소 집안을 창성하게 하였다. 문성공은 네 아들을 두었으니, 용생(龍生), 용각(龍角), 용갑(龍甲), 용봉(龍鳳)으로 모두 이름이 드러났고 고위 관직을 지냈다. 용봉은 사온서 직장(司醞署直長) 을인(乙仁)을 낳았고, 을인은 수문전 직제학(修文殿直提學) 담(霮)을 낳았으며, 담은 소윤(少尹) 득지(得之)를 낳았다. 득지는 현감(縣監) 자목(自睦)을 낳았는데, 자목은 현감 이운정(李雲亭)의 따님에게 장가들어 고부(古阜)로 이주하여 상장군(上將軍) 분(汾)을 낳았다. 분은 군수 명손(命孫)을 낳았고 명손은 희윤(希潤)을 낳았으며 희윤은 진하(鎭河)를 낳았다. 진하는 여호(汝浩)를 낳았는데, 여호는 벼슬하여 주부(主簿)가 되었으니 곧 공의 아버지이다. 강진 김씨(康津金氏) 장사랑(將仕郎) 약우(若愚)의 따님에게 장가들어 가정(嘉靖) 을사년(1545, 인종1)에 공을 낳았다.

공은 어려서 총명하였고 고아한 절조는 세속을 벗어났다. 강개하며 학문에 뜻을 두어 진덕수업(進德修業)을 힘써 닦았으며 효우에 있어서는 천성적으로 타고난 것이었다. 기사년(1569, 선조2)에 어머니 상을 당하였고 갑술년(1574, 선조7)에 아버지 상을 당하여 묘 곁에서 여묘살이를 하였다. 상례와 제례를 예도에 맞게 하였으며 집안 재물을 털어 비석을 세웠는데, 할아버지와 할머니에게도 그렇게 하였다. 동생 부(富), 인(寅), 용(容) 세 형제와 40여 년을 함께 살아 우애가 더욱 돈독하였다. 의복과 음식을 사유화하지 않고 공동화하였다. 내외 동서들이 교화되어 따르며 모두 심복하였다. 자제와 조카들이 집에 가득함에 모두 올바른 도리로 가르치니 집안의 도가 화목하자 고을 사람들이 칭찬하였다.

일찍 과거 시험을 버리고 전원에서 자신의 분수를 지켰다. 의리에 맞지 않은 것으로 사람에게 요구한 적이 없었다. 겉모습은 화유하나 속마음은 강건하여 좋아하고 미워함과 취사선택의 구분에 분명하였기에 이것 때문에 사람들에게 존경과 중망을 받았다. 임진왜란에 고을의 동지들과 의병을 일으키고 모집하였으며 명나라 장군에게 옷과 솜을 보급해 주어 선공감 직장(繕工監直長)에 임명되었다.

공은 부안 김씨(扶安金氏) 문정공(文貞公) 구(丘) 후손인 내금위(內禁衛) 효순(孝順)의 따님에게 장가들어 2남을 낳았으니, 경승(敬承)과 경행(敬行)이다. 만력(萬曆) 3년 을해년(1575, 선조8)에 김씨가 먼저 죽어 군(郡)의 치소 동쪽 30리 묘동(墓洞) 묘좌유향(卯坐酉向)의 언덕에 장례를 지냈으니 선영 곁이다. 두 명의 측실이 있었는데, 첫 번째 측실은 두 딸을 낳았으니, 장녀는 사복시(司僕寺) 정섬(鄭暹)에게 시집가서 2남 2녀를 낳았고, 둘째는 이비응(李匪鷹)에게 시집갔다. 두 번째 측실은 외아들 경직(敬直)을 낳았다.

장남 경승은 생원 유덕윤(柳德潤)의 따님에게 장가들어 4녀 1남을 낳았으니, 장녀는 충의위(忠義衛) 이해(李海)에게 시집갔고 둘째 딸은 사인(士人) 김지천(金地千)에게 시집갔으며, 아들은 항

(沆)이며 나머지 두 딸은 어리다. 차남 경행은 첫 번째는 참군(參軍) 유광문(柳光雯)의 따님에게 장가들었는데, 부인은 외동딸을 낳고 죽었다. 두 번째는 현감 김성업(金成業)의 따님에게 장가들었다. 공은 을묘년(1615, 광해군7) 12월 19일에 죽어서 이듬해 병진년 3월 3일에 장례를 지내니, 김씨와 쌍분이다. 공의 휘는 안(安)이며 자는 사지(士止)로 향년 71세이다.

오호라. 공은 오복[73]에 있어서 그 셋을 누릴 수 있었고 소유하지 못한 것은 부(富)와 귀(貴)이다. 그러나 세상에서 이른바 높은 관직과 많은 봉록으로 그 자손에게 가업을 전해 주는 자를 사람들이 모두 우러러 사모한다. 오직 공은 효우의 다스림으로 집에 베풀고 종족에게 미쳤으니 자손에게 남긴 가업이 적지 않다. 또 천명대로 살다가 죽었으니, 이것은 진실로 이른바 옛날의 달존(達尊)한 사람이 아닌가. 나는 하늘이 공에게 존부안영(尊富安榮)으로 누리게 한 것이 저기에 있지 않고 여기에 있음을 알겠다.

신해년(1611, 광해군3)에 나는 왕명을 받들고 남쪽으로 오다가 김제(金堤)에서 공을 만나 보고 동성(同姓)의 우호를 펴고는 겉모습을 보고서 속마음을 알겠기에 나도 모르게 공경의 마음이 일어났다. 작년에 내가 또 송사(松沙)에 우거하였는데, 공이 편지를 보내어 늙어서 방문하지 못함을 탄식함이 간절하였다. 지금 7개월이 지나 내가 영남에서 호남의 우거지에 재차 갈 때 장순(長

73 오복 : 기자(箕子)가 지었다는 홍범구주(洪範九疇) 가운데 아홉 번째로 나오는 다섯 가지의 복, 즉 수(壽)·부(富)·강녕(康寧)·유호덕(攸好德)·고종명(考終命)을 말한다.

順)으로 길을 택한 것은 공을 만나 보고자 함이었는데, 어찌 공이 이미 세상을 떠나서 나로 하여금 무한한 애통함을 가지게 할 줄을 생각이나 했겠는가.

공의 두 동생과 두 아들이 내가 공에게 알아줌을 받아 의분(義分)이 있는 것이 비단 종족일 뿐만 아니라는 것으로 드디어 공의 묘지를 당세의 유명한 문장가에게 구하지 않고 나에게 부탁하였다. 이에 이미 감히 사양할 수가 없어서 공의 언행과 세계를 대략 기술하고 명으로 잇는다. 명은 다음과 같다.

옛사람의 학문을 배우니	學古之學
교묘하지도 화려하지도 않았네	匪巧匪華
옛사람의 행실을 행하니	行古之行
집안사람에게 마땅히 잘 하네	宜室宜家
살아서 순리대로 죽어서 편안하니[74]	生順歿寧
참된 영화가 여기에 있네	眞榮在是
하늘에 보답을 받지 못하였으니	不食其報
그 후손을 창성하게 하려는 것이네	以昌其嗣

74 살아서……편안하니 : 도에 입각하여 살다가 편안한 마음으로 죽음을 맞이한다는 뜻으로, 장재(張載)의 〈서명(西銘)〉에 "살아서는 천리(天理)에 따라 일을 행하고, 죽을 때에는 마음 편히 부끄러움이 없다.〔存吾順事, 沒吾寧也.〕"라고 하였다.

행록 行錄

선고 증 자헌대부 의정부 좌참찬 부군 언행록
先考贈資憲大夫議政府左參贊府君言行錄

부군의 휘는 심(深)이고 자는 태원(太源)이며 본관은 전주(全州)이니, 고려 시대 문하시중(門下侍中)을 지냈으며 시호가 문성(文成)인 휘 아(阿)의 후손이다. 문성공에게는 세 아들이 있었으니, 장자는 용생(龍生)으로 벼슬이 안렴사(按廉使)에 이르렀다. 둘째는 용각(龍角)으로 문과에 장원 급제하여 이름을 영유(永濡)로 바꾸었는데, 관직이 해주 목사(海州牧使)에 이르렀다. 셋째는 용갑(龍甲)으로 또한 문과에 합격하였다. 자손들이 혹은 전라도에 거주하고 혹은 경상도로 이주하였다. 세대가 변천하여 그 족보를 잃어버렸다. 한편으로 말하기를, 용생이 경상도 안렴사가 되어서 사천(泗川)에서 그 아들을 혼인시키니 이분이 택(澤)이다. 택은 휘 사필(斯泌)을 낳으니 판도사 정랑(版圖司正郎)을 지냈다. 정랑공은 휘 자경(子涇)을 낳으니 개령 현감(開寧縣監)을 지냈는데, 부군의 고조부이다. 현감공은 휘 수지(水智)를 낳으니, 수지는 문과에 급제하여 관직이 비안 현감(比安縣監)에 이르렀으며 손자 응룡(應龍)이 귀하게 됨으로 인하여 도승지(都承旨)에 추증되었다. 도승지공은 첫 번째는 사인(舍人) 모씨(牟氏)의 따님에게 장가들어 휘 이식(以湜)을 낳았는데, 자손들이 사천에 그대로 거주하였다. 두 번째는 해평 김씨(海平金氏) 교도(敎導) 유사(由舍)의 따님이며 생원 영발(英發)의 손녀에게 장가들어 세 아들을 두었다. 도승지공은 해평(海平)의 산천의 수려함을 사랑하여 해평현의 하리(下里)에 터를 잡고 살았는데, 자손이 번창하였다. 맏아들 휘 이회(以淮)는 음직으로 사복시 주부(司僕寺主簿)에 보임되었는데, 주부공은 성산 이씨(星山李氏) 농서공(隴西公) 장경(長庚)의 후손이며 중공(仲恭)의 따님에게 장가들어 휘 치운(致雲)을 낳았다. 치운은 글과 검술을 배워 자못 재예가 있다고 칭찬받았지만, 두 방면에 모두 명성을 이루지 못하였다. 성품은 강정(剛正)하고 진솔하였으며 구차하게 남을 따르는 것을 좋아하지 않았다. 향로(鄕老 고을의 부로)로 돌아가셨는데 장사랑(將仕郎)에 자보(資補)되었다. 참봉공(參奉公 장사랑)은 김해 허씨(金海許氏)로 사마시(司馬試)에 합격한 양(諒)의 후손이며 생원 유(裕)의 따님에게 장가들어 3남 3녀를 두었는데, 부군은 차남이다. 정덕(正德) 7년 임신년(1512, 중종7) 8월 22일에 하리 종가에서 태어났다.

16세에 비로소 독서하여 백씨 진사공(進士公) 해(海)와 당숙 참판공(參判公) 응룡(應龍)을 좇아 유학(游學)에 뜻을 두었다. 사마(司馬) 길면지(吉勉之),[75] 후계(后溪) 김범(金範),[76] 진사 노수

75 길면지(吉勉之) : ?~?. 본관은 해평(海平), 자는 희중(希中)이다. 길재(吉再)의 5대손이며 박영(朴英)의 문인으로 1540년 생원에 합격하였다.

76 김범(金範) : 1512~1566. 본관은 상산(商山), 자는 덕용(德容), 호는 후계(後

함(盧守諴),[77] 사마 박호(朴灝),[78] 도사(都事) 김순(金珣),[79] 진사 박붕거(朴鵬擧)[80]와 서로 벗하여 강학하였다. 겨울 추운 밤에 냇물의 얼음을 깨서 세수하고 양치질하여 혼미하고 잠이 오는 것을 경계하다가 자신도 모르게 병에 걸렸다. 노 진사가 성리서 등의 책에 실려 있는 잠명(箴銘)을 초록하여 한 권의 책으로 만들어 공에게 주니 공이 암송하기를 그치지 않았다. 넓게 섭렵하는 것에 힘쓰지 않고 사서(四書)와 《대학혹문(大學或問)》을 오로지 전념하여 공부하였다.

연세가 30세도 되지 않아 감기가 걸려 과거 시험을 그만두고 몸을 조리하였다. 그러나 생원 감시(生員監試)에 두 번 합격하였는데 오히려 합격 여부에 마음이 없었고 고요한 곳에서 병환을 조리하였다. 40세 후에는 숙환이 오래 지속되었다. 어릴 때 신의(神醫) 김윤박(金允璞)에게 양생법을 배운 적이 있었더니, 이때에 또 김진락당(金眞樂堂)[81]에게 병의 진료 방법을 물어, 희로(喜怒)

溪)로 상주에 거주하였다. 1540년 진사에 합격하여 옥과 현감(玉果縣監)을 지냈다. 옥성서원(玉成書院)에 제향되었다.

77 노수함(盧守諴) : 1516~1573. 본관은 안강(安康), 자는 경부(敬夫), 호는 송암(松庵)으로 선산에 거주하였고 박영(朴英)의 문인이다. 1540년 진사에 합격하였다.

78 박호(朴灝) : ?~?. 본관은 밀양(密陽), 자는 형중(泂中), 호는 항재(恒齋)로 박운(朴雲)의 아들이다. 선산에 거주하였으며 1546년에 생원시에 합격하였다.

79 김순(金珣) : ?~?. 본관은 일선(一善), 자는 헌가(獻可)이다. 1537년(중종32) 문과에 급제하고, 형조 정랑과 충청도 도사를 지냈다. 천성이 강직하고 문장이 뛰어났으며, 청백리에 녹선되었다.

80 박붕거(朴鵬擧) : ?~?. 본관은 순천(順天), 자는 천구(天衢), 호는 행단(杏壇)이다. 성주(星州)에 거주하였으며, 1543년 진사에 합격하였다.

를 절제하고 말을 적게 하며, 기욕을 끊고 손님과 붕우를 사절하였다. 이렇게 함으로 비록 혹 병이 조금 나았으나 집밖을 나가지 않았다. 친척과 붕우가 때때로 오면 인도하여 침실로 들어오게 하여 대략 인사를 치렀다. 혹 바람과 해가 화창하고 따뜻한 때를 만나면 마을 사람과 족인(族人)들이 억지로 청하는 것 때문에 애를 써서 잠시 출타하였으나 종일 말하지 않았다. 좌중이 혹 다투어 시끄러우면 눈을 감고 잠을 자듯이 하니, 사람들이 모두 처자(處子)에 비유하였다.

부군의 첫째 부인의 족인 가운데 소송을 좋아하는 자가 있었는데, 현감(縣監) 윤희수(尹希洙)가 비리(非理)로 소송을 하게 함[82]에 부군의 종들이 곡직을 분별하지 않고 참여하였다. 이와 같이 하기를 3차례 함에 노비들이 모두 남의 소유가 되어 버렸지만 끝내 관청에 들어가 이의를 제기하지 않았다. 이웃 자제로 학업을 청하는 자들에게는 또한 강하게 거절하지 않고 조용하게 개도(開導)해 주니 오래가지 않아 저절로 그들의 의심이 해결되었다. 잡기와 해학을 통렬하게 금하고 따르지 않는 자에게는 준엄하게 꾸

81 김진락당(金眞樂堂) : 김취성(金就成, 1492~1550)이다. 본관은 선산(善山), 자는 성지(成之), 호는 진락당(眞樂堂) 또는 서산(西山)이다. 박영(朴英)의 문인이다. 의학에 대하여 많은 연구를 함으로써 약성(藥性)과 경락(經絡)에 대한 지식이 깊어 병든 사람을 많이 치료하였는데, 그 수가 무려 수천 명에 이르렀다고 한다.

82 비리(非理)로……함 : 이것을 비리호송(非理好訟)이라 하니 소송을 하여 두 번이나 패소한 뒤에도 판결에 승복하지 않고 다시 소송하는 것을 말한다. 이런 자는 타당한 이유 없이 소송 벌이는 것을 좋아하는 것이라 간주하여 처벌하는데, 이 법률을 '비리호송률(非理好訟律)'이라고 한다. 《大典會通 刑典 聽理》

짖어 절교하고 말하기를 "네가 이미 자포자기하고 또 동학(同學)을 방해하니 여기에 머무를 수 없다."라고 하였다. 앞다투어 자기 자제를 부군에게 맡기기를 원하였지만 병으로 사양하였다. 한가하게 몸을 조리한 지 40여 년 동안 시종 한결같이 하여 병이 또한 조금 나아졌다. 비록 여러 차례 상환(喪患)을 만났지만 치아와 머리털이 빠지지 않고 정신도 소모되지 않아 항상 맑게 깨어 있었다. 기축년(1589, 선조22) 6월 25일 정침에서 돌아가시니 향년 78세였다. 송산(松山)에 집을 짓고 살았기에 송암(松庵)이라 자호하였다.

부군께서는 첫 번째는 동래 정씨(東萊鄭氏) 희좌(熙佐)의 따님에게 장가들었으나 부인이 일찍 죽었고 그 아이도 뒤이어 요절하였다. 두 번째는 덕양 기씨(德陽奇氏)로 교도(教導)를 지낸 우(遇)의 따님이며 응교(應教) 김진종(金振宗)의 생질녀에게 장가들었다. 이 때문에 부군이 김 응교와 최고로 잘 지냈으며 항상 김주(金澍) 선생[83]의 명나라 사신을 간 것을 말하면서 경모하며 감탄하였다. 기씨 또한 일찍 죽었으며 어린 아들도 아울러 요절하였다. 부군께서 두 번 장가를 들었지만 모두 후사가 없는 것을 상심하여 세 번째는 성산 이씨(星山李氏) 사인(士人) 지원(智源)의 따님이며 정언(正言) 맹전(孟專)의 증손녀에게 장가들었다. 일찍

83 김주(金澍) 선생 : ?~?. 본관은 일선(一善), 호는 농암(籠巖), 시호는 충정(忠貞)이다. 고려 공양왕 때 예의 판서(禮儀判書)를 지냈다. 명나라에 하절사(賀節使)로 임무를 마치고 귀국 중 압록강에 이르러 조선의 건국 소식을 듣고 중국 형초(荊楚)에 은거하여 충절을 지키며 여생을 마쳤다. 신재(新齋) 김진종(金振宗, 1496~1557)은 김주의 후손이다.

이 정언(正言) 이맹전이 소경으로 가탁하며 벼슬하지 않은 것[84]을 말씀하심에 매우 자세하게 알고 있었다. 부인 이씨도 자상(慈詳)하고 인서(仁恕)하여 비록 노복이라 할지라도 꾸짖고 욕한 적이 없었으며 그들을 어루만져 긍휼히 여기기를 극진히 하였다. 이웃과 종족들에게 후한 정으로 화목하게 지냈고 재물의 유무로 베푸는 것을 아낀 적이 없었다. 돌아가심에 사람들이 그의 은덕을 생각하였고, 고을 사람들은 눈물을 흘리며 비통하고 애석하게 여겼고 좋지 못한 말을 하는 사람이 없었다. 갑신년(1524, 중종19) 7월 17일에 태어나 신미년(1571, 선조4) 8월 10일에 돌아가시니 향년 48세이다.

1녀 2남을 낳았으니, 딸은 충의위(忠義衛) 이경록(李景祿)에게 시집갔고 장남은 흔(昕)이고 차남은 현(晛)이다. 충의위는 세 아들을 두었으니 원근(遠根), 원수(遠樹), 원지(遠枝)이다. 흔은 일선 김씨(一善金氏)에게 장가들었으나 일 년을 넘기자 김씨가 죽었으며 낳은 자식도 요절하였다. 두 번째는 기씨(奇氏)에게 장가들었으나 또한 낳은 자식이 요절하였다. 신사년(1581, 선조14)에 충의위 이경록이 죽었으며 임오년(1582, 선조15)에 장남 흔이 죽었다. 현은 의성 김씨(義城金氏) 창원 부사(昌原府使) 복일(復一)의 따님에게 장가들어 외아들 산휘(山輝)를 낳았다. 정해년(1587,

84 정언(正言)……것 : 경은(耕隱) 이맹전(李孟專, 1392~1480)이 1453년(단종1) 수양대군이 계유정란을 일으키자 이듬해 벼슬을 버리고 고향인 선산으로 돌아와서 귀머거리·소경이라 핑계하고는 은둔하여 친한 친구마저 사절하고 30여 년이나 문밖에 나가지 않았다.

선조20) 김씨 부인이 죽었다. 이해 겨울에 옥씨 과매(玉氏寡妹 옥씨에게 시집가서 과부가 된 선친의 여동생)가 후사도 없이 돌아가셨다. 무자년(1588, 선조21) 겨울에 부군의 막내 동생 처사공(處士公)이 돌아가셨다. 부군께서 병으로 병상에 있으면서 비통하지 않은 해가 없었고 이로 인하여 성명(性命 목숨)을 손상시켰다. 돌아가신 지 3년 뒤에 임진왜란이 일어나자 이씨에게 시집간 누나와 그 아들 원근(遠根), 원지(遠枝), 그리고 나의 형 둘째 부인 기씨(奇氏), 현(晛) 후처 조씨(曺氏)가 모두 병란에 죽었다. 오직 현의 부자와 생질 이원수(李遠樹)만이 죽지 않고 세상에 살아남았다. 산휘는 무과에 급제하여 봉사(奉事)을 지낸 강릉 주씨(江陵朱氏) 응방(應邦)의 따님에게 장가들어 2남 1녀를 낳았다. 이원수는 안동 고씨(安東高氏) 사인(士人) 빙운(騁雲)의 따님에게 장가들어 네 아들을 낳았는데, 이름은 모두 기록하지 않는다. 부군은 경인년(1590, 선조23) 3월에 해평현(海平縣) 동남쪽 27리 묵어평(默語坪)에 장례를 지냈고, 어머니 이씨는 처음에는 오리동(梧里洞)에 장례를 지냈는데 모두 좌간향곤(坐艮向坤)이다. 정유년(1597, 선조30) 11월에 어머니 이씨를 상림역(上林驛) 북쪽 계좌정향(癸坐丁向)의 언덕에 천장하였다. 을묘년(1615, 광해군7) 12월에 부군과 어머니의 묘를 모두 개장하여 상림(上林)의 앞의 묘소〔어머니의 묘소〕 뒤 10보 쯤에 합장하였는데, 서쪽을 높은 지위로 삼고 오정방(午丁方)으로 향(向)을 삼았다.

선군께서는 만년에 병이 많아 독서를 할 수가 없었다. 그러나 오히려 책을 보기를 좋아하여 자손들을 가르침에 성현의 격언과 선유(先儒)의 잠경(箴儆)을 도설(圖說)로 만들어 사방 벽에다가 써서 붙여 두고 자제들에게 아침저녁으로 익히고 외우게 하였다. 혹 해결이 되지 않은 곳이 있으면 두곡(杜谷) 고 선생(高先生)에게 나아가 질정받도록 하였다. 아이들이 조금 성장하자 두곡에게 가서 배우도록 명하였다.

선군께서는 자상(慈詳)하고 염정(恬靜)하며 세속의 재미에 담박하였다. 여러 해 동안 홀아비로 살았고 집안일에 대하여 하나도 물어보지 않았다. 생활이 어려워 자주 쌀독이 비어 배를 곯았지만 전혀 개의치 않았다. 항상 자제들을 계칙하여 독서에 힘쓰게 하였고, 삼가 조심하여 화려한 것, 진기한 노리개, 전렵, 기예(技藝) 등의 일에 유념하지 못하게 하였다. 항상 "'해진 솜옷을 입고서 여우나 담비 가죽옷을 입은 자와 나란히 서서도 부끄러워하지 않을 자는 자로(子路)이다.'[85] 자로의 뜻이 다른 데 있었기에 여우나 담비의 가죽옷을 티끌처럼 보았으니 어느 여가에 생각이 미치겠는가. 너희들은 좋은 옷과 맛있는 음식에 다소 뜻을 두고 있으니 평소 지향하는 바를 알 수 있다. 내가 무엇을 바라겠는가."라고 말씀하셨다.

선군께서는 공손하고 신묵(愼默)하여 혹 종일토록 사람을 대하여도 이야기하는 것을 기뻐하지 않았으며 또한 타인의 과실을 말한

85 해진……자로(子路)이다 : 《논어》 〈자한(子罕)〉에 나온다. 자로는 중유(仲由)의 자(字)로, 공자의 제자이다.

적이 없었다. 사람들이 혹 타인의 과실을 이야기해도 귀로 듣지 않았다. 일찍이 두 아들에게 말하기를 "장남은 말이 어눌하고 바탕이 순박하니 치욕을 면할 수 있겠다. 그러나 떨쳐 일어나는 기상이 적으니 아마도 자신을 굳건하게 세우지 못할 듯하다. 작은아들은 자못 총명하나 경솔하고 얕으며 기운이 날카로우니 아마도 말을 잘못하는 과실로 치욕을 이르게 할 듯하다. 너희들은 문제점을 경계하고 부족한 점을 힘쓴다면 거의 옳게 될 것이다."라고 하였다. 또 범노공(范魯公)과 마복파(馬伏波)가 자제에게 경계한 편지[86]를 벽에다가 써서 아침저녁으로 외우게 하였다. 그리하여 용백고(龍伯高)를 본받다가 되지 못하더라도 오히려 삼가고 조심하는 선비가 될 수 있지만 두계량(杜季良)을 본받다가 되지 못하면 천하의 경박한 사람에 빠지게 되니, 경계하고 삼가 너희들이 본받기를 바라지 않는다[87]는 말을 하여 말하기를 "부형이 자제에게 바

86 범노공(范魯公)과……편지 : 범노공은 송(宋)나라 노국공(魯國公)에 봉해진 범질(范質)이다. 그가 재상이 되었을 때 조카 고(杲)가 벼슬 품계를 올려주기를 청하자 범질이 장편의 시를 지어 경계하였다. 마복파는 복파 장군 마원(馬援)이다. 그의 조카들이 비판하여 논평하기를 좋아하고 경박하고 호협한 사람들과 교제하자 마원이 교지(交趾)에 있으면서 조카들에게 경계하는 편지를 보냈다. 《小學 嘉言》

87 용백고(龍伯高)를……않는다 : 마원이 조카들을 경계하는 편지에 나온다. "용백고(龍伯高)는 돈후(敦厚)하며 치밀하고 삼가 입에는 가릴 말이 없으며, 겸약(謙約)하고 절제하고 검박하며, 청렴하고 공평하고 위엄이 있으니, 나는 그를 애지중지하여 너희들이 본받기를 원한다. 두계량(杜季良)은 호협(豪俠)하여 의(義)를 좋아하여 남의 근심을 근심하며 남의 즐거움을 즐거워하여, 청류(淸流)에나 탁류(濁流)에나 잃은 바가 없어, 아버지의 초상에 문상객이 옴에 몇 고을에서 모두 왔으니, 나는 그를 애지중지하지만 너희들이 본받기를 바라지는 않노라. 용백고를 본받다가 되지 못하더라도 오히려 삼가고 조심하는 선비가 될 것이니, 이른바 '고니를 조각하다가

라는 것은 여기에서 벗어나지 않으니 너희들은 염두에 두어라."라고 하셨다. 작은아들 현〔訒齋〕이 일찍이 마을 사람의 과실을 말하는 것으로 인하여 자못 따져서 여쭙는 말을 하였는데, 선군께서 근심스러운 얼굴빛으로 기뻐하지 않고 한참 있다가 현을 불러서 준엄하게 꾸짖어 말하기를 "내가 일찍이 너에게 망령된 말을 하는 것을 경계한 것은 정히 이 때문이다. 타인의 허물을 들으면 마치 부모의 이름을 듣는 것같이 하여 귀로는 들을지언정 입으로 말해서는 안 된다. 이것은 작은 욕됨인데, 큰 욕됨이 오게 될 경우에 어떻게 할 것인가. 한마디 실언이 혹 몸을 죽이는 데 이르니, 두려워하지 않을 수 있겠는가."라고 하셨다.

제가 일찍이 마을 사람에게 감정이 북받쳐 오랫동안 마음이 풀리지 않고서 "마을은 반드시 인후한 풍속이 있는 곳을 선택해서 살아야 합니다."라고 말하였으니, 저의 뜻은 다른 곳으로 피하여 살기를 청하고 그렇지 않으면 큰 근심이 있을까 염려한 것이었다. 선군께서 꾸짖어 말하기를 "사람이 자기에게 불선하게 대하면 자기 몸에 돌이켜 구하여 스스로 반성하는 것이 옳거늘 네가 어디로 가고자 하는가. 공자(孔子)가 '말이 충신(忠信)하고 행실이 독경(篤敬)하면 비록 오랑캐의 나라라 할지라도 행해질 수 있거니와 말이 충신하지 못하고 행실이 독경하지 못하면 비록 중국의

이루지 못하더라도 오리를 닮는다.'는 것이다. 두계량을 본받다가 되지 못하면 천하의 경박한 사람에 빠질 것이니, 이른바 '호랑이를 그리다가 이루지 못하면 도리어 개를 닮는다.'는 것이다."《小學 嘉言》

주리(州里)라 할지라도 행해질 수 있겠는가'라고 말하였으니,[88] 네가 말과 행실을 삼갈 수 있으면 변설할 필요도 없이 타인이 절로 믿을 것이고, 믿음을 받을 수 없으면 어디를 간들 그렇지 않음이 없을 것이니, 장차 어디로 가려고 하는가."라고 하였다. 제가 머리를 숙이고 뉘우치며 아버지와 함께 문제를 따지지 않았고, 마을 사람은 이 말을 듣고 선군에게 와서 사례하고 죄를 청하는 데까지 이르렀다. 대구 부사(大丘府使) 권문해(權文海)[89]가 이 말을 듣고 선군에 대하여 지은 만시에 말하기를 "충신으로 자식들을 힘쓰게 하고, 시서로 후손을 가르쳤네.〔忠信勖諸子, 詩書教後孫.〕……"라고 하였다.

선군께서는 살찌고 기름진 음식을 절대로 좋아하지 않았으며 진귀한 과일이나 특이한 음식에 있어서는 씀바귀와 같이 보았다. 비록 병을 조리하기 위하여 그런 음식을 쓰도록 하였으나, 또한 아이들에게 경계하여 한두 개만 먹고 그치게 하고 말하기를 "입을 상쾌하게 하는 음식은 사람을 병들게 한다."라고 하였다. 집에 품질 좋은 배나무가 있었는데, 어떤 사람이 그 배를 먹고 병이 났다는 것을 듣고 즉시 배나무를 베게 하고는 "이 배나무는 아이를 죽이는 물건이다."라고 말씀하셨다. 또 포도나무 한 그루가 있었는

88 공자(孔子)가……말하였으니 : 《논어》 〈위령공(衛靈公)〉에 나온다.

89 권문해(權文海) : 1534~1591. 본관은 예천(醴泉), 자는 호원(灝元), 호는 초간(草澗)이다. 예천 용문(龍門)에 거주하였으며 이황(李滉)의 문인이다. 1560년 문과에 급제하여 대구 부사, 경상도 관찰사, 대제학 등을 역임하였다. 저술로 우리나라의 수천 년의 모든 전적을 집대성한 《대동운부군옥(大東韻府群玉)》 20권과 문집이 전한다.

데, 족인의 아이가 포도를 먹고 설사가 나서 죽었다는 말을 듣고 즉시 포도나무 뿌리를 뽑아 버리게 하셨다. 그리하여 비록 더운 날씨 때문에 기갈이 나더라도 구차하게 포도를 먹고 포도즙을 마신 적이 없었으니 또한 아이들을 경계하신 것이다.

선군께서는 기쁨과 노여움을 얼굴색에 드러낸 적이 없었다. 일찍이 동네에 모인 광대가 희학질하는 것 때문에 좌우의 모든 사람들이 그곳을 응시하며 기뻐하고 웃었지만, 선군께서는 눈길도 주지 않았고 웃지도 않으셨다. 도리어 아이들에게 책을 가르치면서 그것을 보지 못하게 하셨다. 내〔晛〕가 사마시에 합격하자 친척과 붕우들이 모두 축하하였지만, 선군께서는 기뻐하는 안색을 띠지 않으셨다. 족인(族人)이 "어찌하여 기뻐하는 뜻이 없습니까."라고 말하니, 선군께서 답하여 "사마시 합격은 선비가 자신을 발양(發揚)하는 사다리이다. 쇠퇴한 우리 문중에 다행한 일이나, 나는 우리 아이에게 기대하는 것이 어찌 여기에 그치겠는가. 나는 아이가 작은 성취〔사마시 합격〕에 안주할까 두려워한다."라고 하셨다. 어느 날 나와 사마시에 같이 합격한 이종문(李宗文)이 광대들을 거느리고 우리 집에 도착하니, 나는 어버이를 기쁘게 해 드리기 위하여 또한 자리를 펴고 광대들이 연기를 펼치도록 하였다. 마을의 족인들을 이 자리에 초청하였는데, 선군께서 족인들을 데리고 연침(燕寢)으로 들어가 서로 인사하고 밖으로 나오지 않으셨다. 족인들이 밖으로 나가서 구경하기를 억지로 청하니, 선군께서 "광대의 연기는 이 자리에 있어도 이미 알 수 있으니, 하필 나가서 볼 것이 있겠는가."라고 말씀하셨다. 또 나에게 말하기를 "광대들을 데리고 온 것이 이미 잘못되었다. 속히 사절하여 보내고 광대들이 마을 안을 마음대로 다니지 못하도록 하게 하라."라고 하셨다. 아이들이 과거 시험을 보러 가면 선군께서는 득실〔합격 여부〕을 말하지 않고, 다만 경계하여 말하기를 "빈공(擯攻),[90] 정거(停擧 과거 시험 자격 정지), 개제(改題 과거 시험 문제를 바꾸는 것) 등의 일로 으레 과거 시험장을 요란하게 만들어 죄에 빠지게 되는 데 이르는 것을 절대로 마땅히 피해야 한다."라고 하였다. 과거 시험을 치르고 집에 돌아옴에 득실〔합격 여부〕을 묻지 않고 지은 과문(科文)을 볼 따름이었다. 기축년(1589, 선조22)에 내가 문과 증광(增廣) 초시(初試)를 보기 위하여 장차 서울로 가려고 할 때 선군께서 막내 삼촌에게 말하기를 "나의 정신과 근력으로 보아 장차 오래 살지 못할 것이니, 아이가 만약 이번 과거 시험의 합격자 명단에 들면 내가 죽기 전에 영광을 볼 수 있겠다."라고 하셨다. 막내 삼촌이 그것을 저에게 말함에 제 마음이 요동하지 않을 수 없었다. 불합격하여 돌아왔으나, 또한 선군께서 불문에 부치셨다. 이해 늦여름에 선군께서 돌아가셨다. 과거 시험이 비록 사소한 일이지만, 매양 막내 삼촌에게 말씀하신 말을 생각함에 통한한 마음이 끝이 없지 않은 적이 없었다.

90 빈공(擯攻) : 빈공(賓貢)과 같은 말로 다른 고을에서 가서 시험을 치르는 것을 말한다.

속광[91] 유계

屬纊遺戒

선군께서 평소에 매양 충신(忠信)과 공경(恭敬)으로 자제들을 경계하셨다. 임종할 때 저와 조카 욱(旭)과 종숙부 관(灌)을 불러서 겨우 알아들을 수 있는 말로 순순하게 타일러 가르쳐서 말씀하시기를 "'집에 거처하기를 공손히 하고, 일을 행하기를 조심스럽게 하며, 남을 대할 때 성의를 다해야 한다. 이 세 가지는 비록 오랑캐의 땅에 가더라도 버려서는 안 된다.'[92]는 성인의 말씀을 종신토록 가슴에 새기는 것이 좋겠다."라고 하셨다. 종숙부께서 목소리를 높여 "형님, 다시 더 해 줄 말이 있습니까."라고 하니, 선군께서 "살아서는 순리대로 살았고 죽게 되어서는 마음이 편안하니 다시는 남은 한이 없다."라고 하셨다. 말씀을 마치자 속광(屬纊)하였다. 불초자인 제가 남기신 경계를 가슴에 잘 새기지 못하여 저를 낳아준 어버이를 더럽힘이 많았으니, 애통하고 애통합니다.

91 속광(屬纊) : 임종 때 솜을 코밑에 대어 숨을 쉬는지 여부를 보아 죽음을 최종 결정하는 일이다.

92 집에……된다 : 《논어》 〈자로(子路)〉에 나온다.

두곡 선생 고공 언행록
杜谷先生高公言行錄

공의 휘는 응척(應陟)이고 자는 숙명(叔明)이며 본관은 안동(安東)이다. 선조 이후 중엽에 안동에서 선산부(善山府) 서면(西面)으로 이주하였다. 휘 인우(仁祐)는 고려 시대에 벼슬하여 관직이 감무(監務)에 이르렀다. 이분이 휘 여근(汝謹)을 낳았는데 벼슬하지 않았다. 이분이 휘 석동(碩仝)을 낳았는데, 석동은 무과에 급제하여 관직이 만호(萬戶)에 이르니 공의 고조부이다. 만호공은 해평(海平) 문량동(文良洞)으로 이주하여 휘 식(識)을 낳았다. 식은 시서(詩書)를 학업하고 벼슬하지 않았으며 성균 사예(成均司藝) 김극유(金克柔)의 손녀에게 장가들어 휘 몽담(夢聃)을 낳았다. 몽담은 상주(尙州) 구도곡 교수(求道谷敎授) 정세형(鄭世亨)의 따님에게 장가들어 6남을 낳았는데, 6남은 모두 학문을 성취하였으며 공은 넷째 아들이다. 가정(嘉靖) 신묘년(1531, 중종26)에 문량동에서 태어났다.

공은 타고난 자질이 빼어나고 의취(意趣)가 비범하여 글자를 보면 문득 기억하였다. 부모께서는 가난한 데다가 자식이 많아 양육하기가 어려웠다. 또 상산(商山 상주)이 본래 시서(詩書)의 보고(寶庫)로 일컬어졌다. 게다가 구도곡에는 후계(后溪) 김범(金範), 진사(進士) 유제(柳霽)[93]가 살고 있었는데, 모두 당시의 이름이 알

93 유제(柳霽) : 1517~?. 본관은 문화(文化), 자는 광미(光美)로 1555년(명종10)

려진 선비들이었기에 두곡이 그들과 절차탁마하여 학문에 유익함을 성취하도록 하고자 하였다. 드디어 신축년(1541, 중종37)에 부모께서 자식들을 데리고 가서 처가〔공의 외가〕에 우거하였다.

임인년(1542, 중종38) 공의 나이 12세에 김후계 문하에 나아가 《중용》을 배우기를 청하였다. 후계가 말하기를 "《중용》은 이치가 미묘(微妙)한 책이니 네 몽학(蒙學)이 읽을 수 있는 것이 아니다."라고 하자 공이 울면서 집으로 돌아왔다. 집에서 책을 펴서 묵송(默誦)하고 〈도자부(道字賦)〉 70여 구를 지었다. 공의 중씨 응경(應擎)이 그 시를 소매에 넣어 상사(上舍) 유제(柳霽)에게 문의해 보니, 유씨가 보고 기이하게 여기고 말하기를 "이 아이는 반드시 문장을 짓는 것을 해야 한다." 하고는 대규모(大規模)의 글을 읽도록 권장하였다. 대개 유씨가 말하는 대규모 글이라는 것은 곧 고금의 웅문(雄文) 대가(大家)의 글로 공은 즐겨 읽지 않았던 것이다. 중씨는 항상 한유(韓愈)의 글을 외우며 또한 그것으로 공에게 권하였다. 공이 말하기를 "따로 성현의 책이 있거늘 하필 한유의 글을 배워 쓸데없이 도학 공부를 허비하겠는가."라고 하였다.

17세에 화산(花山 안동)에 장가들어 다소나마 경제적 도움을 받았다. 공이 도끼를 쥐고 뒷산에 올라가 나무를 잘라서 등에 지고 오니 집안사람들이 놀랐다. 장인이 꾸짖어 말하기를 "선비이면서 천한 일을 하는 것은 또한 이웃 사람들에게 부끄러운 것이 아니겠는가. 어찌 노복들에게 대신 시키지 않았는가."라고 하였다. 공

에 생원시에 합격하였다.

이 비웃으며 말하기를 "그들이 알 바가 아니니 무슨 부끄러움이 있겠습니까."라고 하였다. 손수 한 칸의 집을 지었는데 문을 막아 버리고 다만 두 개의 벽 구멍만 남겨 두어 하나의 구멍은 친구와 손님들에게 응답하는 데 사용하고 하나의 구멍은 음식을 통하게 하는 데 사용하였다. 1년이 넘도록 굳건하게 앉아 《대학》 책을 읽었다. 일가와 이웃 사람들이 술과 음식을 갖추어 초청하면 "나를 음식을 먹는 사람으로 생각하는가."라고 대답하였다. 붕우들이 와서 방문하면 곧 벽 구멍으로 서로 보며 말하기를 "이미 얼굴을 보았으니, 각각 돌아가서 자기가 하던 일을 닦는 것이 좋겠다."라 하니, 온 동네 사람들이 미친 사람이라고 생각하였다.

19세에 사마(司馬) 감시(監試)에 합격하였다. 《논어》를 읽다가 누항장(陋巷章)[94] 주의 "'기(其)' 자를 완미하여야 절로 깊은 뜻이 있다."[95]에 이르러 반드시 의미를 찾아 터득하려고 하였다. 《맹자(孟子)》를 다 읽음에 앉아서 닭이 우는 시간까지 이르렀고 등잔에 가득하던 기름이 이미 고갈이 났다. 뒤에 회암(晦庵 주희(朱熹)의 호)의 논설을 읽고서 말하기를 "도리가 천지의 사이에 있어서

94 누항장(陋巷章) : 공자(孔子)가 "어질다, 안회(顏回)여. 한 그릇의 밥과 한 표주박의 음료로 누추한 시골에서 생활하는 것에 대해 다른 사람들은 그 근심을 견뎌내지 못하는데, 안회는 그 즐거움을 고치지 않으니, 어질다, 안회여.〔賢哉回也! 一簞食一瓢飮, 在陋巷, 人不堪其憂, 回也不改其樂, 賢哉回也!〕"라고 한 구절을 말한다. 《論語 雍也》

95 '기(其)'……있다 : 이 장의 주에 정자(程子)가 말하기를 "단표누항(簞瓢陋巷)을 즐길 만한 것이 아니고 대개 따로 그 즐거움이 있으니 '기(其)' 자를 마땅히 완미하여야 절로 깊은 뜻이 있다."라고 하였다.

지극히 섬세하고 지극히 포괄적이니 곧장 끝까지 이르러 십분 투철하여 막히는 것이 있지 않으면 흉중이 태연하여 만물과 하나가 될 것이니 어찌 즐겁지 않겠는가."라 하고 황연(怳然)히 비로소 깨달아 드디어 〈여만물위일부(與萬物爲一賦)〉를 지었다. 또 〈기자부(其字賦)〉도 지었으니, 공의 전일하고 정밀하게 완색함이 모두 이와 같았다.

상주 목사(尙州牧使) 신잠(申潛)[96]이 보고 애지중지하여 학교와 서당에 나가기를 권장하고 책과 식량 그리고 종이와 붓을 계속 공급해 주었다. 이에 하나의 공책을 만들어 거기에 손수 《대학장구(大學章句)》를 쓰고 《대학혹문(大學或問)》도 곁들여 써서 합하여 한 부의 책으로 만들어서 낮에는 읽고 밤에는 생각하였으니, 이로부터 학문이 날로 박식해지고 문장이 날로 성대해졌다. 정신이 어려운 핵심 부분에 노님에 닿는 곳마다 막히는 것이 없었다. 사방의 사람들이 공이 지은 글을 전해 가며 외웠지만 공은 문장 짓는 것을 말단의 지엽(枝葉)으로 생각하여, 고금의 시문을 초록한 것과 자신이 지은 시부(詩賦)를 모두 불태웠다.

과거 시험을 볼 수 있는 자격이 정지된 3년 동안 사서오경에 침잠하고 《성리대전(性理大全)》에 두루 통하여 옛 지식을 온습(溫習)하여 푹 읽으니 이치를 깨달은 듯이 자신도 모르게 손발이

96 신잠(申潛) : 1491~1554. 본관은 고령(高靈), 자는 원량(元亮), 호는 영천자(靈川子) 또는 아차산인(峨嵯山人)이다. 1519년(중종14) 현량과(賢良科)에 급제하였으나, 기묘사화로 파방되었다. 인종 때에 복직되어 태인과 간성 목사를 거쳐 상주 목사로 재임 중 죽었다. 상주 목사로 삼 년간 재임할 때 18개의 서당을 지어 교육에 힘썼다. 문장에 능하고 서화를 잘하여 삼절(三絶)로 일컬어졌다.

두둥실 춤을 추었다. 천하의 사물과 고금의 여러 책들에 대하여 모두 《대학》을 가지고 평론하였다. 《장자(莊子)》와 〈이소경(離騷經)〉 그리고 한유(韓愈), 유종원(柳宗元), 소식(蘇軾), 황정견(黃庭堅), 이백(李白), 두보(杜甫) 등의 글이 비록 경천동지할 만하나 마음이 밖으로 치달려 《중용》과 《대학》에 대하여는 조금도 눈 여겨보지 않았다고 생각하는 데 이르렀다.

중씨가 과거 시험 치르기를 힘써 권장하여 가정(嘉靖) 신유년(1561, 명종16)에 문과에 급제하였다. 그러나 공은 오히려 이것은 장부의 사업이 아니라고 생각하고, 《중용》과 《대학》 책을 강구하기를 그만두지 않았다. 그리하여 격물, 치지, 성의, 정심의 말과 도기(道器), 비은(費隱)의 오묘함에 대하여 입에서 말하기를 끊어지지 않았으며 털끝 같은 것을 분별하고 분석하였다. 좌객들이 혹 공허한 이야기를 하면 즉시 책을 펼쳐서 강설하며 말하기를 "쓸데없는 이야기를 제거하라. 사농공상은 각각 업으로 삼는 것이 있으니, 학문하지 않으면 농사를 짓는 것이 좋겠다."라고 하였다. 후생(後生) 소년(少年)들을 보고는 반드시 말하기를 "양식을 갖추지 않고 산에 노닐기를 좋아하는 자는 끝내 반드시 굶주릴 것이다. 《중용》과 《대학》은 양식이고 제자백가는 산에 노니는 것이다. 두 책을 익숙히 읽어서 지행(知行)과 체용(體用)을 흉중에 환하게 알고 있으면 천하고금(天下古今)의 변화와 제자백가의 설이 모두 나의 마음에서 저울질하게 되어 마치 배불리 먹고 산에 노니는데 길이 어두워 헤매거나 군색한 걸음의 탄식이 없는 것과 같다."라고 하였다.

임술년(1562, 명종17)에 함흥 교수(咸興敎授)에 부임하였다.

공은 북방 지역이 문학(文學)을 숭상하지 않는 것으로 여겨 감사(監司)에게 청하여 고을 치소 북쪽에 문회당(文會堂)을 건립하였다. 《대학장구》와 《대학혹문》을 손수 쓰고 스스로 발문을 지어 출판하여 널리 배포하였으며 친히 공부를 권장하고 힘쓰게 하였다. 인하여 〈문회당기(文會堂記)〉를 지어 현판으로 걸었다. 청련(青蓮) 이후백(李後白)[97]이 뒤에 감사(監司)가 되어 공의 기문과 발문을 보고 감탄하기를 "이 사람은 참으로 진유(眞儒)이다." 하고 비로소 추천하여 등용할 뜻을 두었다.

계해년(1563, 명종18) 겨울에 교서관 저작(校書館著作)으로 있다가 고향에 돌아왔다. 도포동(陶圃洞)에 거주하며 취병(翠屛)이라 자호하였으며 처음으로 《주역(周易)》을 읽었다. 경오년(1570, 선조3)에 어버이 봉양을 위하여 지방직을 빌어 회덕 현감(懷德縣監)에 임명되었다. 관청에 부임하자 봉사(封事)를 올렸으니, 대략 '전하와 군자가 불화하고 군자와 군자가 불화한다.'고 말하니, 임금이 넉넉하게 비답하였다. 이때 동인과 서인의 당의(黨議)가 처음으로 행해지자 공이 걱정하여 말하기를 "닭과 학은 쉽게 구분되지만 큰 기러기〔鴻〕와 작은 기러기〔雁〕는 구분되기가 어렵다. 송나라 천삭(川朔)의 분쟁[98]은 우이(牛李)의 붕당[99]보다 심하다. 스

97 이후백(李後白) : 1520~1578. 본관은 연안(延安), 자는 계진(季眞), 호는 청련(青蓮)이다. 1546년(명종1) 사마시에 합격하고, 1555년 문과에 급제하였다. 벼슬이 함경도 관찰사와 이조 판서에 이르렀다. 함안의 문회서원(文會書院)에 제향되었고, 시호는 문청(文淸)이다. 저서로 《청련집》이 있다.

98 천삭(川朔)의 분쟁 : 송나라 철종(哲宗) 원우(元祐) 연간에 왕안석(王安石)의 신법(新法)을 반대하는 3파 붕당 중 천당(川黨)과 삭당(朔黨)을 가리킨다. 천당은

스로 나에게 있는 권도(權度)가 정절(精切)하여 착오가 없지 않으면 겨우 치우침이 있자 경복(傾覆)되는 것이 곧바로 이른다. 진관(陳瓘)이 배에 물건을 싣는 것의 비유[100]는 정히 이것을 말한다."라고 하였다. 드디어 상소문 가운데 이런 내용을 언급하고 또 《전인보감(銓人寶鑑)》 한 책을 지어 장차 임금에게 전달하려고 하였으나 실행하지 못하였다. 또 감사(監司)에게 글을 올려 "조석으로 음식을 올림에 곁상을 제거해야 합니다. 소 잡는 것을 금하며 가죽신을 신는 것을 금하고 관비(官婢)들은 모두 짚신을 신게 하십시오."라고 하였다. 그러나 결국에는 우활하다는 것으로 파직

사천(四川) 지방 출신인 소식(蘇軾)을 우두머리로 한 여도(呂陶) 등이고, 삭당은 유지(劉摯)를 우두머리로 한 왕엄수(王巖叟)·유안세(劉安世) 등을 가리킨다.

99 우이(牛李)의 붕당 : 당나라 문종(文宗) 때에 우승유(牛僧孺)·이종민(李宗閔)의 당파와 이길보(李吉甫)·이덕유(李德裕) 부자의 당파가 극심하게 대립하였다.

100 진관(陳瓘)이……비유 : 북송의 유학자인 진관(1057~1122)의 자는 영중(瑩中), 호는 요옹(了翁), 시호는 충숙(忠肅)이다. 그는 간관(諫官) 시절에 강직하기로 이름 났는데 간신인 재상 채경(蔡京), 채변(蔡卞), 장돈(章惇) 등을 줄곧 공격한 일로 원주(袁州), 염주(廉州), 통주(通州), 태주(台州) 등지로 유배되었고, 초주(楚州)에서 일생을 마쳤다. 장돈(章惇)이 재상이 되어 진관이 그를 배알(拜謁)하자, 장돈은 진관의 명망을 일찍이 들었던 터라, 그에게 당세(當世)의 급선무를 물었다. 그러자 진관이 말하기를 "청컨대, 배〔舟〕에 비유하겠습니다. 무게가 한쪽으로 치우치면 배가 갈 수 있겠습니까? 왼쪽의 물건을 옮겨다가 오른쪽으로 두면 이는 한쪽으로 치우친 것입니다.……천자(天子)께서 공(公)에게 정치를 맡기셨으니, 어느 것부터 먼저 하겠습니까?" 하니, 장돈이 대답하기를 "사마광(司馬光)이 간사하니, 이 사람을 처단하는 것이 가장 급선무입니다." 하므로, 진관이 말하기를 "공의 생각이 잘못이오. 이는 마치 배〔舟〕의 형세를 평평하게 하려면서, 왼쪽 물건을 옮겨다가 오른쪽으로 두는 것과 같습니다. 참으로 이렇게 한다면 천하의 소망을 잃게 될 것입니다." 하였다. 《宋史 卷345 陳瓘傳》

되었다. 《강학방(講學方)》과 《중용체용해(中庸體用解)》 등의 책을 회덕 현감으로 재직할 때 지었으나, 병화에 모두 소실되었다.

신미년(1571, 선조4)에 아버지 상을 당하여 영령(楞嶺)에서 여막살이를 하였다. 만력(萬曆) 계유년(1573, 선조6)에 삼년상을 마치고 도포동으로부터 두곡 종가(杜谷宗家)에 돌아와서는 또 두곡(杜谷)으로 호를 하였다. 종가는 일찍이 종손 고한수(高漢壽)에 의해 팔렸고 사당도 훼손되어 버려졌다. 사당 앞에 옛날에 감나무가 있었는데, 말라 죽은 지 이미 오래였다. 이때에 종가를 사들여 거처하니 고사한 감나무에 다시 싹이 났는데, 이것을 설(說)로 지어 기록하였다.

갑술년(1574, 선조7)에 하양 현감(河陽縣監)에 임명되었다. 전 현감이 주홍빛의 옥교(屋轎)를 만들었으나, 장식을 꾸미지도 못한 채 파직되어 돌아갔다. 공이 대신 부임하였으나 자연재해로 백성이 해를 입은 것 때문에 전 현감처럼 이어서 파직되었다. 공이 임지에서 먼저 출발하고 자제들은 행장을 꾸려 뒤따라 출발하였는데 옥교를 꾸며 부인〔공의 어머니〕의 행차를 받들고 돌아왔다. 공이 준엄하게 꾸짖어 즉시 옥개(屋蓋)를 크게 하고 조족(雕足)도 크게 하도록 하였다.[101]

101 옥교(屋轎)를……하였다 : 옥교는 나무로 집같이 꾸미고 출입하는 문과 창을 달아 만든 크고 화려한 가마이다. 보통 가마는 두 사람이 메지만, 옥교는 상여처럼 되어 있어 여러 사람이 멘다. 공이 하양 현감에서 파직되었을 때 미완성으로 남아 있던 옥교를 공의 자제들이 완성하여 어머니를 태워 공의 뒤를 따랐던 모양이다. 이에 공이 그것을 사용하지 못하게 하지 않고 오히려 옥개를 더 크게 하고, 조각하여 만든 여러 개의 받침목〔雕足〕을 더 크게 하라고 하였다. 왜냐하면 화려하고 좋은 옥

을해년(1575, 선조8)에 강원도 도사(江原道都事)에 임명되어 부임의 길에 올랐는데, 어머니 병 때문에 부임하지 않았다. 병자년(1576)에 사도시 첨정(司䆃寺僉正)에 임명되었고 성균 직강(成均直講)에 전직되었는데, 《서정록(西征錄)》과 〈도자설(道字說)〉을 지었다. 정축년(1577, 선조10)에 이후백의 추천으로 승문원 교검(承文院校檢)에 임명되었다가 곧바로 임피 현령(臨陂縣令)에 임명되었다. 정치는 옛날에 했던 것과 변함이 없었지만 오래지 않아 관아의 문에 간알하는 사람이 시장과 같이 많이 모였다는 이유로 대평(臺評)에게 탄핵을 받았다. 이공(李公)이 말하기를 "일찍이 《대학》에 발문을 지은 고모(高某)가 어찌 이와 같을 리가 있겠는가. 반드시 빈한한 친척과 고구(故舊)들을 주휼해 주다 보니 이런 오욕의 이름을 받게 되었을 것이다."라 하고 공을 24번이나 의망(擬望)하였으니, 청련은 참으로 공을 아는 자이다.

무인년(1578)에 함양 군수(咸陽郡守)에 임명되었으나 부임하지 않고 〈차귀거래사(次歸去來辭)〉를 지었다. 기묘년(1579)에 어머니 상을 당해 여막에 거처하였다. 임오년(1582)에 예안 현감(禮安縣監)에 임명되었다. 을유년(1585)에 상주 제독(尙州提督)에 임명되었다. 기축년(1589)에 경상도 도사(慶尙道都事)에 임명되었으나 부임하지 않았다. 경인년(1590)에 공이 변방에 우환이 있을 것을 알고 감사 김수(金睟)[102]에게 편지를 올려 육예제생(六藝

교에 어머니를 태우는 것은 매우 효성스러운 일이기 때문이다.

102 김수(金睟) : 1537~1615. 본관은 안동(安東), 자는 자앙(子昂), 호는 몽촌(夢村), 시호는 소의(昭懿)이다. 1573년(선조6) 문과에 급제하였다. 1590년 경상도 관

諸生)을 설치하여 활쏘기와 말몰이를 익히게 하고 열읍(列邑)에 강무당(講武堂)을 건립하여 무사(武事)를 익힐 것을 청하였으나 받아들여지지 않았다. 신묘년(1591)에 안동 제독(安東提督)에 임명되었다.

임진년(1592)에 왜란이 일어나자 행재소의 임금에게 상소하여 덕을 닦아 왜적을 치는 대도(大道)와 변란에 처하는 달권(達權)을 진술하였으나 길이 막혀 전달되지 못하였다. 갑오년(1594)에 〈안자서(顔子書)〉를 지었다. 을미년(1595)에 풍기 군수(豊基郡守)에 임명되었으나 부임하지 않았다. 병신년(1596)에 조정의 논의로 공에게 사유(師儒)의 책임을 주어 성균관 사성(成均館司成)에 임명하였으나 부임하지 않았다. 계묘년(1603, 선조36)에 〈신감집(神鑑集)〉과 〈비은발휘(費隱發揮)〉를 지었다. 을사년(1605)에 경주 제독(慶州提督)에 임명되었다. 8월 28일에 정침에서 돌아가시니 향년 75세였다. 집에는 하나의 재물도 없어서 염(殮)과 장례를 치를 수가 없었는데, 원근의 사류(士類)들이 앞다투어 부의를 하였다. 이해 11월에 영령(楞嶺) 선영 곁 자좌오향(子坐午向)의 언덕에 장례를 지냈다.

공은 화산(花山 안동)의 남극문(南克文)의 따님에게 장가들어 3남 2녀를 낳았다. 장남은 충운(沖雲)이다. 차남은 한운(翰雲)이니 일찍부터 문예(文藝)가 뛰어나서 계유년(1573) 사마시에 합격하고 을유년(1585) 문과에 장원 급제하였다. 셋째 아들은 득운(得

찰사를 역임하였고, 호조 판서로서 임진왜란 때 치적을 올렸다. 벼슬이 영중추(領中樞)에 이르렀다.

雲)으로 일찍 죽었다. 장녀는 사인(士人) 김종효(金宗孝)에게 시집갔고 둘째는 이덕준(李德駿)에게 시집갔는데, 모두 후손이 없다. 충운은 두 아들을 낳았는데 모두 요절하였다. 또 네 딸을 두었으니, 장녀는 박우현(朴友賢)에게, 둘째는 문가회(文可晦)에게, 셋째는 박이순(朴以淳)에게, 넷째는 이영복(李英馥)에게 각각 시집갔다. 측실에서 네 아들이 있으니 상운(祥雲), 진운(縉雲), 대생(代生), 복생(復生)이다.

공은 마음을 비우고 이치에 밝았으며 뜻과 견해가 원대하였다. 학문을 함에 스승이 전해 주는 것을 말미암지 않고 마음에 스스로 터득하였다. 그리하여 한갓 읽고 외우는 데 그치지 않고 반드시 묵묵히 이해하려고 하였고 한갓 아는 데 그치지 않고 반드시 좋아하고 즐기려고 하였다. 평생 터득한 모든 것을 그림으로 그리고 설(說)로 지었다. 혹 시(詩)로 읊고 혹 부(賦)로 지은 가곡(歌曲)의 부류를 이루 다 기록할 수 없을 정도로 많다. 무릇 사인(士人)을 만나면 인사도 할 여가가 없이 문득 《대학》을 강론하였다. 비록 용렬한 사람, 무인, 동자, 보잘것없는 아전이라 할지라도 가르칠 수 없는 사람은 없다고 생각하여, 반드시 한두 장(章)을 익히고 강론하게 하니 사람들이 공의 오활한 점을 비웃지 않음이 없었지만, 공은 그것이 절실한 공부라고 생각하였다. 성리서(性理書)가 아닌 다른 문장을 짓는 데 종사한 적이 없었다. 그러나 재주가 높고 뜻이 호방하여 붓을 들면 문장을 이루었다. 문장을 다듬고 아로새기는 것을 일삼지 않았으며 운문에 성률(聲律)을 애써 강구하지 않았지만, 의치(意致)가 통달하여 문장의 구사가 넓고 넓었으니 비록 세상에서 문사(文詞)에 노련한 자도 이보다 더

나을 수가 없었다. 일을 할 때와 식사하는 잠깐의 시간에도 사람으로 하여금 붓을 잡고 글을 쓰게 하였는데, 공은 입으로 말해줌이 물이 흐르는 것 같았으나 또한 수정하는 일이 없었다.

혹자가 공에게 간하여 말하기를 "사람을 가르침에 반드시 그 재주에 따라야 하며 또한 분비(憤悱)를 기다려 말해 주어야 합니다. 그런데 지금 공은 적절한 사람을 가리지 않으며 그 사람의 뜻을 관찰하지 않고 문득 《대학》, 《소학》, 《중용》 등의 책을 가르칩니다. 이것은 듣는 데 싫증이 날 뿐만 아니라 그 의미를 아는 자 드무니, 아마도 가르치는 방법이 아닌 듯합니다. 하물며 입언(立言)과 저서(著書)는 반드시 모두 마음을 괴롭히고 생각을 얽어서 한 마디 한 글자라도 감히 쉽게 구사하지 않아야 출간되어 세상에서 귀중하게 여기게 됩니다. 공은 유독 그렇지 않아 입에서 나오는대로 문득 읊으며 회포가 있으면 즉시 글을 짓습니다. 간혹 속어와 농담을 섞어 사용하고 전혀 의사(意思)를 거치지 않고 나오니, 이 때문에 세상에 중시를 받지 못하고 후세에 전하여 보여 주지 못하는 것입니다. 공은 마땅히 좀더 강구하고 사색하여 스스로 경솔하게 하지 마십시오."라고 하였다.

공이 웃으면서 "말은 뜻을 전달함을 취하고 문장은 이치를 밝히는데 그치니, 반드시 출판하려고 할 것이 있겠는가. 또 《소학》, 《대학》, 《중용》, 《논어》, 《맹자》는 사람들이 일상생활에서 실행해야 할 내용으로 물과 불보다 절실하니 사람이면서 이것을 알지 못하면 하루도 살아 있을 수가 없다. 동자(童子)가 나아가 뵙자 성인〔공자〕이 그와 이야기하였고,[103] 애산(崖山)의 배 가운데서도 《대학》을 강론하였으니,[104] 어찌 몽매하다고 하여 가르치지 않을 수 있겠으며 어찌 난리의 지경이라 할지라도 강학을 폐할 수 있겠는가."라고 하였다.

또 은벽(隱僻)하고 바르지 않은 책은 눈으로 본 적이 없으며 헐뜯고 박절한 말은 입에서 낸 적이 없었다. 항상 말하기를 "선을 좋아하고 악을 미워함은 천리(天理)의 공변된 것이니, 선을 좋게 여김은 의당 길게 해야 하고 악을 미워하는 것은 의당 짧게 해야 한다."라고 하였다. 또 말하기를 "진당(晉唐)의 시체(詩體)는 풍운월로(風雲月露)의 문장이고, 선불도가(仙佛道家)는 고목사회(枯木死灰)의 부류이니, 모두 실용에 보탬이 없고 우리 유도에 해로움이 있으니, 반드시 가혹하게 배격하고 힘써 비판해야 한다."라고 하였다.

만년에 《주역》 읽기를 좋아하여 무진년(1568)부터 종신토록 암송하는 것을 그친 적이 없었다. 천지 만물의 이치와 음양 귀신의

103 동자(童子)가……이야기하였고 : 《논어》 〈술이〉에 "호향(互鄕) 사람들은 모두 불선(不善)에 젖어 있어 함께 대화하기가 어려웠다. 그런데 그 마을 동자가 찾아와서 공자를 뵈었다.〔互鄕難與言, 童子見.〕"라는 말이 있다.

104 애산(崖山)의……강론하였으니 : 송(宋)나라 때 육수부(陸秀夫)라는 사람이 애산(崖山)으로 임금을 업고 도망하였는데 나라의 존망(存亡)이 경각에 달렸는데도 그는 난리 틈에서 손수 《대학장구(大學章句)》를 써서 임금으로 하여금 강독하게 하였다. 송나라 임금은 남송(南宋)의 마지막 왕인 위왕 병(衛王昺)이다. 1278년 4월에 원(元)나라 대군(大軍)에 계속 밀려 단종(端宗)이 죽자, 신하들이 도종(度宗)의 셋째 아들 위왕 병을 군주로 옹립하였는데, 계속 궁지에 몰려 6월에 배를 타고 애산으로 도망하면서 육수부가 왕에게 《대학》을 강의하였다. 애산은 광동성(廣東省) 대해(大海) 가운데 있는 요새지로 육수부가 황제를 업고 바다에 빠져 죽은 곳이다. 1279년 2월에 송나라는 결국 망하고 만다. 《宋史 卷四十七 本紀》

오묘함에 대하여 정밀하게 연구하고 깊이 생각하여 온축된 심오함을 궁구하여 탐색하였다. 하나의 사물을 보자마자 문득 하나의 이치를 궁구하여 그림으로 형상화하고 시부로 읊조렸다. 태고(太古)에 마음을 노닐어 당우(唐虞 요순) 시대를 그리워하는 회포가 있었고, 한 터럭이라도 세속의 생각으로 답답하게 막힌 적이 없었다.

항상 소강절(邵康節)의 기상을 사모하여 시부(詩賦)와 가곡(歌曲)을 지어 흥을 부치지 않음이 없었다. 일찍이 시 한 수를 읊어서 말하기를 "망망한 천지가 얼마나 홍몽(鴻濛)[105]했던가. 조화옹이 장인이 되어 만물이 구리가 되었네.[106] 농촉의 세정은 부질없이 그치지 않고,[107] 초범의 인간사로 절로 무궁하네.[108] 옛것을 찾

105 홍몽(鴻濛) : 우주가 형성되기 이전의 혼돈 상태를 뜻한다. 혼돈 상태에서 처음으로 하늘과 땅이 갈라지듯이 광활한 하늘과 땅만이 보인다는 것이다.

106 조화옹이……되었네 : 천지조화 속에서 모든 것이 변화한다는 말이다. 한(漢)나라 가의(賈誼)의 〈복조부(鵩鳥賦)〉에 이르기를 "천지를 주물 단지로 삼음이여, 조화옹이 장인이 되었도다. 음양을 숯으로 삼음이여, 만물이 구리가 되었도다.〔天地爲爐兮, 造化爲工. 陰陽爲炭兮, 萬物爲銅.〕"라고 하였다. 《史記 卷84 屈原賈生列傳》

107 농촉의……않고 : 농촉(隴蜀)은 득롱망촉(得隴望蜀)의 준말로, 탐내는 마음이 한이 없는 것을 표현할 때 쓰는 말이다. 후한(後漢) 광무제(光武帝)가 잠팽(岑彭)에게 농서(隴西) 땅을 공격해서 뺏게 한 뒤에 다시 계속해서 촉 땅으로 진격하도록 하자, "농서를 평정하였는데 또 촉 땅까지 원하는가.〔既平隴, 復望蜀.〕"라고 탄식하였다는 고사가 전한다. 《東觀漢記 岑彭傳》

108 초범의……무궁하네 : 인사가 모두 허망하다는 뜻이다. 초(楚)와 범(凡)은 모두 옛날 나라 이름이다. 《장자》 〈전자방(田子方)〉에 "초나라의 임금이 범나라의 임금과 마주 앉아 있었는데, 초나라의 임금과 신하가 범나라가 망했다고 세 번이나 말하였다. 그러나 범나라 임금은 '범나라의 멸망이 나의 존재를 없앨 수는 없다.' 하였다." 하였다.

아 사색하니 참나비요, 지금을 묵묵히 헤아리니 또한 무지개이네.[109] 안락한 일생을 누가 얻을 수 있을까. 낙양의 누각 높이 공중에 솟았네.[110]〔茫茫天地幾鴻濛, 造化爲工萬物銅. 隴蜀世情謾不止, 楚凡人事自無窮. 尋思往古眞蝴蝶, 默弄來今亦蝃蝀. 安樂一生誰會得, 洛陽樓閣起層空.〕"라고 하였다. 태연하게 스스로 법도 밖에 처하여 비웃음과 업신여김 때문에 조금도 마음이 저지당하지 않았다.

세상 사람들이 혹 너무 간솔하다고 나무랐는데, 공은 거처함에 절조를 변하지 않고 본성에 따라 행하며 겉치레를 하지 않았다. 전후로 관직 생활을 함에 담박하기가 빈한한 스님과 같아 떨어진 도포에 구멍이 난 신을 신고도 타인을 대하여 부끄러워하지 않았다. 측실 황씨(黃氏)는 부귀한 집에 생장하여 복식이 자못 화려하였다. 공이 비단 옷을 다 거두어 대판(大板)에 갈무리하여 덮개를 덮고 못을 치고는 다시는 열지 못하게 하였다. 아들 한운(翰雲)이 부안(扶安) 군수가 되어 어머니 생신날이 되자 집에 와서 어머니의 수연(壽宴)의 자리를 마련하였다. 읍재(邑宰)를 초청하여 좌정

109 옛것을……무지개이네 : 옛 성현의 말씀을 사색하니 장자(莊子)의 호접몽(胡蝶夢)처럼 진정 자유의 세계이고, 지금의 세상을 헤아려 보니 무지개〔蝃蝀〕와 같다는 것이다. 무지개는 천지의 음기(淫氣)가 뭉쳐서 된 것이므로 사람의 변사(變邪)에 비유된다.

110 안락한……솟았네 : 송(宋)나라 소강절(邵康節)의 생활을 두고 말한 것이다. 그가 처음 낙양(洛陽)에 왔을 적에 비바람도 제대로 막지 못하는 오두막 안락와(安樂窩)를 지어 놓고 유유자적하며 안빈낙도(安貧樂道)하면서 스스로 안락 선생(安樂先生)이라고 일컬었다. 또 거기에 공중누각(空中樓閣)을 지어 자호를 무명공(無名公)이라고 하기도 하였다. 《宋史 卷427 邵雍列傳》

하였는데, 공이 술을 따뜻하게 데우는 데 새 봉로(峯爐)를 사용하는 것을 보고 기뻐하지 않으면서 "저 봉로는 또한 부안에서 가져왔는가."라고 물었다. 한운이 "예 그렇습니다."라고 대답하였다. 공이 꾸짖으며 "우리 집에 옛날부터 봉로가 있거늘, 네가 또 더하여 가져온 것은 어떻게 된 것인가. 삼봉(三峯)과 삼족(三足)이 달린 기물〔봉로〕을 멀리서 손상되지 않게 여기에 가져오는 데 그 수고가 적지 않았을 것이다. 그럼에도 불구하고 너는 차마 이런 일을 하였으니, 이런 식으로 관직 생활을 하는 것은 나의 뜻이 아니다."라고 말하며 즉시 제거하게 하였다. 선산 부사(善山府使) 최공(崔公) 경장(慶長)[111]이 감탄하면서 말하기를 "이것은 관직 생활을 함에 자식을 가르치는 자가 모두 본받을 만한 일이다."라고 하였다.

전후로 일어난 부모님의 상례와 제례에 여러 형제들이 가난하고 궁핍하였기 때문에 형제가 집집마다 돌아가며 향사하는 세속의 관례[112]를 사용하지 않았지만, 공은 홀로 부모 모두에게 제사를 마련하였다. 한 가지 종류의 옷에 2별이 있으면 하나를 벗어서 형제에게 나누어 주었다. 밖으로부터 들어오는 쌀과 베는 사실(私室)에 넣지 않고 곧바로 별도로 갈무리하게 하였다가 차등을

111 최공(崔公) 경장(慶長) : 최경장(1529~1601)이다. 본관은 해주(海州), 자는 선림(善林), 호는 죽계(竹溪)이다. 1549년(명종4) 생원에 합격하고, 1564년(명종19) 문과에 급제하였다. 태인, 울산, 선산 부사를 지냈다. 임진왜란 때, 제2차 진주성 싸움에서 그는 아우 최경회(崔慶會)가 순국(殉國)하자 의병(義兵)을 일으켰다. 뒤에 의주(義州)로 가서 대가(大駕)를 호종(護從)하였다.

112 형제가……관례 : 조선 전기에는 선조의 제사를 형제들이 번갈아 거행하였다.

두어 남에게 나누어 주었다. 바야흐로 왜란으로 삼경(三京)[113]이 와해되어 임금께서 민가에서 음식을 드셨다. 공이 화산(花山 안동)에 있으면서 시국을 걱정하여 강개하며 이미 봉장(封章)을 올렸으나 전달되지 않았다. 〈유회부(幽懷賦)〉[114]에 느낌이 있어 구절마다 주해(註解)를 달고 원수를 갚는 의리를 밝혔다. 이때 왜적이 온통 쑥대로 뒤덮인 바닷가 들판에 주둔하고 있었는데, 공이 역전과(力田科)[115]와 철구과(鐵九科)를 설치하여 병사와 농부를 구분함으로써 군중의 뜻이 하나가 되도록 하기를 청하였다. 《기효신서(紀效新書)》[116]를 발휘(發揮)하였고, 누차 소장을 진술하여 무학(武學)을 독려하기를 청하였다. 비록 성사되지는 않았지만,

113 삼경(三京) : 서울 한양과 동경(東京) 경주와 서경(西京) 평양을 말한다.

114 유회부(幽懷賦) : 당나라 이고(李翶)가 지었는데, 시대를 걱정하는 벗의 편지에 부(賦)를 지어 화답한 것으로 사회 모순을 사회사적, 시대사적으로 분석하고 개탄하는 내용이다. 구양수(歐陽脩)는 〈독이고문(讀李翶文)〉을 지어 나라를 진정으로 걱정하는 이고의 〈유회부(幽懷賦)〉를 극도로 찬미하였다.

115 역전과(力田科) : 농업을 장려하기 위하여 경작에 힘쓰는 사람을 대상으로 관리를 선발하던 과거 고시 과목의 하나이다. 당나라 때에는 무재이행(茂才異行), 안빈낙도(安貧樂道), 효제역전(孝悌力田), 고도불사(高蹈不仕) 등의 사과(四科)로 관원을 뽑기도 하였다. 《舊唐書 卷11 代宗本紀》

116 기효신서(紀效新書) : 명나라 무장(武將) 척계광(戚繼光)이 지은 병서(兵書)이다. 왜구가 명나라의 연해를 침범하자 척계광이 새로운 전술로 많은 성과를 올렸는데, 이때의 경험을 토대로 이 책을 지었다. 조선에서도 왜란 후에 군제(軍制)를 개편하여 훈련도감(訓鍊都監)을 신설하고, 명군(明軍)과 왜군(倭軍)의 무기·무술을 모방하여 훈련할 때도 이 책에 의거해서 총병(銃兵)인 포수(砲手), 궁병(弓兵)인 사수(射手), 창검병(槍劍兵)인 살수(殺手)의 세 부분으로 나누어 실시하였으며, 지방에도 초관(哨官) 또는 속오군(束伍軍)을 두어 훈련시켰다.

나라 걱정을 잠시도 잊은 적이 없었다.

왜구들이 물러나자 고향으로 돌아오니, 작은 집 몇 칸과 척박한 전답 수 무(數畝)뿐이었다. 공을 모시는 종과 첩이 있었으나 공이 친히 농사를 지었으며, 아침저녁으로 죽을 먹으면서도 즐거움으로 근심을 잊었다. 견해가 이미 원대해져 원시반종(原始反終)의 이치를 환하게 보았다. 일찍이 말하기를 "귀신사생(鬼神死生)의 이치를 보기가 어렵지 않으니 사람들이 모두 그 이치대로 살면서도 알지 못하고 있다. 그러므로 이단과 윤회의 설이 사람을 의혹시킬 수 있다."라고 하였다. 즉석에서 시를 읊어 말하기를 "도는 하늘에 근본하여 사람에게 멀리 떨어져 있지 않으니, 진진찰찰[117]이라고 말하지 마라. 닭 울음과 개 짖는 소리가 모두 천리이고, 물고기 뛰고 솔개 나는 것 역시 귀신의 원리이네. 여름에 갈옷, 겨울에 갖옷을 입는 것이 어찌 가식이겠는가. 배고프면 먹고 목마르면 물을 마시는 것은 모두 참됨에 말미암네. 주야가 사생과 같음을 알려 한다면, 당긴 활〔반달〕과 같다가 바퀴〔보름달〕 같은 저 달을 보게나.〔道本於天不遠人, 休言刹刹與塵塵. 鷄鳴犬吠皆天理, 魚躍鳶飛亦鬼神. 夏葛冬裘寧飾僞, 飢餐渴飮總由眞. 欲知晝夜爲生死, 月似張弓又似輪.〕"라고 하였다. 생존해서는 순리대로 살고 죽어서는 편안하다[118]는 뜻을 취하여 그 묘산(墓山)의 재사(齋

117 진진찰찰 : 본뜻은 하나하나의 미세한 흙먼지 속에도 무수히 많은 나라가 있다는 불교의 용어로, 우주를 구성하고 있는 온갖 사물과 현상, 즉 우주의 삼라만상이 원융무애(圓融無礙)함을 말한다. 여기서는 불교의 교리에 따라 세상이 평등무애하다고 말하지 마라는 뜻이다. 유가는 사사물물에 각각의 이치가 있다고 하여 미묘한 차이가 있다.

舍)를 순녕암(順寧庵)이라 이름하였다.

을사년(1605) 7월에 월성(月城)에 있을 때 죽음을 미리 알고 시를 지었고 곧바로 짐을 꾸려 집으로 돌아와 얼마 있지 않아 병에 걸렸다. 자제들이 약을 올리면 물리치면서 말하기를 "내가 강절(康節)의 즐거움을 누렸고 또 강절의 나이만큼 살았으니, 무슨 유감이 있겠는가."라고 하였다. 재차 약을 올렸지만 재차 물리치고 옷깃을 바로 하고 유연히 돌아가셨다.

오호라. 대박(大樸)[119]이 흩어지고 순풍(淳風)이 상실되었다. 공이 홀로 극도로 부박한 세계에 처하여 문장의 교묘함을 싫어하고 매우 질박한 데로 돌리려고 하였으니, 이빨이 어긋나서 서로 들어가지 않음은 마땅하다. 하늘에 있는 것은 또한 혹 기필할 수 있는 것이거늘 수명은 백 세 장수[120]에 인색하였고 문호에는 후손이 단절되었으니, 하늘이 공에게 보답한 것이 또한 어디에 있는가. 학문을 좋아하고 이치를 밝혀 일찍부터 큰 뜻을 보았으니, 공이 품부받은 자질이 보통 사람과는 다른 것이 아닌가. 가난을 편안하게 여기고 도를 즐기며 바른 도리를 얻어 죽었으니 공이 터득한 바는 보통 사람보다 풍성한 것이 아닌가. 스스로 이것을 즐기며 저

118 생존해서는……편안하다 : 원문 '존순몰녕(存順歿寧)'의 뜻이다. 장재(張載)의 〈서명(西銘)〉에 "살아서는 나는 하늘에 순응하고 죽어서는 나는 편안하다.〔存吾順事, 沒吾寧也.〕"라고 하였다.

119 대박(大樸) : 원시(原始) 상태의 질박한 대도(大道)를 말한다.

120 백 세 장수 : 원문 '기이(期頤)'는 나이 백 세를 뜻한다. 《예기(禮記)》 〈곡례 상(曲禮上)〉의 "백 년은 인간이 살 수 있는 최고의 수명이니, 자손들은 최대한으로 봉양을 해야 마땅하다.〔百年曰期頤〕"라는 말에서 나온 것이다.

것을 원하지 않았으니, 공이 하늘과 사람에게 무슨 원망함과 무슨 허물함이 있었겠는가.

나는 어릴 때부터 공이 이끌어 가르쳐 주심을 받아 귀로 듣고 눈으로 본 것이 대개 여러 해가 되었다. 평소에 내가 보고 들은 선생의 말씀과 행실을 추급하여 기록하나 십중팔구는 잊어버렸다. 또 병란에서 흩어져 소실된 것에서 유편(遺篇)을 모은 것이 다만 약간 편이다. 제가 몸이 당 아래에 있기에 시비를 판단할 수 없어[121] 감히 참람되게 의논하지 못하고 후대의 공평한 자의 평가를 기다린다.

때는 천계(天啓) 병인년(1626, 인조4) 겨울에 문인 통정대부(通政大夫) 수(守) 강원도 관찰사(江原道觀察使) 겸 병마절도사(兵馬節度使) 순찰사(巡察使) 최현(崔晛)은 삼가 쓴다.

121 몸이……없어 : 뭇사람들이 당 아래에서 시비를 다툴 때 높은 당 위에서 바라보면 누가 옳고 누가 그른지를 정확하게 판단할 수 있다. 그러나 판단하는 사람이 당 아래에 같이 섞여 있으면 시비를 가릴 수가 없다는 말이다.

인재집

제13권

언행록
言行錄

언행록 言行錄

학봉 선생 언행록
鶴峯先生言行錄

선생은 휘 성일(誠一), 자 사순(士純)으로, 학가산(鶴駕山)[1] 아래에서 가계를 꾸렸기에 자호(自號)하여 학봉(鶴峯)이라 하였고, 그 본관은 의성(義城)이다. 의성 김씨는 본래 신라 종실의 성씨로, 휘 용비(龍庇)[2]에 이르러 고려(高麗) 시대에 벼슬하여 관직이 태자 첨사(太子詹事)에 이르렀고, 비로소 문소(聞韶 의성)를 본관으로 삼았다. 문소 백성들에게 공덕(功德)이 있다는 것으로써 고을 사람들이 의성현 관아에 위패(位牌)를 마련하고, 홍수나 가뭄이 들거나 전염병이 나돌아 무릇 구원할 일이 생기면 반드시 빌었다. 선생은 이것이 귀신에게 아첨하는 것[3]이라고 여겨 종당(宗黨)에

1 학가산(鶴駕山) : 경상북도 예천군 보문면(普門面)과 안동시 북후면(北後面) · 서후면(西後面)의 경계에 위치한 산으로, 안동 서쪽 20리 지점에 있다.

2 용비(龍庇) : 김석(金錫)의 9세손으로, 고려 말에 의성 일원에서 날뛰던 도적들을 물리쳐 민심을 수습하였는데, 의성 군민들이 그 공덕을 기려 진민사(鎭民祠)를 세워서 제사를 올렸다.

3 귀신에게 아첨하는 것 : 원문은 '첨독(諂瀆)'으로, 장문중(臧文仲)이 임금이 점칠

의논하여 관아의 동쪽에 사당을 세우고 해마다 제사 드리고, 현판을 걸어 '진민사(鎭民祠)'[4]라고 하였다.

첨사 용비는 의(宜)를 낳으니 은청 광록대부(銀靑光祿大夫) 상서 좌복야(尙書左僕射)이다. 좌복야는 서지(瑞芝)를 낳으니 조현대부(朝顯大夫) 내영소윤(內盈少尹)이다. 소윤은 태권(台權)을 낳으니 봉익대부(奉翊大夫) 문예부 좌사윤(文睿府左司尹)이다. 좌사윤은 거두(居斗)를 낳으니 봉익대부(奉翊大夫) 공조 전서(工曹典書)이다. 공조 전서는 천(洊)을 낳으니 진례도 도만호(進禮島都萬戶)를 지냈다. 만호는 영명(永命)을 낳으니 신령 현감(新寧縣監)을 지냈다. 현감은 한계(漢啓)를 낳으니 통훈대부(通訓大夫) 부지승문원사(副知承文院事)로, 이분이 선생의 고조(高祖)이다. 고조는 노산군(魯山君 단종(端宗)) 조정에서 벼슬하여 경악(經幄 경연(經筵))을 출입해서 이름이 나고 명망이 매우 자자하였는데, 시사(時事)가 한 번 변하기에 이르러서 외직을 청하여 남쪽으로 돌아왔고, 병으로 다시 벼슬하지 않았다. 증조는 휘가 만근(萬謹)이니 성균 진사로 통훈대부 통례원 좌통례(通禮院左通禮)에 증직되었고, 조부는 휘가 예범(禮範)이니 병절교위(秉節校尉)로 통정대부

때 쓰는 거북을 보관하는 곳 기둥에 산, 마름 풀 등을 새기고 그렸는데, 그 집주에, "공자가 '그가 인간의 도의에 힘쓰지 않고 귀신에게 아첨하고 친압함이 이와 같았으니, 어찌 지혜롭다고 하겠는가.'라고 말한 것이다.〔孔子言其不務民義, 而諂瀆鬼神如此, 安得爲知.〕"라고 한 데서 가져왔다. 《論語 公冶長》

4 진민사(鎭民祠) : 의성 김씨의 중시조 김용비의 공덕(功德)을 기리는 제사를 지내기 위해 만든 사당이다. 진민사는 의성 김씨 문중에서 세운 재사(齋祠)가 아니라 의성 지역 주민들이 공동으로 제사를 지내는 향사(鄕祠)의 성격을 지니고 있었다.

(通政大夫) 승정원 좌승지 겸 경연참찬관(承政院左承旨兼經筵參贊官)에 증직되었고, 고(考)는 휘가 진(璡)이니 성균 생원으로 누차에 걸쳐 자헌대부(資憲大夫) 이조 판서 겸 지의금부사(吏曹判書兼知義禁府事)에 증직되었으니, 이분들은 모두 선생이 귀하게 됨으로써 추은(推恩)을 받았다. 비(妣)는 여흥 민씨(驪興閔氏)로 정부인(貞夫人)에 추증되었으니, 문하 좌정승(門下左政承)을 지내고 시호가 문도(文度)인 민제(閔霽)[5] 공의 5대손 민세경(閔世卿)의 따님이다. 선생의 부친 판서공은 아들 다섯을 두었으니, 선생은 그 가운데 넷째로 가정(嘉靖) 무술년(1538, 중종33) 12월 을사에 안동부(安東府) 임하현(臨河縣) 천전리(川前里) 집에서 태어났다.

선생은 태어나면서부터 특별한 자질을 지녔고 남들보다 명석하고 빼어났다. 어릴 적 여럿이 놀이를 할 때 우뚝 뛰어나 두각이 드러났는데, 합당하지 못한 점이 있으면 결연히 떠나 버리고 일찍이 뜻을 굽혀 구차하게 따르지 않았다. 판서공이 이를 기특하게 여기며 "이 아이는 뒷날 반드시 세상과 더불어 부앙하지 않을 인물이다."라고 하였다. 일찍이 여러 아이와 층층의 바위 위에서 놀 적에 한 아이가 실족(失足)하여 추락하자 다른 아이들은 모두 놀라 당황하며 흩어져 달아났는데, 선생은 즉시 달려가 집안 어른에게 알려 구하도록 하였다. 사람들이 모두 감탄하고 기특하게 여기

5 민제(閔霽) : 1339~1408. 고려 말 조선 초의 문신이다. 원경왕후(元敬王后)의 아버지로 태종의 국구(國舅)이니, 봉호는 여흥부원군(驪興府院君)이고, 자는 중회(仲晦), 호는 어은(漁隱)이며, 시호는 문도(文度)이다.

면서 사마광(司馬光)이 독을 깨뜨렸던 일[6]에 비교하였다.

9세 때 어머니의 상(喪)을 당하였는데, 슬퍼하고 애모함이 어른이 하는 예(禮)와 같았다. 판서공이 가르치고 깨우침에 매우 엄하였는데 일찍이 노하여 매를 치고자 하면서 스스로 회초리를 가지고 오도록 했더니, 선생은 큰 회초리를 선택하여 가져다 드렸다. 혹자가 그 연유를 물으니, "회초리를 맞아도 아프지 않으면 징계되는 바가 없어서입니다."라고 하였다. 어릴 때부터 남을 구제하는 마음을 지니고 있었으니, 걸인을 보면 반드시 집에 알리고 그에게 쌀을 주었다.

선생은 일찍이 백씨(伯氏) 극일(克一)[7]이 홍원 현감(洪原縣監)으로 부임할 때 따라갔다. 성중(城中)에 불이 났는데, 사람들이 모두 달려가서 아문(衙門)의 불을 진화하였다. 불을 다 끄고 난 뒤에 선생이 어디 있는지 몰라서 다니며 찾아보니, 선생은 책 상자를 등에 지고 손에는 전패(殿牌)[8]를 받들고 앉아 있었다. 백씨

6 사마광(司馬光)이……일 : 원문은 '격옹사(擊甕事)'로, 송(宋)나라 사마광(司馬光)이 어릴 적에 아이들과 함께 놀다가 물이 가득한 큰 물독에 한 아이가 빠졌다. 다른 아이들은 모두 놀라 도망쳤는데, 사마광은 큰 돌을 가지고 와서 물독을 깨뜨려 아이를 살렸던 일을 말한다. 《宋史 卷336 司馬光列傳》

7 극일(克一) : 김극일(金克一, 1522~1585)로, 자는 백순(伯純), 호는 약봉(藥峰)이다. 1546년(명종1) 문과 급제하고, 성주 목사, 사헌부 장령 등을 역임했다. 저서로는 《약봉일고(藥峰逸稿)》가 있다.

8 전패(殿牌) : 각 고을의 객사(客舍)에 '전(殿)' 자를 새겨 세운 나무패를 말한다. 이것은 임금을 상징하는 것으로, 매월 초하루와 보름에 그 고을의 관원이 모두 모여 배례(拜禮)하였는데, 이를 훼손하면 불경죄(不敬罪)를 받아 본인은 물론 수령과 그 고을까지 처벌받아 강등되기도 하였다.

가 부인에게 말하기를, "기이하다. 내 동생은 반드시 절의를 세우고 충성을 바치는 신하가 될 것이오."라고 하였다.

약관(弱冠)의 나이에 학문에 뜻을 두고 계씨(季氏) 복일(復一)[9]과 함께 소수서원(紹修書院)[10]에서 글을 읽었는데, 하루는 탄식하면서 계씨에게 "사람이 이 세상에 태어나 다만 과거 공부에만 힘쓰고 자신을 위하는 학문〔爲己之學〕을 알지 못한다면, 매우 부끄러워할 만하다. 퇴계(退溪) 이 선생(李先生)은 오늘날의 유종(儒宗)이시니, 어찌 가서 가르침을 받들지 않겠는가."라고 하였다. 마침내 판서공에게 아뢰니, 판서공이 기뻐하면서 보내 주었다.

이에 계씨와 함께 책 상자를 짊어지고 계상(溪上)[11]에 가서 절하였더니, 이 선생이 그 모습과 행동을 보고 이미 마음으로 허락하였다. 인하여 인심(人心)과 도심(道心)의 나뉘짐과 선기옥형(璿璣玉衡)의 제도에 대해 물었다. 물러나서는 계씨와 함께 반복하여 연구하고, 《서전(書傳)》의 내용에 따라 그림을 그려 만들었다. 한밤에 이 선생이 걷다가 그들이 임시 거처하는 곳에 이르렀는데,

9 복일(復一) : 김복일(金復一, 1541～1591)로, 자는 계순(季純), 호는 남악(南嶽)이다. 1570년(선조3) 문과 급제하고, 풍기 군수를 지냈다. 시문이 《연방세고(聯芳世稿)》에 수록되어 있다.

10 소수서원(紹修書院) : 조선 중종 때 주세붕(周世鵬)이 이곳 출신 유학자 안향(安珦)을 배향하기 위해 사묘(祠廟)를 설립하였는데, 유생 교육을 겸비한 백운동서원(白雲洞書院)을 설립하였다. 그 뒤 1548년(명종3) 풍기 군수로 부임한 이황(李滉)이 서원을 공인하고 나라에 널리 알리기 위해, 사액(賜額)과 국가의 지원을 요청하였다. 이에 1550년 '소수서원(紹修書院)'이라 사액되었다.

11 계상(溪上) : 퇴계(退溪) 이황(李滉, 1501～1570)이 살던 안동 도산면 토계리(兎溪里)를 가리키는데, 이황이 계상서당(溪上書堂)을 짓고 후학을 가르쳤다.

여전히 단정히 앉아 강론하면서 잠도 자지 않으니, 이 선생이 그 정성스럽고 돈독함을 기뻐하였다. 이로부터 더욱 힘써 학문을 함에 조금도 게으르게 한 적이 없었다. 이 선생이 일찍이 어떤 사람에게 보낸 편지에, "김사순(金士純)이 이곳 도산(陶山)에 와서 우거하는데, 무더위를 무릅쓰고 산을 넘어 왕래하면서 《서전》 가운데 의심나는 뜻을 질문합니다. 이 사람은 민첩하면서도 배우기를 좋아하므로, 그와 학문을 함께하노라면 몹시 유익하다는 것을 깨닫습니다."라고 하고, 또 손자인 이안도(李安道)[12]에게 보낸 편지에, "요사이 보니 김성일은 지취(志趣)가 매우 좋아 능히 이 일〔此事 유학(儒學)〕에 뜻을 오롯이 쏟고 있으니, 마음을 세움에 성실하고 간절함이 이와 같다면, 무엇을 구한들 얻지 못하겠으며, 무엇을 배운들 이룸이 없겠는가."라고 하였다. 또 일찍이 성현들께서 서로 전한 도통(道統)의 심법(心法)을 자세히 서술하여 병명(屛銘)을 지어 손수 깨끗하게 베껴서 주었으니, 그 촉망과 기대함이 다른 제자들과 달랐던 것을 또한 알 수 있다.

친가가 가난하여 매양 글 읽을 양식으로 보리쌀과 나물을 보내주었으며, 때로는 혹 공급해 주지 못하는 경우가 있었으나, 선생은 편안히 여기고 개의치 않으며 오직 도(道)를 구함에 돈독히 하지 못할까만을 근심하였다. 이에 각고의 노력을 하여 학문의 진보가 그치지 않았으니, 동문(同門)들이 추앙하고 탄복하지 않는

12 이안도(李安道) : 1541~1584. 본관은 진성(眞城), 자는 봉원(逢原), 호는 몽재(蒙齋)이다. 1561년(명종16) 생원시에 합격하고, 1574년(선조7) 음서로 목청전 참봉이 되고, 사온서 직장을 지냈다. 저서로는 《몽재집(蒙齋集)》이 있다.

이가 없었다. 선생은 의귀(依歸)할 곳을 얻고서 마음에 명리(名利)를 가볍게 여겼다. 일찍이 과거 공부를 그만두고자 하여 퇴계 선생께 여쭈었더니, 퇴계 선생이 답하기를 "부형이 살아 계시는데 어떻게 그것을 폐하겠는가. 다만 모름지기 내외(內外) 경중(輕重)의 구분을 분명히 하여야만 한다네. 항상 '그 가운데 저대로 초연한 정취가 있으니, 어찌 아이들과 똑같이 분망한 것을 배우리오.'[13] 라는 구절을 기억하여 마음가짐의 첫 번째 뜻으로 삼아야 할 뿐이라네."라고 하였다. 마침내 과거 시험에 응시하였다.

임술년(1562, 명종17)에 문정왕후가 요승(妖僧) 보우(普雨)의 말에 미혹되어 희릉(禧陵)[14]을 천장(遷葬)하고 정릉(靖陵 중종의 능호)의 묏자리를 옮겨 잡으려고 하였는데, 윤원형(尹元衡)[15] 등이 국정을 맡아 주장하고 있어서 온 조정이 바람에 쓰러지듯 따르고 이에 대해 말하는 자가 있지 않았다. 선생은 개연히 소장을 진달하여 이 일에 불가(不可)한 점 다섯이 있다고 하였으니, "신도(神

13 그……배우리오 : 주희(朱熹)가 문인 임용중(林用中)에게 준 시 〈송임택지환향부선(送林擇之還鄕赴選)〉에 나오는 구절로, "문밖의 홰나무는 꽃이 누렇게 피려 하니, 고당에 계신 부모님은 응당 속히 돌아오길 바라시네. 그 가운데도 저대로 초연한 곳이 있나니, 어찌 아이들과 똑같이 분망한 걸 배우리오.〔門外槐花似欲黃, 高堂應望促歸裝. 箇中自有超然處, 肯學兒曹一例忙.〕"라고 하였다. '취(趣)'는 저본에 '처(處)'로 기록되어 있다.

14 희릉(禧陵) : 중종(中宗)의 계비 장경왕후(章敬王后) 윤씨(尹氏)의 능이다.

15 윤원형(尹元衡) : ?~1565. 본관은 파평(坡平), 자는 언평(彦平)이다. 중종의 제2계비 문정왕후의 동생이자 명종의 삼촌으로, 소윤(小尹)으로 일컬어졌다. 반대파를 제거하기 위해 을사사화(乙巳士禍)를 일으켜 많은 신진 사대부를 숙청했으나, 문정왕후 사후에 몰락하였다.

道)가 아직 조용한데 지금 아무 이유 없이 임금의 능을 천장해 움직여 다른 산으로 옮기는 것이 하나이고, 자전(慈殿)께서 뒷날에 같은 묘혈에 묻히고자 하는 계책을 하여 이미 배장(配葬)되어 있는 원비(元妃)로 하여금 외로운 넋이 되게 하는 것이 둘이고, 새 능의 풍토와 형세가 정히 지맥(地脈)이 끊어진 곳이라 절대로 지금의 묏자리에 미치지 못하는 것이 셋이고, 또 비고 이지러진 곳을 보토(補土)하여 메우는 인력(人力)으로 토목공사를 크게 일으켜서 백성들이 고통을 감내하지 못하여 백성들을 사랑하고 아끼며 길러 주었던 선왕(先王)의 어짊을 손상토록 하는 것이 넷이고, 사왕(嗣王)께서 유충(幼沖)하여 정사가 궁위(宮闈)[16]로부터 나와 한 요승의 사특한 말 때문에 국가의 대사를 마음대로 바꾸는 것이 다섯입니다."라고 하였다. 소를 장차 올리려고 하는데 부형들이 힘껏 저지하였다. 이에 근체시 한 수를 지어 감개(感慨)한 회포를 붙였다.

선생은 가정(嘉靖) 갑자년(1564, 명종19)에 사마시(司馬試)에 합격했는데, 삼 형제가 나란히 합격하였으니 한때의 영광으로 일컬었다. 그러나 선생은 대장부의 사업이 과거 합격에 있는 것이 아니라고 여기고, 뜻을 세움이 더욱 굳세고 학문을 향함이 더욱 독실하였다. 성균관에서 공부하게 되어서는 행동거지와 말하고 묵묵히 있음을 구차히 유속(流俗)과 같이 하지 않았으며, 의론이 분명하고 취사(取舍)가 발랐으니, 벼슬에 나가기 전부터 이미 특별

16 궁위(宮闈) : 궁중(宮中)의 내전(內殿)을 말하는 것으로, 여기서는 자전인 문정왕후를 가리킨다.

한 뜻을 지니고 홀로 행하는[17] 사람인 줄 알겠다.

무진년(1568, 선조1) 별시(別試)에 급제하였으니 나이가 31세였다. 뽑혀서 승문원(承文院)에 보임(補任)되어 권지 부정자(權知副正字)가 되었고, 기사년(1569)에 정자(正字)로 승진했다. 경오년(1570)에 추천을 받아 예문관 검열(藝文館檢閱)이 되었는데, 편지로 퇴계 선생에게 묻기를, "사직(史職)은 군주의 행동거지를 기록하는 직분인데, 지금은 곧 모두 부복하고 감히 쳐다보지 못하니, 자못 일을 기록하는 체제를 잃은 것입니다. 앞서 사관(史官)이 임금께 계청(啓請)한 것이 있었는데, 지금 다시 계청하고자 하는 것은 어떠합니까?"라고 하니, 이 선생이 말하기를 "당초에 계청하여 윤허를 받은 것은 유독 사신(史臣)뿐만 아니었고 무릇 시강자(侍講者)가 모두 머리를 들고 앉을 수 있었는데, 얼마 지나지 않아 여러 신하가 점차 스스로 처음과 같이 부복 자세를 이루었네. 이는 대개 위를 업신여긴다는 혐의가 있다고 여겨서이니, 어찌 감히 다시 청하겠는가." 하였다. 또 묻기를, "사실에 의거하여 곧게 기록함이 곧 사관의 법도인데, 지금은 곧 한 사람과 한 사건의 아래에 포폄(褒貶)을 정하니, 대개 일에는 선후의 다름이 있고 사람에게는 곧고 더러운 차이가 있는데, 어찌 한 번의 붓끝으로 단정 지을 수 있겠습니까. 만약 사실에 따라 정직하게 기술하여 시시비비를 각각 올바르게 한다면, 공(功)과 죄(罪)가 서로 가려지지 않고

17 특별한……행하는 : 빼어난 뜻을 지니고 홀로 뛰어난 행동을 함을 말한다. 당나라 한유(韓愈)의 〈백이송(伯夷頌)〉에 "선비가 독립특행하여 의로움에 맞게 할 뿐이다.〔士之特立獨行, 適於義而已.〕"라고 한 말이 있다.

선과 악이 서로 뒤섞이지 아니하여, 후세의 공론(公論)이 곧 정해질 수 있을 것입니다."라고 하였다. 이 선생이 말하기를, "보여 준 말은 진실로 마땅하네. 지금 만약 이런 폐단을 고치고자 한다면, 온 춘추관(春秋館)의 관원들이 함께 의논하여 정하는 것이야 괜찮겠지만, 만약 아래에 있는 관원이 홀로 자신의 뜻을 행하려고 해서는 안 될 것이네."라고 하였다. 퇴계 선생이 일찍이 말하기를, "이 사람은 뒷날 반드시 큰 그릇이 될 것이다." 하였고, 벼슬에서 물러나기를 청원하는 날, 임금께서 퇴계 선생을 인견하고 조정의 신하와 문하의 인재를 물으심에, 이준경(李浚慶)[18]과 기대승(奇大升),[19] 그리고 선생을 탑전(榻前)에 천거하였다.

신미년(1571)에 대교(待敎)로 승진하고, 또 봉교(奉敎)로 승진하였다. 노릉(魯陵 단종의 능호)을 봉식(封植 봉분하고 나무를 심음)할 것과 육신(六臣)[20]의 관작을 회복하여 그 충(忠)을 표창할 것을 청하고, 그리고 임금의 덕과 시대의 폐단에 대해 수천 언을 올렸는데, 그 말이 매우 알맞고 간절하였다. 소가 올라옴에 진신(搢

18 이준경(李浚慶) : 1499~1572. 본관은 광주(廣州), 자는 원길(原吉), 호는 동고(東皐)이고, 시호는 충정(忠正)이다. 1531년(중종26) 문과에 급제하고, 대사헌, 좌의정, 영의정 등을 역임하였다. 저서로는 《동고유고(東皐遺稿)》가 있다.

19 기대승(奇大升) : 1527~1572. 본관은 행주(幸州), 자는 명언(明彦), 호는 고봉(高峯), 시호는 문헌(文憲)이다. 1558년(명종13) 문과에 급제하고, 대사간, 공조 참의 등을 역임하였다. 저서로는 《고봉집(高峯集)》이 있다.

20 육신(六臣) : 1456년(세조2)에 단종 복위를 꾀하다가 죽은 여섯 명의 신하로 성삼문(成三問), 박팽년(朴彭年), 하위지(河緯地), 이개(李塏), 유성원(柳誠源), 유응부(兪應孚)를 가리킨다.

紳)들이 소름이 일어나지 않는 이가 없었다. 그 뒤에 재신(宰臣)이 이로 인하여 진계(陳啓)하여 노릉을 봉식하고 육신의 자손을 녹용(錄用)하게 된 것은 대개 선생이 발언해서였다.

만력(萬曆) 계유년(1573)에 성균관 전적(成均館典籍)으로 승진하고, 형조 좌랑으로 천직하였다. 형조에는 옥송(獄訟)이 오래도록 지체되어 그 문건이 구름처럼 쌓여 있었는데, 선생이 삼키지도 않고 뱉지도 않아[21] 명백하고 공평하게 하여 판단하고 결정함이 물 흐르듯이 하였다. 관장(官長)이 칭찬하며 "평소 모야(某也)의 이름을 들었는데, 복잡한 일을 끊고 번잡한 일을 처리함이 또한 이와 같을 줄 생각지 못하였다."라고 하였다.

사간원 정언(司諫院正言)에 임명되었다. 하루는 주상께서 경연(經筵)에 납시어 물으시기를, "경들은 나를 전대의 제왕들과 비교해 볼 때 어떤 군주와 비슷하다고 생각하는가?" 하니, 어떤 사람이 대답하기를, "요순(堯舜) 같은 군주입니다."라고 하였다. 선생이 대답하기를 "요순이 될 수도 있고, 걸주(桀紂)가 될 수도 있습니다."라고 하니, 주상께서 말씀하시기를 "요순과 걸주가 이와 같이 비슷한가?" 하였다. 선생이 말씀 올리기를 "생각을 잘하면 성인이 되고 생각을 하지 않으면 광인(狂人)이 됩니다. 전하께서는 타고난 자질이 고명(高明)하시니 요순처럼 되기가 어렵지 않을 것입니다. 다만 스스로를 성스럽다고 여겨 간하는 말을 받아들이

21 삼키지도……않아 : 권세에 따라 당락을 결정하지 않고 공정하게 함을 의미한다. 《시경》 〈증민(烝民)〉에 "부드러워도 삼키지 아니하고, 강해도 뱉지 않는다.〔柔亦不茹, 剛亦不吐.〕"라고 한 데서 유래하였다.

지 않는 병통이 있으십니다. 간언을 받아들이지 않고 스스로 성스럽다고 여김은 걸주가 망한 까닭이 아니겠습니까."라고 하니, 주상께서 얼굴색이 변하며 고쳐 앉으니 용상(龍床)이 마치 진동하는 듯하였고 좌우의 사람들은 모두 아연실색하였다. 유성룡(柳成龍)[22]이 나아가 아뢰기를, "두 사람의 말이 모두 옳습니다. 요순 같다고 대답한 것은 군주를 인도하는 말이고, 걸주에 비유한 것은 경계하는 말이니, 다 군주를 사랑하지 않음이 없는 것입니다."라고 하니, 주상께서 이에 모습을 고치고는 술을 내리라고 명한 다음 자리를 파하였다.

사간(司諫) 김규(金戣)[23]는 곧 해안군(海安君)[24]의 사위이다. 왕실의 가까운 인척이라는 인연으로 청반직에 엽등(躐等 등급을 건너뛰어 오름)하니 조정의 의론이 모두 그의 이름과 지위가 걸맞지 않음을 싫어하였지만, 도리어 두려워하면서 감히 말을 하지 못하였다. 선생은 이전에 한림(翰林)으로 경연(經筵) 자리에 입시하였을 때 또한 그가 아첨하며 비위를 맞추는 행태를 보고는 마음으로 비루하게 여겼었더니, 이에 김규가 사간이 되어 장차 상회례(相會禮)[25]를 행하려 함에 선생이 대궐에 나아가 홀로 계청하여 논하였

22 유성룡(柳成龍) : 1542~1607. 자는 이현(而見), 호는 서애(西厓), 본관은 풍산(豐山), 시호는 문충(文忠)이다. 1566년(명종21) 문과에 급제하여 요직을 두루 역임하였고, 임진왜란 때 영의정으로 군무(軍務)를 총괄하여 국난을 극복하였다. 저서로는 《서애집(西厓集)》이 있다.

23 김규(金戣) : 1531~1580. 본관은 희천(熙川), 의주 목사(義州牧使) 김백순(金伯醇)의 아들로, 홍문관 수찬(弘文館修撰), 사간원 사간(司諫院司諫) 등을 지냈다.

24 해안군(海安君) : 중종의 서자인 왕자 이희(李㠠, 1511~1573)이다.

다. 김규가 체직되어 외직에 보임되었고 끝내 조정에 용납되지 못하였으며, 선생 또한 홀로 계청하여 예(例)를 어겼다는 것으로 체차되어 전적(典籍)으로 배임하라는 명이 내렸다. 김응남(金應南)[26] 공이 편지로 하례하기를, "좌우(左右)의 곧은 절개는 천 길이나 되는 절벽처럼 우뚝 섰으니, 30년 이래로 있지 않았던 것입니다. 철면어사(鐵面御史)[27]의 풍채를 직접 이 몸이 보게 되었으니 얼마나 다행한 일이겠습니까."라고 하였다.

일찍이 재신(宰臣) 유순선(柳順善)[28]의 상(喪)에 갔는데 만조(滿朝)의 경상(卿相)들이 성대하게 모였고, 방상(方相)[29]이 놀이를 하면서 온갖 모양새를 다투어 만들어 내자, 자리에 가득 있던 이들이 돌아보면서 웃지 않은 이가 없었다. 그러나 선생은 굳은 얼굴로 마치 보지 못한 듯이 하니, 홍가신(洪可臣)[30] 공이 깊이

25 상회례(相會禮) : 사신이나 객이 왔을 때 처음으로 서로 만나서 인사를 나누던 예를 말한다.

26 김응남(金應南) : 1546~1598. 본관은 원주, 자는 중숙(重叔), 호는 두암(斗巖)이다. 1568년(선조1) 문과에 급제하고, 동부승지, 우의정, 좌의정 등을 역임하였다.

27 철면어사(鐵面御史) : 강직하고 사심이 없는 관원을 가리킨다. 송나라 조변(趙抃)이 전중시어사(殿中侍御史)로 있으면서 권귀(權貴)들도 피하지 않고 탄핵했는데, 목소리가 늠름하여 사람들이 철면어사라고 한 데서 유래하였다. 《宋史 卷316 趙抃列傳》

28 유순선(柳順善) : 1516~1577. 본관은 진주(晉州), 자는 순중(純仲), 호는 소재(素齋)이다. 이조 판서, 강원도 관찰사 등을 지냈다.

29 방상(方相) : 방상씨(方相氏)를 말한다. 임금의 행차나 외국 사신의 영접, 기타 궁중의 행사에 사용했으며, 장례 때는 광중(壙中 : 시체를 묻는 구덩이)의 역귀를 쫓는 데 사용하기도 하였다.

30 홍가신(洪可臣) : 1541~1615. 본관은 남양(南陽), 자는 홍도(興道), 호는 만전당(晩全堂), 시호는 문장(文壯)이다. 정여립(鄭汝立)과 가까이 지냈다는 이유로

칭찬하며 탄복하였다. 일찍이 지우(知友)의 성복(成服)에 갔을 적에 빈객이 매우 성대히 많았는데 조사(朝士)가 반을 차지하였다. 가장 뒤에 문지기가 김 정언(金正言)이 도착했다고 알리니, 앉아 있던 손님들은 대부분 바삐 자리를 피하였다. 이준민(李俊民)[31] 공이 말하기를, "한 언관(言官)이 오는데 어찌하여 앉아 있던 손님들이 편히 자리에 앉아 있지 못합니까?" 하니, 모두 "김 모는 담이 굳세고 말이 곧으니, 우리는 자신이 무심코 한 행동이 드러나 그에게 흠 잡히고 싶지 않소."[32]라고 하였다. 이 공이 말하기를, "김 모가 비록 강직하다고는 하나 어찌 아무 일 없이 쓸데없이 시비를 걸려고 하겠습니까."라고 하였다. 선생이 이윽고 들어와 조문의 예를 마치고 난 뒤에 온화한 모습으로 말을 건네고 나가니, 모두 말하기를, "지금 그 사람을 보니 의젓하고 온화한데, 어찌 앞서 들은 것과 다릅니까."라고 하였다. 이 공이 웃으며 "내 말이 어떻습니까."라고 하였다.

가을 7월에 홍문관 부수찬에 제수되었고, 부모님을 뵈러 고향으로 가기를 청하는 글을 올리고 고향으로 내려갔다. 용안역(用安

1589년 정여립의 모반 사건 때 파직당했다. 저서로는 《만전집(晩全集)》이 있다.

31 이준민(李俊民) : 1524~1590. 본관은 전의(全義), 자는 자수(子修), 호는 신암(新庵), 시호는 효익(孝翼)이다. 1556년(명종11) 문과에 급제하고, 경기도 관찰사, 평안도 관찰사, 병조 판서 등을 역임했다. 저서로는 《신암집(新庵集)》이 있다.

32 흠……않소 : 원문의 '피리춘추(皮裏春秋)'는 가죽 속의 춘추라는 말로, 겉으로 표현하지 않고 마음속으로 시비를 가려 포폄함을 의미한다. 진(晉)나라 저부(褚裒)에 대해 대신(大臣) 환이(桓彝)가 "계야〔저부의 자〕는 가죽 속에 《춘추》가 있다.〔季野有皮裏春秋〕"라고 말했던 데서 가져왔다. 《晉書 卷93 褚裒列傳》

驛 충청도 충주에 위치)에 이르러 말에게 꼴을 먹이고 있다가 밭고랑에 앉아 있는 자를 보았는데, 함께 가던 지우(知友)가 그를 가리키며 "저 사람은 효자일세."라고 하니, 곧 그를 청하여 만나 보았다. 그 사람은 시골 마을에 사는 천인(賤人)이었는데도 마루 위로 올라와 앉도록 하여 손님을 대하는 예로 대우하니, 지우가 너무 지나침을 괴이하게 여기자, 선생이 말하기를, "착하지 못한 사람은 경상(卿相)에 오른 귀인이라 할지라도 진실로 족히 볼 것이 없지만, 만약 착한 행실이 있다면 어찌 미천하다 하여 함부로 소홀히 대하겠는가." 하였다. 병조 좌랑으로 천직하고, 겨울에 지제교(知製敎)를 겸직하였다.

갑술년(1574, 선조7)에 홍문관 수찬, 사간원 정언에 임명되었다. 을해년(1575) 봄에 다시 병조 좌랑에 임명되었다가 곧 어떤 일로 인하여 파직되어 고향으로 돌아왔다. 이때가 마침 인순왕후(仁順王后 명종 비)의 장례 일이었는데, 새벽부터 저녁까지 뜰 아래 그대로 엎드려 있었다. 또 연일(練日 소상일(小祥日))에는 관(官)에 들어가 자리를 베풀어 곡[33]을 하였는데, 슬퍼하는 모습이 지극한 정성으로 드러났다. 곧바로 서용의 명을 받아 병조 정랑에 올랐다.

병자년(1576)에 이조 좌랑에 임명되었는데, 자신을 단속하고 인재를 등용함에 공정(公正)하고 사사로움이 없었다. 이조의 아전

33 자리를 베풀어 곡 : 《가례》 〈통례〉 문상(聞喪) 분상(奔喪) 조에 "만약 분상을 할 수 없으면 자리는 마련하지만 전은 올리지 않고, 의자 하나를 설치하여 시구를 대신하며 전후좌우로 예법에 따라 자리를 베풀고 곡을 하지만 다만 전을 진설하지 않는다.〔若未得行則爲位不奠, 設椅子一枚, 以代尸柩, 左右前後, 設位哭如儀, 但不設奠.〕"라고 한 데서 인용하였다.

이 일찍이 관교(官敎)[34]를 소매에 넣어 왔는데, 곧 근무 일수가 차서 품계를 올려 주는 것이었다. 그런데 근무 일수를 계산하고 급수(級數)를 헤아려 보니 달 수가 기준에 차지 않아 선생이 이를 나무라자, 아전이 말하기를, "관아에서 예전부터 내려오는 규칙에 맞추어 의례대로 선생을 높이고 근무 일수를 계산하지 않았습니다." 하였다. 선생이 말하기를, "예전부터 내려오는 규칙이 그러하다 하더라도, 나는 그렇게 하지 않겠다."라고 하니, 아전이 황송해하면서 사죄하고 물러갔다.

선발되어 독서당에 들어갔는데, 선생이 말하기를, "독서당을 설치한 것은 미리 인재를 양성하기 위한 까닭이니, 그들로 하여금 독서하여 뒷날 쓰기 위한 것이다. 퇴계 선생께서 독서당에 계실 적에, 여러 동료는 모두 방일하게 지냈지만 홀로 문을 닫고 글을 읽으셨거늘, 하물며 나 같은 후생이 힘쓰지 않아서야 되겠는가." 하였다. 매양 말미를 내려 주실 적에는 종일토록 반듯하게 앉아 있었고 편히 쉬거나 놀이를 하느라 글 읽기를 폐한 적이 없었다.

이해에 조정에서 한훤(寒暄)[35]과 일두(一蠹)[36] 두 선생에게 시

34 관교(官敎) : 4품 이상의 벼슬을 임명할 때 주는 사령장을 말한다.

35 한훤(寒暄) : 김굉필(金宏弼, 1454~1504)의 호이다. 본관은 서흥(瑞興), 자는 대유(大猷), 시호는 문경(文敬)이다. 김종직(金宗直)의 문하에서 《소학》을 읽고 스스로 '소학동자'라고 일컬었다. 군자감 주부, 감찰 등을 역임하였다. 저서로는 《한훤당집(寒暄堂集)》이 있다.

36 일두(一蠹) : 정여창(鄭汝昌, 1450~1504)의 호이다. 본관은 하동(河東), 자는 백욱(伯勗), 시호는 문헌(文獻). 김종직의 문인으로, 무오사화에 연루되어 죽었다. 시강원 설서, 안음 현감 등을 역임하였다. 저서로는 《일두집(一蠹集)》이 있다.

호(諡號)를 추사(追賜)하였는데, 선생이 명을 받들고 내려가 반포하였으며, 주가(主家)에서 고례(古禮)에 의거하여 예물을 주거늘, 선생이 모두 받아서 서원으로 보냈다. 겨울에 또 퇴계 선생에게 시호를 내리는 명을 받들 적에도 또한 이와 같이 하였다.

정축년(1577) 봄에 사은사 겸 개종계주청사(謝恩使兼改宗系奏請使)를 차임하여 보낼 적에, 선생을 서장관(書狀官)으로 삼았다. 당시에 선생의 아버지 판서공의 나이가 70세가 넘었는데, 부모의 나이 70세가 넘었을 경우 소를 올려 면하게 해 줄 것을 청하는 예전 규례가 있었다. 선생은 이에 즉시 서신을 보내어 판서공께 갖추어 여쭈니, 답하기를, "너는 이미 조정에서 벼슬을 하고 있으니 의리상 사적인 일을 돌아보아서는 안 된다. 내가 비록 나이가 많다마는 다행히 질병이 없으니, 나 때문에 염려하지 말고 속히 임금의 명을 따르거라."라고 하자, 사람들이 '아버지다운 아버지에 이에 아들다운 아들이다.'라고 하였다. 이에 상사(上使) 윤두수(尹斗壽),[37] 질정관(質正官) 최립(崔岦)[38]과 함께 조정에 하직 인사하고서 출발하였다.

이보다 앞서 종계(宗系)와 악명(惡名)[39] 두 건의 일에 대해 변

37 윤두수(尹斗壽) : 1533~1601. 본관은 해평(海平), 자는 자앙(子仰), 호는 오음(梧陰)이고, 시호는 문정(文靖)이다. 사은사(謝恩使)로 명나라에 다녀온 뒤 도승지가 되었고, 좌의정, 영의정 등을 역임하였다. 저서로는 《오음유고(梧陰遺稿)》가 있다.

38 최립(崔岦) : 1539~1612. 본관은 통천(通川), 자는 입지(立之), 호는 간이(簡易)이다. 1561년 문과에 급제하고, 주청부사로 명나라에 다녀왔고, 형조 참판에 이르렀다. 저서로는 《간이집(簡易集)》이 있다.

39 종계(宗系)와 악명(惡名) : 명나라 법전인 《대명회전(大明會典)》에, 조선의 태

무(辨誣)를 진달하고 호소하는 사신(使臣)[40]의 왕래가 연이어져 여러 조(朝)를 거쳐서야 비로소 고쳐서 편찬할 것을 허락하였다. 하지만 사신이 기록한 것은 여전히 옛날 오류를 답습하였고, 또 《대명회전(大明會典)》을 내어 보여 주길 허락하지 않았었다.

이때에 이르러 일행이 이미 황도(皇都)에 도착하여 사은(謝恩)을 한 뒤에 즉시 예부(禮部)에 나아가 아뢰니, 해당 부서의 관원이 "이미 고쳐 편찬하여 《대명회전》에 기록해 넣었다."라고 답하였다. 여러 차례 자문(咨文)을 올려 반복하여 간절히 진달한 결과 비로소 한림(翰林) 당학징(唐鶴徵)[41]이 쓴 글을 보게 되었는데, 거칠고 엉성하여 사실과 달랐다. 또 환조(桓祖)[42]의 성과 휘(諱)를 쓰지 않았기에, 일행이 날마다 예부에 나아가 고쳐 주기를 다방면으로 청함에 눈물을 흘리기도 하고 하소연하기도 하였다. 낭중(郎中) 심현화(沈玄華)[43]가 말하기를, "훗날 정문(呈文)을 써 오면 마땅히 상서각(尙書閣) 어른에게 아뢰겠습니다."라고 하거늘, 선생이

조 이성계(李成桂)의 아버지가 고려 말의 소인인 이인임(李仁任)이라고 잘못 기록된 것과 이성계가 고려의 네 왕을 시해하고 왕이 되었다고 잘못 기록된 것을 가리킨다.

40 사신(使臣) : 원문은 '관개(冠蓋)'로, 관직에 있는 이를 의미하는 말이니 고관이 머리에 쓰던 관과 해를 가리던 일산을 아울러 이르던 말에서 온 것이다. 여기서는 사신을 의미한다.

41 당학징(唐鶴徵) : 자는 응암(凝菴), 무진(武進) 사람으로, 융경(隆慶) 15년(1587, 선조20)에 진사 합격하고, 태상 경(太常卿)을 지냈다. 《明史 卷205 列傳93》

42 환조(桓祖) : 태조 이성계의 부친 이자춘(李子春)의 존호(尊號)이다.

43 심현화(沈玄華) : 중국 명(明)나라의 문신으로, 낭중(郎中), 대리소경(大理少卿) 등을 역임하였고, 김성일(金誠一)이 중국에 사신으로 갔을 때 문서 고치는 일을 도와주었다.

곧바로 초하여 주자, 낭중이 놀라 감복하였다. 그리고 즉시 마 상서(馬尙書)에게 알리어 상서각 어른에게 품의(稟議)를 하자, 곧 심 낭중으로 하여금 고쳐 편찬하도록 하면서 친히 글자를 지우고 고쳤으며 몇 줄의 말을 더해 넣기까지 하여 아주 명백하게 하였고, 다 수정함에 흠결이 없었으며, 제의(題擬)가 비준을 받아 회답한 자문을 갖추어 실었다. 이에 종방(宗祊)의 오욕을 입은 원통함과 열성(列聖)께서 하늘에 하소연했던 정성이 비로소 그 신원을 얻어 내었다. 뒷날 사신(使臣)이 황조의 칙령을 삼가 받들어 반포해 내린 《대명회전》의 기록은 모두 이 행차 때 바로잡은 것이다. 당시에 최립이 문장을 잘 짓는 것으로 이름이 나 있었으니, 예부에서 문득 자문(咨文)을 보면 또한 문장가의 솜씨라고 칭하였다. 그런데 선생이 지은 글을 보고는 곧 말뜻이 매우 간절하여 정히 장주문(章奏文)의 체제를 잘 터득하였다고 여겼다. 이 때문에 전후로 올린 글이 대부분 선생의 손에서 나오게 되었다.

선생은 성품이 청렴하고 꼿꼿하며 방정하고 엄하였으며 강직하다는 소리가 조정에 떨치었다. 서장관에 차임되기에 이르러서는 일행들이 두려워 떨었다. 처음에 평양(平壤)에 이르러서 군관(軍官)과 역관(譯官)들 가운데 참람하고 사치스러운 자들을 모두 적발하여 곤장을 쳤는데, 그다음 날 연향(宴饗)을 베푸는 자리에 나아가 앉으니, 정사(正使)가 말하기를, "연경에 가는 군관들이 행장을 사치스럽게 꾸미는 것은 으레 그러한 것인데, 서장관이 곤장을 치는 바람에 살벌한 기운이 돌게 되었으니, 마땅히 벌주[44]를

44 벌주 : 원문은 '백부(白浮)'로, '부이대백(浮以大白)'에서 온 말이다. 전국 시대

마셔야 합니다." 하였다. 아랫사람들이 두려워하면서 서로 말하기를, "서장관은 성품이 준엄하니 반드시 벌주를 마시지 않을 것이다. 이번 행차는 응당 화평한 기운이 적을 것이다."라고 하였지만, 선생은 그 잔의 술을 다 마시고는 종일토록 기뻐하고 웃으니, 아랫사람들이 비로소 선생이 정직한 가운데서도 포용력이 있음에 감복하였다.

옥하관(玉河館)[45]에 이르러서는 짐 꾸러미[46]를 검사하여 적발되는 물건이 있으면 모두 일절 용서하지 않았다. 여러 역관(譯官)이 서로 경계하며 말하기를, "차라리 빈손으로 돌아갈지언정, 삼가 서장관에게 죄를 얻지는 말아야겠다."라고 하였다. 정사는 선생을 본디 꺼리었는데 서로 만날 때는 예모(禮貌)를 깍듯이 하여 대하였으며, 매양 일이 있을 때는 선생의 처치(處置)가 어떠한가를 살폈다. 돌아올 때 압록강을 건너고 나서 양가죽으로 만든 갖옷 한 벌을 선생에게 주면서 말하기를, "듣자니 노친이 계시다고 하기에 감히 정의를 표합니다." 하였다. 선생은 주면서 한 말이 있기에 받아 두었다가, 그다음 날 아침에 도로 돌려보내면서, "성대한 뜻에 매우 감사드립니다. 다만 저에게도 이런 물건이 있어서 늙으신

위(魏)나라 문후(文侯)가 대부들과 술을 마실 적에 공승불인(公乘不仁)으로 하여금 주법(酒法)을 시행하게 하면서 "술잔을 다 비우지 않은 사람에게는 큰 술잔으로 벌주를 내리리라.〔飮不釂者, 浮以大白.〕"라고 말한 데서 유래하였다.

45 옥하관(玉河館) : 중국 북경(北京) 서쪽으로 흐르는 사하(沙河)의 옥하교(玉河橋) 위에 있던 관소(館所)로, 우리나라 사신의 숙소로 이용되었다.

46 짐 꾸러미 : 원문은 '복물(卜物)'로, 말이나 소에 실은 갖가지 물품을 가리키는데, 주로 중국으로 왕래하는 사신 등의 갖가지 물품을 일컫는다.

아버지께서 추위를 막을 수가 있으니, 더 많을 필요가 없기에 감히 봉하여 돌려 드립니다."라고 하니, 정사가 부끄러워하면서 감복하였다. 늙은 역관이 지금 그때의 일을 되짚어 말하고, 또 "김모 어른처럼 엄준한 서장관은 있지 않았다. 일행들이 떨면서 두려워하였지만, 오히려 짐짓 포용하였으므로, 만 리 먼 길을 잘 돌아왔으니 그 다른 것은 또 무엇을 근심하겠는가."라고 하였다. 겨울에 이조 정랑에 승진하였다.

무인년(1578, 선조11)에 홍문관 교리에 제수되었다. 당시에 한 재신(宰臣)이 선운(船運)하는 데 따른 뇌물을 받았는데, 선생은 진강(進講)하는 날, 권신(權臣)이 뇌물을 받은 일에 대해 말이 미치자, 이에 아뢰기를 "성스럽고 밝은 전하의 세상에 또한 이런 일이 있을 줄은 생각지도 못하였습니다."라고 하였다. 주상께서 엄한 소리로 이에 대해 물으니, 선생이 하나하나 들어 아뢰자, 좌우에 있던 사람들이 모두 머리를 움츠렸다. 또 당시 재신 중에 와서(瓦署)[47]의 기와를 사사로이 판 사람이 있었는데, 선생이 그 사람과 함께 경연(經筵)에 입시했을 때 아뢰기를, "조종조에 와요(瓦窯)를 설립한 뜻은 단지 빈민에게 생업이 되도록 하기 위해서였지, 권세 높은 이를 위한 것이 아니었습니다. 지금의 제조(提調)가 자신의 물건처럼 보아서 사사로이 주기를 거리낌 없이 하며 권세 높은 자의 집으로 다 실어 보내고 빈민들에게는 주지 않으니, 이것이 어찌 당초에 설립한 뜻이겠습니까."라고 하니, 그 사

47 와서(瓦署) : 조선 시대 궁궐 조성에 필요한 기와와 벽돌을 공급하기 위해 설치한 관서이다.

람이 땅에 엎드려 사죄하매 땀이 흘러 등을 적셨다. 이해 겨울에 다시 이조 정랑에 임명되었다.

기묘년(1579)에 춘추관 기주관(春秋館記注官)을 겸하였고, 사헌부 장령(司憲府掌令)에 임명되었다. 임금의 면전에서 과감하게 간하며 탄핵도 피하지 않았으니, 사람들이 '전상(殿上)의 호랑이'[48] 라고 말하였다. 하원군(河原君) 이정(李珵)이 왕실의 의친(懿親 근친(近親))으로서 주색에 빠져 멋대로 행동하여 많은 단서로 폐단을 끼쳤는데, 선생이 그 집의 종을 잡아다가 묶어 놓고는 엄하게 죄상을 따져 물었다. 그 말을 들은 자들이 다리를 떨면서 위태로이 여겼지만, 선생은 조금도 동요하지 않았다.

주상께서 경연 중에 묻기를, "근래에 염치(廉恥)가 날로 상실됨은 어찌하여 그런 것인가?"라고 하니, 선생이 대답하기를, "자신이 대신이 된 자도 또한 다른 사람에게서 뇌물을 받는 경우가 있으니, 염치가 상실됨이 족히 괴이할 것도 없습니다."라고 하였다. 정승 노수신(盧守愼)[49]이 자리에 엎드려 말하기를, "김성일의 말이 옳습니다. 신의 집안사람 가운데 북방의 변장(邊將)이 된 자가 있는데, 신이 노모를 모시고 있다는 이유로 조그마한 초피(貂皮) 갖옷을 부쳐 주었기에, 신이 받아서 어미에게 주었습니다." 하고, 이

48 전상(殿上)의 호랑이 : 송(宋)나라 때 유안세(劉安世)가 간의대부(諫議大夫)로 있을 적에, 강직하여 '전상호(殿上虎)'라는 별칭을 얻은 데서 가져왔다. 《宋史 卷345 劉安世列傳》

49 노수신(盧守愼) : 1515~1590. 본관은 광주(光州), 자는 과회(寡悔), 호는 소재(蘇齋), 시호는 문간(文簡)이다. 1543년 문과에 급제하고, 대사헌, 대제학, 영의정 등을 역임했다. 저서로는 《소재집(蘇齋集)》이 있다.

어서 자리를 피해 대죄(待罪)하니, 주상께서 말씀하시기를, "경이 이른바 '허물을 보면 인(仁)을 안다.'[50]라고 한 것이니, 대죄하지 말라." 하고, 또 말씀하시기를 "대간(臺諫)의 곧은 말에 대신이 허물을 인책하니, 둘 다 잘하였다고 말할 만하다. 조정에 있는 신료들이 서로 책려하기를 이와 같이 할 수 있다면, 나라를 다스림에 있어서 무슨 어려움이 있겠는가."라고 하였다. 선생은 노 정승과 본래 사이가 좋았는데도 면전에서 논척(論斥)함에 너그럽게 하지 않았다. 노 정승이 나와서 사례하며 말하기를, "옛날의 도(道)를 오늘에 다시 볼 수가 있었으니, 공이 아니면 누가 그렇게 할 수 있겠습니까."라고 하였다. 이때부터 더욱더 공경하고 중히 여겼다.

선생은 의정부 검상(議政府檢詳)으로 옮겼다가, 사인(舍人)으로 승진하였고, 다시 장령에 제수되었다. 얼마 되지 않아 또 사인이 되었다. 의정부의 옛 풍습이 방달(放達)하면서 검속하지 않아 반드시 노래와 여색으로 희학질함을 서로 숭상하였는데, 선생은 엄숙히 자신의 몸가짐을 가지고, 세속에 끌려가지 않았다.

가을에 함경도 순무어사(咸鏡道巡撫御史)가 되었다. 도내의 탐욕스럽고 잔학한 수령 중에는 선생이 온다는 소식을 듣고서 인수(印綬)를 끌러 놓고 지레 떠나는 자가 있기에 이르렀다. 당시 달아난 군인의 일족(一族)에 대해 처벌하는 폐단이 한 도의 큰 근심거리가 되었는데, 서로 이끌고 흩어져 떠나는 바람에 열 집에

50 허물을……안다 : 《논어)》 〈이인(里仁)〉에, "사람의 과실은 각각 부류에 따르니, 그 사람의 허물을 보면 이에 어진지의 여부를 알 수 있다.〔人之過也, 各於其黨, 觀過, 斯知仁矣.〕"라고 한 데서 가져왔다.

아홉 집이 비어 있었다. 선생은 제일 먼저 두루 물어본 다음 조목별로 상소하여 아뢰었고, 조정에서는 하나하나 그에 따라 시행하였으므로 묵은 폐단이 조금 수그러들었다. 이에 떠돌아다니던 백성들이 다시 모여들어서 모두 말하기를, "어사님은 우리의 부모이다."라고 하였다.

북로(北路)는 추위가 심한 탓에 길을 가기가 몹시 어려웠지만, 선생은 바람과 눈이 내리는 중에도 말을 타고 달려감에 일찍이 잠시도 쉬지 않았다. 혹자가 '너무 수고롭다'고 말하니, 선생은 말하기를, "수졸들이 추위에 얼어 고생을 하니 옷을 나누어 주는 일이 바야흐로 급한데 내가 어찌 감히 머물러 지체하면서 나만 편하게 할 수 있겠는가."라고 하였다. 변방의 보루를 두루 돌면서 병사와 백성들을 위무하였고, 오랑캐의 지경까지 들어가 형편을 자세히 살피고 돌아왔다. 변방의 오랑캐를 연향(宴享)할 적에 어떤 한 오랑캐의 형용이 무리와 다른 자가 있어서, 물어보니 이에 효자라고 하였다. 선생은 곧 더욱 장려하고 타이르며 술과 음식을 넉넉하게 주었더니, 호인(胡人)이 감격하였다.

경진년(1580) 4월에 복명(復命)하였다. 그다음 날 휴가를 청하여[51] 부모님을 뵈러 고향으로 돌아오니, 아버지 판서공은 이미 병에 걸려 오래도록 앓고 있었다. 선생은 여러 형제와 밤낮으로 옆에서 모시면서 직접 약을 조제하여 맛보고서 드렸다. 초상을 당하

51 휴가를 청하여 : 원문은 '정사(呈辭)'로, 어버이의 병환, 본인의 병세, 근친(覲親), 소분(掃墳) 등을 이유로 사직(辭職)을 청하거나 말미를 청하는 내용으로 올리는 문서 또는 그 올리는 행위를 말한다.

기에 이르러서는 물과 장을 입에 넣지 않았다. 때마침 흙비가 내렸는데 진흙탕에 엎드려 머리를 조아리고 있으니, 자제들이 근심하고 민망해하면서 습기를 막을 도구를 설치하고자 하자, 굳게 막고 허락하지 않았다. 졸곡(卒哭)하기 전에는 밤에 침석에 누워서 잠자지 않았고 곡하매 소리를 그치지 않았다. 장사(葬事)를 마친 뒤에는 묘 옆에 여막(廬幕)을 짓고 시묘(侍墓)살이를 하면서 슬피 애통해하고 근심에 잠겨 일찍이 치아를 드러내지 않았다.[52] 조촐한 음식을 먹고 물을 마시며 채소와 과일을 먹지 않았고, 전물(奠物)을 올릴 때는 반드시 직접 하였으며 최질(衰絰)을 풀지 않은 채 지냈고, 지팡이를 짚고 신을 신고 동구 밖을 나가는 일이 없었으며 집안일에 대해서는 한 번도 묻는 바가 없었다. 장례의 절목은 곧 한결같이 《가례(家禮)》와 《의례(儀禮)》를 따르고, 두씨(杜氏)의 《통전(通典)》[53]과 구공(丘公)의 《의절(儀節)》[54]과 《향교예집(鄕校禮輯)》[55]-《향교예집》은 선생이 연경에 갔을 때, 모아서 구해 온 것이다.- 등을 참고해서 고금을 참작함에 아주 조그마한 것도 분변

52 치아를 드러내지 않았다 : 활짝 웃지 않음을 말한다. 《공자가어(孔子家語)》에 "부모님의 상을 치를 때는 삼 년 동안 피눈물을 흘리면서 일찍이 치아를 드러내어 웃지 않았다.〔執親之喪, 泣血三年, 未嘗見齒.〕"라고 하였다.

53 통전(通典) : 당(唐)나라 두우(杜佑)가 편찬한 책으로, 식화(食貨), 선거(選擧), 직관(職官), 예(禮), 악(樂), 병(兵), 형(刑), 변방(邊防)의 8문(門)으로 나누어 황우(黃虞) 때부터 당(唐)나라 천보(天寶) 연간에 이르기까지 정전(政典)을 기록하였다.

54 의절(儀節) : 명(明)나라 구준(丘濬)이 지은 《가례의절(家禮儀節)》을 가리킨다.

55 향교예집(鄕校禮輯) : 명(明)나라 도희영(屠羲英)과 황의(黃議) 등이 편찬한 책으로, 구준(丘濬)의 《가례의절》을 기본으로 하여 1권으로 편차한 것이다.

하고 분석하였으며, 자제(子弟)들을 모아 강습하고 행하도록 하였다. 비록 상제(喪祭)의 급한 상황일 때라도 의례의 글을 모두 갖추었음에 부인과 딸들도 또한 모두 예문(禮文)을 잘 알았다. 고을 사람이 선생의 효행(孝行)을 갖추어서 관가에 보고하였다. 그때 동강(東岡) 김우옹(金宇顒)[56]이 읍재를 맡고 있었는데, 감탄하며 "효자의 가문에서 충신(忠臣)을 구한다는 것을 어찌 믿지 않겠는가."라고 하였다. 하지만 지구(知舊)의 행적을 드러내는 혐의가 있다는 것으로 끝내 아뢰지 않았다.

상제(喪制) 기간인 3년 동안에 제생(諸生) 가운데 혹 학문을 배우기를 청하는 자가 있을 경우에, 상을 치르며 슬퍼하는 데서는 강학하고 토론할 장소가 아니어서 감히 머물 수 없다고 하면서 사양하였다. 만약 성심(誠心)으로 배우기를 원하는 자가 있을 경우에는 별도로 재사(齋舍)에 있게 하였고, 문중의 자제들을 따라와 가르침을 청할 경우에도 곧 또한 심하게 거절하지는 않았다. 예경(禮經) 등의 서책에 이르러서는 반복하여 변론하고 분석하면서 가르치기를 아주 간절하게 하여 반드시 마음에 깨우치도록 한 뒤에야 그쳤다.

임오년(1582, 선조15)에 복제(服制)를 마쳤다. 담제(禫祭)를 지낸 뒤에 중씨(仲氏) 김수일(金守一)[57]과 함께 백운정(白雲亭)에

56 김우옹(金宇顒) : 1540~1603. 본관은 의성(義城), 자는 숙부(肅夫), 호는 동강(東岡)이다. 대사성, 대사헌, 이조 참판 등을 역임했다. 1589년(선조22) 기축옥사 때에 유배되었다가 임진왜란 때에 석방되었다. 저서로는 《동강집(東岡集)》이 있다.

57 김수일(金守一) : 1528~1583. 자는 경순(景純), 호는 귀봉(龜峰)이다. 1555년(명종10) 생원시에 합격했으나, 임하(臨河)에 백운정을 짓고, 유유자적 지내며 후진

물러나 거처하였다. 백운정은 바로 선인(先人) 판서공이 자리를 잡았고 중씨가 지은 것으로, 북쪽으로는 가묘(家廟)를 마주 대하고 동쪽으로는 산소를 바라보는 곳이다. 상을 마친 뒤에 여기에 머물러 지낸 것은 대개 남은 슬픔이 아직 다하지 않아 추모하는 회포를 깃들인 것이다. 이해에 여러 차례에 걸쳐 사간원 사간(司諫院司諫), 성균관 사예(成均館司藝) 등에 제수되었으나 모두 사양하고 나아가지 않았는데, 의정부 사인(議政府舍人)에 제수되기에 이르러서는 곧 조정에 나아가 사은하였다. 이어 사간원 사간으로 옮겨 제수되었다.

선생은 서애 유성룡과 의로운 교분이 가장 도타웠더니, 이때 서애가 대사헌을 맡고 있었는데 일을 논함에 의론이 합치되지 않아, 선생이 탄핵을 주장하여 아뢰고 그 문을 지나면서도 보지 않았다. 서애가 사람을 보내 "근일에 오랫동안 보지 못하였으니, 어찌 나의 공평치 못함을 의심함이 아니겠는가."라고 하니, 선생이 답하기를 "내가 어찌 그러하겠는가. 논계(論啓)를 아직 마치지 않았는데 먼저 내가 사사로이 보는 것이 의리상 온당하지 않은 점이 있어서이니, 논계가 다 끝나면 마땅히 가서 사죄하겠네."라고 하였다.

계미년(1583) 3월에 사인(舍人)으로 외직에 나가 황해도 순무어사가 되었을 때, 개연히 부패한 것을 개혁하고 죽어 가는 백성들을 소생시킬 계획을 지니고 있었다. 이에 약간의 조목을 갖추어 소장을 올려 군정(軍政)의 해이함과 부역(賦役)의 번다하고 과중함에 대한 폐단을 극력 논하였다. 경내에 도착한 뒤에는 호령이

양성에 힘썼다. 저서로는 《귀봉일고(龜峰逸稿)》가 있다.

바람 불듯 시행되자 군사와 백성이 모두 저마다의 마땅한 이치를 얻었고, 탐관오리를 적발함에는 위세가 있다고 하여 용서치 않았으므로, 꺼리는 자들이 또한 많았다.

마침 나주 목사(羅州牧使)의 결원이 생겼는데 정철(鄭澈)[58]이 경연(經筵)에서 아뢰기를, "나주는 땅이 넓고 백성이 많아서 다스리기 어렵다고 정평이 나 있으니, 반드시 강직한 내신(內臣)을 얻어서 제압하도록 해야 합니다."라고 하였다. 다음날 특지(特旨 임금의 특명)로 선생을 제수하여 나주 목사로 삼았다. 선생은 이윽고 복명(復命)하고 나서 곧바로 임금께 하직 인사하고 임지로 부임하였다. 당시에는 당화(黨禍)가 바야흐로 일어날 때여서, 내외의 명사들이 서로 잇달아 폄직되고 쫓겨났다. 하루는 금오랑(金吾郞)이 나주 고을 경내로 들어오니, 고을 사람들이 놀라 떨면서 어찌할 바를 몰랐는데, 선생은 단정히 앉아 송사(訟事)를 심리하면서 의젓이 마음에 개의치 않았다. 장흥 부사(長興府使) 송응개(宋應漑)[59] 또한 쫓겨나게 되었는데, 사람들은 모두 두려워 위축된 채 감히 보지 못하였지만, 선생은 말을 타고 달려가 전별하고 안장을 갖추어 타고 갔던 말을 그에게 주었다.

선생이 외직에 보임됨에, 사람들이 혹 탄식하며 말하기를, "장유(長孺) 한 몸이 어찌 회양(淮陽)에 누워서 다스리는 것이 합당

58 정철(鄭澈) : 536~1593. 본관은 연일(延日), 자는 계함(季涵), 호는 송강(松江)이다. 우의정, 좌의정 등을 역임하였다. 저서로는 《송강집(松江集)》이 있다.

59 송응개(宋應漑) : ?~1588. 본관은 은진(恩津), 자는 공보(公溥)이다. 대사간, 병조 판서 등을 역임하였다. 이이(李珥)가 젊었을 때 절에 들어간 점을 극렬히 비판하다가, 도리어 태학생 유공진(柳拱辰) 등의 탄핵을 받아 회령(會寧)에 유배되었다.

하겠는가."[60]라고 하니, 선생이 말하기를, "아, 이 무슨 말인가? 내직 외직의 관직을 맡음에 직분이 아님이 없으니 있는 곳에서 마음을 다할 따름이거늘, 더구나 내직은 항오를 따르고 무리를 따르느라 자신의 뜻을 펼치기가 실로 어려운지라, 외직 관원이 사무를 관장하여 실효를 볼 수 있느니만 못하다. 사람들이 혹 한 번 청반(淸班)직을 잃고서 한직에 던져지고 산직에 있게 되면 마음대로 술을 마시고 일을 폐하면서 마치 분수 밖의 일처럼 보니, 자못 신하가 일에 따라 직분을 다하는 도리가 아니다."라고 하였다.

백성을 대할 때는 반드시 사모관대를 갖추고서 매우 춥거나 무덥다고 해서 이를 벗지 않았다. 정사를 행함에는 환과(鰥寡)들을 구휼하고 세력이 있는 자를 억누름을 우선으로 하였고, 자신의 몸가짐에 더욱 엄하게 하였다. 나주는 번화한 지역인지라 민정(民情)이 막히고 지체될까를 몹시 두려워하였다. 그래서 북 하나를 걸도록 명하고는 영을 내리기를, "무릇 하소연하고자 함이 있는 자는 반드시 이를 쳐서 알리도록 하라." 하였다. 이에 고을 백성들이 매우 기뻐하며 생각하는 바가 있으면 반드시 알리어 일이 막히는 법이 없어서 위아래가 서로 마땅함을 얻었다. 또한 적발해내는 것도 귀신같이 하니, 사람들이 감히 속이지 못하였다. 위조한 문서를 가지고 다투면서 분별하지 못하던 송사(訟事)가 있었

60 장유(長孺)……합당하겠는가 : 장유는 급암(汲黯)의 자이다. 급암은 한나라 무제(武帝) 때의 직신(直臣)으로, 회양 태수(淮陽太守)로 나가게 되자, 눈물을 흘리며 상소하기를 "신은 그저 조정에 중랑(中郎)으로 남아 궁궐에 출입하면서 폐하를 보좌하는 것이 소원입니다."라고 한 데서 가져왔다. 여기서는 학봉이 외직으로 나가는 것을 탄식하며 비유한 말이다. 《史記 卷120 汲黯列傳》

는데, 선생이 그 문건을 가져오게 하여 물로 적셔 보니 붙여 이은 곳이 찰기가 어제 붙인 것 같았다. 다시 해가 오래 묵은 문서를 가져다가 시험해 보니 과연 찰기가 없었으므로, 진위(眞僞)가 바로 드러났다.

나씨(羅氏)와 임씨(林氏)는 본 부(府)의 거족(巨族)이다. 임씨가 나씨 가문에 시집을 갔는데, 자식이 없이 남편이 죽자 거짓으로 유복자를 잉태했다고 하고 여종과 몰래 짜고서 다른 집 아이를 훔쳐 와서 자신이 낳은 자식으로 만들었다. 나씨 집안에서 성(姓)을 모멸하고 종통(宗統)을 어지럽혔다는 죄로 송사하였는데, 여러 차례 심리를 거쳤지만 사특한 논의에 끌려갔고, 또 임씨와 원한을 맺을까 두려워하여 세월만 끌면서 판결을 내리지 못하고 있었다. 선생이 비로소 곧은 도(道)로 그것이 거짓임을 밝혀내어 판결을 내리니, 공론(公論)이 매우 시원스럽게 되었다. 이로 말미암아 임씨가 뼛속 깊이 원한을 품었는데, 그 아버지 병사(兵使) 임진(林晉)[61]과 오빠 정랑(正郞) 임제(林悌)[62]가 따라 선동하여 곧 법사(法司 형조)에 정장(呈狀)함에, 2년 동안 의심을 갖고 망설이며 판결을 내지 못하였다. 중외의 임씨의 우익들이 동쪽에서 주창하고 서쪽에서 화답하며 잘못된 판결이라 하였고, 또 '후사가 없는 사람이 버려진 아이를 데려다 자식으로 삼는 것은 또한 금지

61 임진(林晉) : 1526~1587. 본관은 나주(羅州), 자가 희선(希善)이고, 1546년(명종1) 무과에 합격하고, 전라도 수군절도사, 제주 목사, 오도 병마절도사(五道兵馬節度使) 등을 역임했다.

62 임제(林悌) : 1549~1587. 임진의 아들로, 자는 자순(子順), 호는 백호(白湖)이고, 시인이며 한문소설, 시조 등을 남겼다.

하는 바가 없는데도, 숨은 것을 적결(摘決)하여 남의 후사를 끊을 필요는 없다.'라고 하였다. 형조에서 선생을 청추(請推 추고(推考)를 품청(稟請)함)하니, 선생은 곧바로 시종 일의 정상에 의거하여 명백하게 함답(緘答 추고에 대한 답변서)하였는데, 형조에서 또한 그 거짓을 알았으면서도 남의 말에 끌려 움직이고 또한 원한을 맺을까 두려워하였기에 결국 임씨의 자식으로 결판이 났다.

선생이 고을을 다스림에는 너그러움과 엄함을 상호 고르게 하고, 송사를 듣고 판결함이 신과 같았다. 호남 온 도의 송사가 모두 선생의 뜨락에 몰려들었는데, 공정하게 듣고 명쾌하게 판결하여 조금도 정체됨이 없었다. 잘 다스린다는 명성이 크게 떨쳐지자, 주상으로부터 글이 내려왔는데 이르기를, "그대가 굳세고 밝음으로 다스리면서 송사를 듣고 판결하는 데 흔들리지 않는 탓에 간사하고 교활한 자들은 매우 꺼리지만 거기 백성들은 편함을 안다는 것을 알았으니, 지극히 가상하게 여기노라." 하고, 표리(表裏 옷의 겉감과 안감) 한 벌을 하사하였다.

나주 고을은 본디 선비가 많다고 일컬어졌으나 이들이 공부[63]하며 강학(講學)할 마땅한 장소를 얻지 못하였다. 선생은 친히 스스로 성(城)의 서쪽 5리에 있는 금성산(錦城山) 기슭에 터를 잡아 서원을 창건하였는데, 경영을 합당하게 하여 백성들을 수고롭게 하지 않았고, 규모와 학령(學令)은 한결같이 백록동서원(白鹿洞書

63 공부 : 원문은 '장수(藏修)'로, 학업에 매진한다는 뜻이다. 《예기(禮記)》 〈학기(學記)〉에 "군자는 배움에 있어 마음속에 간직하고 닦아 익히며 쉬고 노닌다.〔君子之於學也, 藏焉, 修焉, 息焉, 遊焉.〕"라고 한 데서 가져왔다.

院)의 예를 따랐으며, 우리나라 오현(五賢)[64]을 입향(入享)하였다. 공무를 보는 여가에 혼자 말을 타고 달려가서 유생(儒生)들과 경서의 뜻을 강론하였으며, 그들의 근태(勤怠)에 따라 점수를 매겨 인재를 양성하는 방도로 삼음에 지극하지 않은 바가 없었다. 자신을 봉양함에는 간략히 하면서도 다른 사람을 대접함에는 후하게 하였다. 대소 빈객들을 모두 예로써 대접하였고, 음식을 제공하는 물품 또한 지극히 풍성하고 정결하게 하여 조금도 소홀히 하는 뜻이 없었다. 고향을 떠나 매우 멀리 있었지만 종족(宗族) 가운데 가난한 자들은 장부에 기록했다가 고루 은혜를 베풀고, 편지로 안부 묻기를 끊이지 않고서 일찍이 빠트리거나 잊지 않았다.

을유년(1585, 선조18)에 형님의 부음(訃音)이 이르자 애통한 마음에 관아의 공무를 폐하고, 장례와 제례에 필요한 물품 구비에 마음을 다해 마련하였다. 혹자가 짐바리가 번다하고 무겁다고 말을 하니, 선생이 말하기를, "내 형님은 다섯 성(城)으로 부모님을 봉양하였는데,[65] 나는 홀로 조정에서 외람되이 벼슬하고 있으면서 녹봉으로 봉양하기에 미치지 못하였다. 내가 이제 아버지를 섬기는 마음으로 형님을 섬기려고 하였는데, 갑자기 또 이런 지경에 이르게 되었으니, 내 마음을 가눌 수가 없다. 그러니 송종(送終)

64 오현(五賢) : 한훤당(寒暄堂) 김굉필(金宏弼), 일두(一蠹) 정여창(鄭汝昌), 정암(靜庵) 조광조(趙光祖), 회재(晦齋) 이언적(李彦迪), 퇴계(退溪) 이황(李滉)을 가리킨다.

65 다섯……봉양하였는데 : 원문은 '오성치양(五城致養)'으로 다섯 고을을 다스리며 부모를 봉양했음을 말한다. 곧 전성지양(專城之養)에서 가져온 말로, 지방 수령이 되어 녹봉으로 부모를 봉양하는 것을 말한다.

의 큰 예절에 이르러 또한 스스로 마음을 다하지 않을 수 있겠는가. 이 때문에 죄를 받아도 피할 겨를이 없다."라고 하였다.

병술년(1586)에 임해궁(臨海宮)의 노비가 백성의 전답을 빼앗아 차지하니, 선생이 즉시 포박하여 가두라고 명하고 감사(監司)에게 신문할 것을 청하였는데, 감사가 두려워서 감히 공문서를 보내지 못하였다. 두세 차례 논보(論報)하는 즈음에 옥에 갇혀 있던 자가 죄를 모면할 수 없다는 것을 알고는 다른 사람을 사주하여 사직단에 불을 놓도록 하여, 묘우(廟宇)가 모두 불에 타 버렸다. 고을 사람이 묘우를 새로 짓기를 청하였는데, 선생이 말하기를, "사직단이 불탄 것은 그 죄가 파직에 해당됨이니, 그 자취를 덮어 숨겨서는 안 된다." 하고, 마침내 관찰사에게 보고하였다.

이보다 앞서 고을에 사묘(社廟)가 없었고, 제단은 무너져 풀이 무성하여 제사를 마치고 나서는 관청 문루(門樓)에 위판(位牌)을 두었는데, 선생이 이를 불경스럽게 여겼다. 그래서 예(禮)를 상고하고 지형을 살펴 택해서 묘(廟)를 세우고 제단을 쌓아 향사하기를, 반드시 직접 지내면서 삼가고 정성스러움을 극진히 하니, 아전과 백성들이 사직단이 중요한 곳인 줄 알게 되었다. 그러나 끝내 지키고 보호함을 부지런히 하지 않았다는 이유로 파직당하니, 온 고을 사람들이 탄식하며 한탄하였다. 관직에 있을 때 맑고 삼가니 청렴하다[66]는 명성이 원근에 널리 퍼졌다.

66 청렴하다 : 원문은 '빙벽(氷蘗)'으로, 청렴하고 깨끗한 지조를 이른다. 빙벽은 얼음물을 마시고 쓰디쓴 황벽나무(소태나무)를 씹는다는 뜻으로, 굳은 절조와 청백한 삶을 비유할 때 쓰는 표현이다. 당(唐)나라 백거이(白居易)가 "3년 동안 자사(刺

선생은 고향으로 돌아옴에 집이 경쇠를 걸어 놓은 듯[67]하였지만 태연하게 스스로 즐기면서 문을 닫고 들어앉아 그윽하게 지냈다. 시사(時事)에 대해서는 입을 다물고 절대 말하지 않았고, 문안을 하는 자가 있음에 가벼이 응접하고자 하지 않았다. 혹 경사(京師)에서 오는 사람이 있을 때는 단지 임금의 기체가 편하신지 불편하신지만 묻고는 문득 책을 펼치고 묵묵히 생각에 잠기었다. 원근에서 배우기를 청하러 오는 자가 당우(堂宇)에 가득 넘쳤는데, 종일토록 강론하고 연마하면서 조금도 권태로워하는 기색이 없었다. 혹 의리(義理)를 분변하고 분석하며, 혹은 선현들의 덕행을 예로 들어 제시하면서, 효제(孝悌)와 경신(敬信)의 도리로써 권면하여 사람들을 반드시 허물이 없는 자리에 세우려고 하였다. 그러므로 따르면서 학업을 받은 자는 비록 재질이 매우 낮다 하더라도 문득 능히 스스로 견고히 설 줄 알았다. 고을 사람 중에 왕래하며 와서 뵌 자는 그 넉넉한 논의를 듣고 또한 감발(感發)함이 많았다.

정해년(1587) 가을에 안동부 서쪽에 있는 성산(星山)[68]의 호숫가에 땅을 얻었는데, 그곳의 바위와 골짜기가 기이하고 강과 담

史)로 있으면서, 깨끗한 얼음물을 마시고 쓰디쓴 소태를 씹었네.〔三年爲刺史, 飮氷復食蘗.〕"라고 한 데서 유래하였다. 《白樂天詩集 卷1 三年爲刺史》

67 집이……듯 : 원문은 '현경(懸磬)'이니, 집에 경쇠만 걸어 놓고 아무것도 없다는 말로, 매우 가난함을 의미한다. 제(齊)나라가 노(魯)나라를 침범했을 때 제후(齊侯)가 "집에는 경쇠를 걸어 놓은 듯하고 들판에는 푸성귀 하나 없는데, 무엇을 믿고 두려워하지 않겠는가.〔室如懸磬, 野無靑草, 何恃而不恐.〕"라고 말한 데서 유래하였다. 《春秋左氏傳 僖公26年》

68 성산(星山) : 안동 서후면에 있는 청성산(靑城山)의 별칭이다.

(潭)이 매우 맑은 것을 사랑하여, 집을 지어 깃들어 살며 '석문정사(石門精舍)'라고 편액(扁額)을 달았다. 시렁 가득 도서(圖書)를 비치해 두고, 그 가운데 단정하게 앉아서 기쁜 마음으로 생을 마감할 뜻을 가졌다. 그 뒤에 비록 임금의 부르시는 명으로 억지로 나아가 직분에 부임하였으나 조정에 오랫동안 있는 것은 선생의 뜻이 아니었다.

이해 겨울에 천전리(川前里) 종가(宗家)에 불이 나서 모두 타버려 재가 되었다. 선생은 사당으로 달려가서 곡하고, 즉시 문중에 건의하여 쌀과 베를 헤아려 거둔 다음, 공사를 직접 감독하여 몇 개월 지나지 않아 중건(重建)하였는데, 주가(主家)는 여기에 들어 있지 않았다. 마루와 방, 창과 문 등은 일체 예전 제도를 따라 그대로 지었고, 대청은 조금 넓게 하여 제사를 지내는 장소로 편하게 하였다. 일찍이 개탄하며 말하기를, "종자(宗子)에 대한 법이 무너져서 풍속이 더욱 투박해졌다. 지금 비록 종법(宗法)을 갑작스럽게 세울 수는 없지만, 또한 종자를 중시하는 의리를 알도록 해야만 하겠다."라고 하였다. 이에 문중의 길례(吉禮)와 흉례(凶禮)를 모두 종자에게 주관하도록 하였다.

퇴계 선생의 문집이 여러 문인의 손에 의해 모아지기는 했으나, 미처 탈고하지 못하고 있었는데, 문인들과 문답한 경전(經傳)에 대한 질의가 상세하고 소략함이 같지 않았다. 선생은 뜻이 같은 한두 사람과 함께 상의하고 확정하여 교감을 하매, 시종 이 일을 맡아 하였다.

선생은 가을에 종부시 첨정(宗簿寺僉正)에 임명되었다. 얼마 되지 않아 종부시 정으로 승진하였다. 당시에 조정 진신들이 동서로 분열하였고 또다시 남북으로 나뉘었다. 대개 서인(西人)을 심하게 배척하는 자들을 가리켜 북인(北人)이라 하고, 피차를 적당히 헤아려서 쓰자는 사람들을 지목하여 남인(南人)이라 여겼으니, 논의가 서로 어긋나서 각자가 기치를 세웠다. 한양의 사대부들은 서로 더불어 말하기를, "김 모가 만약 오면 마땅히 어떤 논의를 주장하겠습니까."라고 하였다. 한양에 들어오기에 미쳐 선생이 이에 대해 말하기를, "자신과 견해가 다른 자가 반드시 모두 소인은 아니고, 자신과 견해가 같은 자라도 또한 어찌 다 군자이겠습니까. 피차를 따질 것 없이 오직 어진 자만을 등용하고 불초한 자를 버리면 되는 것입니다."라고 하였다. 사람들은 처음에는 선생이 본래 성품이 강직하여 이 논의에 대해 반드시 한쪽을 주장할 것이라고 의심하였다가, 이 말을 듣기에 이르러서는 의아해하기도 하고 믿기도 하였다. 봉상시 정(奉常寺正)으로 전직하였다.

겨울에 북쪽 경계로 옮겨 간 백성들을 쇄환(刷還)하는 경차관(敬差官)으로 나가서 경기 지역을 안찰(按察)하였다. 조정에서는 변경 지역을 채우는 일을 급하게 여겼으므로 한 사람이 도망치면 그 친족과 이웃을 쇄환하였으니, 뜻밖에 재앙을 당하는 자가 매우 많았다. 그래서 백성들의 원통한 소리가 시끄러웠고, 근심스럽고 참담한 기색이 길에 가득하였다. 선생은 그 폐단의 근원이 오로지 수령이 어질지 못하고 서리(胥吏)가 농간하는 데 있음을 알고서, 추궁하여 신문하는 즈음에 특별히 더 자세하게 조사하니, 사람들이 원망을 품은 자가 없었다.-임진왜란 때 선생의 처자식들이 경사를 떠나 떠돌다가 이천(利川) 경내에 도착하였는데, 어떤 사람이 와서 보호해 줌에 그 뜻이 매우 정성스럽고 도타웠다. 그 이름을 물어보니, 곧 말하기를, "나는 이 고을 사람입니다. 전날에 영공(令公)께서 변방으로 이주한 백성을 수색해 찾아낼 적에 나는 좌수(座首)로서 죄를 범하여 형벌을 받았습니다. 하지만 영공께서 일을 처리함이 엄하고 분명하였기에 한 사람도 억울하게 벌을 받은 사람이 없었으므로, 이 도(道)의 백성들이 지금까지 잊지 않고 있습니다. 내가 비록 벌을 받기는 하였지만, 감히 사사로이 원망을 품을 수가 있겠습니까."라고 하였다. 원근의 사람들이 이 말을 듣고, 혹 쌀을 내어 급한 상황을 구제하고 혹 말을 주어 호송해 주면서 말하기를, "학봉 영공은 바로 우리 동방의 지주(砥柱)이다." 하였다. 이런 까닭으로 일행 수십여 식구가 모두 온전하게 보전하였다가 돌아왔다.-

기축년(1589, 선조22)에 사인(舍人)에 제수되었다가, 예빈시정(禮賓寺正)으로 전직하였다. 이때 마침 일본의 사자(使者) 현소(玄蘇)와 평의지(平義智) 등이 와서 우리에게 통신(通信)을 요구하면서 오래도록 동평관(東平館)에 머물러 있었는데, 선생이 해당 관원으로서 예(禮)에 맞게 접대하고 의리로써 유시하니, 저들이 비록 다른 나라 종족이기는 하지만 또한 공경하고 복종할 줄을 알았다.

조정에서 바야흐로 통신사를 보내 왜의 사정을 탐색할 것을 의논하였는데, 이리 같은 그들의 마음을 헤아릴 수가 없고 바닷길은 험하고 위태하니, 사람들이 모두 회피할 길을 꾀하였다. 선생은 가인(家人)에게 말하기를, "속히 행장을 꾸리시오. 내가 반드시 가게 될 것이오."라고 하였는데, 과연 당시에 선생을 꺼리는 재신(宰臣)이 있었으니, 이로 인하여 그가 선생을 해치고자 하여 곧 부사(副使)에 의망(擬望)하였다. 친구들이 모두 위로하니, 선생이 말하기를, "임금의 명이라면 물이나 불도 피하지 않는데, 바람과 파도가 이는 험한 바다 건너가는 것을 어찌 꺼리겠는가. 다만 재주가 모자라 제대로 전대(專對)[69]에 걸맞지 않을까 두려울 따름이라네."라고 하였다.

경인년(1590) 봄에 상사(上使) 황윤길(黃允吉),[70] 서장관(書狀官) 허성(許筬)[71]과 함께 하직 인사를 하고 도성을 나갔다. 조정 관리들이 한강에 나와 전별함에 경사(卿士)들이 모두 모였는데, 선생이 좌우를 돌아보며 정색하고 말하기를, "이런 때를 당하여 누가 감히 사림(士林)을 일망타진할 계책을 하는가. 사람에게 부끄럽지 않으며, 하늘이 두렵지 않은가."라고 하였다. 대개 당시에 정적(鄭賊)의 역옥(逆獄) 사건[72]으로 인하여 거짓 사실을 꾸며 사류(士類)를 모함하는데도 조정에서는 머리를 움츠리고 숨을 죽인 채 말을 하는 자가 없었다. 선생은 지위가 언관(言官)이 아니어서

69 전대(專對) : 외국에 사신으로 가서 독자적으로 임기응변을 잘함을 말하는 것으로, 공자가 "시 삼백 편을 잘 외운다 해도……사방에 사신으로 나가서 제대로 전대하지 못한다면, 비록 많이 외우고 있다 한들 무슨 소용이 있겠는가.〔誦詩三百,……使於四方, 不能專對, 雖多亦奚以爲.〕"라고 한 말에서 가져왔다. 《論語 子路》

70 황윤길(黃允吉) : 1536~?. 본관은 장수(長水), 자는 길재(吉哉), 호는 우송당(友松堂)이다. 1561년(명종16) 문과에 급제하고, 황주 목사, 병조 판서 등을 역임하였다. 1590년(선조23) 통신정사(通信正使)로 선임되어 부사 김성일, 서장관 허성과 함께 일본에 다녀왔다.

71 허성(許筬) : 1548~1612. 본관은 양천(陽川), 자는 공언(功彦), 호는 악록(岳麓)이다. 1583년(선조16) 문과에 급제하고, 대사간, 부제학, 이조 판서 등을 역임하였다. 저서로는 《악록집(岳麓集)》이 있다.

72 정적(鄭賊)의 역옥(逆獄) 사건 : 정적은 정여립(鄭汝立)을 가리킨다. 1590년 정여립 역옥 사건 때, 역적의 괴수로 대두된 길삼봉(吉三峯)이 최영경(崔永慶)이라고 무고하여 옥사(獄死)케 하였고, 노수신은 정여립을 천거했다는 이유로 파직되고, 황정욱(黃廷彧)도 파직되는 등 사류가 곤란을 겪었다.

항상 개탄스러운 생각을 품고 있다가, 출발에 임하여 이를 언급하였다. 사부(師傅) 권우(權宇)[73]가 전별하러 와서 이별하는 시를 지어 주자, 선생이 그 시에 차운하였는데, "손길이 아름다운 꽃에 스치니 온 나무가 봄빛이네.〔手拂琪花萬樹春〕"[74]라고 한 구절이 있었다. 권 공이 사람들에게 이르기를, "이 어른의 기상이 이와 같으니 반드시 잘 돌아올 것입니다."라고 하였다.

여름 4월에 배를 출발하였다. 태풍이 크게 일어 닻줄이 끊어지고 돛대가 부러져서 배가 전복될 위기가 당장에 다가올 지경에 처하였는데, 배 안의 사람들이 울부짖고 실성하였으며, 바닷길에 익숙한 뱃사공들 또한 넘어지고 꺼꾸러지면서 어찌할 줄을 몰랐다. 그러나 선생은 홀로 앉아 시를 읊으며 얼굴빛이 바뀌지 않았고, 서사관(書寫官) 이해룡(李海龍)으로 하여금 돛 면에 절구 한 수를 적게 하였으니, 이르기를,

베 돛이 큰 바람을 잔뜩 머금으니 布帆飽長風
인간 세상 온갖 생각이 부질없네 人間萬慮空

73 권우(權宇) : 1552~1590. 본관은 안동(安東), 자는 정보(定甫), 호는 송소(松巢)이다. 1573년(선조6) 진사시에 입격한 뒤, 과거 공부를 그만두고 성리학에 전심하여 학문으로 명망이 높았고, 1589년 왕자인 광해군의 사부에 제수되었다. 저서로는 《송소집(松巢集)》이 있다.

74 손길이……봄빛이네 : 《학봉집》 권2에 〈권정보가 보내준 시에 차운하고 겸하여 정자부에게 편지함〔次權定甫惠詩兼簡鄭子孚〕〉이라고 한 시를 말하는데, 거기에는 "취하여 아름다운 꽃 스치자 온 나무가 봄빛이네.〔醉拂琪花萬樹春〕"라고 되어 있다. '기화(琪花)'는 기화요초가 무성한 기화원 같은 곳으로, 선경(仙境)을 의미한다.

외로운 신하는 생사의 갈림길에서	孤臣判生死
거친 바다[75] 한가운데 홀로 섰네	獨立大荒中

라고 하였다. 바다를 건너가 해도(海島)에 정박하여서는 모두 말하기를, "배가 위태한데도 두려워하는 기색이 없었던 것은 어째서입니까?"라고 하니, 말하기를, "죽고 사는 것은 명이 있는 법이므로 오직 조용히 기다린 것일 따름입니다."라고 하였다. 마침내 '천풍해도사(天風海濤辭)'를 지어 그 회포를 읊었다.-뒤에 어떤 사람이 선생에게 묻기를, "배의 노가 부러져 위태로운데도 선생은 홀로 고요히 앉아 시를 읊었으니 참으로 '마음이 요동하지 않음〔不動心〕'이라고 말할 만합니다." 하니, 선생이 웃으며, "시를 읊은 것 또한 이 마음을 억지로 잡고 있음이니, 어찌 부동심이라고 할 수 있겠습니까."라고 하였다. 식자(識者)들은 선생의 이 말을 가지고 체험(體驗)하면서 맹렬히 반성한 것이라고들 한다.-

5월, 대마도(對馬島)에 도착하였다. 왜사(倭使)가 아직 영접하러 오지 않았는데, 상사(上使)가 조정의 사목(事目)에 선위사(宣慰使)가 오기를 머물러서 기다리라는 말이 없고, 또한 역병에 감염되면 돌아갈 기약이 어떻게 될지 염려가 된다고 하여 기다리지 않고 출발하려고 하였다. 선생이 말하기를, "선위사가 경계(境界)에서 영접함이 그 전부터 예(例)가 있었다면 조정에서 그런 지시가 없었겠습니까. 시험 삼아 전에 사신으로 왔던 사람의 일기를

75 거친 바다 : 원문은 '대황(大荒)'이니, 중국에서 매우 먼 지역으로, 여기서는 일본으로 가는 바다를 가리킨다. 《산해경(山海經)》 대황동경(大荒東經)에, "동해의 밖, 대황의 안에 대언(大言)이란 산이 있는데, 해와 달이 나오는 곳이다."라고 하였다.

살펴보건대, 곧 지나는 길에 향도(嚮導)하는 배가 두어 척에 그칠 뿐이었습니다. 금번의 이 사행은 그 백 년 뒤에 있게 된 것인데, 조정에서 어떻게 선위사가 있고 없을 것을 알아서 미리 구획하고 계획하였겠습니까. 야만인들이 예가 없어서 이전부터 통신사를 대우함이 지극히 경솔하고 소략하였습니다. 그때 혹 훌륭한 사람이 있어서 우리나라에서 그들의 사신 대접하는 예를 들어 정성껏 개도하고 타일렀더라면 저들 또한 영리하니 어찌 깨닫지 않았겠습니까. 제가 일찍이 이 점에 대하여 개탄한 점이 있었는데, 동평관에서 저들을 접견하던 날에 맨 먼저 이 일을 언급하였습니다. 저들이 답하기를, '우리나라에도 마땅히 관원을 차출하여 맞이하고 전송하겠습니다.'라고 하였는데, 바다를 건넌 날에 이르러 적막하게 맞이하는 사람이 없었습니다. 내가 역관(譯官)을 불러 책망하기를, '선위(宣慰)하는 한 가지 일에 대해 너희들이 마땅히 온다고 말해 놓고서는 지금 경계에 들어왔는데도 그림자도 보이지 않는 것은 어째서인가? 이 나라에서 우리 사신을 대우함이 일찍이 우리나라에서 보통의 왜인을 접대하는 것만도 못한가.'라고 하였습니다. 그러자 역관이 곧 객인(客人)에게 물으니, 이르기를 '부중(府中)에는 당도하였는데 바닷길이 많이 막혀서 제때에 미처 오지 못한 것입니다.'라고 하였습니다. 지금 만약 빨리 가는 것을 이롭게 여겨서 선위사가 오기를 기다리지 않고 출발한다면 오직 스스로 처신함이 신중하지 못함일 뿐 아니라, 저들이 장차 '선위사가 있고 없고를 사신이 관계하지 않는다.'라고 할 것입니다. 그러니 뒷날 이것을 가지고 전례를 삼아 마침내 폐지하고 보내지 않을 줄 어찌 알겠습니까."라고 하였다.

상사가 말하기를, "천조(天朝)의 사신이 우리나라에 도착하여 원접사(遠接使)를 기다리지 않고 바로 출발하였으니, 이는 곧 왕인(王人 천자의 사신)의 사체(事體)를 중하게 여긴 것입니다."라고 하였다. 선생이 말하기를, "우리 조정에서는 천조를 공경히 섬겨 예(禮)가 지극히 엄한지라, 원접사가 된 자가 마땅히 경계에서 기다려야 하는데 미처 오지 못하였으므로, 천조의 사신이 기다리지 않고 길에 올랐던 것이니, 이는 곧 왕명을 지체시키는 것을 중시하면서 그 태만함을 책망하는 것입니다. 그러나 일본은 우리 조정과 더불어 지역으로는 적국(敵國 비등한 나라)이고, 의리로는 이웃의 우호 국가입니다. 이미 이전 사람이 강구하여 정한 예(禮)가 없고 또 천조 사신의 압도(壓倒)하는 위세가 없으니, 일에 임하여 잘 처리함이 도리어 이번 사행에 달려 있지 않겠습니까. 천조 사신의 경우에 있어서는 곧 기다리지 않고 가는 것이 사체(事體)를 중히 여기는 것이고, 우리의 경우에 있어서는 곧 반드시 기다렸다가 가는 것이 곧 사체를 중히 여기는 바입니다. 대저 군자가 일을 처리함에는 단지 한때의 이로움과 해로움을 볼 뿐만 아니라, 마땅히 처음을 삼가고 끝나는 바를 염려해야 하는 것입니다. 지금 우리의 사행이 마침 그 시작에 해당하니, 이는 우리가 신중히 처리해야 하지 않겠습니까. 오직 이 하나의 일이 크게 사체에 관계가 되니, 기타 역병에 전염된다거나 돌아갈 기약이 빠르고 늦는 것은 반드시 논할 것은 아닙니다."라고 하였다.-그 뒤에 평행장(平行長)이 과연 선위사로서 와서 일기도(一岐島)[76]에서 맞아 주었다.-

76 일기도(一岐島) : 대마도(對馬島) 남쪽에 있는 섬 이름이다.

평의지 등이 국분사(國分寺) 관람하길 청하여 사신 일행이 모두 갔다. 현소가 중당(中堂)에 앉아서 맞이하였는데, 평의지가 나중에 오면서 가마를 탄 채 계단을 지나서 당에 올라왔다. 선생이 상사에게 이르기를, "대국의 사신이 그 상관(上官)과 더불어 중당에 도열해 앉아 있으면 곧 평의지란 자는 비록 다른 문으로부터 들어오는 것이야 괜찮겠지만, 이에 감히 비스듬히 가마를 타고 섬돌을 지나서 당에 올라왔습니다. 비록 '오랑캐들이 예가 없다.'라고는 하지만 그들 또한 상하의 분수는 있겠거늘, 어찌 감히 이렇게 할 수 있단 말입니까. 사신이 만약 이대로 그 좌석에 앉아서 팔을 잡고 수작한다면, 이것은 욕을 받는 짓을 달게 여기는 것입니다. 이 몸이 비록 미천하나 곧 대국의 사신이니, 내 몸이 가볍게 됨은 곧 나라가 가볍게 여겨짐이고, 내 몸이 욕을 당함은 곧 임금의 명이 욕을 당하는 것입니다. 사신이 어찌 감히 그 몸을 가볍고 욕되게 하여 임금의 명을 욕되게 할 수 있겠습니까."라고 하면서 상사에게 간절하게 아뢰고서 함께 나가길 청하였지만, 상사는 따르지 않았다. 선생은 홀로 일어나 나와서 관소(館所)로 돌아오니, 서장관도 뒤따라 나왔다.

평의지가 이상히 여겨 그 까닭을 물으니 역관(譯官) 세운(世雲)이 '병이 나서 나간 것'이라고 고하였다. 선생은 이에 왜사(倭使)가 보는 자리에서 세운을 꾸짖고 곤장을 치며 말하기를, "평의지가 이상히 여겨 우리가 나온 이유에 대해 물으면, 너는 마땅히 전례(典禮)에 의거하여 엄한 말로 깨우쳐 주었어야 했다. 그런데 함구하고 혀를 놀리지 못하고 사기(辭氣)를 내지 못하다가 곧 감히 얼버무리는 말을 하여 저들의 마음을 기쁘게 해 주려고 하는 것이 옳으냐? 연경(燕京)에 갔을 때 중국 사람이 잘못하는 일이 있을 경우에는 반드시 잘 타이르지 못한 것을 죄로 돌려서 우리 역관에게 곤장을 쳤다. 상국(上國)에 들어가서도 오히려 그러하거늘, 지금 번신(藩臣)의 나라에 와서 저들이 이미 예가 없는데, 곧 유독 너의 죄를 다스리지 못하겠는가."라고 하였다.

도선주(都船主)가 이를 듣고 사람을 시켜 와서 사과하기를, "부관이 나이가 젊어 예를 알지 못해서 이런 과실이 있게 되었습니다. 도주(島主)가 이를 듣고 놀라서 아연실색하였을 뿐만 아니라, 국왕이 만약 이 일을 들으면 우리 또한 벌을 받을 것입니다. 제가 장차 직접 나아가서 사과하겠으니, 원컨대 사신께서는 용서해 주시기 바랍니다."라고 하였다.

선생이 답하기를, "우리나라에 통신사가 폐지된 지가 이에 100년이 되었습니다. 일본의 새 왕이 예로써 나라를 다스리면서 여러 해 동안 사신 보내 주기를 요청하였는데 그 뜻이 매우 간절하였습니다. 그러므로 우리 전하께서 특별히 사신을 보내어 두 나라의 우호를 닦도록 하였으니 그 예가 지극히 중합니다. 손님과 주인 사이에는 각각 체모를 극진히 해야 하고, 서로 경솔하게 대해서는 안 됩니다. 그런데 국경에 들어오던 처음에 부관의 능멸함이 이에 이르렀으니, 비록 '나이 젊어 예를 알지 못해서이다.'라고는 하지만, 유독 동평관에 있을 때의 일을 생각하지 못한단 말입니까. 본국의 선위사 등의 관원이 만약 객사(客使)와 더불어 예를 차리는 경우라면 반드시 대문 밖에서 말에서 내려 들어와 예를 행함에 시종 태만하게 하지 않았을 것이니, 어찌 서로 거만하고 가벼이 하여 무례함이 이 지경에 이르겠습니까. 그때 선위사 등의 관원이 만약 부관이 거처하는 처소의 문을 열어젖히고 말을 타거나 가마를 탄 채 그대로 섬돌을 지나서 당에 올랐다면 부관의 마음에 편하겠습니까."라고 하였다.

왜인 평조련(平調連)은 바로 본국(本國)에 따라가는 자인데, 선생의 말이 끝나기도 전에 일어나 절하면서 공경을 다해 말하기를, "부사의 말씀이 지극히 마땅하고 지극히 마땅합니다. 우리 소인들 또한 그것이 실례인 줄 알고 있습니다."라고 하였다. 평의지 또한 부끄럽고 후회스러움을 이기지 못하여 가마를 메었던 자에게 죄를 돌려 목을 베고, 공손한 말로 와서 사과하였다. 관문(館門) 백 보쯤에 채 이르기 전에 따라온 사람들을 모두 물리치고 걸어서 문으로 들어왔는데 그 모습이 삼가 움츠리니, 선생이 충순(忠順)으로써 면려하고서 보냈다. 이로부터는 겸손한 태도로 의(義)에 복종하면서 감히 조금도 태만하게 하지 않았다.

그런데 서장관은 선생이 세운을 곤장 친 것을 너무 심한 일이라고 여겼고, 또 평의지가 가마를 메고 갔던 종을 죽이고 나서 사죄한 일을 듣고는 자못 편치 못한 마음을 가지고 있어서 선생에게 글을 보내어, "오랑캐를 대우하는 도리는 일반적인 법으로 개괄할 수 없는 것으로, 옛사람도 또한 '은덕과 신의로써 회유한다.' 라고만 말하였을 뿐이니, 어찌 일찍이 체모(體貌)라는 글자를 말한 적이 있었습니까."라고 하였다.

선생이 말하기를, "선왕(先王)께서 오랑캐를 대우함에 비록 '은덕과 신의로써 회유한다.'라고는 하였지만, 가장 엄하게 하고 또 삼갔던 것은 체모만 한 것이 없었습니다. 《춘추(春秋)》에는 중국〔夏〕을 안으로 여기고 오랑캐〔夷狄〕를 밖으로 여겼습니다. 그러므로 오랑캐의 나라가 비록 클지라도 반드시 '인(人)'이라고 칭하였고, 진(秦)나라와 월(越)나라가 비록 참람하더라도 반드시 '자(子)'라고 칭하여 여러 열국(列國)이 다 모일 때[77]는 반드시 열국의 아래에 차례하였으니, 이것이 중국의 체모를 높인 것이 아니겠습니까. 지금으로써 본다면 우리나라는 중국과 같은 격이고 섬왜〔島倭〕는 실로 오랑캐〔蠻夷〕인 격입니다. 대국의 사신으로서 소추(小醜 왜국을 가리킴)에게 굴복하여 그들에게 능멸과 무례를 당하고서도 오히려 부끄러운 줄을 모르고, 도리어 중한 체모를 하찮은 일 사소한 문제로 여김은 그 또한 《춘추》의 뜻과 다른 것입니다."라고 하였다.

상사가 또 말하기를, "오랑캐들과는 족히 따질 것이 없고, 작은 예는 족히 다툴 것이 없습니다. 만약 그들과 더불어 자잘하게 다투고 따진다면 어찌 펼 수 있는 것은 작고 손상하는 것은 크지 않겠습니까."라고 하였다. 선생이 말하기를, "옛날 공도보(孔道輔)[78]가 요(遼)나라에 사신으로 갔을 적에, 요나라의 영인(伶人)

77 여러……때 : 원문은 '의상지회(衣裳之會)'로, 춘추 시대에 국제(國際)간에 예의로써 서로 교제하던 것을 이르는 말이다. 《춘추곡량전》 장공 27년 조에, "의상의 모임은 열한 번 있었는데, 일찍이 피를 마시는 맹약을 하지는 않았고, 신의와 후덕으로 한 것이었다.〔衣裳之會十有一, 未嘗有歃血之盟也, 信厚也.〕"라고 한 데서 가져왔다. 《春秋穀梁傳 莊公27年》

78 공도보(孔道輔) : 송(宋)나라 사람으로 공자의 45대손이다. 인종(仁宗) 때 거란(契丹 : 요나라)에 사신으로 갔는데, 거란에서 연회를 베풀면서 배우로 하여금 공자에 관한 놀이를 하도록 하니, 공도보가 자리를 박차고 나왔다. 거란 측에서 다시 자리로 나오게 하여 사과하기를 요구하자, 공도보는 화를 내면서, "중국과 북조(北朝)가 통호(通好)하는 데 있어서는 예의로 서로 접하는 법인데, 지금 배우의 무리가 선

이 문선왕(文宣王)에 관한 내용으로 연극을 하니, 공도보가 분연히 벌떡 일어나 나와서 연회가 다 끝나지 못하고 파하였습니다. 대개 요나라는 일개 오랑캐이고 영인은 또한 오랑캐의 일개 배우로, 우연히 한 연극은 한바탕의 우스개에 부칠 만한데도 공도보는 곧장 나와 돌아보지 않음으로써 반드시 오랑캐와 더불어 서로 따졌습니다. 더구나 평의지가 가마를 타고 올라온 것은 단지 요나라의 영인이 연극을 한 것과 같을 뿐 아니고, 사신을 욕되게 한 것은 실로 대국을 모욕한 것이니, 어찌 먼저 스스로 두려워 겁을 먹고 굴욕을 달갑게 받으면서 그들과 따지지 않을 수 있겠습니까." 라고 하였다.

서장관이 또 말하기를, "관상(冠裳 벼슬아치의 관복으로 문명을 상징)이 비록 아름답기는 하나, 원숭이에게 입히면 반드시 날뛴 뒤에야 그칩니다. 더구나 새 왕이 우뚝하게 일어나 나라를 빼앗고도 만족할 줄 모르고, 또 도주(島主)를 바꾸고 나서 오직 이웃 나라와 우호 관계를 맺고자 하여 포로를 바치고 사신을 보내 주기를 청하였으니, 이것은 실로 두 나라가 편안해지느냐 위태롭게 되느냐 하는 중대한 기틀입니다. 우리가 직접 왕명을 받들어 부절(符節)을 잡고 온 것이 어찌 단지 체모 한 가지 일에만 그치는 것이겠습니까."라고 하였다.

선생이 말하기를, "아, 족하께서 이에 실언을 한 것입니다. 예

성(先聖)을 모욕하는데도 금지시키지 않았으니, 이는 북조에서 잘못한 것이거늘, 내가 어찌 사과하겠는가."라고 하니, 거란의 군신들이 아무 말도 못 하였다. 《宋史 卷297 孔道輔列傳》

로부터 사방에 사신으로 나가서 임금의 명을 욕되게 하지 않는 것은, 한 가지는 사명(辭命)을 잘 행하는 것이고, 한 가지는 체모를 존중하는 것입니다. 지금 우리는 사명에 대해서는 오히려 그들의 노여움을 살까 두려워하여 더듬거리며 감히 말하지 못하고, 체모에 대해서는 능히 스스로 중하게 하지 못하여 출입을 경솔하게 하고서 비록 굴욕을 당하고서도 또한 수치로 여기지 않습니다. 이것이 어떠한 사신의 체모란 말입니까. 또 내가 개도하여 타이른 것은 단지 그 예가 아님을 말하였을 뿐이고, 저들에게 힐책을 더한 것이 아니었습니다. 저들이 스스로 그 잘못을 부끄러워하여 반드시 사람을 형벌에 처하고 말았습니다만, 그들의 참혹한 짓이 우리에게 무슨 손해를 입힌다고 지나치게 스스로 후회하고 책망함이 이에 이르는지요.

우리가 절하고 인사하던 날, 임금께서 하신 말씀이 정성스러웠는데 그 말씀이 귀에 남아 있지 않습니까. 처음 말씀하시기를 '행동하는 데는 반드시 예법대로 하여 조금이라도 태만하거나 가벼이 하는 뜻이 있어서는 안 된다.'라고 하셨고, 마지막으로 '나라의 체모를 존중하여 높이고, 임금의 위엄을 멀리 전파하도록 하라.' 하셨으니. 이것은 신하로서 마땅히 조심하고 삼가며 깊이 생각해서 처신할 바가 아니겠습니까. 저 작고 추악한 왜가 함부로 무례하게 구는데도 마음 편하게 받아들여 능히 스스로 곧게 하지 못하다가, 만약 왜왕의 궁정에 들어가서 일이 이보다 크고 모욕이 이보다 심함이 있을 경우에는 곧 겁을 먹고서 어찌할 줄 몰라 몸을 욕되게 하고 나라를 욕되게 할 것임은 앉아서도 헤아려 알 수가 있으니, 장차 무슨 면목으로 돌아가서 우리 임금께 보고하고 우리 삼한 땅의 사대부들을 보겠습니까. 가만히 고명(高明)의 병의 근원이 어디에 있는가를 살펴보니, 모두 '죽음을 두려워한다〔怖死〕'는 두 글자에서 나온 것입니다. 옛사람은 의리에 있어서 마땅히 말해야 할 것이라면 비록 죽더라도 반드시 말하였거늘, 하물며 이처럼 순순하게 개도하여 타이르는 일에 있어서이겠습니까."라고 하였다.

귀봉(龜峯)에서 바람이 잠잠해지기를 기다리던 날, 상사와 서장관이 날마다 세운으로 하여금 평의지에게 출발하기를 청하도록 하였는데, 평의지 등은 모두 그들의 집에 들어가 버리고 전혀 갈 뜻이 없었다. 세운이 걸어서 도선주(都船主)가 탄 말의 뒤를 따라가면서 출발하기를 청하기까지 하였다. 선생이 말하기를, "세운이 욕을 당하는 것은 곧 사신이 욕을 당하는 것입니다. 일기도가 비록 멀다고 하더라도 단지 안중에 들어오는 거리에 있고 또 격왜(格倭 왜인 격군)가 앞장서서 인도해 줌이 있어서, 사신(使臣)이 만약 배를 출발한다면 저들은 장차 뒤쫓아 오는 데 겨를이 없을 것인데, 어찌 반드시 평의지에게 명을 품의할 것이 있겠습니까."라고 하였다. 반복해서 논의하고 변별하였지만 끝내 선생의 말이 먹히지 않았다.

이윽고 일기주(一歧州)에 도착하니, 선위사(宣慰使)와 국왕사(國王使)가 모두 여기에 모여 있었다. 그다음 날 상사와 서장관이 만나 보기를 청하니, 선생이 말하기를, "주인이 손님에게 청하는 것이 마땅하지, 손님이 먼저 청하는 것은 마땅하지 않습니다. 더구나 나와 서장관은 모두 부모의 기일(忌日)을 당하였으니, 이는 군자가 종신토록 지켜야 할 상(喪)입니다. 오랑캐의 사신과 만나 보는 것이 무슨 긴급한 일이 있어서 반드시 이날 만나야 한단 말입니까."라고 하였다. 상사와 서장관이 말하기를, "만나 보는 것은 공적인 일이고, 어버이의 기일은 사적인 일이니, 어찌 감히 사사로운 일 때문에 공적인 일을 폐하겠습니까."라고 하였다. 선생이 말하기를, "공(公)과 사(私)의 경중을 내가 알지 못하는 것이 아닙니다. 또한 혹 공에 가볍게 하고 사에 중히 해야 하는 경우도 있는 것이니, 나는 곧 감히 보지 않겠습니다." 하였다. 상사와 서장관은 바로 세운에게 명하여 기일(期日)을 청하도록 하니, 왜사(倭使)가 서로 만나기를 허락하지 아니하였다.

7월에 계빈(堺濱)의 인접사(引接寺)에 도착하였다. 이때 서해도(西海道)[79]의 왜인이 예물 음식을 보내왔는데, 그가 보낸 글 가운데 '조선국 사신이 내조하였다.〔朝鮮國使臣來朝〕'라는 말이 있었다. 일행들이 처음에는 자세히 보지 않았다가 곧 이윽고 깨닫고 나서 물어볼 때는, 이미 물품을 받아서 종자(從者)들에게 나누어 준 뒤였다. 선생이 즉시 진세운으로 하여금 상사와 서장관에게 알리도록 하기를, "왜인이 '내조(來朝)'라는 말을 하였으니, 나라를 욕되게 하는 음식이라, 단연코 받아서는 안 되는데 살피지 않고 망녕되이 받았으니, 장차 어찌하면 좋겠습니까?"라고 하니, 상사와 서장관이 말하기를, "오랑캐가 한 말은 무지(無知)하여 망녕되이 한 데서 나왔으니, 어찌 족히 따질 것이 있겠습니까."라고 하였다.

선생이 말하기를, "오랑캐야 비록 무지해서라고 하더라도, 사신

79 서해도(西海道) : 일본 구주(九州)와 일기도, 유구(琉球) 지방을 일괄해서 부르는 것이다.

도 또한 무지하겠습니까. 옛사람은 주고받는 즈음에 털끝만 한 것도 그대로 지나쳐 버리지 않고 오직 의리대로 할 따름이었습니다. 우리가 사신으로 와서 나라를 욕되게 하는 음식을 받는다면, 그 의리가 어디에 있겠습니까. 내가 왜인이 보낸 음식을 살펴보니, 모두 시장에서 사온 물건입니다. 처음에야 비록 잘못 받았다고 하더라도, 지금 만약 저들이 보내온 수효대로 사다가 되돌려 주면서 '너희가 보낸 예단(禮單)의 말이 잘못되었다. 이미 그것을 알았으니 의리에 비춰 그대로 받을 수가 없다. 그러므로 즉시 저자에서 사다가 주니, 돌아가서 너희 주인에게 그렇게 알려라.'라고 한다면, 말이 엄하고 의리가 발라서 그 치욕을 씻을 수 있을 것입니다."라고 하였다.

상사와 서장관이 두 번 세 번 견고히 고집하다가 끝내 선생의 의견을 따랐다. 이에 사다가 되돌려 주도록 하고는 그 사유를 갖추어 말해 주니, 심부름꾼이 말하기를, "저희는 소인인지라 한자(漢字)를 이해하지 못하여 이곳에 와서 남의 손을 빌려 글을 쓴 것이니, 우리 주인은 아는 바가 아닙니다. 소인이 우리 주인의 명을 받들고 왔다가 사신에게 거절을 당하였으니, 장차 어떻게 돌아가서 보고를 하겠습니까. 청컨대 사신께서는 글을 고쳐 써서 올리겠으니 받아 주시기 바랍니다."라고 하였다. 도선주가 또한 사람을 시켜서 말하기를, "저들이 일본 글자로 적어 왔기에 제가 번역하도록 하였는데 제가 또한 어로(魚魯) 자를 분간하지 못하여[80]

80 어로(魚魯)……못하여 : 글자가 비슷한 어(魚)와 노(魯)를 구분치 못하는 것으로, 식견이 없음을 뜻한다. 《포박자(抱朴子)》 〈하람(遐覽)〉에 "글씨를 세 번 베껴

글을 잘못 쓰게 하였으니, 그 죄는 실로 저에게 있으므로 저의 죄를 용서해 주시기 바랍니다."라고 하였다. 상사와 서장관이 말하기를, "심부름꾼이 실토한 것이 저와 같고, 도선주가 자신의 죄를 말한 것이 또 이와 같으니, 주객(主客)의 사이에 어찌 인정이 없어서야 되겠습니까. 우선은 받는 것이 어떻겠습니까."라고 하니, 선생은 억지로 따랐다. 그때 선생이 마침 취하여 누워 있었는데, 서장관이 농담 삼아 전적(典籍)에게 말하기를, "부사가 우리 말에 기꺼이 따른 것은 바로 환백(歡伯)[81]이 그렇게 시킨 것이다."라고 하였다.

왜국의 경계 안에 들어오면서부터 상사와 서장관은 왜인의 가마 타기를 좋아하여 그 가볍고 편리함을 취하였지만, 낮고 협소하게 제작되어 반드시 관을 벗고 허리를 구부려야 겨우 몸을 넣을 수 있기에 자못 체모를 잃었다. 선생은 여러 번 서장관을 책망하였지만 따르지 않아 홀로 관대(冠帶)를 갖추고 길을 갔다.

왜도(倭都)에 이르러서는 상사와 서장관은 모두 평상복을 입은 채 들어갔다. 선생이 말하기를, "사신이 예복을 입는 것은 왕명을 공경하는 것입니다. 본국에 있으면서도 오히려 이와 같이 해야 하거늘, 하물며 다른 나라의 도성에 들어가면서 예복을 입지 않아서야 되겠습니까."라고 하니, 상사와 서장관이 "나라 안에서 예복을

쓰면 어 자가 노 자로 변하고, 허 자가 호 자로 변한다.〔書三寫, 魚成魯, 虛成虎.〕"라고 한 데서 가져왔다.

81 환백(歡伯) : 술을 가리키는 말이다. 한(漢)나라 초공(焦贛)의 《역림(易林)》 〈감지태(坎之兌)〉에 "술은 기쁨의 으뜸이 되니, 근심을 없애 주고 즐거움을 가져온다.〔酒爲歡伯, 除憂來樂.〕"라고 한 데서 유래하였다.

갖추어 입는 것은 외신(外臣)을 공경히 맞이하기 위해서입니다. 지금 왜국에서는 영접(迎接)하는 의식이 없고, 관백(關白) 또한 외방에 나가 있으니, 사신이 어찌 반드시 예복을 입어야 하겠습니까."라고 하였다. 선생이 말하기를, "군자가 의관을 바르게 하고 시선을 존엄하게 하는 것은 곧 평상시 몸가짐의 법도이거늘, 하물며 사명을 받들고 온 때이겠습니까. 본국의 사신이 된 자는 단지 공경히 영접할 때 그러할 뿐만 아니라, 길을 갈 적에도 또한 예복을 입어야 하니, 어찌 관백이 있고 없는 것을 물을 게 있겠습니까."라고 하였다. 그런데도 상사와 서장관이 모두 따르지 않았으므로 선생은 홀로 예복 차림을 하였다. 이날 왜도의 사람들이 전부 쏟아져 나와 보았으니, 궁녀와 고관들에 이르기까지 모두 대궐 아래에 모였는데, 무릇 이를 보는 자들이 부사의 앞에 이르러서는 무릎을 꿇고 손을 교차시켜 공경하는 예를 표하였으나, 그 나머지에게는 곧 멸시하듯이 쳐다보았다. 이에 이르러서야 서장관이 비로소 후회하였다.

9월에 총견원(摠見院)에 있었는데, 관백이 외방에 나가서 아직 돌아오지 않았기 때문에 오래도록 왕명을 전하지 못하였다. 하루는 평의지가 와서 영인의 음악〔伶樂〕을 청하였다. 동행들이 모두 허락하려고 하니, 선생이 말하기를, "사명을 받든 신하가 사방 다른 나라에 사신으로 가서 아직 왕명을 전하지 못하였다면 이는 처녀가 아직 시집을 가지 아니한 것과 같습니다. 처녀가 시집도 가지 않은 채 노래를 팔아서 다른 사람을 기쁘게 하면, 이것이 어찌 나라 사람들이 천하게 여기는 바가 되지 않겠습니까. 왕명을 풀밭에 내팽개친 채 국도 가운데서 천악(天樂 궁중음악)을 베풀어 다른 사람들을 기쁘게 하는 빌미로 삼는 것이 곧 처녀가 노래를 파는 것과 어찌 다르겠습니까. 더구나 항심(恒心)이 없는 것이 보통 사람의 마음인데, 영인이 악기를 안고 밤새도록 국도 가운데 있게 되면, 어찌 반드시 우려할 만한 것이 없다고 보장할 수 있겠습니까." 하고, 끝내 허락하지 않았다.

10월에 풍신수길이 국도로 돌아왔다. 평의지가 하인을 보내어 고하기를, "내일 아침에 관백이 마땅히 천궁(天宮)에 나아갈 것이니, 사신께서는 관광(觀光)을 할 수 있을 것입니다."라고 하였다. 선생이 말하기를, "이국의 광경을 참으로 보기를 원하지만, 다만 왕명을 아직 전하지 못하였으니, 사신된 도리에 출입하기가 어렵습니다."라고 하였다. 이튿날 아침에 평의지가 몸소 와서 청하니, 서장관이 승낙하였다. 또한 선생에게도 청하였지만, 사양하기를 처음과 같이하였다. 왜의 승려가 또 와서 말해 이르기를, "관광하라고 청한 것은 실로 관백의 뜻으로, 단지 과시하려는 데 있습니다. 만약 따르지 않으면 돌아갈 기약이 늦고 빠름을 알 수 없을 것입니다."라고 하니, 일행들이 근심하고 두려워하며 모두 말하기를, "만약 부사의 말과 같이 할 것 같으면 반드시 제상(堤上)의 화(禍)[82]를 만날 것이다."라고 하면서 서로 마주 보고 눈물을 흘리며 울었다.

82 제상(堤上)의 화(禍) : 신라 눌지왕(訥祗王) 10년(426)에 삽라군 태수(歃羅郡太守)로 있던 박제상(朴堤上)이 일본에 거짓으로 투항하여 그곳에 30년 동안 볼모로 억류되어 있던 눌지왕의 아우 미사흔(未斯欣)을 비밀리에 탈출시켜 신라로 돌려보낸 뒤 자신은 일본 국왕의 회유를 뿌리치고 참혹한 죽음을 당한 일을 말한다. 《三國史記 卷45 朴堤上列傳》

서장관이 말을 재촉하여 도중(都中)에 들어갔다가, 관백이 가지 않기로 하였다는 소식을 듣고, 실망한 채 부질없이 돌아왔다. 그 이튿날 또 새벽밥을 먹고[83] 서둘러서 갔다가 또 관백이 가지 않기로 하였다는 소식을 듣고 돌아왔다. 이와 같이 하기를 세 차례나 하고서야 비로소 만나 볼 수 있었다.

선생은 글을 보내어 책망하기를, "사신이 사명을 받들고 바다를 건너온 지 지금 7개월이 지났는데, 뜻밖의 변고를 만나서 아직도 국서[84]가 함 속에 있으니 이것은 실로 막대한 치욕인지라, 당황스럽고 답답한 심정이 어찌 끝이 있겠습니까. 오직 이와 같기 때문에 관백이 비록 관람을 하도록 허락하였지만, 대덕사(大德寺) 한 구역 밖으로는 발걸음이 잠시도 나간 적이 있지 않았으니, 어찌 왕명을 중하게 여긴 것이 아니겠습니까. 우연히 관람하는 것도 또한 기꺼이 하고자 하지 않거늘, 하물며 그 사람에게 왕명을 전하지도 못한 상태에서 먼저 그 사람의 행차 광경을 보는 것에 있어서이겠습니까. 대개 이웃 나라 사신이 여기에 왔으나 접견을 제때에 하지 못하였는데, 왜국의 승려가 이에 불측한 말을 만들어 내어 공갈하며 놀라게 하였습니다. 이에 일행들의 당황하고 두려워

83 새벽밥을 먹고 : 원문은 욕식(蓐食)으로, 한나라 한신(韓信)이 포의 시절에 가난하여 남창(南昌) 정장(亭長)의 집에서 기식(寄食)할 때 정장의 아내가 그를 귀찮게 여겼으니 이에 "새벽에 밥을 지어서 잠자리에서 먹어 버리고는, 밥 먹을 때쯤 한신이 가면 밥을 차려 주지도 않았다.〔晨炊蓐食, 食時信往, 不爲具食.〕"라고 한 데서 가져왔다. 《史記 卷92 淮陰侯列傳》

84 국서 : 원문은 '지륜(芝綸)'으로, 임금의 말씀을 이르는 것이다. 인장(印章)을 찍는 인주(印朱)를 지니(芝泥)라고 하고, 임금의 조칙을 윤음(綸音)이라고 한다.

하는 형상은 내가 이미 알고 있습니다. 오랑캐들이 비록 예의(禮義)를 알지 못한다 하더라도, 이해(利害)에 대해서는 분명히 아는 바이건만, 일개 통신사가 저들 나라에 무슨 상관이 있다고 감히 구류시킬 계책을 하는지요. 족하는 평소에 왜인들의 마음을 따르고 기쁘게 해 주려고 하였는데, 왜국 승려의 말이 그 점에 들어맞았습니다. 그러므로 벌벌 떨면서 마치 칼날이 그 목에 닿은 듯이 여겨 왕명의 중함과 체모의 존귀함을 아득하게 무슨 일인지조차 알지 못하였습니다. 처음에는 말을 타고 구경 가려고 하다가 그만두었고, 이튿날에는 중도에서 돌아왔습니다. 황급하게 그들의 명령에 따르기를 마치 풍증(風症)을 앓아서 정신을 잃은 사람처럼 하였으니, 이것이 무슨 사체(事體)란 말입니까.

관백이 실로 헤아릴 수 없는 계획을 가지고 있다면 족하가 관광하였다고 해서 능히 면하지는 못할 것이고, 만일 그런 계획이 없다면 비록 관광하지 않더라도 무슨 상할 게 있겠습니까. 평의지가 와서 청할 때 또한 말하기를, '왕명을 아직 전하지 않았으니 두 사신에게는 감히 청하지 못하겠습니다. 원컨대 서장관께서는 와서 관광하였으면 합니다.'라고 하였으니, 저들 또한 왕명을 전달하는 일이 중요하여 사신에게 청해서 안 된다는 것을 알고 있는 것입니다. 족하가 만약 또한 이런 내용으로 답하였더라면 저들이 다만 자신들의 뜻을 거스른다고 여기지 않을 뿐만 아니라, 반드시 또한 대국의 예의(禮義)에 감복하였을 것이니, 어찌 원망하고 노여워하는 마음을 가지겠습니까.

사신된 자가 능히 자중하지 못하고 오직 그들이 말하는 것을 따라 주어서 정히 코 꿴 소가 사람이 부리는 대로 앞으로 갔다가 뒤로 물러났다가 하는 것과 같이 하니, 이것이 무슨 도리란 말입니까. 관광하는 굴욕이 만약 족하 한 몸에만 관계된다면 그만이겠지만, 족하의 굴욕은 사신의 굴욕이고 사신의 굴욕은 우리 조정의 굴욕입니다. 이것이 내가 반드시 족하의 생각을 돌리고자 하는 이유인데, 족하는 남과 의논하지 않고 홀로 마음으로 결단을 내려 세 차례나 가기로 작정하면서 그칠 줄을 모르니, 내가 또한 어찌 능히 족하를 위하여 막을 수 있겠습니까. 오호라, 뜻이 합치면 붕우이고, 합하지 않으면 길 가는 사람과 같을 뿐입니다. 지금 이후로는 각자가 들은 바를 높이고, 각자가 아는 바를 행하는 것이 옳을 것입니다. 다시 무엇을 상관하겠습니까."라고 하였다.

이때는 풍신수길이 국도로 돌아온 지 이미 오래되었는데 아직도 왕명을 받지 않으면서 거짓말로 선동하였다. 그래서 일행들이 두려워하였는데, 말을 하러 온 자가 있었으니 말하기를 "일에는 알 수 없는 것이 있으니, 사려를 주밀하게 하지 않아서는 안 됩니다. 어찌하여 관백의 좌우 사람에게 환심을 사서 성사되도록 도모하지 않습니까? 지금 민부경(民部卿) 법인(法印)과 산구전(山口殿) 현량(玄亮)이 곧 관백의 좌우에서 일을 행하는 자들인데, 마침 또 그들이 사신을 접대하는 일을 맡았습니다. 만약 저들에게 예를 행하여 그 마음을 살 수 있다면 사신의 일을 쉽게 완수할 수 있고 돌아갈 기일도 역시 멀지 않을 것입니다."라고 하니, 상사와 서장관이 매우 그럴듯하다고 여기고는 후하게 뇌물을 주어 도모하려고 하였다.

선생이 말하기를, "안 됩니다. 사신이 왕명을 받들고 국경을 나와서는 비록 한결같이 예법대로 하여 구차스럽게 하지 않아도 오히려 몸가짐에 혹 실수하여 왕명을 욕되게 할까 염려되거늘, 하물며 좌우 사람에게 뇌물을 줄 수가 있겠습니까."라고 하니, 상사와 서장관이 "이른바 '예를 행한다.'라는 것은 뇌물을 준다는 것을 말함이 아닙니다. 손님과 주인 사이에는 반드시 예물을 주는 폐백이 있어서 이로써 그 공경을 표합니다. 이 두 사람은 몇 달 동안 사신을 접대함에 부지런하고 또한 지극하였으니, 손님된 도리로 공경을 표하는 예물이 없어서야 되겠습니까."라고 하였다. 선생이 말하기를, "손님과 주인 사이에는 과연 예물로 바치는 폐백이 있습니다마는, 하지만 이를 행하는 데는 시기가 있으니, 구차하게 행해서는 안 됩니다. 왕명이 아직도 함 속에 간직되어 있는데, 먼저 사사로이 예물을 주는 것이 어찌 그것이 예이겠습니까."라고 하니, 상사와 서장관이 "사사로이 예물을 주는 것도 왕명을 전하기 위해서인데, 무엇이 해롭겠습니까."라고 하였다.

선생이 말하기를, "당당한 대국의 사신으로 성주(聖主)의 밝은 명령을 받들고 와서 위엄과 덕화를 선양(宣揚)하여 왜인들로 하여금 조대(朝臺) 아래에서 이마를 조아리게 하지 못하고, 이에 도리어 수치를 참으면서 아첨하여[85] 왕명을 전하기를 도모한단 말입니까. 왕명을 지체하게 된 것이 비록 사신이 못난 탓이기는 하지만, 그러나 저들이 궁전이 완성되지 않았다는 것으로 핑계를 대고

85 아첨하여 : 원문은 '미조(媚竈)'로, 아궁이에 아첨한다는 뜻이니 권력자에게 아첨하는 것을 비유한 말이다. 위(衛)나라의 실권자 왕손가(王孫賈)가 "아랫목 귀신 같은 왕에게 아첨하기보다는, 차라리 부엌 귀신처럼 실력자에게 아첨하는 것이 낫다.〔與其媚於奧, 寧媚於竈.〕"라고 한 데서 가져왔다. 《論語 八佾》

있으니, 그 잘못이 저들에게 있는지라 또한 어떻게 할 수 없는 것입니다. 사신 된 자의 도리로서는 다만 마땅히 예의(禮義)로써 반복해서 개도하고 타이를 뿐입니다. 만약 털끝만큼이라도 비굴한 일을 하게 되면 왕명을 욕되게 한 죄가 비로소 커지게 됩니다.

오호라, 이 하나의 물품은 왕명을 전달한 다음에 준다면 예물(禮物)이 되겠지만, 오늘 준다면 사사로운 재화가 되는 것입니다. 맹자가 진대(陳代)에게 말하기를, '한 자를 굽혀서 한 길을 바룬다는 것은 이익을 보는 측면에서 말한 것이다. 만약 이익을 보는 것으로써 한다면, 비록 한 길을 굽혀서 한 자를 바루어 이롭더라도 또한 할 것인가?'[86]라고 하였는데, 지금 다투는 바가 참으로 한 길을 굽혀서 한 자를 바루는 것에 비유되는 것입니다."라고 하였다. 이에 〈유감(有感)〉[87]이라는 시를 지어 그 뜻을 밝히니, 상사와 서장관이 어쩔 수 없어서 따랐다.

또 관백을 만나 보는 하나의 절차에 대해 논하였는데, 선생은 마땅히 기둥 밖에서 절해야 한다고 하고, 서장관은 마땅히 뜰 아래서 절해야 한다고 하여, 며칠 동안 결정을 하지 못하였다. 선생이 말하기를, "일본은 우리나라 조정의 여국(與國)이고, 관백이란 자는 거짓 황제〔僞皇〕의 대신(大臣)일 뿐입니다. 오직 그가 한 나라의 위복(威福)을 마음대로 하기 때문에 우리 조정에서는 그 실

86 한 자를……것인가 : 《맹자》 〈등문공 하(滕文公下)〉에 나오는 말이다.

87 유감(有感) : 이 시는 《학봉집》 권2에 실려 있으니, 그 시에 "진중하소서 동행들이여, 왜인을 어리석다 말하지 마오. 손 저어 저 물건 사양하여, 왜인에게 부끄러움 면하도록 하세.〔珍重同事人, 莫謂吳儂憨. 揮手謝越橐, 免使遠人慙.〕"라고 하였다.

정을 알지 못하고 국왕(國王)이라고 하면서 우리 임금과 대등한 신분으로 대우하였습니다. 이는 왕자(王者)의 존엄함을 낮추어서 아래로 이웃 나라의 신하와 더불어 대등하게 함이니, 또한 치욕스러운 것이 아니겠습니까.

지금 이미 몸이 이 나라에 들어와서 관백이 국왕이 아니라는 것을 분명히 알게 되었으니, 비록 전례가 없더라도 오히려 장차 예법에 의거하여 분명하게 따져서 상견(相見)하는 예를 바루어야 합니다. 더구나 이전에 왔던 사신들이 모두 기둥 밖에서 절하는 의식을 행하였으니 말입니다. 관백이 이미 국왕이 아니고 전례가 또한 이와 같으니, 우리만 어찌 유독 스스로 뜰에서 절하는 것을 달갑게 여겨 나라를 욕되게 하는 죄를 취할 수 있겠습니까."라고 하였다.

서장관이 말하기를, "풍신수길은 명칭은 관백이지만, 실제로는 한 나라의 왕입니다. 사신이 어떻게 그가 왕이 아닌 줄을 알아서 뜰에서 보는 예를 폐하고자 하겠습니까."라고 하니, 선생이 "관백이 감히 왕이라 일컬어서는 안 되는 것은 단지 《해동제국기(海東諸國記)》[88]에 이를 말했을 뿐만 아니라, 이번에 사신이 오면서 풍신수길을 가리켜서 관백이라고 하면 왜인들이 모두 이에 응답하였으나, 국왕이라고 하면 답할 바를 알지 못하였습니다. 이뿐만 아니라, '관백이라 이르고 왕이라고 이르지 않는다.'라는 것은 산

88 해동제국기(海東諸國記) : 1443년(세종25)에 서장관(書狀官)으로 일본에 다녀온 신숙주(申叔舟)가 1471년(성종2) 성종의 명을 받아 그가 직접 관찰한 일본의 정치, 외교 관계, 사회, 풍속, 지리 등을 종합적으로 정리하여 기록한 책이다.

인(山人) 종장(宗長)의 말이고, '상군(相君)이 이역(異域)에 문교(文教)를 폈다.'라는 것은 주지(住持) 태수(兌叟)의 서문(序文)에 있는 것입니다. '증일품대상국태령(贈一品大相國台靈)'이란 것은 전 관백의 위패(位牌)이고, '대정대신신장(大政大臣信長)'이란 것은 전 관백의 명호(名號)입니다. 이것으로써 본다면 풍신수길은 국왕이 아니라는 것이 또한 분명합니다. 일본 사람들이 왕이라고 말하지 않는데, 다른 나라의 사신이 왕이라고 여기면서 전례에 없는 예를 행하려고 함은 또한 무슨 의리입니까."라고 하였다.

서장관이 말하기를, "국서(國書)에 곧장 어휘(御諱)를 쓰고 풍신수길을 일컬어 국왕이라고 하였으니, 이는 우리 전하께서 대등한 신분으로 대우한 것인데, 신하 된 자가 어찌 감히 예를 겨루어 뜰 아래서 절하여 공경을 표하는 예를 폐할 수 있겠습니까."라고 하였다. 선생이 말하기를, "국서에 어휘를 쓰고 국왕이라고 칭한 것은 대개 사실을 제대로 알지 못하였기 때문입니다. 당초에 만약 관백이 국왕이 아니라는 것을 알았다면 국서에 마땅히 '관백'이라고 쓸 것이지 어찌 기꺼이 국왕이라 칭하였겠습니까. 또 어찌 기꺼이 어휘를 써서 스스로를 낮추었겠습니까. 처음에는 잘 살피지 못하여 이렇게 마땅함을 지나친 예(禮)가 있었던 것입니다. 지금은 비록 뒤늦게 고치지는 못한다 하더라도, 사신이 상견하는 예는 절로 마땅히 예전 그대로 해야 하지, 어찌 뜰 아래에서 절을 할 수 있겠습니까. 이전에 왔던 사신들은 관백이 진짜 임금이라고 여기면서도 오히려 기둥 밖에서 절을 하는 예를 행하였는데, 지금 우리는 이미 왕이 아닌 줄 알면서 도리어 뜰 아래서 절을 하는 예를 행하고자 합니까."라고 하였다.

서장관이 말하기를, "선왕조(先王朝) 때에 사신이 기둥 밖에서 절하는 것을 잘못되었다고 여겨 사목(事目)에다 기록하기까지 하였는데, 그것을 어길 수 있겠습니까. 더구나 지금의 의주(儀註)에 또한 뜰 아래에서 절하는 것으로 적어 놓았는데, 그것을 어길 수 있겠습니까."라고 하였다. 선생이 말하기를, "그렇지 않습니다. 선왕조 때에 관백을 잘못 인식하여 왕이라 여긴 것이 또한 오늘날 풍신수길이 관백이 된 것을 알지 못한 것과 같습니다. 사신이 된 자가 이미 그가 왕이 아니라는 것을 알았다면, 마땅히 때에 맞게 적절히 일을 처리하고, 복명(復命)하는 날 사유를 갖추어서 아뢰는 것이 바로 대부(大夫)가 왕명을 받들어 국경을 나가서 행하는 의리인데, 어찌 옛 관례만을 고수하면서[89] 변통을 하지 않아서야 되겠습니까. 또 이번 일의 사목 안에, 처음에는 그 조목을 게재하였다가 예관(禮官)이 곧바로 그것이 잘못임을 깨닫고 곧 삭제해 버렸으니, 이것은 조정에서도 또한 당에 올라가서 절하는 것을 불가하다고 여기지 않은 것입니다. 이것을 가지고 전고(典故)로 삼는 것은 또한 잘못이 아닙니까."라고 하였다.

서장관이 말하기를, "만약 그렇게 청하였다가 따라 준다면 다행이겠지만, 저들이 만약 '우리나라 사신이 이미 귀국의 뜰에서 절

89 고수하면서 : 원문은 '교수(膠守)'로, 거문고의 기러기발을 아교로 붙여 놓아 하나의 소리만 나오게 한다는 뜻인 교주고슬(膠柱鼓瑟)과 《한비자(韓非子)》 〈오두(五蠹)〉에, 송(宋)나라의 농부가 우연히 나무 그루터기에 토끼가 부딪쳐 죽은 것을 잡은 뒤에 그런 일이 또 일어날까 기대하여 농삿일은 하지 않고 내내 그루터기만 지켰다는 데서 나온 말인 수주대토(守株待兎)에서 가져온 것으로, 변통할 줄을 모른 채 고지식하게 옛것을 답습하기만 하는 것을 말한다.

하였는데, 귀국의 사신은 어찌 유독 그렇게 하지 않는가?'라고 하면, 우리는 할 말이 없게 됩니다."라고 하였다. 선생이 말하기를, "하늘에는 두 개의 해가 없고, 땅에는 두 사람의 임금이 없음이 천지의 떳떳한 법칙입니다. 일본의 위황(僞皇)이 이미 나라의 주인이 되었으니, 곧 관백이 비록 귀하다 하더라도 곧 사람의 신하일 뿐입니다. 우리 전하께서는 마땅히 위황에게 통신을 보내야 하나, 위황은 국사에 간여하지 않기 때문에 국서를 위황에게 보내지 않고 관백에게 보낸 것입니다. 하지만 임금과 신하 간의 분수는 하늘과 땅을 바꿀 수 없는 것과 같습니다. 그러니 사신이 위황을 뵐 적에는 뜰에서 뵙는 것이 예(禮)이지만, 관백에게는 곧 뜰에서 보는 것은 예가 아닙니다. 오직 이와 같으니, 그러므로 사신으로서 예를 행함이 저들과 우리가 각각 다른 것입니다. 이것은 왜국 사신을 뜰에서 절하도록 하여 낮추고, 우리 사신을 기둥 밖에서 절하도록 하여 높이는 것이 아닙니다. 지금 관백이 만약 뜰에서 절하고 보는 예를 받는다면 이것은 천황(天皇)으로 자처하는 것이니, 관백이 천황을 높여 공경하는 의리가 어디에 있습니까. 만약 이런 뜻을 가지고 간절하게 개도하여 타이른다면 저들이 비록 무지하다 해도 또한 반드시 마음으로 깨달아 굴복할 것인데, 어찌 따라 주지 않음을 염려할 게 있겠습니까."라고 하였다.

선생이 연회 석상에서 현소(玄蘇)에게 묻기를, "귀국의 여러 전(殿)이 관백을 뵐 때 뜰 아래에서 절을 합니까, 당 위에서 합니까?"라고 하니, 현소가 답하기를, "관백은 여러 전(殿)과 더불어 똑같이 천황의 신하인데, 어찌 뜰에서 절하는 일이 있겠습니까."라고 하였다. 선생이 또 묻기를, "전부터 우리나라 사신은 또한 기둥 밖에서 예를 행하였는데, 이번에는 곧 어떻게 해야 합니까?"라고 하니, 현소가 답하기를, "사신께서 물으신 것이 참으로 옳습니다. 우리나라에도 역시 접대하는 데 대한 전고(典故)가 있으니, 관백이 마땅히 스스로 정할 것입니다."라고 하였다.

선생은 또 도선주(都船主)를 보고 유구(琉球)[90]의 사신이 당에 올라가서 예를 행하는 일을 물어보니, 도선주가 "그렇습니다."라고 하였다. 선생이 말하기를, "일본의 여러 신하가 관백을 볼 때 본래 뜰에서 절하는 예가 없고, 유구 같은 작은 나라의 사신도 또한 이미 당에 올라가서 절하였으니, 반드시 우리에게만 유독 뜰에서 절하도록 하지는 않을 것입니다."라고 하였다.

대개 선생은 현소 등이 이미 우리나라에 와서 뜰에서 절을 하였으니 그에 비기어 비슷하게 하고자 할까 염려되었기 때문에 미리 은근히 풍자하여 그렇게 하는 길을 미연에 막은 것인데, 상사와 서장관은 매우 그렇지 않다고 여겼다. 선생은 또 서장관에게 일러 말하기를, "군자(君子)는 처음을 잘 도모하는 것을 귀하게 여기니, 처음을 삼가지 않고서 그 뒤를 잘하는 경우는 있지 않습니다. 우리의 행차는 100년 만에 있는 일이니, 이 또한 하나의 시초입니다. 당(堂) 위에서 절하고 뜰 아래에서 절하는 것은 그 기미가 모두 오늘날 하기에 달려 있으니, 어찌 그 처음을 삼가지 않아서 뒷날에 오는 사신으로 하여금 팔뚝을 걷어붙이고, '뜰에서 절하는 굴욕이 아무개가 사신으로 왔을 때부터 시작되었다.'라고

90 유구(琉球) : 동지나해 서남부에 있던 섬나라로, 지금의 오키나와에 있었던 소국이다.

말하도록 할 수 있겠습니까."라고 하였다. 현소 등이 선생의 뜻을 가지고 관백에게 통보하여, 마침내 기둥 밖에서 절하는 것으로 결정하였다.

풍신수길이 명을 받은 지 4일 되는 날에 사람을 시켜서 말하기를, "서계(書契)는 짓는 대로 뒤따라 보낼 것이니, 사신은 계빈(堺濱)에 가서 기다리면 될 것입니다."라고 하였다. 이에 일행들은 모두 호구(虎口)에서 자신이 벗어난 것을 다행으로 여기고, 더불어 함께 논의하지 않고서 재촉하여 말을 몰아 먼저 출발했는데, 선생은 놀라서 말하기를, "사신의 명을 받든 자가 국서를 받지 않은 것은 곧 이는 사신의 일을 아직 마치지 못한 것입니다. 예로부터 사신이 어찌 일찍이 일을 마치지 못하고서 도성을 나간 사람이 있었겠습니까. 더구나 계빈은 100리 밖에 있는 곳입니다. 사신이 여기를 나가 버린다면 도성과의 거리가 이미 멀어지니, 비록 서로 물어볼 일이 있다 하더라도 누구와 더불어 말을 하겠습니까. 또 내가 비록 형편없는 사람이기는 하지만 같이 차임되어 파견된 신하인데, 서로 의논하지 않고 있다가 내가 그렇지 않다고 다투기에 이르러서 매정스럽게 거절하고 수레를 재촉하여 떠나면서 조금도 머물기를 허락하지 아니하니, 설령 처리한 일이 다 옳았더라도 또한 일을 같이하는 의리가 아니거늘, 하물며 반드시 옳지도 아니함에 있어서이겠습니까."라고 하였다. 논집(論執)하기를 바야흐로 부지런히 했지만 일행은 이미 멀어져서, 형세상 홀로 남아 있기 어려워 마침내 계빈으로 나갔다.

계빈에 머문 지 반달 만에야 서계가 비로소 왔는데, 그 말투가 매우 패려궂고 오만하여 '전하(殿下)'를 '합하(閤下)'라고 하고, '소송예폐(所送禮幣)'를 '방물영납(方物領納)'이라고 하기에 이르렀으며, 또 '한번 뛰어 곧장 대명국에 들어가겠다. 귀국은 앞장서서 입조하라.〔一超直入大明國, 貴國先驅入朝.〕'라는 따위의 말이 있었다. 선생은 이를 보고는 매우 놀라서 의리에 의거하여 물리치고, 글을 써서 현소에게 주어 말하기를, "만약 이러한 말들을 고치지 않는다면 사신은 죽음이 있을 뿐 의리상 감히 돌아갈 수 없습니다."라고 하니, 현소가 옳다고 여기면서 즉시 부관으로 하여금 관백에게 달려가 아뢰도록 하였는데, '합하'와 '방물영납' 여섯 글자는 고칠 것을 허락하였으나, 다만 '귀국은 앞장서서 입조하라.'라는 등의 말은 현소가 '대명국에 입조한다.〔入朝大明〕'라는 뜻의 말이라고 핑계 대면서 끝내 고치기를 허락하지 않았다. 상사와 서장관은 현소의 말을 실제라고 여기고 다시 청하고자 하지 않았으나, 선생은 의연(毅然)히 이를 거절하였다.

다시 현소에게 글을 주었으니, 그 대략에 말하기를, "글을 지은 자의 뜻을 비록 쉽게 헤아리지는 못하겠으나, 하지만 그 말을 꾸며서 일을 단정한 것이 절로 일단(一段)의 기축(機軸)을 이루었으니, 어찌 속일 수 있겠습니까. 앞에서는 곧 말하기를 '한번 뛰어 곧장 대명국에 들어가서, 400여 주(州)를 우리 조정의 풍속으로 바꾸고, 억만년이 되는 이해에 제도(帝都) 정화(政化)를 시행한다.'라고 하였으니 이것은 귀국이 대명을 취하여 일본의 정화를 시행하겠다는 것을 말함입니다. 뒤에는 곧 말하기를, '귀국이 앞장서서 입조하매, 멀리 생각함이 있고 가까운 근심은 없다. 운운' 하였으니, 이것은 귀국이 우리 조정에서 오늘날 사신을 보낸 것을 가지고 멀리 생각함이 있다고 여긴 것을 말함입니다. 존사(尊師)

는 과연 이 '조(朝)'라는 글자가 '대명에 조회하는 것〔朝大明〕'을 가리킨다고 합니까. 그 아래에 또 말하기를, '먼 지방에서 뒤늦게 오는 무리는 허용할 수 없다.'라고 하였는데, 이것은 귀국이 먼저 입조(入朝)하는 자는 허용하고 뒤에 이르는 자는 처벌함이 있다는 것을 말함입니다. 또 말하기를, '내가 대명에 들어가는 날, 사졸을 거느리고 군영(軍營)을 바라보게 되면, 더욱 이웃 나라와의 맹약을 닦을 수 있다.'라고 하였는데, 이것은 귀국이 여러 나라로 하여금 군사를 있는 대로 동원하여[91] 정벌하는 데 따라오게 한다는 것을 말함입니다. 글 가운데에 우리나라를 위협한 것이 한둘이 아닌데, 이와 같이 하고도 '조(朝)'라는 글자가 우리나라를 지칭한 것이 아니라고 말할 수 있겠습니까?

우리나라 조정은 예의(禮義)를 중하게 여겨서 귀국과 더불어 우호(友好)를 통한 지가 거의 200년이 되었으나, 일찍이 털끝만큼도 무례한 말을 더한 적이 없었습니다. 이번에 통신사를 보낸 것도 귀국의 위세를 두려워해서가 아니라, 실로 귀국의 신의(信義)를 가상하게 여겨서입니다. 귀국이 포로로 잡아간 우리나라 백성들을 돌려보내고 우리나라를 침범한 무리의 머리를 베어 바치면서, 옛날처럼 우호 맺기를 청하였으니, 어찌 신의가 큰 것이 아니겠습니까. 우리 전하께서는 이를 매우 가상히 여기고 기뻐하시

91 군사를……동원하여 : 《춘추좌전(春秋左傳)》 노양공(魯襄公) 8년 조에, 자사(子駟)가 "채나라 사람이 복종하지 않으니, 우리 읍의 사람이 감히 편안히 있을 수가 없어서 전군을 동원하여 채나라를 토벌하겠다.〔蔡人不從, 敝邑之人, 不敢寧處, 悉索敝賦, 以討于蔡.〕"라고 말한 데서 가져왔다.

어 특별히 통신사를 보내셨으니, 이것은 실로 두 나라 사이에 전에 없었던 성대한 일입니다.

그런데 귀국의 서계(書契) 중에는 그에 대한 감사의 뜻은 생략해 버리고, 도리어 나라의 위세를 장황하게 늘어놓아 병력(兵力)을 자랑하고자 하였습니다. 그러면서 위로는 대명국을 엿보고 옆으로는 이웃 나라를 위협하여, 업신여기고 공갈하는 말이 정히 적진에 임해서 적(敵)을 꾸짖는 격문과 같으니, 어찌 '옥백(玉帛)의 예물을 서로 교환하며 예로 수교(修交)하는 글'이라고 하겠습니까. 비록 그렇지만 이것이 어찌 모두 관백의 뜻이겠습니까. 아니면 아마 글을 지은 자가 우연히 살피지 못한 것일 것입니다. 원컨대, 존사는 사신이 충고를 올리는 마음을 관백에게 잘 진달하여 서계를 고쳐 지어서 사신에게 주신다면, 두 나라가 서로 기뻐하여 이웃 나라와의 우호가 더욱 두터워져서 관백이 예로써 나라를 다스리는 미덕이 원근에 더욱 드러날 것이니, 이 또한 아름답지 않겠습니까."라고 하였다.

현소가 선생의 글을 보고 역관을 마주 대하여 칭찬하고 감탄해 마지않았다. 또 그 답서에 지극히 선생의 말을 옳다고 여겼다. 하지만 '입조(入朝)', '범대명(犯大明)'이라고 한 따위의 말에 대해서는 시종 굳게 숨기며 속이는 말로 대하였다. 선생은 재차 글을 써서 보내어 타일러서 반드시 고치기를 기약한 이후에야 말 작정을 하였다. 상사와 서장관은 이미 '방물' 등의 말을 고치기를 허락한 것을 다행으로 여겼고, 또 변고를 일으켜 일을 만들어 낼까 두려워하여 "현소의 답이 이와 같으니 억지로 변별하여 풀 필요는 없다."라고 여겼다.

선생은 다시 상사, 서장관과 쟁론하여 말하기를, "만약 '입조' 두 글자를 고치지 않으면, 이것은 우리 조정이 왜놈의 변방국이 되고, 온 나라의 관원들이 죄다 그들의 배신(陪臣)이 되는 것이니, 또한 통분하지 않겠습니까. 송(宋)나라 고종(高宗)은 이미 신하가 되어 금(金)나라를 섬겼는데도, 금나라에서 보낸 조서에 '강남에 조유한다.〔詔諭江南〕'[92]라는 말이 있다는 것으로 곧 호담암(胡澹庵)[93]은 눈물을 뿌리며 분개하여 '차라리 기꺼이 바다에 빠져 죽을지언정 속국으로 된 조정에 구차스럽게 살기를 원치 않는다.'라고 하였거늘, 하물며 당당한 대국(大國)이 오랑캐와 이웃이 됨이겠습니까. 송나라와 요(遼)나라는 형제국이 됨도 또한 이미 욕되다고 여겼는데, 사신 된 자가 도리어 '입조'라고 하는 치욕을 달갑게 여기면서 고치기를 다투지 않는단 말입니까."라고 하였다. 상사가 말하기를, "사신의 견해가 이미 의심이 없을 수 없어서 또

92 강남에 조유한다 : 원문은 '조유강남(詔諭江南)'으로, 금(金)나라가 강남(江南)으로 밀려나 있던 송(宋)나라에 보내는 국서(國書)에서 천자가 신하의 나라에 보내는 조칙(詔勅)처럼 '조칙으로 강남에 효유(曉諭)한다.'라는 뜻으로 말한 것을 이른다. 호전(胡銓)의 〈상고종봉사(上高宗封事)〉에 "삼가 살펴보건대 왕륜(王倫)은 일개 간사한 소인이고 시정의 무뢰배인데 지난날 재상이 무식하여 이자를 기용하여 오랑캐 나라에 사신으로 보냈습니다. 이자는 오직 거짓으로 잔꾀를 부려 천총(天聰)을 기만하고 좋은 관직을 일찍 얻었으니, 천하 사람들이 이를 갈고 침을 뱉으며 욕하고 있습니다. 지금은 까닭 없이 오랑캐 사신을 끌어들여 '조유강남'으로써 명목을 삼았으니, 이는 우리를 신첩(臣妾)으로 간주하려는 것입니다."라고 하였다.

93 호담암(胡澹庵) : 송(宋)나라 호전(胡銓)의 호가 담암이다. 그는 정신(廷臣)으로, 고종 때 추밀원 편수(樞密院編修)로 있으면서 진회(秦檜) 등이 금나라에 대한 유화책(柔和策)을 주장하자, 봉사(封事)를 올려 진회를 목벨 것을 주장하였다가 폄관(貶官)되었다.

한 이미 반복해서 쟁론해 보았고, 현소의 글도 또 이와 같으니, 우선 그 말을 믿는 것이 옳겠습니다."라고 하였다.

선생이 말하기를, "이것은 현소의 말로써 증거를 삼아 후일에 스스로 해명할 계책으로 삼는 것입니다. 사신은 비록 현소의 말을 믿는다고 하더라도, 우리 조정의 사대부들이 그것을 믿겠습니까. 사대부들이 설혹 믿는 자가 있다 하더라도 우리 성명(聖明)께서 그것을 믿겠습니까. 사신이 만약 그것이 욕되는 줄 알면서도 현소의 말을 빌려서 스스로 해명할 계책으로 삼는다면, 이는 스스로를 속이는 것입니다. 스스로를 속여서 남을 속이고, 남을 속여서 그 군부(君父)를 속이는 것이 옳겠습니까."라고 하였다.

서장관이 또 말하기를, "서계(書契) 가운데에 비록 거만스럽고 공손하지 못한 말이 있다 하더라도, 돌아가 보고한 뒤에 조정에서 절로 조처함이 있을 것이니, 사신이 알 바가 아닙니다."라고 하였다. 선생이 말하기를, "이것이 무슨 말입니까. 전(傳)에 '대부가 왕명을 받고 국경을 나선 뒤에는 사직(社稷)을 편안히 하고 국가를 이롭게 하는 것에는 전권을 행사해도 된다.'[94]라고 하였거늘, 하물며 이처럼 나라를 욕되게 한 말은 비록 죽음으로써 다투더라도 전권을 행사함에 문득 죄가 되지 않음에 있어서이겠습니다. 이에 일신의 이해(利害)를 지나치게 염려하여 벌벌 떨며 머리를 굽

94 대부가……된다 : 《춘추공양전(春秋公羊傳)》 장공(莊公) 19년 조에, "대부가 왕명만 받고 구체적인 지시 사항을 받지 않은 채 국경 밖으로 나갔을 때, 사직을 이롭게 하고 국가를 이롭게 할 일이 있으면 전권을 행사해도 괜찮다.〔大夫受命不受辭出竟, 有可以安社稷利國家者, 則專之可也.〕'라고 한 데서 가져왔다.

히고 욕을 참으면서 한마디도 하지 못하고, 곧 말하기를 '돌아가 보고한 뒤에 조정에서 절로 조처함이 있을 것이다.'라고 하니, 이것이 무슨 말입니까. 경감(耿弇)[95]은 일개 무부(武夫)인데도 오히려 군부(君父)에게 적(賊)을 남겨 주는 것을 수치로 여겼습니다. 우리는 평소에 많은 글을 읽고 많은 의리(義理)를 강론하면서 스스로에 대해 허여함이 어떠하였습니까. 그런데 하루아침에 작은 이해(利害)에 임하여서 놀라고 겁내어 어찌할 줄을 몰라 일마다 나라를 욕되게 하면서도 부끄러운 줄 모르다가, 끝내 곧 치욕을 싣고 가서 군부에게 드리게 되었으니, 어찌 한 무부의 죄인이 아니겠습니까."라고 하였다.

선생이 또 현소에게 답한 글이 있으니, 대략에 "어제 회답을 주시매 나의 말을 허물로 여기지 않고 인정해 주는 뜻이 깊이 있었으니, 지극히 감사함을 이기지 못하겠습니다. 다만 존사는 끝내 '입조(入朝)'의 '조(朝)'를 가지고 대명(大明)을 가리킨 것이라고 하였으니, 무슨 소견이 있기에 이와 같이 말하는지 알지 못하겠습니다. 우리나라와 귀국은 구역이 절로 나누어져서 창파(滄波) 만 리에 뱃길이 겨우 통할 뿐이니, 두 나라가 비록 정벌하는 일이 있

95 경감(耿弇) : 후한(後漢) 광무제(光武帝) 때 명장이다. 무제가 노(魯)에 있을 적에, 경감이 장보(張步)의 공격을 받고 있다는 말을 듣고 그를 구원하기 위해 직접 출동하였는데, 진준(陳俊)이 경감에게 상의 군대가 도착할 때까지 잠깐 전투를 멈추고 기다리자고 건의하니, 경감이 "승여가 곧 도착할 터이니, 신하로서는 응당 소를 잡고 술을 걸러서 백관을 기다려야 할 것인데, 도리어 적로를 처리하는 일을 군부에게 남겨 드린단 말인가.〔乘輿且到, 臣子當擊牛釃酒以待百官, 反欲以賊虜遺君父邪.〕"라고 하고는 치열하게 싸워 적을 대파한 일이 있다.《後漢書 卷80 耿弇列傳》

을지라도, 어찌 서로 간여할 수가 있겠습니까. 각자 자신들의 강토를 지키면서 대대로 이웃 나라와의 우호 관계를 돈독히 하여 억만년 화평한 복을 함께 누리는 것이 또한 옳지 않겠습니까. 이번에 사신이 온 것도 다른 뜻이 있어서가 아니라, 우리 전하께서 실로 귀국의 신의(信義)를 가상히 여겨서일 따름입니다. 가만히 귀국의 글을 보니, 답한 바가 감사하다는 내용은 없고 글 뜻이 장황하기가 이에 이르렀으니, 어찌 우리 조정에서 애초에 생각하였던 것이겠습니까.

옛적에 송나라와 요나라가 영토를 다툴 적에 부필(富弼)[96]이 요주(遼主)에게 고하기를, '북조(北朝)에서 이미 땅을 얻는 것을 영광으로 여긴다면 남조(南朝)에서는 반드시 땅을 잃는 것을 치욕으로 여길 것입니다. 형제의 나라로서 어찌 한쪽은 영광스럽고 한쪽은 치욕스러운 것이 합당하겠습니까.'라고 하니, 요주가 느끼어 깨닫고는 곧바로 그 말에 따랐다고 합니다. 오늘날의 일이 비록 이와는 다르다 할지라도, 한쪽은 영광스럽고 한쪽은 치욕스럽기는 마찬가지입니다. 우리 전하께서 백 년 만에 사신을 보내었으니, 이것은 귀국의 영광인 것입니다. 그런데 귀국에서는 도리어 장황하게 위협하는 말을 늘어놓았으니, 어찌 우리 조정의 치욕이 아니겠습니까. '한쪽은 영광스럽고 한쪽은 치욕스럽다.'라는 부필의 말

96 부필(富弼) : 남송(南宋) 때 명신으로, 정국공(鄭國公)에 봉해졌으므로 부정공(富鄭公)이라고도 한다. 거란이 국경에 접근하여 땅을 요구하자 부필이 나가서 땅을 내줄 수 없다고 강력하게 거부하고, 아울러 화친과 전쟁의 이해를 말하여 거란을 물러가게 하였다. 부필이 한 말은 《송사(宋史)》 권313 〈부필열전(富弼列傳)〉에 보인다.

이 더욱 이때에 남다른 느낌을 갖게 합니다. 또 나라를 다스리는 도리는 단지 예법과 의리에 있지, 강하고 약한 데에 있지 아니하니, 만약 나라 안팎에 이름을 드러내고자 한다면, 예의를 버리고 무엇으로 하겠습니까. 사신이 관백의 글을 보고 유감이 없을 수 없으므로 감히 이로써 진술하니, 이 또한 옛적에 사신이 이웃 나라에 좋은 계책을 말해 주던 뜻이기도 합니다.-선생이 일찍이 문생(門生)들을 가르치다가, 《송사(宋史)》의 부필(富弼)이 거란에 사신으로 간 부분의 전기(傳記)에 이르자, 세 번 반복하여 낭송하고는 무릎을 치면서 감탄하며 말하기를, "너희들은 알겠느냐? 부공(富公)이 단신으로 수레를 타고 위험하기 짝이 없는 오랑캐 궁정에 들어갔는데도 의연히 굴하지 않고서 나라의 체모를 높이고 중하게 하였다. 대장부가 변란을 만나서는 마땅히 이와 같이 하여야 한다."라고 하였다. 지금 선생이 다투는 바로써 살펴보면 곧 부정공(富鄭公)과 전후로 똑같으니, 대개 평일에 본래 정한 바가 있어서이다.-"라고 하였다.

또 선위사(宣慰使) 평행장(平行長)에게 답서를 보내어 다음과 같이 말하였다. "서계에 대한 일은 족하께서 잘 주선해 주신 덕에 고쳐 쓸 수 있게 되었으니, 어찌 단지 사신에게만 다행이겠습니까. 실로 귀국에 있어서도 영광입니다. 이웃 나라의 사람으로 그 누가 '바다 바깥에도 인물이 있다.'라고 하지 않겠습니까. 매우 다행스럽고 다행스럽습니다. 다만 서계 중에 있는 한 대목의 말뜻이 의리에 비추어 보아 크게 온당하지 못한 점이 있습니다. 족하의 직책이 선위하는 일이니 사신의 심정이 통하도록 하여 두 나라 사이에 막힘이 없도록 하는 것이 바로 족하의 책무입니다. 사신이 어찌 감히 한마디 말을 하지 아니해서 뒷날 불화의 씨앗을 남기겠습니까.

옛적에 초왕(楚王)이 제(齊)나라 환공(桓公)에게 '군(君)은 북해(北海)에 있고 과인은 남해에 있어서 바람난 말이나 소도 서로 미치지 못하는 것[97]과 같습니다.'라고 하였는데, 이는 두 나라 사이에 길이 아득하게 멀다는 것을 말함입니다. 하지만 제나라와 초나라는 비록 멀기는 하지만 곧 글과 제도가 같았습니다. 한 사신의 행차가 막힘 없이 왕래하여 전쟁을 할 때나 평화로울 때[98]나 함께 종사(從事)할 수가 있었던 것입니다.

우리 두 나라와 같은 경우는 큰 바다가 구덩이처럼 사이에 있어서 구역이 저절로 구별이 되니, 실로 하늘이 나눈 바이고 땅이 쪼개어 놓은 것으로, 진실로 풍속과 성교(聲敎)가 능히 통할 수 있는 바가 아닙니다. 오히려 다행스럽게도 뱃길을 통해서 형제의 나라가 될 수 있었는데, 각자의 강역을 지키면서 때때로 통신사만 보낼 뿐, 길한 일에 경하하고 흉한 일에 조문함이 또한 서로 통하지 못하였던 것은 어찌해서이겠습니까. 어찌 천연의 험함이 앞을 가로막아서 인력(人力)으로 어찌할 수 없었기 때문이 아니겠습니

97 군(君)은……것 : 서로 멀리 떨어져 있어서 통교(通交)하기 어렵다는 말이다. 《춘추좌씨전(春秋左氏傳)》 희공(僖公) 4년 조에, 제 환공(齊桓公)이 제후(諸侯)의 군대를 거느리고 초(楚)나라를 치니, 초나라에서 사신을 보내어 "군은 북해에 있고 과인은 남해에 있어서 오직 바람난 말이나 소도 서로 미칠 수 없는 거리이니, 군께서 우리 땅에 오실 줄은 생각지도 못하였습니다.〔君處北海, 寡人處南海, 唯是風馬牛不相及也, 不虞君之涉吾地也.〕"라고 한 데서 가져온 말이다.

98 전쟁을……때 : 《주례》에 의거하면, 병거(兵車)는 전투용 수레이고, 승거(乘車)는 일반적 용도로 타는 수레이며, 전거(田車)는 수렵할 때 사용하는 수레이다. 《周禮 冬官 考工記》 이에 여기서는 병거는 전쟁, 승거는 보통 평화 시를 의미하는 말로 쓰였다.

까. 평상시에도 교린(交隣)하기 어려움이 이와 같은데, 하물며 군사를 합종(合從)하는 일에 있어서이겠습니까.

지금 서계의 내용에 '한 번 대명국(大明國)으로 뛰어가려 하니, 그때 귀국이 이웃 나라와 교제하는 뜻을 중히 여겨 우리나라와 한패가 된다면 더욱 교린의 맹약을 닦을 수 있을 것이다.'라고 한 것이 있습니다. 오호라, 이것이 실로 관백의 뜻입니까, 아니면 글을 지은 자가 우연히 큰소리쳐서 우리나라를 시험해 보려는 것입니까?

아, 남에게 어려운 일을 하도록 요구하면, 그 사람이 장차 응함이 없을 것입니다. 그 사람이 응하지 아니하면 요구한 자가 어찌 원망함이 없겠습니까. 피차간에 서로 요구하고 원망한다면 마음속에 의심하고 혐의함이 일어나고 밖에서 틈이 생기니, 예로부터 지금까지 그 우호 관계를 온전하게 할 수 있는 경우는 있지 않았습니다. 더구나 대명국은 바로 우리 부모 같은 나라로, 우리 전하의 하늘을 두려워하는 공경과 대국을 섬기는 정성이 시종 변하지 않았습니다. 그러므로 북쪽으로 신경(神京)을 바라봄에 천자의 위엄이 지척에 있는 듯하여 옥백(玉帛)으로 예를 갖춘 사신의 행차가 서로 이어지고 있으니, 이는 실로 천하가 함께 들어서 알고 있는 것입니다. 귀국이 지금 비록 화친을 끊었으나, 수십 년 전에는 일찍이 대명국에 들어간[99] 사신이 있었으니, 우리나라가 천조(天朝

99 대명국에 들어간 : 원문은 '관주(觀周)'로, 춘추 시대 오(吳)나라 공자(公子) 계찰(季札)이 노(魯)나라에 사신으로 가서 옛 주(周)나라의 음악(音樂)을 차례로 관찰하고는 매우 감탄하면서 품평을 한 데서 온 말로, 전하여 상국(上國)을 관광(觀光)하는 것을 의미한다. 《春秋左氏傳 襄公29年》

명나라)와 한집안 같은 사이인 줄을 어찌 알지 못한단 말입니까.

오호라, 군신(君臣) 간의 의리는 곧 천지간의 떳떳한 이치[100]이니, 이른바 '민이(民彝)'[101]라는 것입니다. 사람으로서 이것이 없으면 의관을 차려입었더라도 금수〔禽犢〕나 마찬가지이고, 나라로서 이것이 없으면 중하(中夏)라도 오랑캐 나라와 같은 것입니다. 대명국 조정과 우리나라 조정은 대의(大義)가 이미 정해져서 하늘과 땅이 위치를 바꿀 수 없는 것과 같은데, 어찌 감히 두 마음을 품을 수 있겠습니까. 만약 두 마음을 품는다면, 이것은 손과 발이 머리와 눈을 해치고[102] 자제(子弟)가 부형(父兄)을 공격하는 것이니, 그것이 인간의 도리에 어떠하겠습니까. 귀국이 침범하려는 계획과 같은 것에 대해서는 각자 국사를 도모하는 신하가 있으니, 진실로 사신이 감히 알 바가 아닙니다. 그러나 우리나라의 의리에

100 천지간의 떳떳한 이치 : 천지의 당연한 이치로서 변할 수 없는 것을 의미한다. 《춘추좌씨전(春秋左氏傳)》 소공(昭公) 25년 조에 "대저 예라는 것은 하늘의 떳떳한 도이고, 땅의 후한 덕이며, 사람이 행하는 길이다.〔夫禮天之經也, 地之義也, 民之行也.〕"라는 말이 있다.

101 민이(民彝) : 사람의 마음에 가진 떳떳한 도리로, 《시경》 〈증민(蒸民)〉에 "사람이 떳떳한 본성을 가진지라, 이 아름다운 덕을 좋아하도다.〔民之秉彝, 好是懿德.〕"라고 한 데서 유래하였다.

102 손과……해치고 : 수족은 신하를, 두목(頭目)은 임금을 의미하니, 신하가 임금을 해친다는 말이다. 《맹자》 〈양혜왕 하(梁惠王下)〉에 "임금이 인정을 행하면 백성들이 윗사람을 친애하여 윗사람을 위해 죽을 것이다."라고 한 맹자의 말에 대한 주에 "이 때문에 백성들이……마치 자제들이 부형을 보위하듯이 하고 손과 발이 머리와 눈을 보호하듯이 한다.〔是以民……如子弟之衛父兄, 手足之捍頭目也.〕"라고 하였다. 여기서는 보호하지 않고, 도리어 해친다는 말로 쓰였다.

있어서는 사신이 분명히 아는 바입니다. 지금 서계(書契)의 말이 이와 같은 것을 보고도 잠자코 한마디 말도 없이 돌아간다면, 이것이 어찌 사신의 의리이겠습니까.

대저 두 나라 사이에 오가는 사명(辭命 임금의 말과 명령)은 삼가지 않을 수 없습니다. 원망을 해소하고 분란을 해결함이 여기에 달려 있고, 협의를 맺고 틈이 생기는 단서도 여기에 있습니다. 법이 아닌 말과 의리를 해치는 담론을 어찌 문자로 기록하여 이웃 나라와 더불어 말할 수 있겠습니까. 어리석은 내가 헤아려 보건대, 이것은 곧 글을 지은 자가 잘 살피지 못한 실수이고, 아마 관백의 뜻은 아닐 듯합니다. 족하가 혹 이 뜻을 관백에게 전달해 알려 준다면, 이 또한 나라를 보존하고 백성을 편안하게 하며, 이웃 나라와의 우호 관계를 영원토록 온전하게 하는 한 가지 방법일 것입니다."

현소와 평행장 등이 이미 선생의 말을 옳다고 여기고 자못 부끄러워 굽히는 뜻이 있었으나, 일행은 모두 일이 생길까를 두려워하여 여러 가지 단서로 막고 억눌러 그 서신이 전달되지 못하도록 하였다. 대개 일행의 일은 그 권한이 상사에게 있는데 서장관이 또한 상사와 의견이 부합하였기 때문에 선생은 끝내 그 뜻을 행할 수가 없었다. 분개하고 탄식하며 슬프고 울적하여 곧 그 서신을 바닷물에 던지고, 이어서 시를 지었으니, "물 밑의 어룡은 응당 글자를 알리라."[103]라는 구절이 있었다.

103 물……알리라 : 이 시구는 《학봉집》에는 보이지 않고, 당나라 포용(鮑溶)의 〈양양회고(襄陽懷古)〉에 나오는데, "상강은 천 년이 지나도 언덕이 되지 않으니, 물

왜승 종진(宗陳)이 와서 《대명일통지(大明一統志)》를 보여 주었는데, 거기에 기재된 우리나라의 연혁(沿革)과 풍속이 비루하고 속되어 근거 없는 것이 많았다. 선생이 이에 우리나라에서 통행하는 예속(禮俗)을 들어다가 각각 그 아래에 주석을 달아 그것이 잘못된 것임을 변석(辨釋)하여 《조선국풍속고이(朝鮮國風俗考異)》라는 하나의 책을 만들어서 주었더니, 종진이 감사하고 기뻐하면서 "마땅히 관백에게 전해 보여서 간행하겠다."라고 하였다.

돌아올 적에 왜추(倭酋)가 금수사라(錦繡紗羅)를 선물로 줌이 많았는데, 선생은 사양하였지만 받아들여지지 않기에 받아서 곧 소관(所館)에 있던 승려들로 왕래하며 서로 말하던 자들에게 나누어 주었다. 배가 출발하려는 즈음에 그쪽에서 뽑혀 따라온 승려들이 언덕 위에 서서 일제히 부르짖기를, "앞서 우리가 부사의 은혜를 받고 지극히 감사하게 여겼더니, 우리 장수(將帥)가 이를 듣고서 그 예물로 준 물건을 받았다는 것으로써 장차 우리를 죽이려고 합니다. 공이 만약 받지 않으면 저희가 모두 장차 죽게 될 것입니다, 원컨대 뜻을 굽혀 받아 주십시오."라고 하며 발을 구르고 울부짖었는데, 그 정이 매우 슬프고 간절하여 선생이 어쩔 수 없어서 받아 두었다. 승려가 말하기를, "만약 신표(信標)가 없으면 무엇으로 증명하겠습니까."라고 하자, 선생이 이에 절구 한 수를 적어서 주었더니 그 승려들이 늘어서서 절하고 떠났다. 선생은 이어서 받은 아름다운 비단을 흩어서 격왜(格倭 왜인 격군)에게 주었다.

밑의 어룡은 응당 글자를 알리라.〔湘江千歲未爲陵, 水底魚龍應識字.〕"라고 하는 구절이 있다. 《全唐詩 卷487 襄陽懷古》

행차가 대마도에 도착하여서는 평의지가 선두(船頭)에서 전별연을 열면서 좌우에 보검(寶劍)을 나열해 두었는데, 상사가 사랑하며 이를 바라보자, 평의지가 사신에게 나누어 주었고, 일행이 모두 받았다. 선생은 물리치고 싶었지만 다른 뜻을 내세운다는 혐의가 있을까 하여 받았다가, 장차 출발하려 할 때 시중드는 왜인에게 주어서 도주(島主)에게 돌려주도록 하고, 이어서 배를 저어 떠났다. 선생이 데리고 간 원역(員役)들은 위엄을 두려워하고 절의에 감복하여 절대 왜인과 교시(交市)[104]를 하지 아니하고 하나의 물건도 가지고 오지 않았다.

그 뒤에 우리나라 사신과 승장(僧將) 송운(松雲)[105] 등이 일본을 갔다 와서는 모두 말하기를 "왜인들이 지금까지 선생의 절의를 칭송하여 정문충(鄭文忠)[106]과 나란히 아름답다고 하고, 지은 시문(詩文)은 보배롭게 간직한다."라고 하였다. 해주 부용당(海州芙

104 교시(交市) : 나라와 나라 사이에서 물건을 사고파는 것을 말한다.

105 승장(僧將) 송운(松雲) : 임진왜란 때 승병장 유정(惟政)을 가리키니, 시호는 사명(四溟)이다. 임진왜란 때 승병 총섭(僧兵總攝)으로 활약하였고, 일본에 건너가서 강화(講和)하고 돌아왔다.

106 정 문충(鄭文忠) : 문충공 정몽주(鄭夢周, 1337~1392)를 가리킨다. 고려 우왕(禑王) 때 왜구(倭寇)들의 침입이 심했으므로 나흥유(羅興儒)를 일본에 보내 화친을 도모하게 했는데, 도리어 일본에 구수(拘囚)되었다가 겨우 죽음을 면하고 돌아왔다. 그러자 정몽주에게 앙심을 품고 있던 권신(權臣)들이 정몽주를 천거하여 구주(九州) 지방의 패가대(覇家臺)에 가서 왜구의 단속을 요청하게 하였다. 이에 사람들이 모두 위태롭게 여겼으나, 정몽주는 조금도 두려워하는 기색이 없이 건너가서 교린(交隣)의 이해를 개진하여 사명(使命)을 다하고 돌아왔을 뿐만 아니라, 왜구에게 잡혀갔던 고려의 백성 수백 명을 귀국시켰다.

蓉堂) 제영(題詠)[107]이 매우 많은데, 선생 또한 차운한 시가 있어 벽간(壁間)에 남아 있다. 임진왜란 때 왜장(倭將)이 해주를 근거지로 삼고 있으면서 벽상의 여러 시를 모두 철거했는데 유독 선생의 현판만 남겨서 채색 비단으로 싸 두었고, 한 고을의 관청과 민가는 모두 전쟁의 재앙을 입었으나 부용당은 홀로 벗어났으니, 이류(異類)들 또한 공경하고 복종할 줄 아는 것이 이와 같았다.

신묘년(1591, 선조24) 2월에 바다를 건너 부산으로 돌아왔는데 짐 꾸러미가 말끔하였으며 단지 석창포(石菖蒲)와 종려나무 분재 몇 개만 있을 뿐이었다. 행차가 안동(安東)에 도착하여서는 집 문을 지나면서도 들어가지 아니하였고 조정에 돌아와서는 사인(舍人)으로서 복명(復命)하였으며, 특별히 통정으로 승급시킴에 소(疏)를 진달하여 사양하였는데, 주상께서 윤허하지 않았다.

지난해 경인년(1590)에 광국훈(光國勳)[108]을 녹훈할 때, 선생이 원종(原從) 일등으로 녹훈되었으므로 부친의 관작은 이조 참의로, 모친은 숙부인(淑夫人)으로 추봉(追封)되었다. 전후로 주청(奏請)한 사신과 칙지(勅旨)를 받들고 은전(恩典)을 반포한 신하는 모두 원훈(元勳)에 참여되었는데 선생만 유독 들어 있지 않았으니,

107 해주 부용당(海州芙蓉堂) 제영(題詠) : 김성일이 차운한 시는 《학봉집》 권1에 실려 있는 〈부용당에서 율곡 이이 등 여러 공의 시에 차운함〔芙蓉堂次李栗谷 珥 諸公韻〕〉이니, "옥루엔 나는 듯한 걸음 가볍고 서늘하며, 맑은 기운은 아침에 푸른 들에 접했네. 발아래 부용화는 요동하지 않고, 물속에 몇 줄기 향을 감추었네.〔玉樓飛步趁輕涼, 爽氣朝來接莽蒼. 脚下芙蓉花未動, 水心藏得幾莖香.〕"라고 하였다.

108 광국훈(光國勳) : 선조 때 종계변무(宗系辨誣)에 공을 세운 사람들에게 내린 훈명(勳名)이다.

공론(公論)이 시끌시끌하였다. 당시에 역관(譯官) 홍수언(洪秀彦) 등이 글을 올려 억울함을 하소연하였는데, 선생이 이 소식을 듣고 소장을 올려 자신을 탄핵하였다.

기축년(1589, 선조22)의 변고(變故)[109]를 겪은 뒤로 선비들의 기상이 저상(沮喪)됨으로써 성균관 학생들 사이에도 의론이 마구 일어나 갑론을박하면서 서로 나뉘어서는 각자 소견을 주장하였다. 관장(館長 대사성)이 된 자 또한 사사로이 당파를 만들어 파당을 따라 드날리기를 면하지 못하고 시끄러움을 눌러 진정시킬 뜻이 없었으니, 사론(士論)이 척려(蹠盭 발병함, 즉 문제가 발생함)하여 습속이 날로 무너졌다. 주상께서 바야흐로 모범이 될 만한 석유(碩儒)를 택하여 인도해 주는 책임을 부여하고자 하면서, 특별히 선생을 대사성(大司成)에 임명하였다.

이보다 앞서 성균관 유생(儒生)들이 장관(長官)이 어느 당파인지를 보고, 장의(掌議)[110] 재임(齋任 성균관의 기숙생 중의 임원)들도 따라 나아가고 물러났었다. 이때 이르러 한쪽의 사람이 먼저 스스로 의심하고 딴마음을 먹고서 모두 물러갈 생각을 품었다. 선

109 기축년의 변고(變故) : 선조 22년에 정여립(鄭汝立)의 모반 사건을 계기로 일어난 옥사를 말한다. 이해에 황해도 관찰사 한준(韓準) 등이 정여립 등이 모반했다고 고변(告變)함으로써 옥사가 일어났는데, 이 옥사로 인해 이발(李潑), 백유양(白惟讓), 최영경(崔永慶) 등이 처형되고, 정언신(鄭彦信), 정개청(鄭介淸) 등이 유배되었다.

110 장의(掌議) : 성균관과 향교의 동재(東齋)와 서재(西齋)에 기숙하는 유생, 즉 재생(齋生)의 재회(齋會)를 주재하는 대표자이다. 장의를 보좌하는 임원을 색장(色掌)이라고 하는데, 장의와 색장 등을 재임(齋任)이라고 한다.

생은 갑자기 바꾸는 것을 허락하지 않고, 제생들을 불러서 타이르기를 "제생은 글을 읽어 이치를 궁구하고, 도를 강론하여 학업을 익히는 것이 곧 그 직분이다. 조정의 시비(是非)와 용인(用人)의 득실(得失)에 대해서는 유생이 의당 관여할 바가 아니거늘, 하물며 명륜당(明倫堂)은 사사로운 싸움을 하는 장소가 아님에랴. 현관(賢關)[111]이 어찌 벼슬길에 나가기를 다투는 길이겠는가. 그대들이 자신의 본분을 버리고 날마다 놀면서 한담하기만을 일삼는다면, 끝내 심신에는 이로움이 없고, 소인(小人)의 유자가 됨을 면하지 못할 것이다. 나라에서 인재를 모아 양성하는 뜻이 도리어 어디에 있겠는가."라고 하였다.

조용히 타이르고 깨우쳐 줌이 모두 지극한 정성에서 우러나왔으며 차별을 하지 않았고, 좋아하고 싫어함에 치우치지 않았으며, 일정하게 시험을 보여 권면하고 징계하기를 한결같이 지극히 공평하게 하였다. 또 《심경(心經)》, 《근사록(近思錄)》 등의 책으로써 가르쳐 추향(趨向)할 표준을 밝게 보이니, 제생들 또한 대부분 생각을 바꾸고 모두 스스로 새로워지려는 뜻을 품게 되었고, 붕당을 만들어 서로 대립하는 것이 부끄러워할 만한 일임을 조금 알게 되어, 선비들의 습속이 한 번 변하기를 기필하게 되었다. 그런데 선생이 부제학으로 옮겨 제수되었으니, 중외(中外)의 사람들은 모두

111 현관(賢關) : 현자(賢者)가 통행하는 관문이라는 의미로 성균관(成均館)의 별칭으로 쓰인다. 《한서(漢書)》 권56 〈동중서전(董仲舒傳)〉에 "태학은 어진 선비가 벼슬길에 나아가는 관문이고, 교화를 펼치는 근원이다.〔太學者賢士之所關也, 敎化之本原也.〕"라고 한 데서 유래하였다.

경연(經筵) 좌석에 적임자 얻었음을 하례하였는데, 사림(士林)에서는 사유(師儒)를 갑자기 체차(遞差)한 것을 애석하게 여겼다.-그 뒤에 선생이 경상 우병사(慶尙右兵使)로서 잡혀갈 때 임금의 노여움이 바야흐로 떨쳤는데, 성균관 유생들이 동서(東西)를 막론하고 장차 소장을 진달하여 원통함을 하소연하고자 하였으나, 마침 임금께서 용서하는 명이 있어서 그쳤다.-

선생은 매양 기축년과 경인년의 변고를 탄식하였으니, 권간(權奸)이 정권을 잡고서 기미를 타고 함정을 만들어서 선비들을 잡아 죽였다. 처사(處士) 최영경(崔永慶)[112] 같은 이에 이르러서는 사림에서 가장 추중을 받았는데, 간당(姦黨)들이 원수로 여겨 죄를 얽어 붙잡아 들이고서 옥중에서 말라 죽게 하였다. 그런데도 대신 이하가 모두 주변을 돌아보고 숨을 죽인 채 지내면서 감히 한마디 말도 하지 않았으니, 밝은 해가 비추어 주지 못하여 깊은 원한이 신원되지 못하였다.

이때에 이르러 선생이 경연 자리에 입대(入對)하여 맨 먼저 그 무함당한 것을 직언하자, 주상께서 말씀하시기를 "그대는 어떻게 최영경이 역모에 가담하지 않았음을 아는가?"라고 하였다. 대답하기를, "신이 비록 그 사람의 얼굴을 알지는 못하지마는, 그의 마음가짐과 일을 행한 것을 상세히 들었으니, 곧 절개를 지키고 의리에 죽을 사람으로 역적을 편들었을 리가 만무(萬無)합니다. 다만 평일에 두려움 없는 말과 올곧은 논의가 간신들의 마음을 거

112 최영경(崔永慶) : 1529~1590. 본관은 화순(和順), 자는 효원(孝元), 호는 수우당(守愚堂)이며, 조식(曺植)의 문인이다. 1572년(선조5) 학행으로 경주 참봉에 제수되었으나 나아가지 않았다. 사후 대사헌에 추증되었다.

슬렀던 까닭에 재앙을 바라는 무리가 기회를 틈타고 유언비어를 만들어 내어, 형적도 없는 삼봉(三峯)의 설[113]을 가져다 함부로 덮어씌워 끌어들이기에 이르렀으니, 이는 실로 천고(千古)의 원통함이고 성스러운 조정의 누가 되는 것입니다. 전하께서는 오직 이홍남(李洪男)의 일[114]을 생각하지 않으시는지요."라고 하였다.

주상께서 그래도 어려워함에 좌우에서 모시던 신하들이 목을 움츠리고 등에 땀을 흘렸지만, 선생은 논해 아뢰기를 더욱 확실하게 하였다. 다음날 최영경이 역적에게 보냈다는 서신을 조당(朝堂)에 내리니, 이를 들은 자들이 모두 화(禍)를 장차 헤아릴 수 없다고 여겼다. 그런데 얼마 있다가 최영경의 직첩(職牒)을 다시 돌려주라고 명하니, 여러 사람의 마음이 마치 운무(雲霧)가 걷히어 푸른 하늘을 보는 듯이 시원해졌다. 이로부터 임금께서 총애하고 의지함이 자못 중하였고, 조야(朝野)의 사람들도 생각하며 우

113 형적도……설 : 기축옥사가 일어나기 전에 천안(天安)에 길삼봉(吉三峯)이란 유령 인물이 있었는데, 정여립이 황해도에 "길삼봉이 신병(神兵)을 거느리고 지리산에도 들어가고 계룡산에도 들어간다."라는 말을 퍼뜨려 민심이 흉흉하였다. 그 뒤 기축옥사가 일어나자, 최영경의 호가 삼봉이었으므로, 최영경을 바로 길삼봉이라고 지목하여 처형하였다.

114 이홍남(李洪男)의 일 : 1547년(명종2) 양재역(良才驛) 벽서 사건에 연루되어 죽은 이약빙(李若氷)의 첫째 아들로, 아비의 죄로 인하여 자신은 영월(寧越)로 귀양가고 동생 홍윤(洪胤)은 충주로 귀양 갔다. 홍남은 아비의 억울한 죽음에 대해 종종 분개하는 말을 하곤 했는데, 동생 홍윤과 전지(田地)를 가지고 다투어 서로 사이가 좋지 않던 차에 동생을 반역죄로 고발함으로써 자신이 출세할 기회로 삼으려 하였다. 홍윤이 계(契)를 모은 문서를 반역하기 위한 문서라고 꾸며 이를 증거물로 고변(告變)한 결과, 홍윤과 이 계에 관련된 자 30여 명이 잡혀가 심한 고문 끝에 모두 허위 자백함으로써 처형된 일을 가리킨다. 《燃藜室記述 卷10 明宗朝故事本末 乙巳士禍》

러러보았다. 선생 또한 나라의 안위(安危)를 자신의 임무로 여겨 잘못된 것을 탄핵하여 바른 데로 돌아오게 하매 아는 것은 말하지 않음이 없었다. 연이어 차자(箚子)를 올려 시사(時事)에 대하여 극언(極言)을 하자, 동료(同僚)들이 점차 스스로 물러나 피하였는데, 선생은 화(禍)가 미칠 것을 생각하지 아니하고 오직 주상의 마음이 한 번 깨우침이 있기를 바랐으니, 뜻이 더욱 견고하고 말은 더욱 간절하였다.

처음 올린 차자의 내용은 대략 다음과 같다.

"가만히 삼가 보옵건대, 전하께서는 등극하신 이래로 정신을 가다듬어 다스림을 도모하느라 밤낮 애쓰며[115] 근심하고 부지런히 하고 계시는데도, 수십 년 이래로 홍수와 가뭄이 연이어지고 흉년과 기근이 거듭 닥치며, 사람의 요사스러움과 물건의 괴이함이 층층이 나타나고 첩첩이 나옵니다. 금년의 경우를 가지고 말해 보면, 삼원(三元)의 달[116]에 경사(京師)에서 지진이 일어났고, 형혹성(熒惑星 화성으로 재앙을 상징함)이 한 달을 넘도록 없어지지 않고, 태백성(太白星 금성으로 병란을 상징함)이 날마다 하늘을 가로질렀으

115 밤낮 애쓰며 : 원문은 '소간(宵旰)'으로, 소의간식(宵衣旰食)에서 온 말이다. 날이 새기 전에 일어나 옷을 입고 기다리며, 날이 어두워진 뒤에야 겨우 밥을 먹는다는 뜻으로, 제왕(帝王)이 정무에 매우 부지런함을 보일 때 인용한다. 당나라 육지(陸贄)가 "폐하께서 새벽부터 옷을 입고 기다리며 늦은 밤이 되어서야 식사를 하시니, 걱정과 근면을 다하신 것입니다."라고 한 말이 있다. 《陸宣公奏議 卷1 論兩河及淮西利害狀》

116 삼원(三元)의 달 : 연, 월, 일이 처음 시작되는 날인 정월 초하루로, 여기서는 정월달을 말한다.

며, 바람과 장마의 변고가 떨침이 예전에 없었던 것이고, 번쩍대는 번개와 우레가 여름철과 같이 쳤습니다. 신들은 하늘의 뜻이 어찌해서 이러한 극심한 지경에 이르렀는지 알지 못하겠습니다. 비록 어떤 일에 반응해서 그런지는 알지 못하겠습니다만, 인사(人事)에 잘못된 것이 한둘이 아닙니다. 신들은 청컨대 꺼리지 않고 함부로 말한 데 대한 주벌을 무릅쓰고 그에 대해 자세히 헤아려 지극히 말씀드리겠습니다.

공부(貢賦)에 관한 하나의 일에 대해서 말씀드리겠습니다.

토질에 따라 공물을 내는 것이 선왕(先王) 때부터 하던 정사입니다. 그런데 우리나라에서는 토질이 마땅한지의 유무(有無)를 따지지 않고 군읍(郡邑)의 대소를 구분하지 않은 채 한 가지 예(例)로 책정하여 낼 수 없는 것조차 다 바치게[117] 하였으니, 그 괴로움이 이미 극에 달하였습니다. 지금은 곧 규정 이외의 각종 명목으로 수시로 징수하고 요구함에, 가혹하게 세금 징수[118]하기를 살가죽을 벗기고 골수를 후벼 파듯 하는데, 백성에게 과중한

117 낼……바치게 : 원문은 '비출동고(俾出童羖)'로, 뿔 없는 숫양을 내도록 한다는 뜻으로, 결코 할 수 없는 일을 하도록 요구하는 것을 비유한 말이다. 《시경》 〈빈지초연(賓之初筵)〉에 "취해서 말을 하면, 뿔 없는 숫양을 내도록 하리라.〔由醉之言, 俾出童羖.〕"라고 한 데서 가져온 말이다. 여기서는 과중한 세금으로 인하여 백성들이 매우 고통스러워한다는 뜻으로 쓰였다.

118 가혹하게 세금 징수 : 원문은 '두회기렴(頭會箕斂)'이니, 집집마다 식구 수대로 곡식을 내게 하여 키로 거두어 간다는 뜻으로, 부세(賦稅)가 과중함을 표현하는 말이다. 《사기(史記)》 권89 〈장이진여열전(張耳陳餘列傳)〉에 "안과 밖이 소란스러워 백성들이 피폐하였는데도, 두회기렴하여 군비를 조달하였다.〔外內騷動, 百姓罷敝, 頭會箕斂, 以供軍費.〕"라는 말에서 유래하였다.

세금을 부과하는 자를 좋은 수령이라 여기고, 조세 독촉을 급하게 하는 자를 유능한 관리라고 여기며, 형벌을 매우 가혹하게 쓰는 자를 일 처리를 잘하는 자라고 이르고, 아래 백성의 것을 빼앗아 위에 바치는 자를 봉공(奉公)을 잘한다고 말합니다. 삼백육십 고을 가운데 자상하고 온화한 수령은 거의 없고, 해치고 긁어 들이는 자들만 곳곳마다 널려 있으니, 백성들이 어찌 곤궁하지 않고 또 원망하지 않을 수 있겠습니까.

공부를 거두는 번잡함이 이미 이와 같은데, 각사(各司)에서 행하는 방납(防納),[119] 도등(刁蹬)[120]의 폐단은 나라에 있어서는 큰 좀벌레이고, 백성에게는 큰 병통이 되는 것입니다. 공안(貢案)에는 일정한 액수가 있는데, 일정한 액수 외에도 이른바 '인정가(人情價)'[121]니 '작지가(作紙價)'[122]니 하는 것이 있어서 원래의 액수보다 몇 갑절이나 됩니다. 그 방납 같은 것은, 각시(各寺)의 주인(主人)[123]이 실제로 그 이익을 독점하고 있었으니, 백성들이 비록

119 방납(防納) : 각 군현에서 중앙의 각 관청에 바치는 공물(貢物)이나 진상물(進上物)을 그 군현의 경주인(京主人)이나 관청의 관속(官屬) 또는 시전(市廛) 상인들이 대신 납품하고 그 대금을 군현, 즉 군현 내의 농민들로부터 곱절로 불러 받아내는 것을 말한다.

120 도등(刁蹬) : 방납 같은 행위가 가능하도록 관속이나 수령(守令)들과 결탁하여 교활하게 추진해 나가는 것을 말한다.

121 인정가(人情價) : 관청에 구실을 바칠 때 아전들에게 수수료 조로 주기 위하여 덧붙여 내는 것을 말한다.

122 작지가(作紙價) : 구실을 바칠 때 문서를 작성하는 종잇값으로 덧붙여 내는 것을 말한다.

123 주인(主人) : 나라에 공물(貢物)로 바치는 물품을 주관하여 바치는 사람을 말

스스로 납부하고자 하더라도 그 길을 말미암을 데가 없습니다.

하지만 조종조(祖宗朝)에는 법으로 금지하는 벌을 두어 변방으로 옮기도록 하기까지 하였으므로, 모리배들이 오히려 제멋대로 할 수가 없었습니다. 그런데 지금은 국가에서도 예삿일로 여기고, 호조(戶曹)에서 과세를 매기거나 본사(本司)에서 납부를 독촉함을 고을에 하지 않고 그 주인(主人)에게 합니다. 주인이 무슨 징계가 두려워 조심하는 바가 있겠습니까. 주인은 이익을 독점하여 앉아서 부유함을 이룹니다. 이익을 좋아하는 사대부들 또한 혹 이를 본받아서, 권력이 중한 지위에 있는 자는 감사(監司)에게 서신을 보내고, 지위가 낮은 자는 수령에게 사사로이 부탁하여, 흔한 물품을 납부하고서는 열 배의 이익을 징수합니다. 한 장의 양피(羊皮) 값이 면포 70필(疋)에 이르고, 한 장의 표피(豹皮) 값이 수백 필에 이릅니다. 종이 10권(卷)은 지극히 미미한 것인데도 산읍(山邑)에서 목재 100여 본을 징수하며, 궁각(弓角)이나 근교(筋膠 소 힘줄과 아교)는 지극히 흔한 것인데도 민간에서 쌀 100여 곡(斛)을 거두어들입니다. 지극히 미미하고 지극히 흔한 것도 그 값이 이와 같으니, 곧 하물며 이보다 더 중한 것이야 어떠하겠습니까. 가난한 백성들의 재물을 배로 운반하고 육로로 수송하여 권력 있고 귀한 집에 채워 주는 것이 그 얼마나 되는지 알 수 없는데, 백성의 고혈(膏血)은 이미 다 말라 버렸습니다.

오호라, 공부(貢賦)의 번거로움과 방납(防納)의 폐단이 이와

한다. 민간인 가운데에서 주인을 선정하여 각 관아에서 물건 값을 미리 준 다음, 이들로 하여금 물건을 사서 바치게 하였다.

같은데 이르렀으니, 백성들이 원망과 탄식을 함으로 인하여 온화한 기운이 손상되는 것을 이루 다 말할 수 있겠습니까.

부역(賦役)에 관한 하나의 일에 대해 말씀드리겠습니다.

백성들에게 부역을 시키는 것을 반드시 농사가 한가할 때 함은 농사를 해칠까 염려해서입니다. 그러므로 《맹자》에서는, '농사철을 빼앗지 않는 것을 왕정(王政)의 근본으로 삼았다.'[124] 하였고, 《춘추(春秋)》에서는 '남문(南門)을 지었다.'라고 하여 때에 맞지 않았음을 비판하는 뜻[125]을 보였던 것이니, 이는 민력(民力)을 중하게 여긴 것입니다. 그런데 지금은 성을 수리하거나 해자를 준설하는 온갖 부역을 조발(調發)함에 있어서 그 시기를 따지지 않고, 오직 목전의 일을 처리하는 것만을 시원스럽게 여깁니다. 그리하여 남쪽 밭고랑에서 일하는 백성을 몰아다가 획일적으로 일을 하도록 독촉함을 봄부터 겨울에 이르기까지 하여 마침내 끝날 기약이 없습니다.

토목(土木)의 역사(役事)에 이르러서는, 금년이 몇 해째인지요. 정그렁정그렁 찍어 대는 도끼는 깊은 산에서 번개처럼 번쩍이고,

124 농사철을……삼았다 : 《맹자》 〈양혜왕 상(梁惠王上)〉에 "백 무의 밭의 농사지을 때를 빼앗지 않는다면 여덟 식구의 가구가 굶주림이 없다.〔百畝之田, 勿奪其時, 八口之家可以無飢矣.〕"라고 하였다. 그 주에 "이는 왕정의 근본이다.〔此王政之本〕"라고 하였다.

125 춘추(春秋)에서는……뜻 : 《춘추좌전》 희공(僖公) 20년 조에, "새로 남문을 세웠다고 공자가 기록한 것은 때에 맞지 않음을 말한 것이다.〔新作南門, 書不時也.〕"라고 하였는데, 이는 새로 남문을 지었다고 한 것은 지을 때가 아니었음을 밝혀 말한 것이다.

어영차 힘쓰는 소리는 도성 안에서 우레처럼 울려 퍼집니다. 천장(章)의 목재는 귀신이 실어 나른 것이 아니라, 모두 백성의 힘으로 옮긴 것이며, 부역에 지급하는 역가(役價)는 하늘이 내려 주고 땅에서 솟아난 것이 아니라, 모두 베 짜는 부녀자들에게서 나온 것입니다.

신들이 듣건대, 관동(關東) 산군(山郡)은 백성의 호구 수가 많아도 수백 호에 지나지 않으며, 적게는 혹 수십 호에 그친다고 합니다. 그런데 호랑이나 표범의 굴이 있는 깊은 산을 찾으며, 험준하고 가파른 고개를 넘으면서, 아름드리 재목을 운반하느라 소는 거꾸러지고 사람은 넘어져서 낭떠러지 골짜기에서 죽는 자가 잇따르고 있습니다. 그래서 여러 고을이 쓸쓸해지고 촌락이 텅 비었습니다. 전하께서는 구중궁궐 깊은 곳에 계시니, 어찌 그 폐단이 이와 같다는 것을 아시겠습니까.

왕자의 저택〔第宅〕을 짓는 일을 비록 폐할 수는 없습니다만, 드높은 집과 아로새긴 담장은 한계로 정해진 제도가 없어서, 거리를 연이어 뻗쳐 있는 것이 모두 새로 지은 커다란 집들이니, 당(唐)나라 목요(木妖)의 변괴[126]가 성대한 시대인 오늘날에 다시 나타날 줄은 생각지 못하였습니다. 건축 공사가 날로 번잡해져 휴식할 날은 기약이 없고, 비용을 제멋대로 쓰고 절약하지 않아 국

126 당(唐)나라 목요(木妖)의 변괴 : 당나라 내신(內臣)과 장수들이 저택과 정자를 극도로 사치스럽게 짓느라 목재를 심하게 낭비한 것을 말한다. 목요는 당나라 내신 융수(戎帥)의 별명으로, 정자나 집을 세우는 것이 너무나 심했기 때문에 나무의 요괴〔木妖〕라고 불렀던 데서 유래하였다.

가의 재정이 고갈되었으니, 그래서 포흠(逋欠)[127]의 영을 거듭 내리고 해유(解由)[128]의 법을 엄하게 하여 비록 생업을 버렸으나, 조세(租稅)는 그대로 있어서 유랑하여 옮겨 다니거나 절호(絶戶 후손이 끊어져 대를 잇지 못함)된 집이라도 반드시 장부를 살펴서 납부하도록 책망합니다.

오호라, 부역의 무거움과 조도(調度 세금 징수)의 번다함이 이와 같은 지경에 이르렀으니, 백성들이 원망과 탄식을 함으로 인하여 온화한 기운이 손상되는 것을 이루 말로 다 할 수 있겠습니까.

군정(軍政)에 관한 하나의 일에 대해 말씀드리겠습니다.

'군대는 정예롭기에 힘쓰고 인원이 많은 것에 힘쓰지 않는다.'라는 것이 옛날의 훌륭한 가르침인데, 지금은 그렇지 않습니다. 출생아의 수는 예전보다 줄었는데도 군사 정원의 증액은 선조(先朝) 때보다 배로 늘어났습니다. 품팔이꾼이나 걸인을 따지지 않고 모두 정원의 수에 충당하며, 정원의 수 외에 또 남은 군정(軍丁)이 있으면 별대(別隊)를 만들어 여외(旅外 정규 편성 외의 정병)라고 이름을 붙입니다. 군적 작성을 마치자마자 도망치는 자가 이어짐에, 그 일족(一族)에게 책임을 지우고 그 이웃에게 책임을 지우며, 또 그 땅을 부쳐 먹는 사람에게 책임을 지웁니다. 그리하여 한 사람이 달아나면 그 화가 열 집에 미치고, 열 집이 지탱하지

127 포흠(逋欠) : 관청의 물품을 축내거나 조세, 환곡(還穀) 등을 내지 못하거나 병역을 피하여 도망치는 것을 말한다.

128 해유(解由) : 관원이 교체될 때 후임자에게 전곡(錢穀) 및 물품의 수납·지출에 관한 장부를 인계하고 그 내용을 적어서 상관에게 보고하여 책임의 면제를 청원하는 일이나, 또는 상관이 교체돼 가는 관원에게 책임을 면제하여 준 증서를 말한다.

못하면 그 화가 또 백 호(百戶)에 미치는데, 이리저리 떠넘겨 책임을 지우면서 끝내 빈 장부가 되는 데 이른 뒤에야 그칩니다. 또 15세에 군정(軍丁)이 되었다가 60세에 군역을 면제받는데, 젖먹이 아이도 모두 군오(軍伍)에 편입되어 있고, 70세의 늙은 사람도 또한 병적(兵籍)에 들어 있으며, 병들어 파리하거나 위중한 자에 이르기까지 죄다 모두 병역을 면하지 못하니, 군대가 정예롭기에 힘쓰는 의(義)가 어디에 있겠습니까.

지역은 멀거나 가까운 곳이 있으니 방소(防所)를 나눔에 살펴서 하지 않아서는 안 되고, 부역은 괴롭거나 쉬운 것이 있으니 수고롭고 편안함에 고르게 하지 않아서는 안 되는데, 지금은 곧 그렇지 않습니다. 군사 행정을 모두 서리(胥吏)들에게 맡기고 있기 때문에 방소를 정함에 있어서는 멀고 가까운 것을 따지지 않고, 군사를 배정함에 있어서는 괴롭고 쉬운 것을 따지지 않습니다. 오직 뇌물이 많고 적은 것을 보고 할 뿐입니다.

천경(踐更)[129]의 법은 시기에 맞추어서 하지 않아서 혹 몇 년이 지났는데도 돌아오지 못하는 자가 있으며, 심한 경우에는 7, 8년의 긴 시간에 이르도록 부모를 버리고 처자식을 버리는 경우가 있습니다. 서캐와 이가 칼과 냄비에 득실거리고, 겨와 쭉정이로도 배를 채우지 못하여 배고프고 추운 가운데서 힘들고 지쳐 숨을

129 천경(踐更) : 번갈아 교대하는 것을 말하는 것으로, 한대(漢代) 경부(更賦)의 한 가지이다. 피징자(被徵者)가 돈으로 사람을 사서 경역(更役)을 대신시키는 것을 천경이라 하며, 경(更)은 군졸이 수자리를 번갈아 지킨다는 뜻이다. 《史記 卷106 吳王濞列傳 集解》

참고 소리를 삼키고 있는데, 거기다 채수(債帥)[130]들이 재물을 긁어 들임에 군민(軍民)을 닭이나 돼지처럼 보고 초개(草芥)처럼 가볍게 여겨, 씹어 먹고 베어 없애기를 그 끝 간 데 없이 합니다.

오호라, 군사 행정이 이와 같으니, 백성들이 원망과 탄식을 함으로 인하여 화기(和氣)가 손상되는 것을 이루 말로 다 할 수 있겠습니까.

조정의 일에 관하여 말씀드리겠습니다.

전하께서 즉위한 초기에 중화(中和)의 지극한 법을 세우시어 이로써 잘 인도하셨습니다. 조정은 맑고 밝았으며 백료(百僚)들은 공경하고 화합하였기에 점차 대유(大猷 대도(大道))의 세상으로 나아가려고 하였습니다. 그런데 불행하게 선비들의 의논이 둘로 나뉘어 하나는 이쪽으로 하나는 저쪽으로 갈라져서, 사(邪)와 정(正)이 서로 싸우고 시(是)와 비(非)가 정해지지 않아서 수십 년간 진퇴(進退)와 소장(消長)의 기미가 강하(江河)가 밀치고 쓸어버리는 듯한 형세로 서로 찾아들어 그치지 않았습니다. 오직 다행하게도 성상(聖上)께서 왕위를 이어받아[131] 밝게 통촉하시고 확고

130 채수(債帥) : 뇌물을 주고 장수가 된 자를 가리킨다. 당(唐)나라 때에 돈을 남에게 빌려서라도 뇌물을 마련하여 일단 장수가 된 뒤 군민(軍民)의 고혈을 짜내어 그 이자를 갚는 풍조가 성행하였는데, 고우(高瑀)의 명이 있은 뒤로부터 "천하에 빚진 장수가 없어졌다.〔天下無債帥〕"라는 말이 있게 되었다 한다. 《唐書 高瑀傳》

131 왕위를 이어받아 : 원문은 '이명(离明)'으로, 이(离) 자는 이(離) 자와 같고, 군위(君位)를 세습(世襲)함을 뜻한다. 《주역》 〈이괘(離卦) 상(象)〉에 "밝음이 둘인 것이 이(離)이니, 대인이 이를 보고서 밝음을 이어 사방을 비춘다.〔明兩作離, 大人以, 繼明, 照于四方.〕"라고 한 데서 가져왔다.

히 결단을 내리시어[132] 한 번 조처하는 사이에 승냥이 이리 같은 자들이 벌벌 떨며 엎드렸습니다마는, 권간(權奸)이 혼탁하게 한 나머지 간사한 의논이 횡행하여 선비들의 기풍이 무너졌으며, 관절(關節 뇌물)이 크게 행하였고 탐욕의 풍습이 크게 일어났습니다. 배척을 받은 자는 원망이 골수에 사무쳐서 때를 틈타 보복하려는 뜻을 이루기를 기대하고, 관직에 있는 자는 나랏일에는 뜻이 없고 오직 녹(祿)을 보전하고 용신(容身 아첨하여 제 몸을 편안하게 둠)만 합니다. 조정에는 삼지재상(三旨宰相)[133]이 있고, 대각(臺閣)에는 장마언관(杖馬言官)[134]들이 나열해 있으니, 전하께서는 복심(腹心)처럼 맡길 만한 재상이 없고 이목(耳目)처럼 의지할 만한 언관이 없어서 억조창생의 윗자리에 외롭게 서서 여러 가지 복잡한 정사를 홀로 운용하고 계십니다.

일에는 옳고 그름이 있는데 계책과 의견을 올리는 사람이 없고,

132 결단을 내리시어 : 원문은 '건단(乾斷)'으로, 임금의 결단을 의미한다.

133 삼지재상(三旨宰相) : 무능한 재상을 비웃는 말이다. 송 신종(宋神宗) 때 왕규(王珪)가 집정(執政)과 재상(宰相)으로 재임한 16년 동안에 무슨 계책을 건의한 것은 없고 임금의 뜻만 따랐다고 하여 당시 사람들이 그를 그렇게 불렀다 한다. 대궐에 올라가 문건을 올릴 때는 "성지(聖旨)를 정하소서." 하고, 임금이 가부를 정하면 "성지를 알았습니다." 하고, 물러나 일을 품의한 자에게 유시할 때는 "이미 성지를 얻었다."라고 하였다고 한다. 《宋史 卷312 王珪列傳》

134 장마언관(杖馬言官) : 화를 받을 것을 두려워하여 직간하지 못하는 언관을 비웃는 말이다. 장마는 임금의 의장마이다. 당(唐)나라 권신(權臣) 이임보(李林甫)가 간관들이 말하는 것을 막기 위하여 협박하기를, "그대들은 입장(立杖)한 말을 보지 못하였는가. 소리만 지르면 쫓겨나는 법이다. 그대들도 내가 하는 일에 말썽을 부려서는 안 된다."라고 한 데서 유래하였다. 《唐書 卷223 李林甫傳》

정치에는 득실이 있는데 반론을 제기하는 사람이 없으니, 군덕(君德)을 보양(輔養)하는 자가 누구이겠으며, 잘못을 바로잡아 주는 자가 누구이겠습니까. 치도(治道)를 논하고 나라를 경영할 자로 그런 재상이 있습니까. 적을 꺾어 치욕을 막는 자로 그런 장수가 있습니까. 비유하자면 강하(江河)를 건너는데 밧줄과 노가 없는 상태에 중류에서 바람을 만났을 경우에 전복되는 것은 필연적인 것과 같습니다. 게다가 교화는 점점 무너지고 풍속은 점점 퇴폐해져서 사유(四維)[135]가 신장되지 않아 염치(廉恥)의 도가 상실되니, 임금을 버리고 어버이를 뒤로 하는 의논과 임금을 등지고 당파를 위하여 죽으려는 의논이 한 세상에 횡행하였습니다. 이와 같은 것이 그치지 않는다면, 자사(子思)가 이른바 '나라에 남아 있는 백성이 없을 것이다.'[136]라는 것이 불행하게도 여기에 가깝습니다.

오호라, 조정이란 것은 심복(心腹)과 같고, 사방(四方)이라는 것은 사지(四肢)와 같습니다. 심장과 배가 병이 들었는데 사지가 병들지 않는 경우는 있지 않습니다. 또한 조정이 다스려지지 않았는데 사방이 어지럽지 않은 경우도 있지 않습니다. 이로써 살펴보

135 사유(四維) : 국가를 다스리는 네 가지로, 예(禮)·의(義)·염(廉)·치(恥)를 가리킨다. 《관자(管子)》 〈목민(牧民)〉에 "예·의·염·치는 나라의 사유이니, 사유가 신장되지 않으면 나라가 망한다.〔禮義廉恥, 國之四維, 四維不張, 國乃滅亡.〕"라고 한 데서 유래하였다.

136 나라에……것이다 : 자사(子思)가 위후(衛侯)에게 한 말로, "임금은 어리석고 신하는 아첨하면서 백성의 위에 있으면 백성들이 따르지 않을 것이니, 이와 같이 하는 것을 그만두지 않으면 나라에 남아 있는 무리가 없을 것입니다.〔君闇臣諂, 以居百姓之上, 民不與也, 若此不已, 國無類矣.〕"라고 한 데서 가져왔다. 《通鑑節要 卷1 周紀 安王》

면 오늘날 변이(變異)가 일어난 것은 하늘의 운수 때문이겠습니까, 인사(人事) 때문이겠습니까. 전하께서 만약 재앙을 바꾸어 상서로움으로 만들고 화(禍)를 전화시켜 복이 되게 하고자 하신다면, 곧 어찌 또한 그 근본으로 돌이키지 않습니까.

전(傳)에 이르기를, '근원이 맑으면 흐르는 물도 맑고, 의표가 바르면 그림자도 곧다.'[137] 하였고, 동자(董子)가 말하기를, '자신의 마음을 바르게 하여 조정을 바르게 하고, 조정을 바르게 하여 백관(百官)을 바르게 하고, 백관을 바르게 하여 만백성을 바르게 한다.'[138]라고 하였습니다. 이 말이 비록 추구(芻狗)[139]에 저촉되는

137 근원이……곧다 : 《대학유의(大學類義)》에, 《순자(荀子)》 〈군도(君道)〉의 "임금은 근원이니 근원이 맑으면 강물도 맑고 근원이 탁하면 강물도 탁한 법이다.〔君者源也, 源淸則流淸, 源濁則流濁.〕"라고 한 말을 인용하였고, 또 〈군도〉의 "임금은 의표이니 의표가 바르면 그림자가 바르다.〔君者儀也, 儀正而景正.〕"라고 한 말을 《맹자》 〈이루 하(離婁下)〉의 손석(孫奭) 소주(疏註)에서 인용하여 "순경이 이른바 '의표가 바르면 그림자가 바르다.' 하였다.〔荀卿所謂表正則影正〕"라고 했다.

138 동자(董子)가……한다 : 동자(董子)는 동중서(董仲舒)를 가리킨다. 그가 말하기를, "임금이 된 자는 자신의 마음을 바르게 하여 조정을 바르게 하고, 조정을 바르게 하여 백관을 바르게 하고, 백관을 바르게 하여 만민을 바르게 하고, 만민을 바르게 하여 사방을 바르게 하니, 사방이 바르게 되면 멀고 가까운 곳 모두 감히 한결같이 바른 길로 나아오지 않음이 없게 된다.〔爲人君者正心以正朝廷, 正朝廷以正百官, 正百官以正萬民, 正萬民以正四方, 四方正, 遠近莫敢不一於正.〕"라고 한 데서 가져왔다. 《前漢書 卷56 董仲舒傳》

139 추구(芻狗) : 제사에 쓰기 위해 풀로 엮어 만든 개 모형이다. 《장자(莊子)》 〈천운(天運)〉에 "추구가 아직 제사에 진열되기 전에는 좋은 대나무 상자에 담고 아름답게 수놓은 천으로 덮어 두어 시축이 재계하고서 그것을 받드는데, 이미 진열되고 버려진 뒤에는 길 가는 사람들이 그 머리와 등줄기를 밟고 지나가고 풀 베는 사람들이 주워서 불 속에 던져 태울 뿐이다.〔芻狗之未陳也, 盛以篋衍, 巾以文繡, 尸祝齊

것이라 할지라도, 이것을 버리고는 다시 다른 방도가 없습니다. 이 때문에 주희(朱熹)가 군주가 듣기 싫어하는 것을 무릅쓰고 성의(誠意)와 정심(正心)의 설을 아뢰었던 것입니다.

전하께서 진실로 재앙을 만나 두려워하시면서 성스럽고 밝은 제왕의 덕을 닦아, 내 한 마음을 모든 교화의 근본으로 삼고 내 한 몸을 만백성의 표준이 되게 하며, 미미한 몸과 마음에서부터 출발하여 그것이 궁궐 안에서 행해지고 조정에까지 미치게 해서 하나도 올바른 데서 나오지 않은 게 없게 한다면, 신들이 진달한 백성들의 고통은 다만 조치하는 가운데 해결될 하나의 일일 따름입니다. 그러면 백성들의 원망이 어디로부터 일어나겠으며, 하늘의 재앙이 어디에서 생기겠습니까.

오호라, 전하께서 근심하시는 것은 재이(災異)입니다마는, 신들로서 더 염려스러운 것은 곧 변이(變異) 이외에 더 크게 염려할 만한 것이 있습니다. 무릇 나라에서 저부(儲副 세자)를 두는 것은 만백성의 마음을 단합시키고 종묘사직을 위한 계책 때문입니다. 지금 춘궁(春宮)이 오래도록 비어 있어서 주기(主器)[140]를 맡길 곳이 없는데, 종국(宗國)의 막중한 일을 빠뜨리고 소홀히 여겨 버리는 데다 방치해 두었으니, 이것이 어찌 나라의 근본을 정하고

戒以將之. 及其已陳也, 行者踐其首脊, 蘇者取而爨之而已.〕"라고 한 데서 온 말이다. 그러나 제사가 끝나면 이것을 곧 내버리니, 쓸데없게 됨을 비유할 때 쓰기도 한다.

140 주기(主器) : 종묘 제기(祭器)를 맡는 것으로, 곧 장자(長子)의 일을 의미한다. 《주역》 〈서괘전(序卦傳)〉에 "종묘의 제기를 주관하는 자로는 장자만 한 자가 없다. 그래서 장남을 뜻하는 진괘(震卦)로 이어받은 것이다.〔主器者, 莫若長子, 故受之以震.〕"라고 한 말에서 유래하였다.

백성들의 마음을 단합시키는 도리이겠습니까.

전하께서는 신령한 지모와 슬기로운 계책을 말 없는 가운데 묵묵히 운용하시어, 늘 행하는 거조(擧措)에 있어서도 기미(幾微)를 밝게 비추어 처리하지 않음이 없는데, 유독 이 종묘사직의 대계(大計)에 있어서는 시일을 끌고 지체시키기를 이처럼 오래 함에 이르렀는지요. 예로부터 저군(儲君)을 일찍 세우지 않았다가 위태로운 난을 불러온 것은 역사를 고찰해 보면 분명하게 볼 수 있는데, 어찌 신들이 말하기를 기다릴 것이 있겠습니까. 공자가 말하기를, '어려서 형성된 것은 타고난 본성과 같고, 반복해서 익숙한 것은 마치 원래 그러한 것과 같다.'[141]라고 하였으니, 선왕(先王)께서 태자를 가르치는 것에는 배 속에 있을 때는 태교(胎敎)의 올바름이 있었고 이미 출생해서는 대궐 앞을 지나며 공경심을 표함[142]이 있었으며, 아이 때[143]에는 보부(保傅)[144]의 관원을 두어 어려서

141 어려서……같다 : 원문은 '소성약천성(小成若天性), 습관여자연(習慣如自然).'으로, 《안씨가훈(顔氏家訓)》 〈교자편(敎子篇)〉에 나온다.

142 대궐……표함 : 원문의 '과궐(過闕)'은 예를 갖춤을 의미한다. 《소학》 〈계고(稽古)〉에, "영공이 밤에 부인과 함께 앉아 있는데, 수레 소리가 덜거덕거리다가 대궐 앞에 이르러 그치고, 대궐을 지나서 다시 소리가 나는 것을 들었다. 공이 부인에게 묻기를 '이것이 누구인 줄 알겠소?' 하니, 부인이 '이는 거백옥입니다.' 했다.〔靈公與夫人夜坐, 聞車聲轔轔至闕而止, 過闕復有聲. 公問夫人曰知此謂誰. 夫人曰此蘧伯玉也.〕"라고 한 데서 가져왔다.

143 아이 때 : 원문은 '해제(孩提)'로, 《맹자》 〈진심 상(盡心上)〉에 "해제의 어린 아이.〔孩提之童〕"라고 한 구절의 주희의 주석에 "해제는 두세 살 정도 되는 웃을 줄 알고, 잡고 안을 수 있는 아이이다.〔孩提二三歲之間, 知孩笑可提抱者也.〕"라고 한 데서 가져왔다.

부터 장성할 때까지 좌우 전후에 올바른 사람이 아닌 이가 없었고, 듣고 보아 미치는 바가 바른 말과 바른 일이 아닌 것이 없었습니다. 대개 이와 같으면, 비록 선(善)하지 않은 것을 하고자 하더라도 누구와 더불어 하겠습니까. 삼대(三代) 때에 어진 성왕(聖王)이 계속해서 일어나 나라의 상스러움이 장구하게 길었던 이유는 가르쳐서 기르는 방도가 이러한 점이 있었기 때문이었습니다.

후세에는 곧 그러하지 않습니다. 깊은 궁중에서 태어나 부녀자의 손에서 자랐기에 부귀는 저절로 가진 바이고, 교만과 사치스러움은 저절로 따라 행하는 것이었습니다. 옆에는 엄한 스승의 훈계와 두려운 벗의 이익 되는 충고가 없고, 더불어 서로 따르는 자는 환관과 궁첩(宮妾)이 아니면 가마꾼이나 종들뿐이며, 날마다 달마다 행하는 것은 투계(鬪鷄 닭싸움)와 주구(走狗 사냥개로 수렵을 하거나 달리기 경주를 함)가 아니면 술 마시고 음악을 즐기는 것입니다. 혈기가 이미 왕성하고 마음과 뜻이 이미 바뀌어 버린 뒤에야 바야흐로 가르치면서 이끌어 주는 공부를 하도록 하면 완강히 거부하여 주입하기가 어려우니, 하루 쬐는 햇볕이 열흘 추운 데 무슨 도움이 되겠으며,[145] 한 명의 제(齊)나라 사람이 여러 명의 초(楚)

144 보부(保傅) : 세자가 성년이 되기 전에 보육하고 훈도하는 직책을 말한다. 《대대례기(大戴禮記)》 〈보부(保傅)〉에 "보는 그 몸을 잘 기른다는 뜻이고, 부는 그 도덕을 돕는다는 뜻이며, 사는 가르쳐 인도한다는 뜻이니, 이것이 삼공의 직책이다.〔保保其身體, 傅傅其德義, 師導之教順, 此三公之職也.〕"라고 한 데서 가져왔다.

145 하루……되겠으며 : 《맹자》 〈고자 상(告子上)〉에, "천하에 잘 자라는 생물이 있다고 하더라도 하루 동안 햇볕을 쪼이고 열흘 동안 춥게 하면 능히 제대로 자랄 수가 없다."라고 한 데서 인용하였다.

나라 사람이 떠들어 대는 데 무슨 이익이 있겠습니까.[146] 오호라, 천금(千金)을 가진 집에서도 오히려 아이 가르치기를 급하게 여기는데, 종묘사직을 맡길 세자가 얼마나 중요한데 미리 가르쳐 기르지 않겠습니까. 전하께서 만약 깊은 밤중[147]에 생각이 여기에 미치면 어찌 놀라서 마음이 뜨끔하지 않으시겠습니까.

신들은 직분이 미미하고 말이 가벼워서, 종묘사직의 큰 계책에는 마땅히 참여할 바가 못 됩니다. 하지만 사마광(司馬光)은 통판(通判)이 되었을 때 오히려 태자를 세울 것을 청한 일[148]이 있었습니다. 신들은 논사(論思)[149]하는 자리에서 대죄(待罪)하고 있으

146 한……있겠습니까 : 《맹자》 〈등문공 하(滕文公下)〉에, "한 명의 제나라 사람이 대부의 아들에게 제나라 말을 가르치더라도, 여러 초나라 사람이 그 곁에서 초나라 말로 떠들어 댄다면, 날마다 종아리를 치면서 제나라 말을 가르치더라도 가르칠 수 없을 것이다."라고 한 데서 인용하였다.

147 깊은 밤중 : 원문은 '을야(乙夜)'로, 밤 10시부터 12시 사이를 가리키는 시각이다. 원래는 당(唐)나라 문종황제(文宗皇帝)가 "만약 갑야(甲夜)에 정사를 살피지 않고, 을야(乙夜)에 책을 보지 않는다면, 어떻게 제대로 된 임금이 될 수 있겠는가."라고 한 데서 유래하였다. 《杜陽雜編 卷中》

148 사마광(司馬光)은……일 : 송나라 때 사마광은 병주 통판(幷州通判) 재임 때 상소하기를, "예(禮)에 대종(大宗)에게 아들이 없을 경우엔 그 후사(後嗣)가 된 자가 아들이 된다고 했습니다. 바라건대 폐하께서는 종실 중에 어진 자를 간택하여 그로 하여금 임시로 태자의 임무를 대행하도록 했다가 황자(皇子)를 생산하면 번방(藩邦)으로 물러가 살도록 하거나, 그렇지 않을 경우에는 숙위(宿衛)를 관장하거나 개봉부윤(開封府尹)을 임명해도 충분히 천하의 여망을 붙들어 놓을 수 있습니다."라고 하였다. 《宋史 卷336 司馬光列傳》

149 논사(論思) : 학사(學士)가 경악(經幄)에서 임금과 학문을 논하고 계책을 건의하는 것을 말한다.

면서 나라를 근심하는 구구한 정성을 어찌 감히 성상(聖上)[150]께 진달하지 않을 수 있겠습니까. 삼가 원하옵건대 전하께서는 저희의 어리석은 정성을 불쌍히 여겨 살피시고 유념하시옵소서."

또 무릇 10조목(條目)의 차자(箚子)를 올렸으니, 다음과 같다.

"그 첫 번째는 조정(朝廷)을 바루어서 백관(百官)을 바르게 하는 것입니다. 조정이 바르지 않게 되는 원인에는 세 가지가 있습니다. 현사(賢邪)를 판별하지 않는 것과 청탁(請託)이 공공연히 행해지는 것과 탐오(貪汚)가 풍조를 이루는 것입니다. 두 번째는 학교(學校)를 일으켜서 교화(敎化)를 밝히는 것입니다. 학교가 흥기하지 않는 원인에는 세 가지가 있습니다. 사도(師道)가 서지 않는 것과 선비의 습관이 바르지 않은 것과 과거(科擧) 시험이 사람을 얽매는 것입니다. 세 번째는 내치(內治)를 엄하게 하여 집안 단속을 가지런하게 하는 것입니다. 내치가 엄해지지 않는 원인에는 세 가지가 있습니다. 여알(女謁)[151]이 성행하는 것과 왕자(王子)를 가르쳐 깨우침을 미리 하지 않는 것과 재화(財貨)를 가지

150 성상(聖上) : 원문은 '주광(黈纊)'으로, 면류관(冕旒冠) 양쪽으로 귀에 닿을 만큼 늘어뜨린 누런 솜 방울로, 임금의 귀를 뜻한다. 《회남자(淮南子)》 〈주술훈(主術訓)〉에 "옛날 왕들이 면류관 앞에 유를 늘어뜨림은 보는 것을 가리기 위한 것이었으며, 주광을 늘어뜨려 귀를 막음은 듣는 것을 가리기 위한 것이었다.〔古之王者, 冕而前旒所以蔽明也, 黈纊塞耳所以掩聰.〕"라고 한 데서 가져왔다.

151 여알(女謁) : 임금의 총애를 받는 궁중의 여인들을 통해 청탁이 오가는 것을 말한다. 《십팔사략(十八史略)》 권1 〈은(殷)〉에 "정치가 절도가 없는가, 백성들이 직업을 잃었는가, 궁실이 너무 높고 화려한가, 여인들의 청탁이 성행하는가, 뇌물이 성행하는가, 남을 모함하는 사람이 많은가.〔政不節歟, 民失職歟, 宮室崇歟, 女謁盛歟, 苞苴行歟, 讒夫昌歟.〕"라고 한 말이 있다.

고 이자를 놓아 늘리는 것입니다. 네 번째는 백성들의 병폐〔民瘼〕를 제거하여 나라의 근본을 견고하게 하는 것입니다. 백성들의 병폐가 제거되지 않는 원인에는 다섯 가지가 있습니다. 거두어들이는 것이 너무 심한 것, 일족(一族)과 이웃을 침해하고 독촉하는 것, 요역(徭役)을 번다하게 일으키는 것, 공부(貢賦)가 고르지 않은 것, 방납(防納)이 백성들을 해치는 것입니다. 다섯 번째는 군정(軍政)을 닦아서 변방(邊防)을 견고하게 하는 것입니다. 군정이 닦여지지 않는 원인에는 네 가지가 있습니다. 군율(軍律)이 해이한 것과 방수(防戍)가 고르지 않은 것과 채수(債帥)[152]가 침해[153]하는 것과 조련(操鍊)에 법도가 없는 것입니다. 여섯 번째는 형옥(刑獄)을 심리하여 억울함을 풀어 주는 것입니다. 형옥이 제대로 심리되지 않는 원인에는 세 가지가 있습니다. 법령이 한결같지 않은 것과 관리(官吏)가 법을 잘못 행하는 것과 큰 옥사가 만연(蔓延)하는 것입니다. 일곱 번째는 대신(大臣)을 신임하여 조정을 높이는 것입니다. 대신이 무겁지 않는 이유는 두 가지가 있습니다. 체모(體貌)가 공경스럽지 못한 것과 정사가 여러 사람의 문에서 나오는 것입니다. 여덟 번째는 간쟁(諫諍)을 받아들여서 언로(言路)를 여는 것입니다. 간쟁이 아뢰어지지 않는 원인에는 세 가지가 있습니다. 아첨하는 자들이 뜻을 얻는 것과 사기(士氣)가 꺾여

152 채수(債帥) : 빚을 진 장수라는 뜻으로, 빚을 내서라도 뇌물을 바쳐 장수가 된 뒤 백성들에게 가렴주구하여 빚을 상환하는 장수를 가리킨 말이다.

153 침해 : 원문은 '침어(侵漁)'로, 그물로 고기를 잡듯이 백성의 재물을 침탈(侵奪)하는 짓을 말한다.

좌절되는 것과 공론(公論)이 펼쳐지지 않는 것입니다. 아홉 번째는 성학(聖學)을 밝혀서 다스림의 근본을 세우는 것입니다. 성학의 요체에는 세 가지가 있습니다. 도술(道術)을 밝히는 것과 천덕(天德)을 체득하는 것과 경외(敬畏)의 마음을 드높이는 것입니다. 열 번째는 사치(奢侈)를 금하여 절약과 검소함을 숭상하는 것입니다. 사치의 폐단이 생기는 이유는 세 가지가 있습니다. 토목공사로 집을 화려하게 짓는 것과 의복(衣服)이 참람되이 어지러운 것과 음식이 지나치게 풍성한 것입니다."

또 차자를 올렸으니 그 대략은 다음과 같다.

"백성들이 들판에서 원망하는데도 주상께서는 알지 못하고, 간사한 거짓이 안에서 일어나는데도 주상께서는 듣지 못합니다. 그리하여 어둡고 어지러워 마침내 정치가 없는 나라가 되고 말았으니, 신들은 가만히 이를 상심하고 있습니다.

무엇을 일러 '백성들이 들판에서 원망한다.'라고 하는 것이겠습니까. 축성(築城)의 폐단에 대해서는 신들이 이미 앞에서 아뢰었으며, 비변사에서도 또 축성하는 것을 정지하기를 청하였습니다. 의논하는 자들이 '영(令)을 내리기에는 이미 늦었고 불러 모은 자가 이미 모였으며 삼태기와 가래가 이미 갖추어졌다. 오늘 그동안에 모아놓은 공역을 이유 없이 파기하여 보내 버리면, 내년 봄에 다시 동원하는 수고로움을 헤아려 보지 않을 수 없다. 지금은 비록 수고롭고 괴로워도 가을 곡식이 아직 남아 있지만, 만약 내년 봄이 되면 묵은 곡식이 이읏고 없어지리니, 굶주림을 참고 그대로 일을 하자.'라고 하였습니다. 그래서 영차영차 하는 소리가 끊이지 않게 주먹만 한 돌을 쌓고 막 얼기 시작한 흙을 쌓아서, 새알을 포개 놓은 듯 위태롭게 쌓아 올린 것이 높이가 심장(尋丈 열두 자)에 이르렀습니다만, 눈이 내려 얼었던 것이 햇볕을 받아 녹게 되면 내년 봄을 기다릴 것도 없이 거의 다 무너지고 말 것입니다.

무릇 성지(城池)와 갑병(甲兵)은 진실로 침입에 미리 대비[154]하여 요새를 설치[155]하는 뜻이 있는데, 옛날 삼국 시대(三國時代)에는 내지(內地)의 군현(郡縣)에는 일찍이 성지(城池)가 있지 않았습니다. 그런데 지금은 관방(關防)과 망루(望樓)를 내지에다가 두루 설치하여, 나라의 근본을 뒤흔들어 백성을 병들게 하고 재력을 다 허비하면서도, 쌓은 것이 견고하지 못하여 해마다 이를 수리하고 고치느라 길이 백성들에게 해를 끼치고 있습니다.

삼가 듣자옵건대, 이 역사가 일어남에 전지(田地) 1결당 베를 내는데 많게는 17, 18필에 이르고, 쌀로 보상할 때는 혹 4, 5곡(斛)에 이르렀으며, 활, 화살, 갑주(甲胄) 같은 기구에 이르러서는 곧 그 길고 짧은 제도가 사람마다 각기 견해가 달라서 매번 점검을 거칠 때마다 반드시 개조하도록 하였는데, 개조하는 데 드는 비용은 거의 다 민간에 책임을 지운다고 합니다. 게다가 일 년에 조용(租庸)으로 납부하는 것과 다른 명목으로 징수해 거둬들

154 미리 대비 : 원문은 '음우지비(陰雨之備)'로, 재난이 닥치기 전에 대비함을 말한다. 《시경》 〈치효(鴟鴞)〉에 "하늘에 구름이 끼어 비가 내리기 전에 저 뽕나무 뿌리를 주워 와 문을 얽는다.〔迨天之未陰雨, 徹彼桑土, 綢繆牖戶.〕"라고 한 데서 가져왔다.

155 요새를 설치 : 원문은 '설험(設險)'으로, 《주역(周易)》 〈감괘(坎卦) 단(彖)〉에 "하늘의 험함은 올라갈 수 없고, 땅의 험함은 산천과 구릉이니, 왕공이 험함을 설치하여 나라를 지킨다.〔天險不可升也, 地險山川丘陵也, 王公設險, 以守其國.〕"라고 한 데서 가져왔다.

이는 폐단이 있어서 매질하고 다그치며 한 해를 마치니, 백성들이 명을 견디지를 못하여 불쌍하고 불쌍한 과부가 혹 숲속에 들어가 스스로 목을 매어 죽은 자가 있는 지경에 이르렀다고 합니다. 성명(聖明)께서 다스리는 시대에 곧 이와 같은 일이 있을 줄은 생각지도 못하였습니다.

백성들이 원망하여 반란을 일으키면 괭이나 고무래를 들고 일어나더라도 강한 진(秦)나라를 망하게 할 수 있고,[156] 사람들이 화합하여 조금이라도 뭉치면 탄환만 한 작은 나라 고구려로서도 수(隋)나라 당(唐)나라를 막을 수 있습니다. 지금은 백성들이 흩어짐이 이와 같으니, 비록 성지(城池)가 있다 하더라도 누구와 더불어 이를 지키겠습니까. 신들의 생각으로는, 마땅히 모든 관방(關防)이 예전부터 있던 곳은 해마다 수리하여 금성탕지(金城湯池)[157]로 만들어 견고하게 하고, 내지(內地)에 있으면서 아직 쌓지 않은 성(城)은 일체 정지하여 그치면, 오히려 백성들이 다 흩어지기 전에 제 살 곳을 얻을 수 있을 것입니다.

계미년(1583, 선조16)의 변란[158]이 발생한 뒤로 국가에서 무신

156 백성들이……있고 : 진(秦)나라 말기에 백성들이 가혹한 정사에 시달리니, 진승(陳勝)과 오광(吳廣)이 농민들을 모아 반란을 일으키면서 무기가 부족하여 괭이 자루를 잡고 반란을 일으켰는데, 이로 말미암아 각지에서 반란이 일어나 끝내 진나라가 망하였다.

157 금성탕지(金城湯池) : 쇠로 쌓은 성과 끓는 물이 흘러 성을 보호하는 견고한 성지(城池)로, 난공불락의 요새지를 뜻한다. 《한서(漢書)》 〈괴통전(蒯通傳)〉에, 반드시 성을 고수하려고 한다면, "모두 쇠로 만든 성과 끓는 못이 되어 공격할 수 없다.〔皆爲金城湯池, 不可攻也.〕"라고 하였다.

(武臣)을 거두어 등용함에 갑자기 발탁해서 등급을 뛰어넘어 뽑아 씀으로써 인사행정에 차례가 없고 자격(資格)을 따르지 않았습니다. 재상(災傷)을 당하거나 하등(下等)을 맞아서 해유(解由)하는 법과 장오(贓汚)를 범하거나 패군(敗軍)한 데 대한 율에 이르러서는, 참으로 변경해서는 안 되는 금석(金石)과 같은 법전(法典)이며 용서할 수 없는 형벌인데도, 모두 돌아보지 않고 있습니다. 탄핵이 막 더해졌는데도 문득 다시 질직을 올림으로써 상(賞)과 벌(罰)이 시행되는 바가 없고, 간사하고 탐오한 자가 징계되는 바가 없으며, 어리석고 패려한 아이 같은 이가 갑자기 큰 임무를 맡도록 하는 데에 이르렀습니다. 그리하여 형장(刑杖)이 참담하고 독하며 재물을 긁어 들임[159]을 끝이 없이 한 탓에 백성들은 흩어지고 재물은 상하게 되어 고을이 완전한 곳이 없습니다. 내지(內地)의 큰 고을도 또한 무사(武士)에게 내맡겨 학교가 황폐해짐으로써 현송(絃誦)[160]이 적막해졌습니다. 옛날 송(宋)나라 때 여러

158 계미년의 변란 : 선조 16년(1583) 1월에, 여진족의 추장(酋長) 이탕개(泥湯介)가 그 종족들과 함께 회령 지방에서 반란을 일으킨 것을 말한다. 이들은 당시 부성(府城)을 함락시켰는데, 조정에서 신상헌(申尙憲), 신립(申砬) 등을 파견하여 호적(胡賊)을 격파하고 9월에 두목을 참수하였다.

159 재물을 긁어 들임 : 원문은 '부극(掊克)'으로, 본래 세금을 거두는 관리를 뜻하였는데, 전하여 권세를 빌미로 세금 따위를 가혹하게 거두거나 강제로 빼앗는 것을 말한다. 《시경》 〈탕(蕩)〉에, 문왕이 "아 슬프다, 너희 은상아, 일찍이 강포한 자와 가렴주구하는 자들이 자리에 있고, 용사(用事)하는 자리에 있음은, 하늘이 나쁜 덕을 내려서이지만, 네가 홍기하여 이에 힘쓰기 때문이니라.〔咨女殷商. 曾是彊禦, 曾是掊克, 曾是在位, 曾是在服, 天降慆德, 女興是力.〕"라고 말한 데서 가져왔다.

160 현송(絃誦) : 현가(絃歌)와 같은 말이다. 금슬(琴瑟)을 연주하며 노래하는 것

고을의 통판(通判)을 반드시 문신(文臣)으로 차임해 보냈던 데는 그만한 뜻이 있었던 것인데, 오늘날에는 전적으로 무신만을 임용하여 나라의 근본마저 아울러 손상시키고 있습니다. 이것이 실로 신들로서는 이해하지 못하는 바입니다.

무엇을 일러 '간사한 거짓이 안에서 일어난다.'라는 것이겠습니까. 신들은 삼가 보옵건대, 전하께서 즉위하신 이후로 음악과 여색, 수레와 말 등을 가지고 노는 일이 없고, 잔치를 벌여 놀거나 주살하고 사냥하는 즐거움을 끊으시고서, 궁궐 안을 엄히 다스려 집안을 가지런히 하는 도(道)를 다하고, 외척들을 교화하여 정사에 간여하는 조짐을 막아, 근본을 단정히 하고 근원을 맑게 한 정치가 사방에 모범이 될 만하였습니다. 다만 신하들 가운데 간언을 올리는 아름다운 일이 없어 교위(矯僞 거짓됨)의 폐단이 임금께 전해질 길이 없습니다.

왕자들은 존귀한 가운데 거처하는데 미천한 하인들이 그 문병(門屛)에서 농간을 부리고, 다람쥐 같은 하인들은 조금이라도 궁중이나 척리(戚里) 사이에 연줄이 있으면 어김없이 다른 사람을 협박하며 말하기를, '나는 어느 궁의 절친한 족속이다.'라고 하거나, '아무 방(房)의 일을 맡아 하는 종이다.'라고 하면서, 방자하게 권력을 부려 뇌물을 받을 계략을 꾸미고, 심지어는 대단치도 않은 옥송(獄訟)이나 미미한 관직을 제수하는 데에도 모두 뇌물

으로, 예악(禮樂)의 교화를 뜻한다. 공자의 제자 자유(子游)가 무성(武城) 고을의 읍재(邑宰)로 있으면서 현가로 백성을 교화하는 수단으로 삼았던 데서 가져왔다. 《論語 陽貨》

을 받고 처리하려고 합니다. 각종 명목의 방납(防納)이 팔도에 두루 널려 미치는데, 반드시 궁지(宮旨)를 칭탁하여 그에 준하는 값을 정해 받아들입니다. 짐승 가죽이나 어육(魚肉)을 시장에 팔면서는 말하기를, '이것은 곧 대궐에서 내린 물건이다.'라고 합니다. 금, 은, 채색 비단 등을 시장 상인들에게 내놓으라고 요구하면서는 말하기를, '이것은 곧 대궐에서 사들이는 물건이다.'라고 합니다. 방리(坊里)의 백성들은 칭탁하는 명성을 두려워하여 감히 저항하지 못하고서 비싼 값으로 사고 헐값으로 팔아 그 요구에 응해 주고는, 머리를 맞대고 이마를 찡그리며 시장을 파하고 부르짖어 울면서 시끌시끌 말하며 살고자 하는 마음을 잃었습니다.

심지어 지척에 성상이 계신 금문(禁門) 안에서도 감히 간사한 계책을 마음대로 부립니다. 품계가 낮은 수령이 하직 인사하러 올 경우에 차비문(差備門 궁궐 편전(便殿)의 앞문)으로 불러들여 술과 과일을 대접하고는 말하기를, '이것은 어느 궁에서 하사한 것이다. 어느 분이 너희 고을에 어떤 일이 있으니, 너는 마음을 다하여야 한다.'라고 합니다. 이런 따위의 말이 항간에 파다하게 퍼져 있어서 곳곳이 이와 같으니, 누가 전하께서 궁궐 안을 엄하게 다스리신 줄을 알고 성명(聖明)의 세상에 허물을 돌리지 않겠습니까.

왕자방(王子房) 사람들에 이르러서는, 그들이 진짜로 그 방에 관계된 사람인지의 여부를 알 수가 없는데, 함부로 사약(司鑰 궁문의 열쇠를 맡은 잡직)을 칭탁하고, 군현(郡縣)을 제멋대로 돌아다닙니다. 그리하여 여러 산에 있는 사찰을 원당(願堂)[161]으로 삼는다고

161 원당(願堂) : 선왕의 화상이나 위패(位牌)를 모셔 놓고 명복을 비는 법당(法

핑계 대고는 재화의 이익을 거두어 가고, 산택(山澤)이나 제방 등을 차지하고서 사사로이 소유하며 남의 전토(田土)를 빼앗습니다. 양갓집의 딸을 겁박하여 취하고서는 처첩(妻妾)으로 만들고, 부근에 사는 민정(民丁)을 가리켜 궁속(宮屬)이라고 하면서, 수령을 억눌러 욕되게 하고 향리 사람들을 위협합니다. 그리고 도성 부근에 있는 산은 모조리 시장(柴場)[162]으로 삼고, 강과 바다의 어장(漁場)과 염전의 땅을 모두 입안(立案 관청에서 발급한 증명서)이라 핑계 댑니다. 조금이라도 그 뜻에 순응하지 않는 자가 있을 경우엔 문득 종친부(宗親府)에서 보내는 관자(關字 상관이 하관에게 보내는 공문)라고 칭탁하고는 관리로 하여금 잡아 보내도록 합니다. 방(房)에 이르기에 미쳐서는 어느 한 사람도 왕자의 의용(儀容)을 볼 수 있는 자가 없는데도 뇌물을 요구하고는 바깥에서 방면을 결정해 놓아 주며 말하기를, '이것은 곧 왕자의 영(令)이다.'라고 합니다. 도성 안의 드세고 사나운 사람들은 그 친족 중에 조금이라도 여러 방의 하인과 관계가 있는 자가 있으면 반드시 어느 방의 사람이라고 사칭하고, 옥송(獄訟)이나 투구(鬪毆 싸움)에 조금이라도 관련이 있으면 색리(色吏)를 매질하기도 하며 남의 집을 부수고 헐어 버리기도 합니다. 그러면서 거리와 시정의 이익을 반드시 빼앗아 차지하고, 하찮은 원한까지도 반드시 앙갚음합니다.

堂)으로, 조선조 때 궁중 또는 각 사찰에 설치하였다. 원당을 설치한 사찰을 원찰(願刹)이라 한다.

162 시장(柴場) : 땔나무를 베는 일정한 장소이다. 경사(京師)의 각 관사는 강변에 일정한 면적의 시장을 두었다.

왕자는 전하의 훈계를 받았고, 본래 가지고 있는 부귀를 누리는데, 어찌 애잔한 백성들의 재산을 빼앗아 더 보탤 리가 있겠습니까. 더구나 하인들의 횡포하고 방자한 폐단에 대해서는 더욱 왕자가 스스로 아는 바가 아닌데, 어리석은 백성들이 그 내막을 알지 못하고서는 다만 원망과 고통스러워하는 마음을 품습니다. 신들은 이런 말을 듣고 가만히 통탄하였습니다.

삼가 원하옵건대, 전하께서는 궁궐 안을 엄하게 신칙하고 대군들을 거듭 훈계하시어, 한 가지 일이라도 혹 이에 가까운 것이 조금이라도 있을 경우에는 성지(聖旨)를 분명히 밝히시옵소서. 그리하여 중외(中外)로 하여금 이런 일은 생쥐 같은 무리가 행한 일이고 실은 전하께서 들은 것도 아니며 또한 왕자들도 아는 바가 아니라는 것을 환히 알게 하시면, 음습한 기운의 부정한 무지개[163]가 일시에 얼음이 녹듯 풀어질 것이니, 누가 감히 전하의 밝디밝은 덕에 감격하지 않겠습니까.

신하로서 군주에게 아뢰는 일은 반드시 먼저 아래에 있는 자로서의 도리를 바르게 하여야만 합니다. 그런데 근래 사대부들 사이에는 탐오(貪汚)함이 풍조를 이루어 관절(關節 뇌물)이 성행하고 있는데도 유사(有司)가 조사하여 다스렸다는 것을 듣지 못하였습니다. 그래서 다만 이 외람되고 비속한 말을 전하께 낱낱이 늘어

163 부정한 무지개 : 원문은 '체동(螮蝀)'으로, 《시경》 〈체동(螮蝀)〉에 "아침에 서쪽 하늘에 무지개가 뜨니, 내리던 비가 끊어지네.〔朝隮于西, 崇朝其雨.〕"라고 하였는데, 그 주석에 "비가 내릴 때 무지개가 뜨면……음란하고 사특한 기운이 음양의 화합을 해치기 때문이다."라고 하였다.

놓았으니, 이것이 어찌 신하가 된 자가 신하의 도리를 다하는 의리이겠습니까. 삼가 원하옵건대 전하께서는 살펴 주시옵소서."

매번 하나의 차자가 올라갈 적마다 말이 더욱 간절해졌고 정성스런 뜻이 격발하는 바에는 기휘(忌諱)에 저촉되는 것을 피하지 않았는데, 주상께서는 비록 넉넉히 받아들였지만, 척리(戚里)와 권귀(權貴)들은 몹시 질시하여, "김 모가 조정에 있으니, 우리가 어디로 돌아갈 것인가."라고 하면서 대간(臺諫)들은 피혐(避嫌)하여 물러나기를 구하였고, 삼공(三公)들 또한 대죄(待罪)하고자 하기에 이르렀다. 좌상(左相) 유성룡(柳成龍)이 글을 보내 치하하기를, "곧은 말이 한 번 올라감에 주상께서 마음속으로 감동하시었습니다. 군자가 있지 않으면 그 어찌 나라를 잘 다스릴 수 있겠습니까."라고 하였다. 사방에서는 이를 전해 외우면서 '옥당(玉堂)에 올린 세 통의 차자는 육지(陸贄)의 주의(奏議)[164]에 나란히 비견될 만하다.'라고 여겼다.

선생을 아는 어떤 자가 조용히 이르기를, "근래에는 상하의 사람들이 서로 덮어 주면서 직언(直言)하는 것을 보기가 드문데, 공은 홀로 시변(時變)을 돌아보지 않고 굽히지 않는 낯빛으로 직언을 하니, 어찌 사류(士類)들의 경사가 아니겠습니까."라고 하니, 선생이 "아, 이 무슨 말입니까. 옛날에 임금을 섬기는 자들은 임금을 인도하여 도(道)로 나아가게 하기를 기필하였는데, 오늘날에

164 육지(陸贄)의 주의(奏議) : 육지는 당(唐)나라 덕종(德宗) 때 한림학사(翰林學士)를 지낸 사람으로, 시호(諡號)는 선공(宣公)이다. 그는 주의(奏議)에 뛰어났는데 그가 지은 《육선공주의(陸宣公奏議)》는 후세에까지 존중되었다.

임금을 섬기는 자들은 알면서도 말하지 않고 말을 하면서도 극진하게 하지 않습니다. 나 역시 이런 잘못이 있음을 면치 못하여 아래로는 배운 바를 저버리고 위로는 우리 임금을 저버렸습니다. 그대의 말은 아마 '쇠미한 세상을 근심하는 뜻〔衰世之志〕'일 것입니다. 그렇지 않다면 어찌 옛날의 도로써 서로 다 말해 주지 않겠습니까."라고 하였다. 동부승지로 천직(遷職)하였고, 얼마 되지 않아 첨추(僉樞)에 체부(遞付)되었다.

임진년(1592, 선조25) 봄에 형조 참의에 임명되었다. 형조에서는 계복(啓覆)[165]할 중죄인을 제외한 그 나머지 죄인은 으레 반드시 속전(贖錢)을 받고 풀어 주었다. 그러므로 간사한 무리 중에 그 죄가 타사(他司)에 관련된 자는 모두 형조에 옮겨서 속전을 바치고 죄를 면하기를 원하지 않음이 없었으니, 형관(刑官)이 재화를 탐함을 면하지 못하고 간교한 이가 조심하고 두려워하는 바가 없었던 것은 이 때문이다. 선생이 말하기를, "나라의 형벌을 집행함에는 오로지 간특한 자를 따져 꾸짖기 위함이거늘, 지금은 매번 속전을 받고 풀어 주어 죄가 있는 자로 하여금 요행히 면하도록 하니, 매우 불가한 일이다. 또 타사(他司)가 이관(移關 관자(關子)를 이송하는 것)한 것이 어찌 스스로 다스릴 수가 없어서이겠는가. 장형(杖刑)을 쓰는 아문(衙門)이 아니어서 논하는 바의 죄를 엄중하게 추궁하는 데 두어야 마땅하기 때문에 본조(本曹)에 이관한 것인데, 본조는 몽매하게도 으레 속전을 받고 면해 주니, 이것은 그 악행을 신장하는 것이다."라고 하였다. 그래서 모두 경

165 계복(啓覆) : 임금에게 아뢰어서 사형수에 대해 다시 심리하는 것을 말한다.

중을 조사하고 살펴서 한결같이 법대로 처리하고, 연줄로 인하여 청탁하는 일을 시행할 만한 계책이 없도록 하니, 형조가 맑고 엄숙해졌고 각 관사(官司)의 기풍도 맑아졌다.

또 말하기를, "소는 농사의 근본이다. 이미 소의 도살을 금하는 법이 있어서 어공(御供 임금에게 바치는 물건)에 이르러서도 쓰지 않으니, 그 뜻을 둔 바가 있다. 그런데 도성 안에서는 날마다 도살을 일삼음이 헤아리건대 수십 수백보다 적지 않다. 그래서 이것이 쌓여 한 달로 헤아리고 한 해로 헤아림에 이르러서는 그 백성들의 재산을 손상함이 얼마나 되는지 알지 못하니, 참으로 성상의 뜻을 체득해서 백성의 삶을 풍족하게 하는 도리가 아니다."라고 하고, 일체 통렬히 금지하니 뇌물이 행해지지 않았다. 일을 만나 법을 지키는 것이 대체로 이와 같았다.

선생이 일본에 통신사로 갔다가 돌아온 뒤로, 조정에서는 방비(防備)하는 일을 근심으로 여겨 본도(本道) 감사에게 신칙(申飭)하여 백성을 끌어모으고 장정을 군적에 올려 곳곳에 축성(築城)을 하였다. 감사 김수(金睟)[166]가 오직 조정의 명령을 받들어 행함에 기한 안에 할 수 있도록 힘을 쓰고, 그 근본을 염려하지 않고 샅샅이 끌어모으는 법과 고강(考講)의 제도를 준엄하게 하고

166 김수(金睟) : 1547~1615. 본관은 안동, 자는 자앙(子昻), 호는 몽촌(夢村), 시호는 소의(昭懿)이다. 이황(李滉)의 문인이다. 1573년(선조6) 문과에 급제하여 직제학, 경상도 관찰사 등을 지냈다. 임진왜란이 발생하였을 때 경상우감사(慶尙右監司)로서 당시 의령에서 의병을 일으켰던 곽재우(郭再祐)와 불화가 심하였는데, 김성일의 중재로 무마되었다. 왜란의 초기에 계책을 세워 왜적에 대처하지 못하고 전라도로 도망갔다는 비난을 면치 못하였다.

서는 바꾸기를 점차적으로 함이 없으며 호령이 번거롭고 비밀스러웠다. 내지(內地)의 긴요하지 않은 곳에 이르러서도 또한 모두 축성을 하매, 백성들의 힘을 헤아려 보지 않고 농사철을 계산하지 않고서 일시에 아울러 공사를 일으키니, 마을마다 어수선하고 소란스러우며 인심이 크게 무너졌다.

선생은 옥당(玉堂 홍문관)에 있으면서 탑전(榻前)에 아뢰기를, "오늘날 두려워해야 할 것은 섬 오랑캐에 있는 것이 아니라 단지 인심에 있습니다. 인심을 만약 잃는다면 비록 금성탕지(金城湯池)와 견고한 갑옷, 예리한 병기가 있다 하더라도 또한 장차 어디에 쓰겠습니까. 또 통신사가 막 돌아오고 사사(謝使)가 바야흐로 도착하였으므로, 왜적이 비록 사납고 교활하다 하더라도 반드시 사사가 돌아가 보고하기를 기다린 연후에야 곧 움직일 것이니, 금년은 반드시 가만히 발발할 우려가 없을 것입니다. 청컨대 마땅히 우선은 여러 부역을 중지하고 시기를 기다렸다가 재개하여 백성들의 원망을 완화시키고 백성들의 마음을 진정시키소서."라고 하였다.

차자(箚子) 중에 또한 그 폐단에 대해 극력 진언한 것이 있었는데, 재상 유성룡이 비국(備局)에 있으면서 또한 축성하는 일을 우선 정지하기를 아뢰었으니, 대개 선생의 의론과 더불어 합치하였다. 김수가 이를 듣고 매우 불평을 하며 장계(狀啓)를 올려 "영남의 사민(士民)들은 한정(閑丁 국역(國役)에 나가지 않는 장정)을 끌어모으며 군사를 조련하고 성을 쌓는 등의 폐단을 싫어하여, 다른 의론을 제기하면서 갖가지로 방해를 합니다. 식견이 있는 사대부는 소리쳐 부르며 팔을 걷고 여럿이 시끌시끌하고 무리 지어 꾸짖으며, 수양(修攘)[167]을 급하게 여기지 않습니다. 그래서 신과 같이 지치고 나약한 이가 결코 일을 하기 어려우니, 청컨대 속히 파직하여 물리치도록 명하고, 강하고 발라 위엄이 있으며 권세에 휘둘리지 않는 이를 택하여 파견해서 일이 이루어지도록 하소서. 운운" 하였다. 궁척(宮戚) 중에 평소 선생을 원망하던 자가 유언비어를 퍼뜨려 헐뜯음이 이르지 않는 바가 없었으니, 사람들은 모두 시호(市虎)[168]의 참소가 옥당(玉堂)에서 싹튼 줄을 알았다.

이듬해 여름 4월에 이르러 왜적의 기세가 장차 움직이려 함에, 비국(備局)에서 의논하여 곤수(閫帥)를 뽑았는데, 경상 우병사(慶尙右兵使) 조대곤(曺大坤)[169]이 노쇠하다는 이유로 체차되자, 본사(本司)에서는 성응길(成應吉),[170] 박종남(朴宗男)[171] 등을 천거하여 의망(擬望)에 올렸다. 주상께서 비망(備忘) 교지를 내려 말

167 수양(修攘) : 내수 외양(內修外攘)의 준말로, 내수는 내부의 국정을 잘 닦아가는 것이고 외양은 외부의 침입하는 이적(夷狄)을 물리치는 것을 말한다.

168 시호(市虎) : 시장에 호랑이가 나타났다는 거짓말을 여러 사람이 계속 전하여 참말로 믿게 되는 것으로, 근거 없는 말이라도 말하는 사람이 많게 되면 사람을 현혹시키게 된다는 것을 비유하였다.

169 조대곤(曺大坤) : 본관은 창녕(昌寧)이고, 경상우도 병마절도사(慶尙右道兵馬節度使), 호위대장(扈衛大將) 등을 역임했다. 경상우도 병마절도사로 재임 중이던 1592년(선조25)에 임진왜란이 일어났는데, 많은 군사를 거느린 곤수(閫帥)로서 적이 침입했다는 소문에 겁을 먹어 도망을 가고, 김해(金海) 일대에서는 어려움에 처한 아군을 원조하지 않아 병사들이 전멸하고 성이 함락되게 만들어 왜군이 서울까지 침범하게 하는 원인을 제공했다는 내용으로 탄핵되었고, 파직되었다. 뒤에 백의종군하였다.

170 성응길(成應吉) : 생몰년 미상. 무과에 급제한 뒤 순천 부사, 전라 병사를 역임하고, 임진왜란 때 좌방어사를 지냈다.

171 박종남(朴宗男) : 1549~1601. 본관은 밀양(密陽), 자는 자윤(子胤)이다. 춘천 부사, 병조 참지 등을 역임하였고, 임진왜란 때는 경상좌도 조방장을 지냈다.

씀하기를, "변방의 일은 일찍 처리하는 것이 옳다. 지금 바로 앞에 이르렀을 때 곧 장수를 논의하는 것이 아마 온당하지 않은 듯하다. 그 대신 천거한 사람이 장수(將帥)의 재주가 모자라는 듯하니 가히 합당한지의 여부를 내가 자세히 알지 못하겠다. 다만 염치(染齒)[172]들이 나의 백성에게 근심을 끼치니 사람들이 우려하지 않음이 없다. 그래서 전쟁의 도구를 대강 정비하여 나의 백성을 보호하고자 하였는데, 형조 참의 김성일이 일본에서 돌아와서 '왜인은 족히 근심하지 않아도 됩니다.'라고 큰소리를 치고, 그 무리와 서로 북돋우어 선동하여 힘써 다른 의론을 제기하면서 방비(防備)하는 사람을 헐뜯었다. 이로 말미암아 중외가 휩쓸려 국사를 마음에 두지 않으니, 이른바 '방비'라고 한 것이 모두 유명무실하게 되었다. 지금에 이르러 대적(大敵)이 그 틈을 타고 오는데 장수의 재목은 더욱 모자라니, 신하 된 자의 의리에 어찌 그 군주가 홀로 위에서 근심하도록 하고, 오직 담론(談論)만 일삼고 말 일이겠는가. 자신의 몸으로 맞서야 이에 충신(忠臣)이 된다.

대개 용병술로 적을 제압함은 곧 유자(儒者)의 분수에 있는 일이고, 옛사람 중에 유장(儒將)으로 공효를 거둔 자들이 많이 있다. 지금 시대의 사람들은 무사(武士) 대우하기를 마치 노예(奴隸) 대우하듯 하니, 그 누가 기꺼이 평일에 감격하여 위태함에 임

172 염치(染齒) : 염치아(染齒兒)에서 온 말로, 이를 물들인 자들이라는 뜻이니, 여기서는 왜적을 가리킨다. "남쪽 오랑캐들은 종류가 많아 다 적을 수가 없는데, 크게 나누면 흑치(黑齒), 금치(金齒), 은치(銀齒) 등 세 종류가 있다."라고 하였다. 《新唐書 南蠻傳 下》

해서 목숨을 바치겠는가. 지금 마땅히 문신(文臣)을 장수로 삼았던 것을 참고하여 그 재주를 펼치도록 해야 하는데, 문신으로서 장수가 될 자는 김성일보다 더 나은 자는 없다. 이 사람은 강직한 기상이 있어 족히 달리고 부딪혀서 적을 맞이함에 선두에 올라 돌격하도록 하기에 가하다. 더구나 지금 병부(兵部)에서 성지(聖旨)를 받들고 자문(咨文)을 보내 우리나라로 하여금 왜적을 섬멸하도록 하고 만약 혹 그렇게 하지 않으면 장차 죄를 성토하여 벌을 주려 한다고 하니, 뒷날의 근심을 말로 다 할 수 없는 점이 있다. 이는 신하로서 힘을 다해야 할 때이니, 조대균을 체차하고 김성일을 제수하라." 하였다.

정원(政院)에서 회계(回啓)하여 이르기를, "신들이 삼가 비변사에 답한 교지를 보니, 말씀하신 사이에 편치 못한 점이 많이 있습니다. 김성일의 재주가 과연 곤수(閫帥)에 합당한지의 여부를 알지 못하겠지만, 하루아침에 주상께서 간택하여 결정하신 점에 있어 또한 혹 마땅치 못한 듯합니다. 성교(聖敎)가 한 번 내려오면 만인(萬人)이 우러르는 바인지라, 신들이 직분상 외람되이 매우 가까이에 있어서 감히 어리석은 견해를 다 아뢰지 않을 수 없습니다."라고 하였다. 주상께서 윤허하지 않았다.

선생은 명을 받들고 곧바로 출발하였다. 조정의 어진 사대부들이 모두 안타까워 탄식하였다. 혹 길에 나와서 위로하는 자가 있으니, 선생이 말하기를, "이 몸이 아직 죽기 전에는 오히려 온 힘을 다 나라에 바쳐야[173] 할 때이고 성패(成敗)와 이해(利害)에 대

173 온……바쳐야 : 원문은 '진췌(盡瘁)'이니 '국궁진췌(鞠躬盡瘁)'에서 온 말로, 신

해서는 말할 바가 아닙니다."라고 하였다. 한강을 건너면서 시 한 수를 지었으니, 이르기를,

부월을 잡고서 남쪽 향해 길을 떠나매 仗鉞登南路
외로운 신하 한 번 죽음 가벼이 여겼네 孤臣一死輕
항상 보던 저 남산과 저 한강 물[174]을 終南與渭水
고개를 돌려 바라보니 남은 정이 있네 回首有餘情

라고 하였다. 선생의 동년배 벗인 기궤자(畸佹子)가 밤을 틈타 와서 이별할 때 전송하는 시를 지어 이르기를,

부절을 나누어 받고 대궐을 떠나서 分符辭北極
칼을 울리며 남쪽으로 향하여 가네 鳴劍向南陲
하얀 해는 붉은 절부 밝게 비추고 白日明朱節
맑은 바람은 붉은 깃발에 스치네 淸風拂赤旗
그 충성은 별과 해가 빛나는 듯하고 精誠星日照

심을 다 바쳐 나랏일에 이바지함을 뜻한다. 제갈량(諸葛亮)의 〈후출사표(後出師表)〉에 "신은 몸과 마음을 나라에 다 바쳐 죽은 뒤에야 그만둘 것입니다.〔臣鞠躬盡瘁, 死而後已.〕"라고 한 데서 가져왔다. 《古文眞寶後集 卷1》

174 항상……물 : 원문의 '종남(終南)'은 남산을, '위수(渭水)'는 한강을 의미하는 말로 쓰였다. 종남산과 위수는 장안(長安)의 남쪽과 북쪽에 있는 산과 강의 이름으로, 우리나라에서 서울의 남산과 한강의 별칭으로 쓴다. 두보(杜甫)의 시에 "아직도 어여뻐라 종남산이요, 머리를 돌리니 맑은 위수 물가로다.〔尙憐終南山, 回首淸渭濱.〕"라고 한 구절이 있다. 《杜少陵詩集 卷1 奉贈韋左丞丈》

그 충의는 귀신 또한 알고 있으리라　忠義鬼神知
성상께서 뽑음은 응당 하늘의 뜻이니　聖簡應天意
그 은혜에 보답하는 건 이때에 있네　酬恩在此時

라고 하였다. 임금이 은례(恩例)로 선생의 3대를 추증(追贈)하였다.

단월역(丹月驛)에 이르러서 왜적들의 배가 바다를 뒤덮고 건너와 부산(釜山) 동래(東萊)가 잇따라 함락당하였다는 소식을 듣고는 밤낮을 가리지 않고 달려갔다. 가다가 의령(宜寧)에 이르러 장차 정암진(鼎巖津)[175]을 건너 곧장 본진(本鎭)으로 가려고 하였는데, 왜적들이 이미 김해(金海)를 함락했다는 소식을 들었다. 휘하의 장사(將士)들이 머리를 모아 말하기를, "정암진을 통해 가는 길은 적이 있는 곳과 가까우니, 지금 갈 경우에는 반드시 위태로울 것이다. 진주(晉州)를 경유하여 함안(咸安)으로 나가 왜적들의 형세를 살펴보느니만 못하다. 다만 주수(主帥 병사(兵使))의 명이 엄하여 이로써 말하기가 불가하다."라고 하였다. 그러고는 마침내 선생의 둘째 아들 김역(金湙)에게 부탁하여, 들어가서 '정암진에는 배가 없으니 진주로 가는 것이 편하다.'라고 고하게 하였다. 선생이 군관(軍官) 김옥(金玉)으로 하여금 가서 살펴보도록 하였는데, 김옥이 돌아와서 배가 없어서 건널 수 없다고 고하였다.

이때 전 목사(前牧使) 오운(吳澐)[176]이 말을 타고 와서 서로 만

175 정암진(鼎巖津) : 지금의 경상남도 의령군 의령읍 정암리 남강 정암 주변에 있던 나루이다. 임진왜란 때 왜적이 함안 쪽에서 이곳으로 남강을 도하하려고 하다가 매복한 곽재우(郭再祐)의 의병군에 참패를 당하였다.

나 말하기를, "신임 주수께서 오셨다는 소식을 듣고 군민(軍民)의 기세가 절로 배가 되었는데, 어찌 곧장 정암진을 건너지 않고 저 진주의 굽은 길을 따라갑니까."라고 하였다. 선생이 놀라서 말하기를, "내가 이곳을 건넌 적이 없으니, 반드시 휘하의 병사들이 나를 속인 것이로다." 하고, 곧바로 군대에 명하여 가기를 재촉하고, 직접 가서 살펴보았더니 곧 배가 있었다. 선생은 김옥과 김역을 묶어 오게 해서 추구(追究)하여 심문하였다. 또 김역에게 일러 말하기를, "내가 일에 임하여 사사로운 정을 돌아보지 않음을 네가 아는 바이거늘, 하물며 이는 군중(軍中)으로 여기가 어떤 곳인데 다른 사람이 사주하는 말을 듣고 감히 부형(父兄)을 속여 군기(軍機)를 잘못되게 하느냐. 군법은 사사로운 정이 없으니 비록 너를 용서하고자 해도 그렇게 되겠느냐." 하고, 장차 김옥과 아울러 군율에 따르려 하였다. 막하(幕下)의 여러 장수가 뜰에 가득히 모여 애써 간하기를, "여러 사람이 모두 주수께서 곧장 적들이 있는 길로 달려가는 것을 안타까워했는데, 군령(軍令)이 지극히 엄하여, 마침내 자제로 하여금 임시변통으로 꾸며서 말씀드리도록 하였으니, 이 또한 지극한 정에서 나온 것입니다. 또 김옥은 장사(壯士)이니, 그 속인 죄는 진실로 달게 받을 바입니다. 하지만 이는 오직 김옥의 말일 뿐 아니라, 여러 아랫사람의 마음이 함께 그

176 오운(吳澐) : 1540~1617. 본관은 고창(高敞), 자는 태원(太源), 호는 죽계(竹溪)이다. 1566년(명종21) 문과에 급제하여 박사, 전적, 직강 등을 역임하였다. 임진왜란 때 의령에서 의병을 일으켜 곽재우(郭再祐) 휘하에서 소모관(召募官), 수병장(收兵將) 등으로 활약하였다. 저서로는 《죽유집(竹牖集)》이 있다.

려하였으니, 원컨대 그 죄를 나누어 받겠습니다."라고 하였다. 김옥 또한 큰소리로 부르짖기를, "저의 죄는 마땅히 참수해야 합니다만, 다만 지금은 전쟁이 임박했으니, 원컨대 나라를 위하여 목숨을 바치겠습니다."라고 하였다. 이에 책임지고 군령장(軍令狀)을 받들어 왜적을 만나면 앞장서서 싸우라고 하고, 군마(軍馬)를 재촉하여 출발하였다.

가다가 미처 병영(兵營)에 이르기 전에, 전 병사(前兵使) 조대곤(曺大坤)이 30리를 후퇴하여 주둔하고 있다가 군사들이 흩어져 장차 달아나려 하는데, 선생이 이르렀음을 보고 당황스러운 기색으로 맞이하면서 병사의 인(印)을 교부하자마자 곧바로 하직 인사를 하고 떠나려고 하였다. 선생이 준엄한 말로 그를 꾸짖어 말하기를, "장군은 곤수(閫帥)로서 군사들을 거느리고 진격하지 아니하여 김해가 함락당하도록 하였으니, 마땅히 군율로 다스려야 함이 있습니다. 더구나 대대로 녹을 먹는 경험이 많은 장수로서 이처럼 극심한 변란을 당하였는데, 의리상 도망쳐서야 되겠습니까."라고 하였다. 그때 마침 그의 편비(編裨)가 병영으로부터 와서 말하기를, "본영(本營)이 이미 함락되었고, 우후(虞侯) 또한 버리고 나왔습니다."라고 하였는데, 선생은 그것이 거짓된 말임을 알아채고는 그를 끌어내리게 한 다음 묻기를, "너는 주진(主鎭)의 무사로서 한 놈의 왜적도 베지 못하고 성을 버리고 도망 왔고, 게다가 어지러운 말을 만들어서 많은 군사를 현혹시킨단 말인가."라고 하고, 곧바로 목을 베어서 돌리니, 조대곤이 아연실색하였다.

이튿날 새벽에 정탐하러 갔던 군사가 비보(飛報)를 알리었는데, 왜적들이 웅천(熊川)에서부터 곧장 오고, 선봉(先鋒)이 또한 이르렀다고 하였다. 선생은 바야흐로 머리를 빗고 세수를 하고 있었는데, 얼굴빛의 모습이 변하지 않고 서로의 거리가 몇 리나 되며 왜적의 숫자는 얼마나 되는지에 대해 천천히 물었다. 또 왜적들이 이미 5리 앞까지 다가왔다고 보고하자, 돌격할 정예병을 선발하라고 명하였다. 조대곤이 두려움이 심하여 말에 오를 것을 급히 청하니, 선생이 질타하기를, "감히 이런 말을 내는 자는 나에게 베일 것이다."라고 하였는데, 그 음성과 안색이 모두 엄격하였으니, 조대곤이 감히 움직이지 못하였다. 잠시 뒤에 백마를 타고 깃으로 만든 옷을 입고 은투구에 금가면을 쓴 왜적 두 명이 칼을 휘두르면서 앞으로 나와 100여 걸음쯤 앞까지 다가온 것을 보았다. 장사들이 처음엔 적의 칼날을 보고는 간담이 상실되고 혼이 달아났는데, 선생이 우뚝이 승상(繩床)[177]에 앉아 정신과 얼굴빛을 변치 않은 채 여러 군사로 하여금 감히 동요하지 말도록 하였다. 왜적들이 우리 군사가 움직이지 않는 것을 의심하여, 말에서 내려 부채질을 하면서 앉았다. 선생은 이에 선발해 놓은 정예병 수십 명으로 하여금 돌격하도록 하였는데, 모두 서로 돌아보고 머뭇거리니, 즉시 말을 타지 않는 자를 베라고 명하였다. 또 김옥을 부르면서 소리치기를, "너는 전날 이미 먼저 앞장서서 공을 세우고자 하였거늘, 지금 지체하고 머뭇거려서야 되겠는가."라고 하니, 김옥이 몸을 날려 말에 올라타자 수십 명이 일시에 말에 올라

177 승상(繩床) : 호상(胡床) 또는 교상(交床)이라고도 하는 의자의 일종으로, 간편하게 접을 수 있도록 윗부분을 노끈으로 얽어 만들었는데, 보통 관원들이 하인에게 갖고 다니게 하여 사용하였다.

타고 돌진하였다. 쫓아가 몇 리에 이르니 매복하고 있던 왜적이 사방에서 일어나 한바탕 뒤섞여 전투를 치름에 목숨을 걸고 서로 싸우다가 장사(將士) 한 사람이 해를 당하였다. 선생이 거느리고 있던 군관(軍官) 이숭인(李崇仁)이 금가면을 쓴 왜적의 우두머리를 활로 쏘아 거꾸러뜨리자, 나머지 왜적들이 마침내 달아났다. 이에 수급(首級) 둘을 베고, 건장한 말과 금안장과 보검 등을 획득하여 돌아왔다.

이 전투는 왜란이 일어난 처음에 가장 먼저 접전한 싸움이었는데, 병졸은 천 명도 되지 않았고 무기는 빗자루로 쓴듯 별로 없는 상황에서 갑자기 강한 왜적을 만났지만, 능히 그들의 예봉을 꺾었다. 이로 말미암아 군사들의 마음이 조금 진작되었다. 곧 이숭인을 보내어 수급을 바치면서 이 사실을 치계(馳啓)하였는데, 장계의 첫머리에 "한 번 죽어 나라의 은혜를 갚는 것이 신의 원하는 것입니다. 운운" 하였다. 선생은 '외로운 군대는 들판에서 적에게 대처할 수 없다.'고 하여 군사들을 거두어 퇴각하여 의령(宜寧)에 진을 치고, 흩어진 병졸들을 불러 모아서 기회를 보아 나아가 왜적을 치려는 계책을 세우고 있었다. 그런데 갑자기 역졸(驛卒)이 와서, '잡아 오라는 임금의 명이 이미 내렸는데, 금오랑(金吾郞)이 길이 막혀 중간에서 지체되었습니다.'라고 전했다. 이때 변방의 보고가 날로 급하여 경성(京城)이 크게 놀라 두려워하자, 주상께서 정원(政院)에 하교하시기를, "김성일이 일본에서 돌아와서 일찍이 '왜적들은 족히 근심하지 않아도 된다.'라고 하여 변방 대비를 소홀히 하도록 하였기에 이렇게 왜적들이 쳐들어오는 변고를 초래하였다. 내가 장차 그를 국문하려 하니, 의금부로 하여금 잡아 오도록 하라." 하였다.

재상 유성룡이 탑전(榻前)에 말씀 올리기를, "김성일이 일본에서 돌아오고 나서 소신이 직접 물어보기를 '왜적들이 침범해 오겠습니까?'라고 하니, 김성일이 답하기를 '제가 왜적이 끝내 침범해 오지 않는다고 여기는 것은 아닙니다. 사사(謝使)가 돌아간 뒤라야 곧 감히 병사를 움직일 것인데, 혹자가 뒤따라 곧 이를 것이다라고 하여 인심(人心)을 요동케 하니, 이것이 제가 이른바 금년에는 나오지 않을 것이라고 말한 이유입니다.'라고 했습니다." 하였다. 사헌부에서도 또한 계문을 올려 구원하려고 했으나, 임금이 더욱 진노하여 대관(臺官)을 체직하라고 명하고, 마침내 이 명이 있게 되었다.

선생은 그 말을 듣고 곧바로 길에 올라 잠시도 기다리지 않고 떠났다. 좌우 사람들이 모두 말하기를, "도사(都事)가 오지 않아서 증명할 만한 분명한 주상의 전지가 없고 큰 도적들이 목전에 당도하였는데, 어찌 전하는 말만을 믿고 쉽게 진영을 떠나렵니까."라고 하였다. 선생이 말하기를, "이미 임금의 명이 있었음을 들었는데, 감히 지체하고 머뭇거릴 수 있겠습니까." 하고, 곧장 사잇길을 따라 급히 달려갔다. 선생이 떠나고 나서 군병의 방어가 완전히 와해되었고, 조대균 또한 가야산으로 숨어들었다.

감사 김수가 나가다가 길에서 선생을 만났는데 국문을 받으러 감을 탄식하니, 선생은 평상시와 같은 말투로 다만 말하기를, "나랏일이 이 지경에 이르렀으니, 공께서는 노력하시기 바랍니다."라고 할 뿐이었다. 감영(監營) 이사(吏士)들이 서로 일러 말하기를, "자신이 죽음에 나아가는 것을 마음에 두지 않고 오직 나랏일만을 근심하니 참으로 충신이다."라고 하였다.

선생의 장계가 들어가기에 이르러서 주상께서 입시(入侍)한 재신(宰臣)에게 묻기를, "김성일의 장계 가운데 '한 번 죽어 나라의 은혜에 보답하겠다.'라는 말이 있는데, 김성일이 진실로 식언(食言)을 하지 않을 수 있겠는가."라고 하였다. 유성룡과 최황(崔滉)[178]이 대답하기를, "김성일은 소견이 비록 혹 가리는 점이 있기는 하나, 그 평소의 마음가짐은 단지 나라를 근심하고 군주를 사랑하는 정성뿐이니, 그가 한 번 죽어 나라에 은혜를 갚을 것을 신들 또한 알 수 있습니다." 하였다. 동궁(東宮)도 곁에서 모시고 있다가 또한 극력 간하였으므로, 주상께서 이에 노여움을 풀었다. 선생이 가다가 직산(稷山)에 이르렀을 때, 선전관(宣傳官)이 빨리 말달려 온다는 소식을 듣고는 따르던 사람들이 모두 놀라 통곡하며 경황이 없었는데, 선생은 얼굴빛이 변하지 않은 채 조용하게 뒷일을 지시하고 조치하였다. 선전관이 도착함에 곧 용서한다는 임금의 명을 전해 주었고, 이어서 선생을 초유사(招諭使)로 제수한다고 하였다. 임금의 수레가 서쪽으로 파천(播遷)하였다는 소식을 처음 듣고 선생은 북쪽을 바라보면서 절을 하고 임명의 교지를 받들어 읽으면서 눈물을 흘렸다. 그 자리에서 곧바로 장계(狀啓)를 초하여 왜적들의 기세가 유린한 상황과 앞으로 수습할 계책을 갖추어 진달하고, 곧 현(縣)의 아전을 군아(軍牙)로 삼아 데

178 최황(崔滉) : 1529~1603. 본관은 해주(海州), 자는 언명(彦明), 호는 월담(月潭)이다. 임진왜란 때 평양까지 선조를 호종하고, 왕비와 세자빈을 배종(陪從)하여 희천에 피난하였다. 좌찬성, 지경연사를 역임했고, 해성군(海城君)에 봉해졌다.

리고 남쪽으로 내려왔다. 운봉(雲峯)에 이르렀을 때 어떤 한 선비가 백의(白衣) 차림으로 찾아왔다. 그는 선생의 손을 잡고는 크게 곡하고 또 비밀스럽게 말하기를, "호남 사람이 순찰사 이광(李洸)[179]이 근왕(勤王)을 게을리하였다는 이유로 그 죄를 성토하고자 하니, 공께서는 영남으로 가지 마시기 바랍니다. 영남은 이미 할 수 있는 것이 없습니다. 이광의 목을 베어 의기(義氣)가 신장되면 사람들이 모두 고무되어 용기를 낼 것입니다. 이에 근왕의 병사들을 규합하여 곧장 경도(京都)로 달려가서, 비리고 더러운 기운을 깨끗이 쓸어 내고 서쪽으로 전하의 행차에 가까이 가십시오. 우연(虞淵)[180]으로 지는 해를 되돌리는 일은 이 한 번의 거사에 달려 있는데, 필마로 동쪽에 간들 홀로 무슨 일을 하겠습니까." 하였다. 선생이 말하기를, "나는 이해(利害)에 대해서는 알지 못하고, 단지 왕명을 받들어 일을 행할 줄만 알 따름입니다. 또 순찰사를 주벌하는 것은 의리에 있어서 불가합니다."라고 하였다.-광주 목사(光州牧使) 권율(權慄)[181]과 진안 현감(鎭安縣監) 정식(鄭湜)[182]

179 이광(李洸) : 1541~1607. 본관은 덕수(德水), 자는 사무(士武), 호는 우계산인(雨溪散人)이다. 1574년(선조7) 문과에 급제하여 형조 좌랑, 함경도 관찰사 등을 역임했다. 임진왜란 때 전라도 관찰사로서 관군을 이끌고 북상하여 왜적과 맞서 싸웠으나 용인 전투에서 참패하였다. 저서로는 《우계집(雨溪集)》이 있다.

180 우연(虞淵) : 해가 지는 곳을 말한다. 《회남자(淮南子)》 〈천문훈(天文訓)〉에 "해가 우연에 이르렀을 때를 황혼이라고 한다.〔日至于虞淵, 是謂黃昏.〕"라는 말에서 유래하였다.

181 권율(權慄) : 1537~1599. 본관은 안동(安東), 자는 언신(彥愼), 호는 만취당(晩翠堂) 또는 모악(暮嶽)이다. 1582년(선조15) 문과에 급제하였다. 임진왜란 때 광주 목사에 제수되었고, 행주산성 전투에서 큰 승리를 거두고 도원수가 되었다. 뒤에 영의정

등은 이광이 근왕(勤王)에 나아가지 않은 것에 분개하여 함께 주벌하기를 약속하였다가, 선생의 말을 듣고 곧 정지하였다.-

5월 4일에 함양(咸陽)에 도착하였다. 전 현령(縣令) 조종도(趙宗道)[183]와 직장(直長) 이로(李魯)[184]는 모두 선생의 오랜 친구였는데, 약속도 하지 않았지만 모였다. 이어서 막하(幕下)에 머물렀다. 당시에 일로(一路 영남)가 모두 무너져서 여러 고을이 이미 텅 비었으며, 사민(士民)들은 달아나 숨어서 산골짜기를 가득 메웠고, 평평한 들판에는 사람들의 모습이 끊어져 없었다. 선생은 그 자리에서 초유문(招諭文)을 초하여 원근(遠近)에 포고(布告)하였다.-이로는 문장에 능한 것으로 이름이 났으니, 선생이 초유문(招諭文)을 짓게 하였다. 이로가 초유문을 지어 올리니, 선생이 이를 보고 말하기를 "그대가 지은 것이 좋습니다. 다만 문(文)이 기승하는 것이 한스럽습니다." 하고, 이에 스스로 초유문을 지었으니, 마음 깊은 곳에서 흘러나와 붓에 먹물을 적실 겨를조차

에 추증되고, 선무 공신(宣武功臣) 1등 영가부원군(永嘉府院君)으로 추봉되었다.

182 정식(鄭湜) : 본관은 동래(東萊), 자는 청지(淸之)이다. 불행히 전염병으로 일찍 죽었다.

183 조종도(趙宗道) : 1537～1597. 본관은 함안(咸安), 자는 백유(伯由), 호는 대소헌(大笑軒)이다. 임진왜란 당시 안음 현감, 함양 군수를 지내다 병으로 물러났지만, 곽준과 의병장 김면(金沔)의 휘하로 들어가 우척현 전투 등에서 활약하고, 정유재란 때 의병을 모아 안의(安義)의 황석산성에서 왜적과 싸우다 전사하였다. 저서로는 《대소헌집(大笑軒集)》이 있다.

184 이로(李魯) : 1544～1598. 본관은 고성(固城), 자는 여유(汝唯), 호는 송암(松巖), 시호는 정의(貞義)이다. 1590년(선조23) 문과에 급제하여 형조 좌랑, 비안 현감 등을 지냈다. 임진왜란 때 조종도와 함께 창의할 것을 약속하고 귀향하여 삼가·단성으로 나가 동생 이지(李旨)와 함께 의병을 일으켰다. 저서로는 《송암집(松巖集)》이 있다.

없이 써내었다.-

그 초유문에 다음과 같이 말하였다.

"나라의 운수가 중도에 막혀 섬 오랑캐들이 가만히 발동하여 우리 강토를 함부로 유린하여 동서로 돌격해 왔는데, 웅대한 성과 큰 진에 일찍이 울타리〔藩籬 방비책(防備策)〕를 쳐서 막음이 없어서, 열흘 사이에 이미 관령(關嶺)을 넘어 곧바로 경성(京城)을 공격하니, 임금께서는 파천하고 온 나라 사람들은 달아나 숨었다. 우리나라가 생긴 이후로 오랑캐 화란의 참혹함이 오늘과 같은 때는 없었다.

여러 곤수(閫帥)는 국가의 간성(干城)인데도 혹 왜적들이 침입했다는 소문만 듣고서 달아나 무너지고, 혹 겁을 먹고 물러나 움츠리기도 하였으며, 수령들은 한 고을의 군장(君長)인데도 모두 처자식을 안전한 곳으로 피난시키고 무기고를 불태워 버리고서, 한 사람도 의기를 떨치고 충심을 분발하여 먼저 일어나서 왜적을 치는 자가 없으니, 슬프다 우리 군사와 백성이 오히려 무엇을 믿고 의지할 바여서 도망치고 흩어지지 않을 수가 있겠는가. 거센 물결에 한 번 무너지자 이를 막아낼 길이 없으매, 성(城)에는 창을 멘 병졸이 없고 고을에는 죽기를 각오한 신하가 없다. 그리하여 왜적들이 이르는 곳에는 마치 무인지경에 들어가는 듯하여 마침내 영남 한 도(道)가 함락되어 왜적의 소굴이 되게 하였고, 흙더미가 무너지고 기왓장이 깨지듯 조석(朝夕)을 보전치 못하게 되었으니, 이것이 무슨 시세의 변고인가.

하지만 이것이 어찌 단지 변장(邊將)과 수령의 허물이기만 하겠는가. 사민(士民)이 된 자들 또한 그 책임을 피할 수는 없다.

옛날에 큰 난리를 만나서 나라를 지킬 수 있었던 것은, 윗사람은 죽을 각오로 싸울 뜻이 있었고, 아랫사람은 윗사람을 위해 목숨을 바칠 마음이 있었기 때문이었다. 지금은 곧 왜적들이 이르지도 않았는데 사민들이 모두 먼저 달아나 숨어서 산속으로 들어가 엎드려 있으면서 구차스럽게 살아 목숨을 부지하려는 계책을 하여 수령에게는 백성이 없게 하고 장수에게는 군사가 없게 하였으니, 장차 누구와 더불어 왜적을 막을 수 있겠는가.

혹자는 말하기를, '추나라와 노나라의 전투에 유사(有司)로서 죽은 자가 30여 명이나 되었지만, 백성들은 그들을 위해 죽은 사람이 없다.[185] 이는 유사들이 평상시에 백성들의 고통을 잘 돌보아 주지 않았기 때문이었다. 지금 이 달아나고 무너지는 변고가 어찌 맹자가 말한 「너에게서 나간 것은 너에게로 되돌아간다.」[186] 라는 것이 아니랴.'라고 하는데, 아, 이것이 무슨 말인가. 근년 이래로 조세(租稅)가 가혹하게 행해졌고 부역(賦役)이 과중하였으니, 백성들이 과연 명령을 견디지 못하였다. 하지만 성지(城池)의

185 추나라와……없다 : 《맹자》 〈양혜왕 하〉에 "추나라가 노나라와 전쟁을 하였는데, 목공이 '나의 유사 중에 죽은 자가 33명이 되지만 백성들은 죽은 자가 없으니,……장상이 죽는 것을 질시하면서 구원하지 않았으니, 어찌하면 좋겠습니까.' 했다.〔鄒於魯鬨, 穆公問曰吾有司死者三十三人, 而民莫之死也,……疾視其長上之死而不救, 如之何則可也.〕"라고 하였다.

186 너에게서……되돌아간다 : 맹자가, 전쟁으로 백성은 참혹한데 군주의 창고는 넉넉히 차 있으나, 유사가 이 사실을 아뢰지 않음은 윗사람이 태만해서 아랫사람을 해치는 것이라고 하면서 증자(曾子)의 말을 인용하여 "경계하라, 경계하라. 너에게서 나간 것은 너에게도 돌아온다.〔戒之戒之, 出乎爾者, 反乎爾者也.〕"라고 하였다. 《孟子 梁惠王下》

방비를 구비함은 모두 미리 방비책을 세우는 데 관계가 있었으니, 지금으로써 본다면 성상께서 백성을 보호하는 생각이 원대했던 것이다. 이것이 어찌 백성을 학대하면서 자신을 이롭게 한 것이겠는가. 더구나 추나라와 노나라의 싸움은 비록 승부(勝負)가 나기는 하였지만, 이는 다 같은 중국(中國)이었는지라 백성들에게 어떤 이익이나 손해될 게 없었다.

그런데 오직 이 이〔齒〕를 물들인 무리〔왜적〕는 우리 땅에 한 번 쳐들어옴에 곧 웅거(雄據)하려는 뜻을 품고서 부녀자들을 묶어 잡아가서 처첩으로 삼고 장정들을 마구 죽이고서 하나도 남겨두지 않았으며,[187] 마을에 즐비한 집들을 모두 불태워 잿더미로 만들고 공사(公私)의 창고에 있는 재물을 모두 자신들의 소유로 만들었다. 이에 독기가 사방에 가득 차고 죽은 사람의 피가 천 리에 흘렀으니, 백성들이 당한 재앙을 차마 다 말할 수 있겠는가. 이는 실로 지사(志士)가 창을 베고 자야 할 때[188]이고, 충신이 나라를 위해 목숨을 바쳐야 할 때이다. 그런데 67주(州) 가운데에 아직까지 의(義)를 주창하며 팔을 걷고 떨쳐 일어난 사람이 없고,

187 하나도……않았으며 : 전쟁의 참혹함을 표현한 말이다. 《시경》 〈운한(雲漢)〉에 "주나라의 백성이 남은 이가 없거늘, 호천상제가 나를 남겨 두지 않으리라.〔周餘黎民, 靡有孑遺. 昊天上帝則不我遺.〕"라고 한 데서 나온 말이다.

188 창을……때 : 전장에서 왜적을 섬멸해야 할 때라는 말이다. 원문의 '침과(枕戈)'는 동진의 유곤(劉琨)이 벗 조적(祖逖)과 함께 중원을 회복할 뜻을 품고 있었는데, 조적이 먼저 기용되었다는 말을 듣고는, 다른 벗에게 "나는 창을 베고 아침을 기다리면서 오랑캐를 섬멸하려는 생각뿐이었는데, 조생이 나보다 먼저 채찍을 잡고 중원으로 치달리지 않을까 항상 염려했네.〔吾枕戈待旦, 志梟逆虜, 常恐祖生先吾著鞭耳.〕"라고 말했던 데서 가져왔다. 《晉書 卷62 劉琨傳》

오히려 달아나 살아나는 데 있어 혹 남보다 뒤질까 두려워하고 숨어들어 간 산이 깊지 않을까 두려워하니, 어찌 탄식을 금할 수 있겠는가. 설령 산속으로 들어가서 왜적을 피하여 마침내 자신을 온전히 하고 가족을 보전할 수 있다 하더라도, 열사(烈士)는 오히려 그것을 수치스럽게 여길 것이거늘, 하물며 보전(保全)할 리가 만에 하나도 없을 것임에랴. 직분을 맡은 내가 이 점을 구명해서 말하여 사민(士民)들의 의혹을 깨우쳐 줌이 옳을 것이다.

이 왜적들이 경사(京師)를 침범하는 데 급하여 군사를 지체하지 않고 행군해 가기 때문에 그 병화가 여러 고을에 두루 미치지 않았지만, 왜적이 뜻을 이룬 뒤에 이르러서는 그 흉악한 무리가 우리 영역 안에 가득 차게 되면, 산골짜기가 과연 죽음에서 달아날 수 있는 곳이 되겠는가. 이를 비유하자면 마치 큰 물결이 하늘에 닿고 거센 불길이 들판을 태우는 듯하니, 아, 우리 억만의 백성이 다시 어느 곳에다 몸을 두고자 하겠는가. 산골짜기에서 나오지 않는다면 시일이 오래 지나 식량이 떨어져 깊은 산속에서 앉은 채로 굶어 죽을 것이고, 나오게 되면 부모와 처자식은 그들에게 사로잡혀 욕을 당할 것이고, 의관을 차려입은 사족(士族)들은 그들에게 짓밟혀 어육(魚肉)이 될 것이다. 항복하면 영원토록 효경(梟獍)[189] 같은 족속이 될 것이고, 항복하지 않으면 모두가 칼을 맞아 죽은 귀신이 될 것이다. 이것이 어찌 지혜를 지닌 자를

189 효경(梟獍) : '효(梟)'는 어미를 잡아먹는다는 올빼미 종류의 새이고, '경(獍)'은 파경(破獍)이라는 호랑이 종류의 흉포한 맹수로서 아비를 잡아먹는다고 하는데, 전하여 흉악해서 인륜을 모르는 사람을 비유하는 말로 쓰인다.

기다린 뒤라야 알 수 있는 것이겠는가. 그러나 이것은 단지 이해(利害)와 생사(生死)만을 가지고 말한 것일 따름이다.

아, 군신 간의 대의(大義)는 하늘의 법도이고 땅의 도리이니, 이른바 사람이 지켜야 하는 떳떳한 법도이다. 무릇 이 땅에서 혈기를 머금고 곡식을 먹는 우리가 군부(君父)께서 몽진(蒙塵)하고 종묘사직이 전복되려 하며 만백성이 어육으로 문드러지듯 하는 것을 우두커니 보기만 하면서 조금도 근심하는 마음을 일으키지 않는다면 하늘의 법도와 땅의 도리에는 어찌 되겠는가. 더구나 부모가 왜적의 칼을 맞고 골육이 서로 보전하지 못하여 사적인 집안의 재앙 또한 위급할 것인데도 자제(子弟)가 된 자가 머리를 움켜쥐고 쥐같이 달아나 숨기만 하고, 만 번 죽을 힘을 내어 온전하도록 구하길 생각하지 않는다면 사람의 자식이 된 도리에 어떠하겠는가.

돌아보건대, 오직 영남은 본디 인재가 많은 고장으로 일컬어져 천 년을 유지한 신라와 오백 년을 지탱한 고려, 그리고 우리 조정의 이백 년 동안 충신과 효자의 뛰어난 명성과 뜨거운 의열(義烈)이 청사(青史)에 빛나고, 절의(節義)를 지킨 아름다움과 습속(習俗)의 순후함이 동방에 으뜸이니, 이는 진실로 사민(士民)들이 모두 아는 것이다. 또 근자의 일을 가지고 말해 보아도, 퇴계(退溪 이황(李滉))와 남명(南冥 조식(曺植)) 두 선생이 한 시대에 나란히 나와서 도학(道學)을 창도하여 밝혀서 사람의 마음을 맑게 하고 사람의 기강(紀綱)을 부지함을 자신의 책임으로 삼으니, 선비들도 그 감화에 점점 물들어 흥기하여 일어나 사숙(私淑)하는 자들이 많아졌다. 이들이 평소에 많은 성현의 글을 읽었으니, 그 스스로 허여함이 어떠하였겠는가. 그런데 하루아침에 변란을 당하여서는 오직 살길을 탐하고 죽음을 피하는 데 급하여, 임금을 버리고 어버이를 뒤로 돌리는 죄악에 스스로 빠진다면 구차스럽게 세상에 산다고 한들 장차 어떻게 머리로 한 하늘을 이고 살 수가 있겠으며, 죽어 지하에 들어가서는 또한 어떻게 우리 선정(先正)을 뵐 수 있겠는가. 의관(衣冠)을 갖추고 예악(禮樂)을 숭상하던 몸을 욕되게 할 수 있겠으며, 머리를 깎고 몸에 무늬를 새기는 야만인의 풍습을 따를 수가 있겠는가. 이백 년 동안 지켜온 종묘사직을 차마 왜적의 손에 넘겨줄 수 있겠으며, 수천 리의 산하를 차마 왜적들의 소굴이 되도록 둘 수 있겠는가. 중하(中夏)가 변하여 오랑캐의 나라가 되고, 인류(人類)가 변하여 금수(禽獸)가 되는 이것을 참을 수 있겠으며, 또 할 수 있겠는가.

적의 머리를 베어 바치는 공을 으뜸으로 삼는 진(秦)나라[190]가 처음에는 순전한 오랑캐가 아니었건만, 노중련(魯仲連)은 오히려 바다에 빠져 죽는 것을 달갑게 여겼다. 꿈틀거리며 풀옷을 입은[191] 섬 오랑캐가 이 얼마나 추잡한 종족인데, 우리 강토를 멋대로 훔

190 적의……진(秦)나라 : 원문의 '수공(首功)'은 적군의 목을 베어 오는 공을 말한다. 《사기(史記)》 〈노중련전(魯仲連傳)〉에, 진(秦)나라가 조(趙)나라를 급하게 포위했을 때, 위(魏)나라에서 신원연(新垣衍)으로 하여금 진나라를 황제로 떠받들자고 노중련에게 말하자, 노중련이 "저 진나라는 예의(禮義)를 버리고 수공(首功)을 숭상하는 나라이다. 만일 진나라를 황제로 떠받든다면 나는 동해에 빠져 죽겠다."라고 말하니, 그 의논이 중지되었다고 한다.

191 풀옷을 입은 : 원문은 '훼복(卉服)'으로, 미개인, 즉 섬 오랑캐를 가리킨다. 《서경》 〈우공(禹貢)〉에 "섬 오랑캐는 훼복을 입는다.〔島夷卉服〕"라고 한 데서 가져왔다.

쳐 차지하고 우리 백성을 함부로 죽이고 욕보이도록 내버려 둔 채, 그들을 몰아 쫓아내고 목 베어 죽일 생각을 하지 않겠는가.

말하는 자는 '저자들은 용맹스러운데 우리는 겁을 먹고, 저자들은 예리한데 우리는 둔하니, 비록 혹 병사를 일으키더라도 해 낼 수가 없다.'라고 하니, 이 어찌 생각하지 못함이 심하단 말인가. 옛날의 충신과 열사는 성패로 인하여 뜻을 바꾸지 않았고, 강약으로 인하여 지기(志氣)가 꺾이지 않았다. 의리상 마땅히 해야 할 것이라면 비록 백번 싸워 백번을 패한다 해도, 오히려 맨주먹을 휘두르고 시퍼런 칼날에 맞서 만 번 죽어도 후회하지 않았다. 더구나 이 왜적들이 비록 강하다고는 하지만 군사를 이끌고 깊이 들어왔으니 바로 전쟁에서 꺼리는 것을 범하였거늘, 오히려 어떻게 제대로 잘 돌아갈 수 있겠는가. 우리 군사가 비록 겁먹었다고는 하지만, 용감하고 겁먹는 것이 또한 어찌 항상 고정된 것이겠는가. 충의(忠義)에 격동되면 약한 것을 강하게 할 수 있고 적은 군사로 많은 군사를 대적할 수 있으니, 단지 마음을 한 번 전환하여 바꾸는 데 달렸을 뿐이다.

지금 도망친 군사나 흐트러진 사졸들이 산골짜기에 가득 널려 있는데, 이들이 처음에는 비록 도망쳐서 살려고 하였으나, 끝내 한 번 죽는 것을 면하기가 어렵다는 것을 알게 되면 모두 스스로 떨쳐 일어나서 나라를 위하여 힘을 바치기를 생각할 것이거늘, 다만 솔선하여 주창하는 사람이 아직 없었을 따름이다. 이러한 때에 만약 떨치고 일어나 한 번 외치는 의사(義士)가 있으면, 원근에서 구름같이 모이고 메아리처럼 호응하여 앉아서도 계책을 세울 수 있을 것이다. 또한 성상(聖上)께서 이미 애통한 교서(教書)를 내리셨고, 또 이 소신(小臣)을 형편없다고 여기지 않고 초유(招諭)하는 책임을 맡기셨다. 당(唐)나라의 씩씩한 무부(武夫)와 사나운 병졸도 오히려 흥원(興元)의 조서(詔書)를 보고 울었거늘,[192] 하물며 우리는 추로(鄒魯)[193]의 사람으로서 어찌 팔을 걷어붙이고 의분에 넘쳐 군부(君父)의 위급함을 구하기 위해 달려가지 않겠는가.

진실로 원하건대 이 격문이 도달하는 날, 수령은 온 고을의 사람들을 깨우쳐 단단히 알려 주고 변장(邊將)은 사졸들을 격려하여야 할 것이다. 문무(文武)의 조정 관원과 부로(父老), 유생(儒生) 등 각각의 사람들은 서로서로 일러 주어 동지들을 불러 모아 충의(忠義)로써 단결하여 혹 방비책을 세워 스스로 지키고, 혹 군사들을 이끌고 싸움을 도와야 할 것이다. 부유한 백성은 차달(車達)[194]의 곡식을 운반하여 군량을 넉넉히 하고, 용감한 병사들은 충갑(沖甲)[195]의 무기를 분발해 잡고 적을 무찌르라. 집집마다 사

192 당(唐)나라의……울었거늘 : 흥원(興元)은 당나라 덕종(德宗)의 연호이다. 덕종 때 반적(叛賊) 요영언(姚令言)과 주자(朱泚)가 참람하게 칭제(稱帝)하고 수도 장안(長安)을 침범하였는데, 덕종이 봉천(奉天)에 피난해 있으면서 흥원 원년에 자신을 죄책(罪責)하는 조서를 반포하여 장사(將士)들을 격려하였다. 이에 이성(李晟) 등이 그 조서를 보고는 감격하면서 용기를 내어 적병을 쳐부수어 장안을 수복한 일이 있다. 《舊唐書 卷133 李晟傳》

193 추로(鄒魯) : 노(魯)나라는 공자(孔子)의 고향이고, 추읍(鄒邑)은 맹자(孟子)의 고향이므로 대개 공자와 맹자를 뜻하는 것으로, 예의와 학문을 숭상하는 곳을 말한다.

194 차달(車達) : 유차달(柳車達)로, 고려 태조 때의 공신으로 문화 유씨(文化柳氏)의 시조이다. 태조 때 군량 수송에 공을 세워서 대승(大丞)에 제수되었고, 삼한공신(三韓功臣)의 호를 받았다. 《高麗史 卷99 列傳12》

195 충갑(沖甲) : 원충갑(元沖甲)으로, 고려 충렬왕(忠烈王) 때의 무신이다. 향공

람마다 각자가 싸우면서 일시에 함께 일어나면 군사의 위용이 크게 떨쳐지고 의기(義氣)가 백 배 솟구쳐서, 서우극긍(鉏耰棘矜)[196]도 튼튼한 갑옷과 날카로운 병기가 될 수 있으니, 왜적이 비록 긴 창과 큰 칼을 가지고 있다 하더라도 오히려 어찌 두려워할 만한 것이 있겠는가. 일이 성공하면 나라의 치욕을 완전히 씻을 것이고, 성공하지 못하더라도 오히려 의로운 귀신이 됨을 잃지 않을 것이다. 제군들은 힘쓸지어다.

직분을 맡은 나는 일개 진부한 선비인지라 비록 군사에 관한 일은 배우지 못했으나, 군신 간의 대의(大義)는 또한 대강 들었다. 한 도(道)가 뒤엎어진 끝에 임명을 받아서, 뜻은 초(楚)나라를 보전하려는 생각이 간절하면서도 아직 포서(包胥)의 충성[197]을 바치지 못했고, 사당에 곡하고 군사를 일으킴에 다만 장순(張巡)

진사(鄕貢進士)로 원주(原州)의 별초(別抄)에 소속되어 있다가 충렬왕 17년(1291)에 흡단(哈丹)이 쳐들어와 성을 포위하자, 전후 10차례에 걸쳐서 적을 크게 무찔러 성을 지켜 후세에까지 무명(武名)을 남겼다. 《高麗史 卷104 列傳17》

196 서우극긍(鉏耰棘矜) : 서우(鉏耰)는 호미 자루이고, 극긍(棘矜)은 창 자루인데, 모두 농기구(農器具)로 만든 보잘것없는 무기를 말한다.

197 포서(包胥)의 충성 : 춘추 시대 초(楚)나라의 대부(大夫) 신포서(申包胥)의 충성을 말한다. 그는 오자서(伍子胥)와 친하게 지냈는데, 오자서가 오(吳)나라로 도망치면서 신포서에게 "내가 초나라를 전복시킬 것이다." 하니, 신포서가, "그대가 초나라를 전복시키면 내가 다시 일으켜 세울 것이다." 하였다. 그 뒤에 오자서가 오나라의 군사를 이끌고 초나라 수도 영(郢)에 침입하니, 진(秦)나라에 가서 구원병을 청하였는데, 7일 동안 음식을 먹지 않으면서 조정의 담에 기대어 통곡하였다. 그러자 진나라의 애공(哀公)이 감동하여 구원병을 내어 주므로, 그 군사를 거느리고 돌아와서 국난을 평정하였다. 《淮南子 修務訓》

의 충렬[198]을 사모하기만 하고서, 오히려 의사(義士)들의 힘에 의뢰하여 해〔日〕를 취하는 공로[199] 세우기를 바라고 있다. 조정에서 내리는 포상의 제도가 뒤에 있으니, 이 모두를 마땅히 잘 알지어다." 이 초유문(招諭文)을 본 사람들은 눈물을 흘리지 않는 이가 없었으며, 원근의 사람들이 소문을 듣고 움직여 다들 떨쳐 일어나기를 생각하였다.

당시에 김면(金沔)[200]은 거창(居昌)에서 의병을 일으켰고, 정인홍(鄭仁弘)[201]은 합천(陜川)에서 의병을 일으켰는데, 관군과 의병이 서로 철주(掣肘)[202]해서 제각기 흩어져 통솔됨이 없었다. 선생

198 장순(張巡)의 충렬 : 당(唐)나라 현종(玄宗) 때의 충신이다. 천보(天寶) 연간에 안녹산(安祿山)이 반란을 일으켰을 때 처음에 진원 영(眞源令)으로 있으면서 백성들을 인솔하고 당나라 시조 현원 황제(玄元皇帝)의 묘(廟)에 나아가 통곡한 다음 기병(起兵)하여 반란군을 막았다. 그 뒤에는 강회(江淮)의 보장(保障)인 수양성(睢陽城)을 몇 달 동안 사수하고 있었는데, 구원병이 오지 않아 양식은 다 떨어지고 힘은 소진되어 성이 함락되었다. 그러자 태수(太守)로 있던 허원(許遠)과 함께 사절(死節)하였다. 《舊唐書 卷187下 張巡傳》

199 해〔日〕를 취하는 공로 : 왕을 추대하는 공으로, 여기서는 기울어진 국가를 회복시켜 임금을 받드는 것을 말한다.

200 김면(金沔) : 1541~1593. 본관은 고령(高靈), 자는 지해(志海), 호는 송암(松菴)이다. 임진왜란 때 거창(居昌)과 고령에서 의병을 일으켜 많은 공을 세웠고, 1607년(선조40)에 선무 원종공신(宣武原從功臣)으로서 이조 판서에 추증되었다. 저서로는 《송암실기(松菴實記)》가 있다.

201 정인홍(鄭仁弘) : 1535~1623. 본관은 서산(瑞山), 자는 덕원(德遠), 호는 내암(萊菴)이다. 임진왜란 때 합천(陜川)에서 의병을 모아 왜병과 싸웠고 영남 의병장의 호를 받았다. 광해군이 즉위하자 정권의 실세로 등장하였고, 인목대비(仁穆大妃)를 폐비시켜 서궁(西宮)에 유폐시켰다. 영의정에 올랐으나 인조반정 후 참형을 당하였다. 저서로는 《내암집(萊菴集)》이 있다.

이 이에 김면과 정인홍 두 사람을 정해 의병 대장(義兵大將)으로 삼아, 그들로 하여금 한 마음으로 규합하여 통솔하면서 적을 치도록 하였다. 또 수령이 없는 군현(郡縣)에는 충성스럽고 부지런하며 순수하고 성실한 자를 택하여 임시 수령〔假守〕으로 차임하고, 용감하고 재략이 있는 자를 택하여 임시 장수〔假將〕로 삼고, 백성들에게 명망이 있는 사대부를 선발하여 소모관(召募官)으로 삼고서, 사유를 갖추어서 장계(狀啓)를 올렸다. 이에 도내(道內)의 선비 중에 소식을 듣고 손바닥에 침을 뱉고[203]는 자신이 있는 곳에서 향병(鄕兵)을 단결하여 의기를 분발하고 왜적을 토벌할 것을 명분으로 삼은 자가 이루 헤아릴 수 없이 많았다.

의령(宜寧)의 곽재우(郭再祐)[204]는 난리가 일어난 처음에 맨 먼

202 철주(掣肘) : 팔꿈치를 끌어당겨 방해하여 잘해 보려 해도 잘되지 않는 것을 말한다. 춘추 시대 노(魯)나라 복자천(宓子賤)이 단보(亶父) 고을을 다스리러 갈 때 노나라 임금이 참소하는 사람의 말을 믿고 자신을 신임하지 않을까 염려하였다. 이에 그는 계책을 내어 두 사람의 서리로 하여금 글씨를 쓰게 하고 자신은 곁에서 팔뚝을 잡아끌어 방해하면서 글씨가 좋지 못하면 노기를 띠었다. 이에 서리가 글씨 쓰기를 포기하고 떠나자, 노나라 임금이 탄식하면서 그 뜻을 알아차렸다고 한다. 《呂氏春秋 具略》

203 손바닥에 침을 뱉고 : 원문은 '타장(唾掌)'으로, 진(晉)나라 사마표(司馬彪)의 《구주춘추(九州春秋)》에, 후한(後漢)의 공손찬(公孫瓚)이 일찍이 "처음에 천하의 군대가 일어났을 때 내가 손바닥에 침을 뱉고 당장 결단하였다.〔始天下兵起, 我謂唾掌而決.〕"라고 한 데서 가져왔다.

204 곽재우(郭再祐) : 1522~1671. 본관은 현풍(玄風), 자는 계유(季綏), 호는 망우당(忘憂堂)이고, 시호는 충익(忠翼)이다. 임진왜란 때 의령(宜寧)에서 의병을 일으켰고, 정유재란에는 창녕의 화왕산성(火旺山城)을 지켰다. 저서로는 《망우당집(忘憂堂集)》이 있다.

저 의병을 일으켜서는 자기의 집 재산을 모두 흩어서 전사(戰士)들을 먹였는데도, 오히려 또한 군량을 이어가지 못하였다. 그래서 혹 강변(江邊)에 버려둔 전세미(田稅米)를 가져오고, 혹 수령이 없는 텅 빈 고을 창고의 곡식을 가져와서 군량으로 사용하였다. 이에 사람들이 혹 그가 미쳐서 망녕되다고 욕을 하였고, 이웃 고을의 수령이 감사(監司) 김수(金睟)에게 그를 토적(土賊)이라고 보고하는 바람에 김수가 열읍(列邑)에 관문(關文)을 보내어 그를 체포하도록 명하였으므로, 곽재우의 의병들 사기가 저상(沮喪)되어 모두 사방으로 흩어져 장차 버리고 두류산(頭流山)으로 들어가려는 마음을 품었다. 선생이 이 소식을 듣고 놀라 탄식하면서 곽재우에게 편지를 보내, 떨쳐 일어날 것을 권면하면서 '선대부(先大夫)에게 후손다운 후손이 있다.'라고 하기에 이르렀다. 이에 곽재우는 '자신을 알아주는 사람이 있다.'라고 스스로 생각하면서 분연히 다시 일어나서는 선생의 글을 깃대에 매달아 향리의 사람들에게 모두 보였다. 이로 말미암아 사람들이 비로소 곽재우가 의거(義擧)하였다는 것을 믿게 되었고, 감사와 수령 또한 감히 가로막거나 뒤흔들지 못하여 군대의 위세가 다시 떨치었다.

선생이 산음(山陰)에 이르렀을 때 산음의 수령 김낙(金洛)이 다반(茶盤)을 성대하게 차려 내왔는데, 선생은 얼굴색이 변하여 김낙을 불러 책망하기를 "이와 같은 성찬은 오늘날 신하 된 자가 마땅히 받을 것이 아닌 듯하오. 비록 먹는다 해도 삼킬 수 없을 듯합니다."라고 하면서, 두 눈에 눈물이 흘러 턱에 고이니, 김낙이 사죄하고 물리었다.

오장(吳長)[205]과 김경근(金景謹)[206]과 이지(李旨)[207]가 칼을 차고

맞이하였다. 함양(咸陽)과 산음은 본디 문헌(文獻)의 고장으로 일컬어졌는데, 선생이 이르렀다는 소식을 듣고 다투어 와서 모였다. 선생은 마음속에 있는 것을 피력하면서 의리에 대해 말을 하니, 감격하여 눈물을 흘리며 목숨을 바쳐 싸우고자 생각하지 않은 이가 없었다. 모두 말하기를, "순찰사 김수는 근왕(勤王)한다고 핑계 대고는 혼자서 말을 타고 멀리 달아났고, 병사(兵使) 조대곤은 한 명의 왜적을 보지 않았는데도 산골짜기로 숨어들었습니다. 공께서 나라를 위하여 어떤 일을 하고자 하신다면 마땅히 먼저 김수와 조대곤을 제거하여야 인심을 고무시켜 움직이게 할 수 있을 것입니다." 하였다.

선생이 말하기를, "순찰사가 본도를 버린 것은 의(義)가 없는 것이고, 한 도(道)에 원수(元帥)가 없는 것도 의가 없는 것이니, 나는 단지 의(義)로써 사람을 대우하고 의로써 일을 처리함만 알 뿐입니다. 여러분의 말이 또한 지나친 것이 아니겠소."라고 하니, 응대하기를, "의(義)가 어디에서 생겨납니까. 백성들의 마음을 따르지 않으면 의병을 일으키기 어렵습니다."라고 하였다. 선생이 말하기를, "말이 순조롭지 못하면 일이 이루어지지 않습니다.[208] 여러

205 오장(吳長) : 1565~1617. 본관은 함양(咸陽), 자는 익승(翼承), 호는 사호(思湖)이다. 임진왜란 때 의병으로 활약하였고, 1610년(광해군2) 문과에 급제하여 사간원 정언, 경성 판관을 지냈다. 저서로는 《사호집(思湖集)》이 있다.

206 김경근(金景謹) : 1559~1597. 본관은 상산(商山), 자는 이신(而信), 호는 대하재(大瑕齋)이다. 임진왜란 때 조카 김응호(金應虎)와 함께 인근에 격문을 보내 창의(倡義)하여 왜적과 싸웠다. 저서로는 《대하재실기(大瑕齋實記)》가 있다.

207 이지(李旨) : ?~1594. 호는 백암(栢庵)이며, 이로(李魯)의 막내 아우이다.

분은 일에 무익한 한가한 말을 제거해야 합니다."라고 하였다.

왜란이 일어난 뒤로 감사와 병사 및 수령과 여러 장수가 모두 의관(衣冠)을 팽개치고 일반 사람들 속에 섞여서 왜적의 화(禍)를 피하려고 하였는데, 선생은 말하기를, "비록 이처럼 어지러운 때라 할지라도 어찌 우리나라의 위의가 있는 모습을 변형시킬 수 있겠는가."라고 하였다. 초유사의 명을 받은 이후로 여러 차례 왜적들의 소굴로 들어가면서 한 번도 변복(變服)을 하지 않았고, 군관(軍官)들도 모두 붉은 옷에 우립(羽笠) 차림을 하고 북을 치고 나팔을 불면서 갔다. 지나는 곳마다 사람들이 모여들어 그 모습을 보고는 눈물을 흘리지 않은 이가 없었고, 말하기를, "오늘날에 다시 한관(漢官)의 위의(威儀)[209]를 보게 될 줄은 생각지도 못하였다."라고 하였다.

단성(丹城)에 이르니, 곽재우가 싸움터에 나가다가 관복(冠服) 차림으로 와서 뵈었다. 선생은 그와 더불어 말을 나누고 나서 크게 기특하게 여기고 함께 가서 진주(晉州)에 이르러서, 전 목사(前牧使) 오운(吳澐)을 소모관(召募官)으로 삼아 병사 수천 명을 얻어 곽재우를 돕게 하였다. 진주 목사 이경(李璥)[210]과 판관(判

208 말이……않습니다 : 《논어》 〈자로(子路)〉에 공자가 이르기를, "군자는 알지 못하는 것에 대해서는 말을 하지 않는다. 명분이 바르지 못하면 말이 순조롭지 못하고, 말이 순조롭지 못하면 일이 이루어지지 않는다.〔君子於其所不知, 蓋闕如也. 名不正則言不順, 言不順則事不成.〕"라고 하였다.

209 한관(漢官)의 위의(威儀) : 한나라 조정 관원들의 복식과 전례(典禮), 제도(制度)로, 번성한 문물과 제도를 말한다. 또 중화(中華)의 예의와 제도를 널리 일컫기도 한다.

官) 김시민(金時敏)[211]은 지리산에 숨어 있었는데, 선생이 이르렀다는 소식을 듣고 김시민은 황급히 나와서 기다렸고, 이경은 근심하다 병이 나서 죽었다. 선생은 판관 김시민을 독려하여 군사를 모으게 한 결과 수천 명의 군사를 얻었으니, 대오를 편성하여 성을 지키면서 성지(城池)를 수리하고 완비하며 무기를 잘 수선하였다. 선생이 말하기를, "진양(晉陽 진주(晉州))은 호남(湖南)의 보장(保障)[212]이 되는 지역이니, 진양이 없으면 호남도 없고 호남이 없으면 나라가 믿을 만한 곳이 없게 됩니다. 왜적들이 노리는[213] 곳은 늘 여기에 있으니, 방어와 수비를 느슨히 해서는 안 됩니다." 하고, 죽음을 각오하고 이 성을 나가지 않을 것을 맹세하였다. 또 군(軍)에 기율(紀律)이 없음으로써 모이고 흩어짐에 일정함이 없으므로 과조(科條)를 정하여 여러 고을에 훈령을 전달하기를, "군민(軍民)이 달아나 흐트러짐이 풍조를 이루어 스스로 '한꺼번에 많

210 이경(李璥) : 1538~?. 본관은 함평(咸平), 자는 덕온(德韞), 호는 덕봉(德峯)이다.

211 김시민(金時敏) : 1554~1592. 본관은 안동(安東), 자는 면오(勉吾), 시호는 충무(忠武)이다. 1578년(선조11) 무과에 급제하였다. 임진왜란 중이던 1592년 8월에 진주 목사가 되어 진주성을 지키다가 순절하였다.

212 보장(保障) : 국가를 지키는 보루를 의미한다. 춘추 전국 시대 조(趙)나라 간자(簡子)가 윤탁(尹鐸)으로 하여금 진양(晉陽)을 다스리게 하니, 윤탁이 "세금을 많이 거둘까요, 아니면 나라의 보장(保障)이 되게 할까요?"라고 물으니, 간자가 "보장이 되게 하라."라고 답한 일이 있다. 《資治通鑑 卷1 周紀》

213 노리는 : 원문은 '타이(朶頤)'로, 턱을 움직인다는 말이니 어떤 음식물을 보고 먹고자 하는 모양, 즉 강한 나라가 약한 나라를 병탄(倂呑)하고자 하는 모양을 말한다. 《주역》 〈이괘(頤卦) 초구(初九)〉에 "그대의 신령스러운 거북을 버리고 나를 보고서 턱을 움찍거리니 흉하다.〔舍爾靈龜, 觀我. 朶頤, 凶.〕"라는 말에서 가져왔다.

은 사람이 도망치면 일일이 법을 시행하기에 어려울 것이다.'라고 생각한다. 항오(行伍)에는 본디 통솔(統率)하는 자가 있으니, 10명 중에 죄가 있는 자가 있을 경우에는 통장(統將)을 참수하고, 통장 중에 죄가 있는 자가 있을 경우에는 도훈도(都訓導)를 참수하며, 일군(一軍)이 모두 도망칠 경우에는 영장(領將)을 참수하고, 도망자를 잡아 보내지 않는 자는 같은 죄로 처벌한다."라고 하였다. 군율의 시행을 너그럽게도 하고 엄하게도 하며 은혜와 위엄을 아울러 지극히 행하니, 군사들이 모두 두려운 마음이 일어났다. 또 이르기를, "먼저는 충의(忠義)로써 면려하였고, 지금은 형법으로써 단속하니, 쇠퇴한 세상의 일이다."라고 하였다.

처음 진양에 도착했을 당시에는 성중(城中)이 적막하여 사람의 그림자가 없었다. 선생이 조종도, 곽재우와 더불어 산하를 바라보고는 비통한 마음을 견딜 수가 없었다. 조종도가 선생의 손을 잡고 말하기를, "진양은 거진(巨鎭)이고 목사(牧使)는 명관(名官)인데도 지금 이와 같아서 앞으로 일의 형세가 다시 어떻게 할 도리가 없겠으니, 빨리 죽는 것만 함이 없습니다. 원컨대 공과 함께 이 강물에 빠져 죽어, 균이 흉한 적의 칼날에 죽지 않았으면 합니다." 하고, 이어서 강가로 이끌고 갔다. 선생이 웃으면서 말하기를, "한 번 죽는 것이야 어려운 일이 아니지만, 헛되이 죽는다면 무슨 소용이 있겠습니까. 필부들이 하는 작은 신의를 나는 따라하지 않겠습니다. 선왕(先王)께서 남기신 은택이 아직 다 없어지지 않았고, 주상께서 이미 자신을 죄책하는 교서를 내리셨고, 천심(天心)이 바야흐로 재앙 내린 것을 후회하는 조짐이 있습니다. 혹 여러분이 의병을 일으켜 돕는 데 힘입어서 여러 고을에서 많은 선비가 호응한다고 들었으니, 선비들이 백성들의 본보기가 된다면 백성들이 어찌 따르지 않겠습니까. 그런 뒤에 병사를 나누어 요새를 점거하고 있다가 함부로 쳐들어오는 왜적을 막는다면, 적은 군사[214]로도 하(夏)나라를 부흥시키기에 충분하니, 나라를 회복(恢復)하는 공을 이루기가 어렵지 않을 것입니다. 만약 불행히도 그렇게 되지 않으면 장순(張巡)[215]처럼 지키다가 죽는 것도 괜찮고, 안고경(顔杲卿)[216]처럼 적을 꾸짖다가 죽어도 또한 되는데, 그대는 어찌 서두르는가. 이 강물에 맹세하노니,[217] 나는 죽음을 두려워하

214 적은 군사 : 원문은 '일려(一旅)'로, 5백 명의 적은 군사를 말한다. 요(澆)가 제상을 시해하고 왕위에 올라 하우(夏禹)의 왕통이 끊어진 지 40년이 되었을 때, 하의 6세손 소강(少康)이 사방 십 리 되는 땅〔一成〕과 5백 명〔一旅〕의 병력으로, 과(過)와 과(戈)를 멸망시키고 우왕의 기업을 회복한 뒤, 하나라 역대 왕을 종묘에서 제사 지내며 천명으로 왕이 되었음을 밝힌 일이 있다. 《春秋左氏傳 哀公元年》

215 장순(張巡) : 당 현종(唐玄宗) 때의 충신이다. 안녹산(安祿山)의 난 때, 수양성(睢陽城)을 몇 달 동안 사수하다가 태수(太守)로 있던 허원(許遠)과 함께 장렬하게 순절하였다. 《新唐書 卷192 張巡列傳》

216 안고경(顔杲卿) : 당 현종(唐玄宗) 때 충신이다. 안녹산이 난을 일으켜 사사명(史思明)에게 상산군(常山郡)을 공격하게 하였다. 그때 성을 지키고 있던 위위경(衛尉卿) 안고경이 군사가 적음으로 인하여 성이 함락되면서 사사명에게 포로로 잡혔는데, 낙양으로 끌려가서는 항복하면 살려 주겠다는 안녹산의 말을 듣지 않고 신랄하게 꾸짖다가 사지가 찢겨 죽었다. 《舊唐書 卷187 顔杲卿列傳》

217 이 강물에 맹세하노니 : 원문은 '유여차강(有如此江)'으로, 《춘추좌씨전(春秋左氏傳)》 희공(僖公) 24년 조에, 중이(重耳)가 황하에 이르렀을 때, 자범이 벽옥을 공자(公子)에게 주면서 '군(君)을 따라 천하를 돌아다니는 동안 지은 죄가 매우 많으니, 도망가려 합니다.' 하자, 공자가 "맹세하노니, 외삼촌과 마음을 같이하지 않는다면, 백수가 있을 것입니다.〔所不與舅氏同心者, 有如白水.〕"라고 하고, 벽옥을 황하에 던졌던 일에서 가져왔다.

는 자가 아닙니다." 하였다. 이어서 절구 한 수를 읊었으니,

촉석루 누각 위에 올라 있는 삼 장사	矗石樓中三壯士
한 잔 술로 웃으며 긴 강물 가리키네	一杯笑指長江水
긴 강의 물은 쉬지 않고 흘러가나니	長江之水流滔滔
물 마르지 않는 한 혼도 죽지 않으리	波不渴兮魂不死

라고 하고, 서로 눈물을 흘리면서 크게 통곡하고 자리를 파하였다.

대장(大將) 김면(金沔)은 그 가장(假將) 박정완(朴廷琬) 등으로 하여금 낙동강 하류의 왜적을 섬멸하도록 하고 나서 그 화함(花艦 우리나라 보물을 약탈해서 일본으로 나르는 배)에서 얻은 채색 비단과 진귀한 보배 몇 바리를 거두어 보내며 선생에게 보고하여 행재소에 전송하게 하였다. 선생은 촉석루 위에서 그 승첩을 깊이 장려하면서도 난처한 기색이 있는 듯하였다. 창원 부사(昌原府使) 장의국(張義國)과 도사(都事) 김영남(金穎男)이 번갈아 칭찬하고 감탄하면서 말하기를, "주상께서 내탕(內帑 왕실 재물)을 다 버리고 몸만 빠져나와 서쪽으로 몽진하셨으니, 가을은 머지않아 올 테고 변방은 일찍 추워지는데, 상의원(尙衣院)의 어복(御服)을 누가 만들어 올리겠습니까? 왕자와 공주가 많고 궁인과 시녀들 또한 많으니 마땅히 속히 올려 보내야 합니다." 하였다. 선생은 묵묵히 한참 동안 있다가 말하기를, "여러분이 나라를 걱정하고 임금을 사랑함은 지극하다고 할 만합니다. 관서(關西) 일로(一路)는 도로가 험하고 멀며, 왜적이 구역마다 가득하여 승전의 보고도 전하기가 어렵습니다. 여러분은 다만 충심을 떨쳐 일으켜 왜적을 토벌하

여 함께 회복(恢復)할 것만을 도모하고, 어복(御服)을 지어 올리지 못하는 일과 그리고 왕자와 시녀가 장차 추위를 타는 것을 근심할 것은 없습니다."라고 하고, 병영의 아전에게 명하여 남원(南原)으로 가져가서 그 부고(府庫)에 보관해 두고서 왜적이 출몰하는 길이 조용해질 때를 기다리게 하였다.

조종도를 단성(丹城), 산음(山陰), 함안(咸安)에 보내서 군사를 점고(點考)하게 하고, 이로를 의령(宜寧), 삼가(三嘉), 합천(陜川)에 보내서 군대를 사열하게 하였다. 함안 소모관(召募官) 이정(李瀞)이 촉석루에 와서 인사하였다. 이로와 조종도가 돌아와 여러 장사가 의기를 떨쳐 일으켜 힘써 싸운 상황을 말하였다. 선생이 장차 의령, 초계(草溪), 합천을 두루 돌면서 순시하고 거창(居昌)에 이르려고 하였는데, 출발하여 수리원(愁離院)에 이르러서 '지례(知禮), 금산(金山), 개령(開寧) 세 고을의 왜적들이 세력을 합해서 가득 몰려와 장차 우지현(牛旨峴)을 넘으려고 한다.'라는 소식을 들었다. 선생이 말하기를, "본래 여러 고을을 돌아보려고 하였는데, 지금 거창이 위급하다는 소식을 들었으니, 나는 장차 그곳으로 달려가겠다." 하고, 곧바로 삼가현(三嘉縣)으로 갔다. 사인(士人) 박사겸(朴思謙) 등 10여 명이 나아와 말하기를, "공의 충렬은 어리석은 사내도 모두 알고, 먼저 전해 온 명성이 미치는 곳에서는 사람들이 모두 감동하였습니다. 지금 거창 주위의 삼면이 모두 왜적의 공격을 받고 있는데, 우리 현이 그 가운데 자리하고 있습니다. 원컨대 공께서는 거창으로 가지 마시고 이곳에 머물러 적을 막아 주십시오. 그리고 여러 고을에 명령을 전하여 그들로 하여금 병사를 거느리고 달려가 구원하게 하거나, 용맹한 병사를 뽑아 보내어 그들로 하여금 진영으로 달려가서 전투를 돕게 하는 것이 좋겠습니다. 한 나라의 흥망이 관계되어 있는 몸으로서 한 필 말에 맨주먹으로 무모하게 위태한 기미에 덤벼 어찌하려고 하십니까."라고 하며, 서로 번갈아 가며 간하고는 모두 읍하고 물러갔다. 선생이 웃으면서 이정과 이로에게 말하기를, "여러분이 나를 만류하는 것은 아마 내가 전투에 나가 죽을까 의심해서 그런 것이겠지요."라고 하였다.

거창에 도착하니, 산음, 함양, 안음(安陰)의 군사들이 일시에 모두 와서 모였다. 선생이 뒤에서 전투를 독려하고, 군사들이 모두 죽을 각오로 싸워 왜적들이 우지현을 넘을 수 없었다. 그래서 마침내 의병대장 김면을 진중(陣中)에 가서 만나 보고 이틀 밤을 지내면서 그를 위로하였다. 선생은 박성(朴惺)[218]을 만나 보고 매우 기뻐하며 함께 일을 하기로 약속하고, 이끌어 막하에 있게 하였다.

이정을 함안으로 보내 병사를 모으고 군량미를 모집하게 하였는데, 열흘 사이에 천여 명을 얻었다. 이때 군수(郡守) 유숭인(柳崇仁)[219]이 두 차례나 성을 버리고 도망했다가 처벌을 받아 백의

218 박성(朴惺) : 1549~1606. 본관은 밀양(密陽), 자는 덕응(德凝), 호는 대암(大菴)이다. 임진왜란이 일어나자 김성일의 참모로 종사하였고, 정유재란 때 조목(趙穆)과 상의하여 의병을 일으켜서 체찰사 이원익(李元翼)의 막하에 들어갔다. 저서로는 《대암집(大菴集)》이 있다.

219 유숭인(柳崇仁) : ?~1592. 임진왜란 때 군수를 역임하였고, 여러 차례 전공을 쌓아 경상우도 병마절도사에 특진되고, 진주성이 왜적에게 포위당하자 이를 구원하기 위하여 급히 출동, 성 밖에 이르러 사천 현감 정득열, 가배량 권관(加背梁權管) 주대청과 합세하여 왜적과 싸우던 중 전사하였다.

(白衣)로 진주 성문을 지키고 있었는데, 이정이 선생에게 보고하기를, “군(郡)에는 군수가 없어서는 안 되고, 군영에는 장수가 없어서는 안 됩니다. 청컨대 유숭인을 되돌려 보내 주소서.”라고 하니, 선생이 회제(回題)[220]하기를, “의사(義士)가 죽음을 무릅쓰고 적의 소굴로 들어감에, 한 번 향병(鄕兵)을 불러 모아 이윽고 수천 명을 얻은 것은 평소에 충의(忠義)로움으로 사람들의 마음을 감동시키지 않았다면 어떻게 이렇게 할 수 있겠습니까. 시종 격려하여서 흉한 무리를 섬멸하기를 기약하는 것, 오직 이것이 바람입니다.” 하고, 즉시 전령(傳令)을 보내어 유숭인에게 밤을 가리지 말고 속히 고을로 돌아가도록 하였다. 유숭인이 군(郡)에 이르러 이정의 지휘를 받아 여러 번 창원(昌原), 진해(鎭海), 칠원(漆原)의 왜적들을 막아 경계를 넘지 못하도록 하였다. 그 뒤에 유숭인은 승진하여 병사(兵使)가 되었는데, 진주성 싸움에서 죽었다.

이로(李魯)를 의령(宜寧), 함안(咸安), 산음(山陰)에 보내어 군량미를 모집하도록 하였는데, 쌀 천여 석을 얻었으니, 의병 대장 김면의 진영에 전송(轉送)하여 군사들의 양식을 돕게 하였다. 선생은 거창에서 돌아오는 길에 합천에 이르러서 의병 대장 정인홍을 진중에서 만나 보았다. 이에 박성 등을 나누어 보내서 여러 고을에 군량미를 모집하도록 하였는데, 거창과 안음의 사저(私儲)에서 얻은 것을 대장 김면에게 주고, 합천과 고령에서 얻은 것을 대장 정인홍에게 주고, 함안에서 얻은 것을 이정에게 주고, 의령에

220 회제(回題) : 하급 관청이 올린 보고문에 대해 상급 관청이 내리는 지령(指令)을 가리킨다.

서 얻은 것을 곽재우에게 주어, 그들이 계속해서 먹을 수 있도록 하였다.

당시에 영남은 가운데가 나뉘어 혈맥(血脈)이 강 왼쪽에 통하지 않아 열읍(列邑)들이 텅 비어서 왜적들이 거리끼는 것이 없었고, 각각 감사나 수령을 칭탁하여 마음대로 나다니며 노략질하였다. 선생이 탄식하기를, "좌도(左道)의 내지(內地)는 어찌할 수 없지만, 강 건너편 세 고을을 버려서야 되겠는가."라고 하였다.-현풍(玄風), 창녕(昌寧), 영산(靈山)에 왜적이 바야흐로 주둔하여 근거지로 삼으려 하였다.- 영산(靈山)은 곧 신방주(辛邦柱)를 가장(假將)으로 삼고 신갑(辛砰)[221]을 별장(別將)으로 삼고 생원 신방즙(辛邦楫)을 소모관(召募官)으로 삼으며, 창녕(昌寧)에는 곧 성천희(成天禧)를 가장으로 삼고 조열(曺悅)을 별장으로 삼고 정자(正字) 성안의(成安義)를 소모관으로 삼았다. 현풍(玄風)에는 사족(士族)의 집안 사람이 모두 낙동강을 건너 가야산(伽倻山)으로 들어가고, 남아 있는 이민(吏民)들은 모두 왜적에게 복역(服役)하여 왕래하면서 짐을 운반하였다. 선생은 이 소식을 듣고 이를 미워하여 즉시 격문(檄文)을 초하여 유시하였다. 명을 전하여 전 군수(前郡守) 엄홍(嚴泓)을 의병 별장(義兵別將)으로 삼고 곽찬(郭趲)을 소모관으로 삼아서, 그들에게 명하여 경내를 드나들면서 효유하게 하였다. 그 격문에 다음과 같이 말하였다.

221 신갑(辛砰) : 1569~1593. 본관은 영산(靈山)이다. 훈련원 봉사를 지냈고, 임진왜란 때 진양 전투에 선봉이 되어 싸우다가 좌고(左股)에 포탄을 맞아 회복하지 못하고 죽었다.

"나라의 운수가 지극히 불운하여 이빨을 검게 물들인 오랑캐가 길이 몰려 와, 임금께서 도성을 떠나 피난하고 종묘사직이 먼지를 덮어쓰기에 이르렀다. 아, 사람은 모두 타고난 떳떳한 마음을 지니고 있으니, 무릇 이 땅에서 먹고사는[222] 자로서 그 누가 의리를 다하고 충심을 다하여 몸을 바쳐 나라를 위해 순국하고자 하지 않겠는가. 돌아보건대, 오직 영남은 덕과 학문이 뛰어난 추로(鄒魯)의 고장이고, 포산(苞山 현풍(玄風)) 한 현(縣)은-격문(檄文)이 좌도(左道)의 함락당한 고을을 두루 유시하였기 때문에 군읍(郡邑)의 칭호는 지역에 따라 이름을 다르게 하였다.- 선비들이 많이 모여 사는 곳이다. 그 사이에 절개를 지키고 의리에 죽은 선비들이 어찌 한정이 있겠는가. 지금 왜적들이 성안에 웅거하고 있으면서 사방으로 나가 죽이고 노략질하는데, 그 해를 당한 사람은 그 부형이 아니면 곧 그 처자식들이다. 위로는 군부(君父)의 원수이니 한 하늘을 함께 이고 살 수가 없으며, 아래로는 형제와 처자식의 원수이니 또한 어찌 그것을 갚지 않을 수 있겠는가.

나는 산골짜기 숲에 엎드려 숨어 있는 자가 창을 베고 자며 쓸개를 맛보면서 원수를 갚고자[223] 하는 뜻을 일찍이 잠시도 마음에

222 이 땅에서 먹고사는 : 원문은 '식토여모(食土茹毛)'이다. 여모는 '여모음혈(茹毛飮血)'에서 온 말로, 상고 시대에 화식(火食)을 알기 전에 생식하던 것을 말하는 것이니, 여기서는 먹고사는 것을 의미한다.

223 쓸개를……갚고자 : 원문은 '상담(嘗膽)'으로, 와신상담(臥薪嘗膽)을 말한다. 춘추 시대 월왕(越王) 구천(句踐)이 오왕(吳王) 부차(夫差)와의 전쟁에서 참패하여 회계(會稽)에서 갖은 수모를 겪은 뒤, 섶에 누워 자고 쓸개를 맛보며 오직 복수할 뜻을 잊지 않고 국력을 길러 오나라를 패망시킨 데서 가져왔다. 《史記 卷42 越王勾踐世家》

잊지 못하고 있었다는 것을 알고 있다. 그런데 한 사람도 창의하여 의병을 일으켜 강개한 마음으로 왜적을 친 자가 있다는 것을 듣지 못하였으니, 어찌 극악한 적들이 가득 몰려들어 우리 백성이 무(武)를 쓸 곳이 없기 때문이 아니겠는가. 그런데 충의(忠義)로운 선비는 죽고 사는 것으로써 뜻을 바꾸지 않으며, 용감한 무사는 강하고 약한 것으로써 스스로 꺾이지 않는다. 간절히 바라건대, 은밀히 서로 널리 알려서 의병을 창도하여 일으키도록 해서 힘이 적을 칠 수 있으면 고을을 지키면서 고려 때 원충갑(元沖甲)의 군사처럼 떨쳐 일어나는 것이 옳을 것이고, 형세가 만약 자립할 수 없다면 군사를 이끌고 곤수(閫帥 병사(兵使))의 군대로 가도 괜찮을 것이다. 혹 맡은 직분을 버릴 수 있다고 여기지 않는다면 강을 건너 의병에게 달려감이 또한 무엇이 안 될 게 있겠는가.

지난번에 합천 사람인 의령 군수 정인홍과 고령 사람인 좌랑(佐郎) 김면(金沔)이 충심을 떨쳐 일으키고 의기를 드높여 한 번 소리치니 주군(州郡)이 그에 따라 호응하였기에, 근래에는 군사의 위세가 크게 떨쳐 나라를 회복(恢復)하는 공을 거의 도모할 수 있게 되었다. 본현의 사민(士民)들이 왜노(倭奴)들이 떼 지어 위협하는 것에 겁을 먹지 않고 더욱 의열(義烈)의 기운을 발휘하여 한결같이 군부(君父)의 원수를 갚겠다는 것으로 생각을 한다면, 충분(忠憤)이 솟구치는 바에 용기가 백 배 될 것이니, 저 악독한 왜적들이 감히 우리를 당해 낼 수 있겠는가. 더구나 지금 왜적들은 군사를 이끌고 깊이 들어왔다가 흉악한 칼날이 이미 꺾였고, 송도(松都)의 청석령(青石嶺)에서 크게 패하였으며, 서경(西京)의 대동강 물에 침몰하였고, 철령(鐵嶺)을 넘은 자 또한 순변사(巡邊

使) 이일(李鎰)[224]에게 도륙당하였다. 당병(唐兵 명나라 병사) 5만 명이 이미 압록강을 건너서 조(祖), 곽(郭), 왕(王)[225] 등 세 대장이 각각 정예병 수만 명을 거느리고 길을 나누어 구원하러 달려오고 있으며, 또 주사(舟師 수군(水軍)) 10만 명이 산동(山東)으로부터 곧바로 왜놈의 소굴로 쳐들어가고 있다. 그리하여 우리의 형세가 이미 신장되어 왜적이 달아날 날이 얼마 남지 않았으니, 이는 바로 뜻을 지닌 선비가 소매를 떨쳐 일어나 공을 세울 때인 것이다. 만약 시일을 늦추고 지체하면서 앉아서 기회를 놓치게 되면, 오직 화란(禍亂)을 평정할 수 없을 뿐만 아니라, 장차 천하의 큰 윤리에 죄를 얻게 될 것이니, 무슨 면목으로 하늘과 땅 사이에 스스로 설 수 있겠는가.

다만 생각건대, 백성들 가운데는 식견이 없어서 혹 군신(君臣) 간의 의리를 알지 못하는 자도 있을 것이니, 이들은 오직 상과 벌로써 권장하고 징계할 수 있다. 그 조정의 사목(事目)을 보지 못

224 이일(李鎰) : 1538~1601. 본관은 용인(龍仁), 자는 중경(重卿), 시호는 장양(壯襄)이다. 임진왜란 때 경상도 순변사가 되어 북상하는 왜적을 상주(尙州)에서 맞아 싸우다가 패배하고 충주로 후퇴하고, 충주에서 재차 왜적과 싸웠으나 패하였다. 1593년 1월에 명나라 이여송의 원병에 합세해 평양성을 공격하여 수복하였다. 저서로는 《증보제승방략(增補制勝方略)》이 있다.

225 조(祖), 곽(郭), 왕(王) : 중국 명(明)나라 장수 조승훈(祖承訓), 곽몽징(郭夢徵), 왕수관(王守官)으로, 임진왜란 때 조선에 구원병으로 온 장군들이다. 조승훈은 요동 부총병으로 있다가 조선을 구원하기 위해 선발대로 군사 5천 명을 거느리고 와서 평양성 탈환을 도모했으나 실패하였다. 곽몽징은 원임참장(原任參將)으로서 부총병 조승훈과 유격장 사유(史儒)와 함께 군사를 이끌고 조선에 왔다. 왕수관은 요동광녕진수총병관(遼東廣寧鎭守總兵官) 양응훈(楊應勳) 소속의 구원병으로 참전하였다.

하였는가, '공천(公賤)과 사천(私賤)을 막론하고 적의 수급 하나를 벤 자는 급제(及第)를 주고, 둘을 벤 자는 6품직을 주고, 셋을 벤 자는 통정(通政)을 주고, 왜장(倭將)을 벤 자는 녹훈(錄勳)하고 가선(嘉善)을 준다.'라고 한 것을. 무부(武夫)와 용사(勇士)들이 급히 의병에게 달려가서 뜻을 가다듬어 힘껏 싸운다면, 위로는 통후(通侯)[226]의 인(印)을 취할 수 있고, 아래로는 훈신(勳臣)의 반열이 됨을 잃지 않게 되어, 영화는 한 몸에 가득하고 은택은 후손에게까지 미칠 것이니, 또한 기쁜 일이 아니겠는가.

만약 혹 계책이 이러함에서 나오지 않고 줄곧 숲속에 숨어 엎드려 있으면, 비록 왜노(倭奴)의 칼날에서는 벗어난다 하더라도 깊은 산속에서 굶어 죽는 것을 면할 수 있겠는가. 설령 만에 하나 구차히 살기를 도모하여 구차스럽게 살아났다고 하더라도 하루아침에 난리가 평정되면, 나라에서는 일정한 형벌이 있을 것이니, 다만 자신이 목숨을 보전하지 못할 뿐 아니라, 처자식들까지도 모두 노륙(孥戮)[227]의 형벌을 면치 못할 것이다. 그러니 힘써 싸워 큰 공을 세우고 중한 상을 받는 것과 비교해 볼 때, 그 이해(利害)와 화복(禍福)이 어떠하겠는가. 살아서는 열사(烈士)가 되고 죽어서는 충혼(忠魂)이 될 것이니, 오직 그대들은 힘쓸지어다."

이에 왜적에게 붙었던 아전과 백성들이 서로 뉘우치고 자책하

226 통후(通侯) : 열후(列侯)와 같은 말로, 2품의 벼슬을 가리킨다.

227 노륙(孥戮) : 연좌되어 죽임을 당하는 것을 말한다. 《서경》 〈감서(甘誓)〉에 "명을 어기는 자는 사직에서 죽이되 내 너의 처자식까지 죽이리라.〔不用命, 戮于社, 予則孥戮汝.〕"라고 한 데서 가져왔다.

면서 다투어 먼저 모집에 응하였다. 또 각 고을에 식견이 있는 선비로 하여금 선악적(善惡籍)을 비치하여 왜적을 토벌한 자는 선적(善籍)에 기록하고 왜적에게 빌붙은 자는 악적(惡籍)에 기록하여 권장하고 경계하는 뜻을 보이게 하였다. 그리고 한 건은 각 고을에 보관하고 한 건은 감사에게 보내게 하였으니, 왜적에게 빌붙었던 백성이 이 소식을 듣고서 부끄러워하였고 또 벌을 받을까 두려워하여 다투어 왜적의 수급을 가지고 와서 이전에 지은 죄를 씻어 주기를 원하였다. 왜적이 비록 군현(郡縣)을 유린하고 짓밟았지만, 거두어들여 그들의 소유로 삼을 수가 없었던 것은 이 때문이었다.

선생이 오랫동안 거창에 머물러 있자, 창원을 점거하고 있던 왜적이 진주가 무방비 상태임을 엿보아 알고는 진해(鎭海)에 있는 왜적과 서로 호응하여 고성(固城)과 사천(泗川)을 마음대로 어지럽히면서 대거 침입해 왔다. 선생은 급보를 듣고는 황급히 달려가 단성에 이르러서 함양, 산음, 단성의 군사를 모두 동원해 달려갔다. 김시민을 독려하여 감히 움직이지 말도록 하고, 또 곤양 군수(昆陽郡守) 이광악(李光岳)[228] 및 곽재우, 최강(崔堈),[229] 이달

228 이광악(李光岳) : 1557~1608. 본관은 광주(廣州), 자는 진지(鎭之)이며, 시호는 충장(忠壯)이다. 1584년(선조17) 무과에 급제하여 선전관을 거쳐 1592년(선조25) 곤양 군수(昆陽郡守) 재임 때 임진왜란이 일어났는데, 왜병이 영남 일대에 쳐들어오자 선봉으로 장병을 격려하여 대비하였다. 왜적이 진주성을 포위하여 김시민은 고립되어 위급해지자, 당시 거창에 있던 초유사 김성일의 명령으로 좌익장(左翼將)이 되어 성안에 들어가 김시민과 합세하여 성을 사수하였다.

229 최강(崔堈) : 1559~1614. 본관은 전주(全州), 자는 여견(汝堅), 호는 소계(蘇

(李達)[230] 등에게 지시하여 좌우로 와서 구원하도록 하였다.

곽재우는 먼저 이미 성으로 들어가 군대의 위세가 상당히 확장되었으니, 왜적들이 누대(樓臺) 앞까지 이르러 단지 강 하나를 사이에 두고 있으면서도 감히 가까이 다가오지 못하였는데, 선생이 뒤따라 이르러 싸움을 독려하고, 여러 장수가 더욱 선생의 명에 따라 세력을 합하여 추격하니, 왜적들이 허둥지둥 밤을 틈타 달아나서 사천, 진해, 고성이 마침내 비었다. 또 곽재우에게 기회를 살펴보고 강을 건너서 진격하여 현풍, 창녕, 영산 세 고을의 왜적을 토벌하도록 하였는데, 김면과 정인홍 두 대장도 또한 군사를 보내 무계(茂溪)와 안언(安彦)의 왜적을 치고, 초계(草溪)의 의병장 김치원(金致遠),[231] 이대기(李大期)[232]도 또한 사막(沙幕)과 황강(黃江)의 왜적을 쫓았다. 이에 세 고을에 주둔해 있던 왜적들이 모두 달아나서 무계로부터 이하 정암(鼎巖)에 이르기까지는 왜적들이 함부로 들어오지 못하여 강의 좌우가 소통될 수 있었다.

溪)로, 그 형 최균(崔均, 1537~1616)과 함께 임진왜란 때 의병을 일으켜 고성과 사천 등지에 진격하여 적병을 많이 참살하였다.

230 이달(李達) : 1561~1618. 본관은 함안(咸安), 자는 명숙(明叔), 호는 운포(雲浦)이다. 임진왜란 때 고성에서 의병을 일으켜, 의병장 곽재우, 최강 등과 포위된 진주성 방어전에 참가하여 전공을 세워 훈련원정에 특임되었다.

231 김치원(金致遠) : 1572~?. 본관은 부안(扶安), 자는 사의(士毅), 호는 탁계(濯溪)이다. 임진왜란이 일어나자 의병을 모아 낙동강에서 적선(敵船)의 운행을 차단하여 공을 세웠다. 1603년(선조36) 문과에 급제하여, 검열, 정언 등을 역임하였다.

232 이대기(李大期) : 1551~1628. 본관은 전의(全義), 자는 임중(任重), 호는 설학(雪壑)이다. 임진왜란 때 의병을 일으켜서 영남 강우 지역을 지키는 데 큰 공을 세웠다. 저서로는 《설학집(雪壑集)》이 있다.

김수(金睟)가 처음에 선생의 만류를 받고 운봉(雲峯)에서 돌아왔을 때, 왜적의 기세는 날로 드세어지고 백성들의 마음은 원망하며 흩어져 거창에 몸을 숨겨서 손쓸 바가 없었는데, 마침 근왕(勤王 근왕병)의 명이 있어 사잇길로 빨리 서쪽으로 가다가 행차가 용인(龍仁)에 이르러 왜적을 만나 크게 패하고, 돌아오다가 산음(山陰)에 이르러 여러 고을에 공문을 보내 군사를 나누고 장수를 임명하였다. 이로 말미암아 의병들은 무너져 흩어지고 무리는 마음에 더욱 불만스러워하였다. 곽재우가 그 죄를 헤아려 격문을 보내어 김수의 죄를 성토하여 말하니, 김수 또한 군사를 포진하여 스스로 방비하고 또 곽재우를 반적(叛賊)이라고 논계(論啓)하여 일이 되어가는 형세를 장차 예측할 수 없게 되었다.

선생이 이를 근심하여 다시 곽재우에게 첩문(帖文)을 보내어 말하기를, "의병장께서는 변란이 일어난 초기부터 재산을 있는 대로 다 기울여서 가장 먼저 의병을 일으켜 자신의 몸을 돌아보지 않고 떨치고 일어나 한결같이 나라를 위하여 왜적을 토벌하기로 마음 먹었으니, 비록 옛날의 열사(烈士)라 하더라도 어찌 이보다 더할 수 있겠습니까. 직분을 맡은 내가 경계에 이르러 즉시 글을 보내 불렀을 때 의병장께서는 늙고 졸렬한 나를 형편없는 사람으로 여기지 않고 단성(丹城)으로 나를 찾아왔으니, 한 번 인사하는 사이에 자신을 잊고 나라를 위해 죽을 뜻이 있음을 이미 알았습니다. 그 뒤에 외로운 군사를 이끌고 낙동강 가를 거침없이 다니며 앞장서서 왜적을 쳐서 전후로 머리를 벤 것이 매우 많았으니, 왜적들이 말을 몰아 함부로 쳐들어오지 못하여 이 일대의 여러 성이 지금까지 보존되었습니다. 뛰어나다는 명성이 사방으로 퍼짐에 그 소식을 들은 자들이 크게 감동하지 않은 이가 없었고 원근에서 향응하여 왜적을 섬멸해 없애는 공을 세우는 것은 날짜를 헤아려 기약할 수 있겠으니, 의병장의 웅대한 위풍과 절의에 찬 위엄은 다만 당세에 빛날 뿐 아니라, 또한 장차 역사에 길이 남겨 전하더라도 부끄러울 게 없을 것입니다.

그런데 갑자기 들으니, 의병장이 순찰사의 영문(營門)에 격문을 보내 감히 패역한 말을 마음대로 하였다고 합니다. 방백(方伯)은 어떤 관원이고 의병장은 또 어떤 사람인데 감히 이런 일을 하고자 하는지요. 방백이 비록 실제로 죄가 있다 하더라도, 이는 절로 조정에서 조치가 있을 것이고 도민(道民)이 손을 써서 맡아 할 바가 아니거늘, 어찌 의병장께서는 충의의 가문에서 태어나 왜적을 토벌하는 의병을 일으켜 큰 공이 장차 이루어질 터인데 스스로 자신을 죽이고 일족을 멸망시키는 죄에 빠질 줄 생각하였겠습니까. 중국에서 배반한 졸개가 찬역(簒逆)하여 주수(主帥)를 쫓아냈다가 화패(禍敗)를 불러온 자가 무릇 몇 사람이었던가요. 엎어진 수레바퀴 자국을 따라가듯 지난 실패를 답습하고자 하십니까. '돌아오는 길을 잃었다.'[233]라는 경계는 《주역》에서 가르치는 것이며, 재앙을 돌이켜 복이 되게 하는 것은 지혜로운 선비가 취하는 것입니다. 내 말을 따르면 이치에 순하게 되어 복이 많을 것이고, 내 말을 따르지 않으면 이치를 거스르게 되어 화를 받을 것인데, 그 사이는 머리털만큼의 틈도 용납하지 않으니, 오직 의병

233 돌아오는 길을 잃었다 : 《주역》 <복괘(復卦)>에 "돌아오는 길을 잃었으니 흉하다.〔迷復, 凶.〕"라고 하였다.

장께서는 잘 생각하길 바랍니다."라고 하였다.

곽재우는 즉시 마음을 바꾸어 느끼고 깨달아 사과하기를, "역순(逆順)의 이치를 제가 또한 대충은 들어서 알고 있으니, 어찌 감히 저의 견해만을 고집하면서 합하(閤下)의 분부를 어기겠습니까."라고 하고, 즉시 병사를 거느리고 달려가 포위된 진주성을 구하였다. 선생은 또 힘을 다해 감사를 설득하여 그로 하여금 유감을 풀고 함께 일하도록 하였다. 또 조정에서 김수가 진계한 한쪽 말만 듣고 곽재우의 마음을 살피지 않은 채 패역(悖逆)의 죄로 몰까 염려하여, 그 연유를 갖추어 치계(馳啓)하였는데, 그 내용은 다음과 같다.

"곽재우는 곧 고(故) 통정대부 곽월(郭越)[234]의 아들이고, 남명(南冥) 조식(曺植)의 손서(孫壻)로서, 중도에 무(武)의 학문을 배우다가 이를 버리고 글을 읽었습니다. 성질은 순박하고 꾸밈이 없으며 거상(居喪)에는 슬픔을 극진히 하였으니, 향곡(鄕曲)에서 자못 효행(孝行)을 칭송하였습니다.

변란이 일어났던 초기에 병사(兵使)와 수사(水使)가 서로 잇달아 도주하고 왜적이 장차 밀양(密陽)을 침범하려 하였는데, 감사 김수가 이르기를 '절제(節制)를 맡은 장수가 포위된 성 안에 있는 것은 마땅치 않다.' 하고, 이에 물러나 영산으로 돌아가 있다가 곧바로 초계로 향했다는 소식에, 곽재우가 분연히 일어나 말하기

234 곽월(郭越) : 1518~1586. 본관은 현풍(玄風), 자는 시정(時靜), 호는 정재(定齋)이다. 1556년(명종11) 문과에 급제하여, 승문원 정자, 영천 군수, 호조 참의, 황해도 관찰사 등을 역임하였다.

를, '병사와 수사가 도주하였는데도 형벌을 행하지 않았고, 지금은 또 왜적이 좌도(左道)에서 나오자 물러나 초계로 달아났으니, 감사는 베어 죽이는 것이 옳다.' 하고, 곧 칼을 잡고 길목에서 지나가는 것을 기다리고 있는데, 향리 사람들이 극력 말려서 곧 중지하였습니다.

그 뒤에 우병사(右兵使) 조대곤(曺大坤)과 방어사(防禦使), 조방장(助防將), 수령(守令) 등이 한결같이 모두 풍문만 듣고 달아나 무너져 버려, 열흘 사이에 왜적이 경사(京師)의 대궐을 침범하였습니다. 곽재우는 팔뚝을 걷고 강개(慷慨)한 마음으로 말하기를, '이런 무리는 왜병이 경사로 들어가는 것을 호위하여 군부(君父)에게 재앙을 끼치니, 모두 베어 죽여야 한다.' 하고, 많은 사람이 모인 넓은 자리에서 항상 큰소리쳤습니다. 또 하루아침에 곧 자기 집 재산을 흩어 군사를 모집하니, 그의 첩이 말리면서 말하기를, '어찌하여 쓸데없이 죽을 계책을 내십니까.'라고 하자, 곽재우는 몹시 노하여 칼을 빼서 죽이려고 하였습니다. 처자식의 의복조차도 또한 전사(戰士)의 처(妻)에게 내어 주었기 때문에 가업(家業)이 이로 인하여 다 탕진되어 굶주림을 면하지 못하였습니다. 이에 그의 매부인 허언심(許彦深)[235]의 집에 처자식을 맡기고, 모집한 장사들을 거느리고 가면서 왜적을 치겠다고 큰소리를 치니, 향리 사람들이 이를 듣고는 모두 광기가 발했다고 하였습니다.

235 허언심(許彦深) : 1542~?. 본관은 김해(金海), 호는 압호정(壓湖亭)이다. 곽재우가 의병을 일으켰을 때 모병이 부족하자, 자신의 집 종을 보내 주었고 또 군량미를 보냈다.

그때는 의령과 초계 두 고을이 모두 싸움에 패하여 관청이 비어 있었는데, 의령의 관고(官庫)는 이미 불에 타 버린 뒤여서 곽재우의 군사가 식량을 볼 수 없었습니다. 이에 초계와 신반현(新反縣)의 창고에 있는 곡식을 내어 군사에게 먹였는데, 합천 군수(陜川郡守) 전현룡(田見龍)이 적(賊)이라고 논하여 보고해서 병사(兵使)가 명을 내려 체포하라고 하자, 모병에 응하였던 자들이 그 말을 듣고는 모두 흩어져 떠나려는 뜻이 있었습니다. 신이 그 지방에 도착한 처음에 즉시 글을 보내서 불렀으니, 군(軍)의 위세가 다시 떨치게 되었습니다.

곽재우는 이로부터 줄곧 왜적을 토벌하였는데, 적의 많고 적음을 따지지 않고 반드시 먼저 앞장서서 힘차게 돌격하였습니다. 그러므로 거느린 전사들이 용기가 백 배 나서 누구나 할 것 없이 일당백의 용사가 되었습니다. 싸울 때는 반드시 붉은 비단으로 만든 철릭〔貼裏〕을 착용하고 당상관의 전립(氈笠) 차림을 갖추고 싸우면서 스스로 부르기를 '홍의천강장군(紅衣天降將軍)'이라고 하였습니다. 말을 달려 적진을 유린하였는데, 오고 가는 것이 갑자기 보였다 사라지니 왜적들이 비록 일제히 철환(鐵丸)을 쏘아도 또한 맞힐 수가 없었습니다. 혹은 말 위에서 북을 치면서 천천히 가서 행군하는 절도로 삼기도 하고, 혹은 사람을 시켜 피리를 불고 갈잎 피리를 울리게 하여 두려워하는 뜻이 없음을 보이기도 하였습니다. 혹은 산의 숲속에 의병(疑兵 많은 것처럼 거짓으로 꾸민 군사)을 많이 설치해 놓고서 나팔을 불고 북도 치고 하면서 떠들었고, 혹은 곳곳에 복병을 숨겨 놓아 고요하기가 사람이 없는 듯하다가 적이 이르면 갑자기 활을 쏘아 죽이기도 하였으며, 혹은 왜적의 배를 좇아 언덕에 다다라 추격하면서 활을 쏘았습니다. 어느 하루도 싸우지 않은 날이 없었고 싸우면 반드시 승리를 획득하였으며, 적의 머리를 벤 것이 많았으니 여러 장수 중에 최고였고, 쏘아 죽인 자는 그 수를 알 수 없을 정도였습니다. 왜적들 또한 '홍의장군'이라고 부르면서 감히 해안에 올라 와서 도둑질을 하지 못하였습니다. 그래서 의령과 삼가 두 고을의 백성들은 모두 생업에 편안하고 농사에 힘써서 오곡의 풍성함이 평소와 다름이 없었습니다. 도내의 나머지 성들이 지금까지 보전된 것은 곽재우의 공이 매우 많았습니다.

그런데 갑자기 삼도(三道)의 군사가 수원(水原)에서 무너졌다는 소식을 듣고는 마치 광기가 발동한 사람처럼 위태로운 말과 망령된 언어를 수없이 발설하였습니다. 순찰사가 비록 편지를 보내어서 아름다운 공적을 표창하고 조정에 알려 공(功)을 아뢰었지만, 역시 뜻을 돌리지 못하였습니다. 사람들이 혹 화를 당할 수 있다고 경계하면 반드시 칼을 잡고 성을 냈습니다. 지금은 갑자기 두 차례나 순찰사의 영문(營門)에 격서(檄書)를 보내어 낱낱이 그 죄를 헤아리고 소리를 치며 죄를 성토하고자 합니다. 또 각 고을의 의병장에게 통문(通文)을 돌려 죄를 성토하겠다는 뜻을 유시(諭示)하였습니다. 신은 그 말을 듣고 놀라운 마음에 저도 모르게 두려워 자리에서 일어났습니다. 순찰사가 신에게 관문(關文)을 보내어 의령의 관원을 시켜 잡아 가두라고 하였습니다.

신은 가만히 생각해 보건대, 곽재우가 실제로 역심(逆心)을 품었다면 바야흐로 정병(精兵)을 거느리고 있으니 한 사람의 역사(力士)로 잡을 수 있는 바가 아니며, 만약 역심을 품지 않았다면 한 장의 서신으로도 충분히 개도하여 깨우칠 수 있을 것입니다. 그래서 곧바로 곽재우에게 글을 보내어 다방면으로 비유해 깨우쳤고, 김면도 또한 글을 보내서 경계했더니, 곽재우가 곧바로 마음을 바꾸어 신들의 말을 따랐습니다. 진주가 위급하다는 소식을 듣고는 이에 군사를 이끌고 달려가 구원하기로 하여, 3일에 이미 길을 떠났습니다.

곽재우는 일개 도민(道民)으로서 도주(道主)를 범하려고 하였고, 죄를 성토하고 격서를 보내기에 이르렀습니다. 비록 스스로는 나라를 위한 마음에서 분개해서 이러함에 이르렀다고는 하지만, 행적이 난민(亂民)에 가까우니 즉시 죄를 성토하여 제거함이 마땅합니다마는, 곽재우는 온 나라가 함몰됨을 당한 나머지에 능히 외로운 군사로써 용맹을 떨쳐 왜적을 쳤기에 도내의 잔약한 백성들이 그를 간성(干城)처럼 의지하고 있습니다. 이제 어지러운 말을 했다는 이유로 곧바로 베어 죽인다면, 보존되어 남아 있는 성은 왜적을 막을 계책이 없고, 군민(軍民)들은 그의 죄를 알지 못하고 일시에 무너져 흩어지겠는지라, 신이 사태를 일단 미봉하고 진정시키는 계책을 행하고자 하여 두 번 세 번 경계시켰더니, 이윽고 따라 순종하였습니다. 그러나 도순찰사(都巡察使)에게 죄를 지어 그의 용납을 받기 어려워서 다른 변고를 야기시킬까 염려스럽습니다.

신은 듣건대, 을묘년 왜변(倭變)[236]이 일어났을 때 전라 감사

236 을묘년 왜변(倭變) : 1555년(명종10) 왜구가 전라남도 해안 일대에 침입해 약탈과 노략질을 한 사건이다. 이해 5월에 왜구가 선박 70여 척으로 일시에 침입하여

김주(金澍)[237]가 영암(靈巖)에서 나와 다른 고을로 달아났는데, 전 부사(前府使) 윤기(尹箕)[238]가 그때 유생으로서 포위된 성안에 있다가 칼을 빼 들어 죽이려 하였지만, 김주는 성을 내지 않고 담소로 대처하였습니다. 그래서 이를 논하는 자들이 지금까지 윤기의 용기를 칭찬하고 김주가 능히 포용하였음을 훌륭하게 여기고 있습니다.

지금 곽재우의 일이 비록 몹시 어지럽고 방자하기는 하나, 마음은 실로 다른 뜻이 없습니다. 감사가 만약 김주가 대처했던 것처럼 한다면 문득 조용해져서 아무런 일이 없겠는지라, 그래서 신이 김수에게 글을 보내 그로 하여금 선처하도록 하였더니, 곧 격정할 만한 변고는 없을 듯합니다. 다만 김수가 이미 곽재우를 반적(叛賊)이라고 계문(啓聞)하였고, 또 다른 사람이 사주하였다고

달량포(達梁浦), 어란도(於蘭島), 장흥(長興), 영암(靈巖), 강진(康津) 등 일대를 횡행하면서 약탈과 노략질을 하였다. 이때 절도사 원적(元積), 장흥 부사 한온(韓蘊) 등은 전사하고 영암 군수 이덕견(李德堅)은 포로가 되는 등 사태가 매우 긴박하게 전개되자, 조정에서 도순찰사 이준경(李浚慶), 방어사 김경석(金景錫)·남치훈(南致勳)을 보내 왜구를 토벌하였다.

237 김주(金澍) : 1512~1563. 본관은 안동(安東), 자는 응림(應霖), 호는 우암(寓菴)이며, 시호는 문단(文端)이다. 1539년(중종34) 문과에 급제하였고, 1563년에 종계변무사(宗系辨誣使)로 명나라에 가서 사명을 마치고 그곳 객사(客舍)에서 죽었는데, 선조 23년(1590)에 광국공신(光國功臣) 3등으로 화산군(花山君)에 추봉(追封)되었다.

238 윤기(尹箕) : 1535~1606. 본관은 남원(南原), 자는 백열(伯說), 호는 간보(艮輔)이며, 윤기(尹祁)라고도 한다. 1576년 문과에 급제하였고, 공조 좌랑, 사헌부 감찰 등을 역임하였다. 임진왜란 때 수원 부사로서 무관을 대신하여 성천에 가서 세자를 시종하였다.

말을 하였습니다. 만약 이로써 그를 죄준다면 비단 그가 죄에 승복하지 않을 뿐만 아니라, 한 도(道)의 인심을 수습하기가 어려울 것으로 염려됩니다. 곽재우가 충의(忠義)에 겨워 분개하여 일어난 상황과 용맹을 떨쳐 왜적을 친 공은 온 도에 널리 드러나서 아이들이나 군졸들까지도 모두 곽장군(郭將軍)이라고 일컫고 있습니다. 또 듣건대 그는 용병(用兵)에 뛰어나서 장수(將帥)의 자질이 있다고 합니다. 만약 미친 듯 망녕스러운 짓을 한 데 대한 주벌을 조금 관대하게 한다면, 반드시 공을 세워 보답할 것입니다.

신은 불행하게도 명을 받든 이후에 두 번이나 이런 변을 만났습니다. 신이 4월 중에 호남(湖南) 길로 오다가 운봉현(雲峯縣)에 이르렀을 때, 호남 사람이 순찰사 이광(李洸)이 근왕(勤王 왕실을 구원하는 일)에 느슨하다는 이유로 죄를 성토하고자 하여, 혹 신에게 은밀히 말하는 자가 있었습니다. 신은 대의(大義)를 들어 그 말을 꺾고, 곧장 김수와 상의하여 이광에게 알려 그에 대비하게 하려고 하였더니, 김수가 말하기를 '저가 근왕에 느슨히 하였다는 이유로 죄를 성토하고자 하니, 의사(義士)라고 이를 만합니다. 만약 이 사람을 주벌하게 되면 한 도의 인심이 더욱 격해질 것입니다. 이광의 처소에 알려서는 안 됩니다.'라고 하였습니다. 신은 그의 말에 따라 그만두었습니다. 지금 이 곽재우의 일이 정히 이 일과 유사한 듯합니다. 김수가 만일 호남 사람에게 대처한 의리로써 곽재우를 대한다면 일에 처리하기 어려울 것이 없습니다. 신과 김면이 곽재우를 경계시키며 보낸 서신과 그가 답한 서신을 아울러 등서(謄書)하여 올려 보냅니다."

감사의 장계(狀啓)가 막 들어갔을 때 조정에서는 바야흐로 그에 대처할 계책을 의논하고 있었는데, 선생이 올린 계사를 보고는 많은 사람의 의심이 확 풀려서 마침내 아무 일이 없게 되었다.

영천(永川) 사람인 진사 정세아(鄭世雅),[239] 생원 조희익(曺希益),[240] 전 현령 곽회근(郭懷瑾)[241] 등 60여 명이 수천 언에 이르는 글을 썼다. 거기에는 강좌(江左)의 여러 장수가 의병들을 방해하고 억누르는 상황을 낱낱이 거론하였는데, 관군(官軍)과 의병(義兵)이 서로 통일하여 협력하지 않는데도 명을 품의할 곳이 없어서, 초유사의 절제(節制)를 청하고자 사람을 시켜 낮에는 숨고 밤에는 길을 걸어 선생에게 전달하게 하였다. 선생이 위로하며 깨우쳐 보내어 말하기를, "제군들이 시랑과 호랑이 굴을 무릅쓰고 지나 멀리까지 와서 통문(通問)을 하니, 진실로 충의(忠義)가 지극하지 않다면 어찌 이와 같이 할 수가 있겠습니까. 직분을 맡은 내가 명을 받들어 초유(招諭)하고 있으니, 의리상 피차간에 구분이 없어야 합니다. 다만 길이 막힘이 이와 같으니, 비록 지휘하는 바가 있고자 하더라도 문보(文報)가 통하지 못함에 어찌하겠습니

239 정세아(鄭世雅) : 1535~1612. 본관은 영일(迎日), 자는 화숙(和叔), 호는 호수(湖叟)이며, 시호는 강의(剛義)이다. 1558년(명종13) 문과에 합격하였다. 임진왜란 때 향촌의 자제들을 동원하여 편대를 정하고 격문을 작성하여 의병 9백여 명을 모집하여 의병대장이 되었다. 저술로는 《호수실기》가 있다.

240 조희익(曺希益) : 본관은 창녕(昌寧), 자는 군망이다. 임진왜란 때 두 아들을 거느리고 의병진으로 가서 흩어진 무리를 수습하고 분연히 적을 토벌하였고, 의병들이 자인으로부터 돌아옴에 사재(私財)를 털어 그들을 배불리 먹였다.

241 곽회근(郭懷瑾) : 본관이 현풍(玄風)이고, 을사 연간의 명현(名賢)인 경재(警齋) 곽순(郭珣)의 아들이다.

까."라고 하였다. 이어서 훈련 봉사(訓鍊奉事) 권응수(權應銖)[242]를 의병 대장으로 삼고, 근방 가까운 몇 고을에도 모두 의병장을 정해서 그들로 하여금 권응수의 명을 받게 하였다. 처음에 권응수가 향병(鄕兵)을 불러 모아 여러 차례 왜적의 기병을 물리쳤는데, 이때 이르러 선생이 추천해 준 데 감격하여 스스로 더욱 분발해서 영천의 의병과 함께 꾀를 도모해서 영양(永陽 영천의 별호) 성을 점거하고 있던 왜적을 덮쳐 쳐서 모두 도륙하여 하나도 남김이 없게 하였다.

선생은 항상 상주(尙州) 일로(一路)의 소식이 통하지 않음을 염려하였는데, 사인(士人) 조정(趙靖),[243] 이홍도(李弘道)[244] 등이 와서 이봉(李逢)[245]이 군사를 모아 왜적을 토벌한 일에 대해 말해 주었다. 선생은 이봉을 기려서 의병장으로 삼고, 전 한림(前翰林) 정경세(鄭經世),[246] 전 찰방(察訪) 권경호(權景虎),[247] 사인(士人) 신

242 권응수(權應銖) : 1546~1608. 본관은 안동(安東), 자는 중평(仲平), 호는 백운재(白雲齋)이며, 시호는 충의(忠毅)이다. 임진왜란 때 의병장이다. 경상도 병마사 겸 방어사의 명을 받았고, 화산군(花山君)에 봉해졌고, 좌찬성에 추증되었다.

243 조정(趙靖) : 1555~1636. 본관은 풍양(豐壤), 자는 안중(安中), 호는 검간(黔澗)이다. 1592년(선조25) 임진왜란 때 의병을 일으켰고, 1596년 왜와 강화하는 것을 배격하는 소를 올렸다. 1605년(선조38) 문과에 급제하였다. 이조 판서에 추증되었다. 저서로는 《검간집(黔澗集)》이 있다.

244 이홍도(李弘道) : 본관은 진성(眞城), 자는 사곽(士廓)으로, 음사(蔭仕)로 찰방을 지냈다.

245 이봉(李逢) : 선조(宣祖) 때의 의병장으로, 본관은 한양(漢陽)이다. 임진왜란과 정유재란 때 조헌(趙憲), 정경세 등과 의병을 규합하여 많은 공을 세웠고, 사헌부 감찰(司憲府監察)을 지냈으나 난이 진압된 뒤에는 귀향하여 여생을 보냈다.

담(申譚) 등을 각각 상주, 함창(咸昌), 문경(聞慶) 세 고을의 소모관으로 삼았다.-이봉은 청주(淸州) 사람으로 사람됨이 강개(慷慨)하였는데, 함창에 와서 살면서 뜻을 같이하는 유생(儒生)들과 함께 무리 천여 명을 모아 여러 번 당교(唐橋)의 왜적을 쳐서 수급을 베어 획득한 것이 50여 급에 이르렀다.-

정경세가 선생에게 서신을 보내와서 상주에 군사를 주둔시켜 의병을 지휘하기를 청하였는데, 그 서신에 대략 말하기를 "충신(忠信)은 오랑캐의 나라에서도 행할 수 있고,[248] 인의(仁義)는 성현(聖賢)을 배운 바입니다. 악비(岳飛)가 처음에 금패(金牌)를 받으니 삼군(三軍)이 애통스럽게 여겨 우레와 같이 통곡하였으며,[249]

246 정경세(鄭經世) : 1563~1633. 본관은 진주(晉州), 자는 경임(景任), 호는 우복(愚伏), 시호는 문장(文莊)이다. 1586년(선조19) 문과에 급제하였다. 영해 부사(寧海府使), 이조 판서, 대제학 등을 역임하였다. 저서로는 《우복집(愚伏集)》이 있다.

247 권경호(權景虎) : 1546~1609. 본관은 안동(安東), 자는 종경(從卿), 호는 만오헌(晩梧軒)이다.

248 충신(忠信)은……있고 : 공자가 말하기를, "말이 충성스럽고 미더우며 행실이 돈독하고 공경스러우면 비록 오랑캐의 나라라 하더라도 행해질 수가 있거니와, 말이 충신하지 못하고 행실이 도탑고 공경스럽지 못하면 비록 한 마을에서도 행해질 수가 없을 것이다.〔言忠信, 行篤敬, 雖蠻貊之邦, 行矣, 言不忠信, 行不篤敬, 雖州里, 行乎哉.〕"라고 한 데서 가져왔다. 《論語 衛靈公》

249 악비(岳飛)가……통곡하였으며 : 악비는 송(宋)나라의 명장이고, 금패(金牌)는 송나라 때 사면령(赦免令)을 내리거나 군사(軍事)에 관한 긴급한 명령을 내릴 적에 가지고 가게 한 신부(信符)이다. 악비가 초토사(招討使)가 되어 금(金)나라 군대를 대파한 뒤 황하를 건너 진격하려고 하였는데, 주화론(主和論)을 주장하던 간신(奸臣) 진회(秦檜)가, "악비는 고군(孤軍)을 거느리고 있으니 오랫동안 그곳에 머물러 있게 해서는 안 된다."라고 하면서, 황제에게 군사를 철수시키라고 건의하였다. 이에 황제가 하루 사이에 열두 번이나 금자패(金字牌)를 보내어 철수하라고 하자, 악비가 분통이 터져 눈물을 흘리면서 "십 년 동안 노력한 공이 하루아침에 폐해지게

장준(張浚)이 하수(河水) 가로 다시 오니 백성들이 감동하여 이마에 손을 얹고서 기뻐하였습니다.[250] 심담(心膽)은 귀신에게 증명하여 알 수가 있고, 정기(旌旗)는 부로(父老)들에게 희망을 주었습니다." 하였다. 또 말하기를, "백 년 동안 전해온 문물(文物)이 남아 있지 않음이 애통스러워 대의(大義)를 주창하여 떨쳐 일어나길 생각하나, 한때의 의기(義氣)를 의탁할 곳 없음이 염려스러우니, 단병(單兵)을 거느리고서 어디로 돌아가겠습니까. 명장이 오기를 바라지만 그런 사람을 만나기가 어려우니, 한 치 되는 마음을 부여안고 스스로 애석해하고 있습니다."라고 하였다.

선생은 8월에 순회하다가 의령(宜寧)에 이르러 강가에서 군병을 검열하고 곽재우의 군대를 위로하였다. 당시에 행조(行朝)에서는 본도(本道)를 왜적이 점거하고 있다고 여겼지만 이 지역을 오로지 맡아 관할할 그 적임자를 얻지 못하고 있었는데, 조정의 신하가 선생을 천거하여 좌도 순찰사(左道巡察使)로 삼았다.-윤두수(尹斗壽)와 이항복(李恒福)[251]이 교대로 천거하였다.-

되었다."라고 하니, 이를 본 군사들이 모두 통곡했다고 한다. 《宋史 卷365 岳飛列傳》

250 장준(張浚)이……기뻐하였습니다 : 장준은 송나라 고종(高宗) 때 사람으로, 벼슬하여 송나라를 회복할 뜻을 품고 온 힘을 다해 금(金)나라를 쳤는데, 추밀원사(樞密院事)에 제수되자 명을 받는 즉시 강상(江上)으로 나아가 군사들을 사열하니, 군사들이 모두 고무되어 용기백배하였다. 그 뒤에 간신 진회의 참소로 말미암아 외직으로 20년 동안 쫓겨나 있다가 진회가 죽은 뒤에 다시 등용되어 도독강회군마(都督江淮軍馬)에 이르렀으며, 위국공(魏國公)에 봉해졌다. 《宋史 卷361 張浚列傳》

251 이항복(李恒福) : 1556~1618. 본관은 경주(慶州), 자는 자상(子常)이고, 호는 백사(白沙)이며, 시호는 문충(文忠)이다. 임진왜란 때 도승지로 선조를 호종했고, 병조 판서, 이조 판서, 예문관 대제학 등을 역임하였다. 저서로는 《백사집(白沙集)》이 있다.

선전관(宣傳官) 이극신(李克新)[252]이 교서(敎書)를 가지고 왔으니, 이르기를 "경의 강하고 곧으며 방정하고 엄함은 진신(搢紳)에게 알려졌고, 충성스럽고 미더우며 돈독하고 공경스러움은 오랑캐들을 격동함이 있었다. 이미 경은 본도 사람이고 게다가 더욱 특별한 공적을 세웠으니, 이제 악인들을 섬멸하여 능히 옛 강토를 수복하고자 함에 경을 놔두고 누구에게 맡기겠는가. 이에 경에게 모의 관직을 제수하니, 경은 그곳으로 가서 삼가 직무를 수행하라. 아, 평소에는 군주의 뜻을 거스르면서 과감하게 간하는 선비가 없고, 난리에 임해서는 절개를 지켜 의리에 죽는 신하가 없다. 나는 경이 훌륭한 말을 올린 것에서 이미 그것이 충심에서 나온 것임을 알고 있으니, 경이 오늘날 공을 세울 것을 바라는 까닭이 또한 보통보다 매우 각별하다."라고 하셨다.

선생은 이윽고 제수의 명을 받들고 나서, '기성(箕城 평양)을 지키지 못하여 임금의 수레가 용만(龍灣 의주(義州))으로 가고 동궁(東宮)은 안협(安峽)에 돌아와 머문다.'라는 소식을 갖추어 듣고는 가슴을 치고 통곡하기를, "백발의 외로운 신하가 명을 받들고 남쪽으로 돌아온 뒤로 이미 시간이 많이 지났다. 이미 근왕(勤王)의 군대를 북돋아 일으키지도 못하였고, 또 도내의 왜적들을 소탕하지도 못한 상태로 성상께서 파천(播遷)하시고 종묘사직이 빈터만 남게 되는 것을 앉아서 보기만 한 채, 구차스럽게 살아남아 오히려 지금까지 목숨을 보전하고 있으니, 임금의 은혜를 저버리고

252 이극신(李克新) : 1559~?. 본관은 원주(原州), 자는 신수(愼修)이고, 1587년(선조16) 무과에 급제하였다.

나라를 등진 죄가 만 번 죽더라도 속죄하기가 어렵다. 그런데도 임금께서 주벌을 더하시지 않고 도리어 방면(方面 감사(監司))의 직임을 맡기셨으니, 비록 몸이 쓰러져 죽고 뼈가 가루가 되더라도 어찌 그 은혜에 보답할 수 있겠는가. 하늘을 우러러보고 땅을 굽어보아도 이 몸이 위축되어 돌아갈 곳이 없고 죽음만 있을 따름이다."라고 하니, 좌우의 사람들이 모두 눈물을 흘리면서 감히 우러러보지 못하였다.

선생이 말하기를, "이미 좌도 감사(左道監司)가 되었으니, 우도(右道)의 일을 이제 관여하는 것이 합당하지 않다. 그러나 처음부터 의병에 관한 일을 관할하였으니, 만약 일상적인 규정에 맡겨두고서 우려할 만한 기미를 목격하고도 진계(陳啓)하지 않는다면 실로 신하 된 사람의 의리가 아니니, 직분을 뛰어넘는 혐의를 어찌 피할 수 있겠는가."라고 하고, 마침내 하나하나 조목별로 장계(狀啓)를 진달하였다.

이튿날 초계(草溪)로 옮겨 가 머물렀다가 장차 강좌(江左)를 향해 가려 하니, 우도(右道)의 사람들이 탄식하고 눈물을 흘리면서 허둥대는 것이 마치 끓는 솥에 있는 물고기 같고 불타는 둥지의 제비[253] 같으며, 의병들은 모두 다 마음이 상실되고 맥이 풀려

253 끓는……제비 : 위기에 처한 상태를 말한다. 양(梁)나라 구지(丘遲)의 〈여진백지서(與陳伯之書)〉에, 지금의 위태로운 상황을 비유하자면, "마치 물고기가 끓는 솥 속에서 노니는 것과 같고, 제비가 날아가는 장막 위에 둥지를 트는 것과 같다.〔魚游于沸鼎之中, 燕巢于飛幕之上.〕"라고 한 데서 가져왔다. 《文選 卷43》 원문의 '분소(焚巢)'는 《주역》 〈여괘(旅卦) 상구효(上九爻)〉에 "새가 그 둥지를 불태우니, 나그네가 먼저는 웃고 뒤에는 울부짖는다.〔鳥焚其巢, 旅人先笑後咷.〕"라고 한 데서 가져

수습할 수 없을 듯하였다. 이에 선비들이 달려 나와 날마다 뜰 아래에 서서 머물러 있기를 청하였고, 초계의 유생 이대기(李大期) 등 30여 명은 떠나지 말기를 청하는 글을 올렸으니, 그 대략은 다음과 같다.

"김면과 정인홍 두 대장이 합하가 초유(招諭)하는 격문에 호응하여 두 주먹을 불끈 쥐고 떨쳐 일어나 흩어져 달아난 의병들을 불러 모으니, 원근에서 구름처럼 몰려들어 의기의 칼날이 자못 예리해졌습니다. 낙동강 오른쪽의 8, 9개 군(郡)이 왜적의 침입을 면할 수 있었던 것은 실로 합하께서 절제(節制)함이 마땅함을 얻은 데에 힘입은 것입니다.

이번에 교서(敎書)가 서쪽에서 내려온 뒤, 행차가 장차 좌도로 떠나려 하니, 여정(輿情)이 이미 맥이 풀리고 사람들의 마음은 의구심을 품어서, 이미 모인 자들이 흩어져 떠날 생각을 하고 나아가고자 하던 자들은 도로 물러나려 합니다. 전일에 숨어 잠복해 있던 흉악한 자들이 그 기세를 드날린다면, 두 의병장이 또한 어찌 구차하게 공을 이루기를 바라면서 저들에게 제지[254]당하기를 기꺼워하겠습니까.

곽재우는 뜻은 크지만[255] 행동이 거칠고 절제하지 못하여 관찰

온 것이다.

254 제지 : 원문은 '철주(掣肘)'로, 간섭하여 뜻을 이루지 못하도록 한다는 말이다.

255 뜻은 크지만 : 원문은 '광간(狂簡)'으로, 뜻만 크고 실제 일에는 소략함을 말하니, 공자가 진(陳)에 있으면서 "돌아가자, 돌아가자. 우리 고을의 젊은이들이 광간하여 찬연히 문장만 이루었을 뿐 그것을 마름질할 줄을 모르도다."라고 한 데서 가져왔다. 《論語 公冶長》

사의 뜻을 거슬렀으니 믿는 바는 오직 합하뿐인데, 합하께서 떠나고 나면 형세상 장차 보전하기가 어려울 것입니다. 곽재우가 없으면 의령을 지키지 못하여 삼가(三嘉) 서쪽 지역을 장차 차례로 지키지 못하게 될 것입니다. 이것으로 살펴보면 합하께서 떠나가고 머무는 것이 어찌 의병들이 모이느냐 흩어지느냐에 관계된 바가 아니겠으며, 국가가 보존되느냐 망하느냐가 달려 있는 일이 아니겠습니까. 성패(成敗)와 이해(利害)가 단지 한 번 숨을 들이쉬고 내쉬는 사이에 달려 있는데, 구구하게 명에 달려 나가는 일상적인 규정만을 지키고자 하다가 잃어서는 안 되는 일의 형세를 잘못되게 한다면, 합하께서 전일에 초유(招諭)한 공로가 허사가 되는 데에 가깝지 않겠습니까."

선생이 말하기를, "이미 임금의 명이 내려졌는데, 어찌 감히 내 마음대로 할 수 있겠소."라고 하였다.

이미 머물게 할 수가 없음에 곧 강우(江右) 여러 고을의 유생들이 다투어 상소하여 머물게 해 주기를 청하였는데, 합천, 초계, 삼가, 의령, 진주, 단성에서는 진사 박이문(朴而文)[256]을 소두(疏頭)로 삼았고, 거창, 안음, 산음, 함양에서는 진사 정유명(鄭惟明)[257]을 소두로 삼았다. 먼 길을 서쪽으로 빠르게 달려 왜적들이

256 박이문(朴而文) : 1544~1614. 본관은 순천(順天), 자는 백빈(伯彬), 호는 남계(藍溪)이다. 1568년(선조1) 사마시에 합격한 뒤 과거에 응시하지 않았다. 임진왜란 때 의병을 일으켜 김성일을 따라 종사하였다.

257 정유명(鄭惟明) : 1539~1596. 본관은 초계(草溪), 자는 극윤(克允), 호는 역양(嶧陽)이다. 임진왜란이 일어나자 김면(金沔)이 고령, 현풍 등 경상도 지역에서 의병을 일으킬 때 성팽년(成彭年) 등과 함께 안음(安陰)에서 기병유사로 활약했다.

출몰하는 길을 지나 행재소에 도달하였다.

박이문의 상소에 대략 말하기를, "나라를 광복(光復)하는 기반은 영남에 있고, 영남을 수복하는 책임은 김성일에게 달려 있습니다. 김성일이 없으면 의병이 없고 따라서 영남도 없을 것입니다. 지금 김성일이 삼가 왕명을 받들고 강을 건너 동쪽으로 가게 되니, 간사한 무리는 눈을 부라리고 의병들은 기운이 꺾입니다. 오늘날의 일이 어찌 통곡하고 눈물을 흘리는 데만 그칠 뿐이겠습니까. 신들의 생각으로는, 이미 내려진 성명(成命)은 비록 거두어 돌릴 수는 없더라도, 그로 하여금 좌도와 우도의 일을 겸하여 살피면서 의병의 용기를 격려하도록 한다면, 이는 실로 전적으로 맡기고 중하게 책임을 지워 한 도의 일을 전부 총괄하게 하는 것으로, 전화위복의 계기가 오로지 여기에 달려 있을 것입니다. 운운" 하였다.

정유명의 상소에 대략 말하기를, "오늘날의 일은 의병들이 행한 일이 아닌 것이 없는데, 의병들이 시종 일을 이룰 수 있었던 것은 김성일의 공(功)입니다. 지금 듣자옵건대, 김성일이 좌도 감사로 옮겨 제수되었다고 하니, 국토를 수복하는 공이 다 이루어져 가는 지금 장애가 없을 수 없습니다. 어찌하여 이렇게 말하겠습니까. 낙동강 오른쪽의 군민(軍民)들이 김성일을 자모(慈母)처럼 보고, 김성일을 장성(長城)처럼 의지하고 있으니, 거의 만 번 죽음에서 벗어나 왜적들을 쓸어 버리고 한 번 살아남아 태평 시대 보기를 기약할 수 있게 되었습니다. 그런데 하루아침에 이쪽을 빼앗아다가 저쪽에 주는 일이 생각하지 못한 데서 나왔으니, 충신들은 희망을 잃고 의병들은 맥이 풀려 있습니다. 김성일이 떠나고 머무는 것이 어찌 유독 영남 우도 의병들의 성패(成敗)에만 관계가 있겠습니까. 운운" 하였다.

선생은 박성(朴惺)을 임시 도사(都事)로 삼고, 9월 초에 함께 낙동강을 건너갔다. 좌도의 백성들이 선생이 이르렀다는 소식을 듣고는 기뻐하며 펄쩍펄쩍 뛰었고, 산골짜기로 달아나 숨었던 수령과 장사들은 풍문을 듣고 넋을 잃은 채 서로 말하기를, "모 어른이 이 도의 관찰사가 되었으니, 우리는 장차 목숨을 보존하지 못할 것이다."라고 하며, 혹은 머리를 깎고 중이 되려고 하였다.

청송(靑松)은 곧 선생의 외가 고을인데, 청송 부사가 맨 먼저 그 선영(先塋)의 제전(祭奠)에 대한 일을 여쭈니, 선생이 노하면서 "이런 때를 당하여 왜적을 칠 일을 말하지 아니하고 곧 도리어 상사(上司)의 뜻에 맞추어 이렇게 기쁘게 하고자 하는 일을 한단 말이오."라고 하였다.

신령(新寧)에 도착하여 도로 우도 관찰사에 제수되었다는 소식을 들었으니, 우도 백성들의 바람을 따른 것이었다. 선생이 말하기를, "반드시 본도의 군병이 와서 맞이하는 것을 기다려야만 이에 다시 강을 건널 수 있을 것이다. 여기에서 안동까지의 거리는 겨우 이틀 일정이니, 가서 선영에 성묘하지 않는 것이 어찌 사람의 정이라고 하겠는가." 하고, 마침내 말을 달려 고향 산에 이르러 산소에 성묘하였다. 하루를 머물고 곧 돌아가니, 온 가족이 옷을 부여잡고 울부짖었지만 선생은 양양(陽陽)[258]하게 웃으면서 말

258 양양(陽陽) : 화락한 모습을 표현한 말로, 《시경》 〈군자양양(君子陽陽)〉에, "군자는 기분이 좋아서, 왼손에는 생황을 들고, 오른손으로 날 방중악으로 오라 부르

함이 평일과 같았다.

세 아들이 의성(義城)까지 뒤따라왔는데, 선생이 장자 집(㙫)에게 이르기를, "공(公)과 사(私)는 구분이 있어야 하니, 서로 돌아볼 수가 없다. 너희들은 돌아가서 너희 어머니를 모시거라. 홀로 되신 큰어머니와 둘째 큰어머니도 또한 너희 어머니와 같이 보고 시종 잘 보호하여라. 형세가 만약 어찌할 수 없게 되었을 경우에는 곧 온 집안이 함께 죽어 의로운 귀신이 되어 황천에서 서로 만나는 것이 바람이다. 나라가 보존되면 함께 보존되고 나라가 망하면 함께 망하는 것이니, 어찌 국가가 멸망하였는데 문호(門戶)를 보존하는 이치가 있겠는가."라고 하였다. 두 아들이 통곡하고 절하면서 인사하니, 좌우의 사람들이 모두 소리를 삼키고 울음을 삼키지 않은 이가 없었다.

안기도 찰방(安奇道察訪) 강영(姜霙)[259]이 말하기를, "영공(令公)은 이러한 때에 마음이 동요하지 않습니까?"라고 하니, 선생이 "어찌 마음이 동요되지 않겠는가마는, 나는 마음이 동요되어 봐야 아무 이익이 없다는 것을 알 뿐입니다."라고 하였다.

대구(大丘)의 동화사(桐華寺)에 도착하기에 이르러서는 좌병사(左兵使) 박진(朴晉)[260]이 군사를 거느리고 와서 맞아 주었다. 어

니, 아 참으로 즐겁구나.〔君子陽陽, 左執簧, 右招我由房, 其樂只且.〕"라고 한 데서 가져왔다.

259 강영(姜霙) : 1530~1614. 본관은 진주(晉州), 자는 중윤(仲潤), 예천(醴泉) 용궁(龍宮)에 살았다. 임진왜란 때 안기도 찰방으로 의병을 일으켜 원종2등 공신(原從二等功臣)에 책록되었다. 《용궁향안(龍宮鄕案)》을 마련하였다.

260 박진(朴晉) : 1560~1597. 본관은 밀양(密陽), 자는 여회(汝晦)·명보(明甫)

느 날 밤에 군중(軍中) 사람들이 공연히 놀라서 말하기를, "왜적들이 이미 문 앞에 당도하였다."라고 하였다. 편비(褊裨)와 하리(下吏)들이 모두 흩어져 달아나 숲속으로 숨었지만, 선생은 홀로 동요하지 않았으니, 이 덕분에 다시 안정되었다.

정랑(正郎) 박성(朴惺)이 일찍이 조용히 묻기를, "선생은 마음이 동요하지 않았다고 말할 만합니다."라고 하니, 답하기를, "어찌 쉽사리 말할 수 있겠습니까. 내 평생에 단지 마음이 동요하지 않은 것이 세 번이었는데, 일본에 사명을 받들고 가다가 갑자기 풍랑을 만나 배가 뒤집히려고 하는 위급한 상황일 때가 한 번이었고, 풍신수길이 사납고 드세어서 위엄을 크게 보이면서 으르고 협박할 때가 두 번이었으며, 난리가 일어난 처음에 잡혀 올라가면서 임금의 노여움이 바야흐로 대단하여 화(禍)를 장차 헤아릴 수 없을 때가 세 번이었습니다." 하였다. 하지만 선생은 변란을 만나거나 위태로움을 당하여 사생(死生)을 바로 앞에 두고도 의연하게 대처하고 마음이 동요되지 않아 사람들이 미치지 못했던 바의 것이 이 세 가지에만 그치지 않았다.

좌도(左道)에 비록 의병이 있지만 박진에게 저지를 당하는 경우가 많아서 모두 공로가 드러남이 없으니, 선생이 힘껏 그것의 불가함을 말하였다. 이보다 앞서 권응수(權應銖)가 영양(永陽)의

이며, 시호는 의열(毅烈)이다. 1584년(선조17) 무과에 합격하였다. 밀양 부사 재직시에 임진왜란이 일어났을 때 소산(蘇山)을 지키다가 패하여 성에 불을 지르고 후퇴하였다. 이후 경상좌도 병마절도사가 되어 영천(永川)과 경주를 탈환하는 데 많은 공을 세웠다.

싸움에서 이긴 것은 모두 본 군(郡) 선비들이 창의(倡義)하여 앞장선 일에서 말미암은 것이었고, 경주(慶州)의 전투에는 영천(永川)의 생원 최인제(崔仁濟), 정의번(鄭宜藩) 등 17명[261]이 같은 날 해를 당하였으며, 관동(關東)에서 왜적이 고개를 넘을 때 정자(正字) 유종개(柳宗介)[262] 등이 전투에 달려가 싸우다 죽었다. 선생은 이 소식을 듣고 탄식하면서 말하기를, "200년 동안 배양해 온 교화가 아직 다 없어지지 않았구나."라고 하였다. 마침내 장계(狀啓) 중에, 싸우다가 죽은 유생(儒生)들의 충렬(忠烈)이 가히 아름다운 것과 병사(兵使) 박진이 절도를 함에 마땅함을 잃은 것과 권응수가 지혜와 힘이 족히 한쪽 방면을 맡기에 마땅함이 있는 것에 대해 조목조목 진달하였으니, "이 건의 일은 절로 본도의 감사가 있으므로 신이 문득 장계를 올리는 것은 마땅하지 않겠지만, 신 또한 좌도로부터 체직하여 옮겨 왔으니, 감히 본 바를 다 아뢰지 않을 수가 없습니다."라고 하였다. 이로 말미암아 전사한 사람들이 모두 표창받는 은전(恩典)을 입었다.

9월 17일에 강을 건너 우도로 가서 거창에서 전 순찰사를 만나

261 17명 : 김성일(金誠一)이 장계로 아뢴 사람은 최인제(崔仁濟), 정의번(鄭宜藩), 김연(金演), 이득린(李得麟), 이호인(李好仁), 이영근(李榮根), 이순복(李順福), 이지암(李之馣), 유복흥(柳復興), 전억주(田億疇), 이득룡(李得龍), 한득의(韓得義), 전흥제(田興霽), 손응현(孫應晛), 이일장(李日將), 유원걸(柳元傑), 이정분(李廷芬) 등 17명이다. 《忠賢錄 卷2 摭實》

262 유종개(柳宗介) : 1558～1592. 본관은 풍산(豐山), 자는 계유(季裕)이다. 문과에 급제하여 전적(典籍)・학유(學諭)를 지냈다. 임진왜란 때 의병 수백 명을 이끌고 적장 모리〔森吉〕 군대와 봉화 전피현(箭皮峴)에서 싸우다가 전사했다.

관인과 부절을 교부받고 산음으로 옮겨 가서 머물렀다. 선생이 좌도로 건너갔을 때, 강우(江右)의 의사(義士)들이 모두 흩어져 산중으로 들어갔었는데, 이때 이르러 조종도(趙宗道)가 함양에서 왔고, 이로(李魯)와 오장(吳長)이 지리산에서 나왔다. 김시민(金時敏)은 김수(金睟)가 '성을 지키기가 불가하다.'라는 영(令)에 따라 진양(晉陽)을 버리고 우지(牛旨)로 가서 위급함을 구제하고, 이어서 김면(金沔)의 진중(陣中)에 머물러 있었는데, 선생이 도착하여 곧 김시민을 압송해 오게 하여 다시 진주성을 지키도록 명하였다.

이때 수령의 자리가 많이 비었는데 아직 차임하지 못한 상태였다. 이에 편의(便宜)에 따라 선택하여 제수하라는 조정의 명령으로 인하여 재주에 따라 선발하여 메워 보충하였는데, 진주 봉사(晉州奉事) 정기룡(鄭起龍)[263]은 날래고 용맹하게 전투를 잘하였다는 것으로써 상주 판관(尙州判官)으로 삼고, 합천 가장(陜川假將) 김준민(金俊民)[264]은 혈전(血戰)을 벌여 여러 번 승리를 거두었다는 것으로써 거제 현령으로 삼고, 진주 부장(晉州部將) 강덕룡(姜德龍)[265]은 죽음을 무릅쓰고 적진에 돌격하였다는 것으로써

263 정기룡(鄭起龍) : 1562~1622. 본관은 곤양(昆陽), 자는 경운(景雲), 호는 매헌(梅軒), 시호는 충의(忠毅)이며, 곤양 정씨의 시조이다. 1586년(선조19) 무과에 급제하였고, 경상좌·우도 병마절도사, 김해 부사, 밀양 부사 등을 지냈다.

264 김준민(金俊民) : ?~1593. 거제 현령으로 있다가, 임진왜란이 일어나자 합천에서 창의하였고, 진주성 전투에서 전사하였다. 전후 병조 판서에 추증되었다.

265 강덕룡(姜德龍) : 1560~1627. 본관은 진주(晉州), 자는 여중(汝中), 호는 매촌(梅村)이다. 1583년(선조16) 무과에 급제하였다. 임진왜란 때 제1차 진주성 전투에서 군기 관리를 맡아 왜병 격퇴에 공을 세웠고, 정기룡을 도와 성주(星州), 삼가

함창 현감으로 삼고, 삼가 전적(三嘉典籍) 박사제(朴思齊)[266]는 의병을 창의해 일으켰다는 것으로써 의령 현감으로 삼고, 고령의 박정완(朴廷琬)[267]은 강가의 왜적을 누차 섬멸하였다는 것으로써 선산 부사로 삼고, 거창 봉사 변혼(卞渾)[268]은 힘껏 싸워 공로가 많다는 것으로써 문경 현감으로 삼고, 금산(金山)의 박사(博士) 여대로(呂大老)[269]는 여러 차례 왜적의 수급을 바쳤다는 것으로써 지례 현감으로 삼고, 소모관(召募官) 이정(李瀞)은 여러 번 기특한 공을 세웠다는 것으로써 사근 찰방(沙斤察訪)으로 삼고, 의병장 정인홍은 성주 목사로 삼았다. 차임해 보냄에 따라 계문(啓聞)하여 아뢰었는데, 배치하고 쓰고 버림이 여러 사람의 바람에 매우 들어맞아, 사람들이 마음에 흡족해하였다.

무릇 여러 진영에서 적의 수급을 바칠 때, 주장(主將)이 모두

(三嘉) 등지의 전투에 참전하여 승리를 거두었다.

266 박사제(朴思齊) : 1555~1619. 본관은 죽산(竹山), 자는 경현(景賢), 호는 매계(梅溪)이다. 1589년(선조22) 문과에 급제하였다. 임진왜란 때 노흠(盧欽)·권양(權養)·권제(權濟) 등과 의병을 일으켜 강우 지역 여러 고을의 방위와 수복에 힘써 공을 세웠다.

267 박정완(朴廷琬) : 1543~1613. 본관은 고령(高靈), 자는 군실(君實), 호는 양죽당(養竹堂)이다. 거창·안음 현감을 지냈다. 임진왜란 때 박정번(朴廷璠)과 함께 개산포·무계전투에서 공을 세웠다.

268 변혼(卞渾) : 1559~1626. 본관은 밀양(密陽), 자는 명숙(明叔)이다. 1592년에 무과에 급제하였다. 임진왜란 때 김면의 막하에서 전공이 많았다. 삭주 부사(朔州府使) 등을 지냈다.

269 여대로(呂大老) : 1552~1592. 본관은 성주(星州), 자는 위수(渭叟)·성우(聖遇), 호는 감호(鑑湖)이다. 임진왜란 때 의병 활동을 하다가 전사하였다. 이조 참의에 증직되었다.

아장(牙將) 비장(裨將)으로 하여금 증험하여 바치도록 하였다. 그러나 선생은 반드시 이를 위해 직접 살펴보고서 말하기를, "전쟁터에서는 으레 거짓으로 속이는 일이 많다. 만약 혹 잘못하여 우리나라 사람을 죽였다면 그 죄는 실로 나에게 있으니, 신중히 하지 않아서는 안 된다."라고 하였다. 이로 말미암아 수급을 베어 바치는 자가 감히 속임수를 쓰지 못하였다. 또 각처에서 군사를 거느린 사람이 모두 보상을 바라는 마음을 품고서 승첩이 조금이라도 있으면 이를 크게 과장하여 보고문을 올렸는데, 혹 자신에게 공로를 베풀고 혹 자제와 친구에게 공을 기록하기도 한 탓에 피를 흘리면서 싸운 전사들은 실제로 그 상을 받지 못하였다. 이런 까닭으로 병사들이 많이들 분을 품고 해이해지는 것이 당시의 공통된 걱정거리였다. 선생은 반드시 다방면으로 듣고 보아서 분명하게 조사하고 자세히 살펴서 만약 실제가 아님이 있으면 통렬하게 경계와 책망을 더 하였다.

일찍이 정인홍의 첩정(牒呈)에 제(題)하여 말하기를, "공로를 과장하여 상을 바라는 것은 무관(武官)이 하는 바인데, 대장의 휘하에 어찌 이런 일이 있습니까. 비록 그렇지만 관리하는 부관(副官)을 엄중하게 신칙하여 허위로 보고하는 폐단이 없도록 하시오."라고 하였다. 이어서 아장과 비장을 보내어 행수군관(行首軍官)을 잡아 와서 거사를 아뢰지 않은 일과 성산(星山)에서 패배하였던 죄를 문책하여 곤장을 쳤다.

선생은 산음에 있을 때, 김해의 왜적이 부산의 왜적과 연합하여 창원에 모임에 무리가 짐짓 수만 명으로, 이들이 합세하여 승승장구하며 곧장 진양(晉陽)에 도착하였다는 소식을 들었다. 마침

이때 김시민이 승진하여 목사(牧使)가 되었다. 선생은 서신을 보내 면려하기를, “목사는 집안이 대대로 충효를 행하여 나라의 두터운 은혜를 받았으니 죽음으로써 보답하는 것이 마땅합니다.”라고 하였다. 전령을 보내 곤양 군수(昆陽郡守) 이광악(李光岳)과 진주 판관(晉州判官) 성수경(成守璟)과 진주 고을 사람인 전 만호(前萬戶) 최덕량(崔德良), 이찬종(李纘宗) 등에게 힘을 합하여 지켜 막도록 하였다.

왜적은 진양성을 열 겹으로 포위하였고 대오가 수십 리에 걸쳐 깔려 있었다. 선생은 죽음을 각오한 용감한 병사를 모집하여 활과 화살을 주고 밤중에 적진(賊陣) 가운데 방비가 좀 허술한 남강(南江)을 통하여 연락하여 성 안으로 들여보내, 장수와 사졸들을 격려하여 죽음으로 지키도록 하고, 첩자를 많이 보내 진퇴하는 왜적의 정세와 성을 수비하는 허실에 대해 정탐하여 알지 않음이 없었다. 왜적이 장차 움직이려 할 때, 선생은 왜적들이 만약 병사를 나누어서 정진(鼎津)을 건너게 되면 낙동강 오른쪽 일대의 호남으로 통하는 직로(直路)가 차례로 무너질까 염려하였다. 그래서 드디어 말을 달려 의령으로 가서 산음, 단성, 삼가, 의령 네 고을의 의병을 거느리고 정호(鼎湖)에 진을 쳤는데, 초계(草溪)의 임시 수령 곽율(郭赳)[270]이 또한 달려왔다. 깃발을 많이 만들어 좌

270 곽율(郭赳) : 1531~1593. 본관은 현풍(玄風), 자는 태정(泰靜), 호는 예곡(禮谷)이다. 1558년(명종13) 사마시에 합격하여 홍산 현감, 군자감 판관 등을 지냈다. 임진왜란 때 초계군의 임시 수령으로 기용되어 왜군과 싸웠고, 강우 지역의 보전에 크게 기여했다. 저서로는 《예곡집(禮谷集)》이 있다.

우의 산 위에 줄지어 세워 두니, 왜적들이 마음대로 강을 건너지 못하였다.

또 전령(傳令)을 보내 각처의 관병과 의병이 사면으로 와서 구원하게 함에, 고성(固城) 임시 수령 조응도(趙凝道)가 최강(崔堈), 정유경(鄭惟敬) 등과 더불어 군사를 거느리고 남강 건너편에서 군사의 위력을 과시하였다. 또 곽재우에게 명하여 의령과 함안 사이에 병사를 주둔하여 형세를 살펴보다가 치게 하고 혹 무너져 돌아가는 왜적을 막도록 하였다.

이보다 앞서 전라도 의병장 최경회(崔慶會)[271]와 임계영(任啓英)[272]에게 서신을 보내서 와서 구원하도록 통보하였는데, 이때 이르러 두 장군이 선생의 분부를 듣고 각각 병사 천여 명을 거느리고 살천창(薩川倉)에 병사를 주둔하였다. 왜적이 1지대의 병사〔一枝兵〕를 나누어 보내서 살천을 불태우고 노략질하였지만, 호남의 병사가 이미 점거하고 있었기에 범할 수 없었다.

합천의 의병장 김준민(金俊民)과 정방준(鄭邦俊) 등은 병사를 거느리고 단계(丹溪)에 이르러 왜적을 만나 급히 치니 왜적이 곧 달아나 돌아갔다. 김시민은 한결같이 선생의 지휘에 따라 기이한 계

271 최경회(崔慶會) : 1532~1593. 본관은 해주(海州), 자는 선우(善遇), 호는 삼계(三溪)이며, 시호는 충의(忠毅)이다. 임진왜란 때 의병장으로 왜병과 싸워 크게 전공을 세웠다. 제2차 진주성(晉州城) 싸움에서 9일 동안 싸우다 전사하였다.

272 임계영(任啓英) : 1528~1597. 본관은 장흥(長興), 자는 홍보(弘甫), 호는 삼도(三島)이다. 임진왜란 때 의병을 규합, 전라좌도 의병장이 되었고, 남원에서 최경회의 의병과 합류하여 거창, 합천, 성주 등지에서 왜적을 무찔렀다. 선조가 환도한 뒤에 양주 목사, 순창 목사 등을 역임하였다.

책을 마련하고 정예병을 축적해 두고서 대응하였다. 왜적들이 7일 밤낮을 계속 공격하여 포위하였지만, 끝내 함락시킬 수 없었고 사상자만 서로 많이 나왔다. 이에 그 주둔했던 막사를 불태우고 시체 더미를 태워 버린 다음 넘어지고 꺼꾸러지며 서둘러 달아났다.

진양성의 승첩이 한밤중에 이르렀는데, 선생은 등불을 밝히고 일어나 앉아서 성을 지켜내었던 상황을 자세히 묻고, 막하의 여러 군에게 일러 말하기를, "만약 이 성이 지켜지지 않았더라면 단지 성안에 있는 수만 명 사람의 목숨이 모두 죽임을 당하였을 뿐만 아니라, 한 도의 나머지 성들도 보존할 수 있는 형세가 만무(萬無)하였을 것이고, 호남 지역이 침입을 받음도 또한 조석 간에 있었을 것이오."라고 하였다. 즉시 아전을 불러 여러 고을에 격문을 전달하여 원근 백성들의 마음을 안정시켰다.

군교(軍校)가 들어와 하례하니, 선생이 말하기를, "이것은 목사(牧使) 김시민의 공로이고, 성을 지킨 여러 장수의 힘 때문이오. 백발의 진부한 선비가 무엇을 관여하였겠소. 다만 바라는 것은 그대들이 마음을 가다듬어 왜적을 섬멸하기를 김시민이 한 것처럼 할 수 있음입니다. 그리하면 어찌 높은 관직이나 중한 녹(祿)만 얻을 것이겠소. 이름이 역사서에 새겨져 후세까지 남아 빛날 것이오." 하고, 마침내 김시민의 공로를 지극히 칭찬하면서 그날 즉시 급히 장계를 올렸으니, 김시민은 승진하여 병사(兵使)가 되었다.

곽재우는 선생의 지휘에 따르지 않고, 중과부적(衆寡不敵)이라 돌아가는 군사를 막기 어렵다고 여기고서 왜적이 패하고 돌아갈 때 병사를 거두어 출격하지 않았다. 선생은 노하여 말하기를, "곽재우를 다스리지 않으면 군령(軍令)을 행할 수가 없어진다." 하고, 잡아 묶어 뜰로 들이게 한 다음 장차 군율을 어겼다는 것으로 죄를 주려고 하였다. 박성(朴惺)과 오운(吳澐)이 힘껏 청하기를, 우선 용서해 주고 뒷날 충을 바치도록 하여, 마침내 곽재우를 경계시키고 그쳤다. 그 벗이 곽재우에게 이르기를, "자네는 어찌하여 예전처럼 꿋꿋이 굳세게 굴지 않았는가."라고 하니, 곽재우가 웃으면서 말하기를, "이분이 아니면 어찌 나의 목숨을 제재할 수 있겠으며, 나 또한 어찌 제재를 받으려고 하겠는가."라고 하였다. 하지만 곽재우가 절제(節制)를 어기지 않고 기이한 계책을 내어 적을 쳤더라면 진주성 전투에서 패해서 달아나는 왜적은 수레 한 척도 돌아가지 못하게 했을 텐데, 끝내 함안 경내에서 한 걸음도 나오지 않아서 상처를 입은 왜적들로 하여금 편안하게 지나가도록 보호하고 말았던 것이다. 그래서 여러 사람의 의론이 모두 선생의 절제에 대해서 승복하였고, 곽재우가 명령을 따르지 않은 것을 한스러워하였다.

선생은 장차 진주로 가서 장사(將士)들을 위로하려 하였는데, 개령(開寧)과 성주(星州)의 왜적들에 대한 보고가 또한 급하다는 소식을 들었다. 그래서 도사(都事) 김영남(金穎男)을 보내어 고을로 들어가서 군(軍)을 위로하게 하고, 박성(朴惺)과 이로(李魯)로 하여금 선비들에게 통문(通文)을 보내어 의곡(義穀 의연곡(義捐穀))을 거두어 모아 군수(軍需)에 보태게 하였다. 또 소촌 찰방(召村察訪) 김수회(金壽恢)를 호남에 보내어 도사(都事) 최철견(崔鐵堅)[273]에게 군량과 구황곡(救荒穀)을 요청하도록 하였다. 선생은

273 최철견(崔鐵堅) : 1548~1618. 본관은 전주(全州), 자는 응구(應久), 호는 몽

삼가(三嘉)로 향해 출발하였다. 개령의 왜적들은 지례(知禮)를 침범하였다가 김면의 군대에게 가로막히고, 성주의 왜적들은 고령(高靈)으로 향하였다가 정인홍의 군대에게 막히게 되었는데, 선생이 휘하의 용사(勇士)들을 나누어 보내서 전투를 돕게 하고, 또 나머지 군사로써 성원하였더니 왜적들이 모두 패하여 달아났다. 선생은 돌아오는 길에 산음(山陰)에 이르렀다.

이해 겨울에 주상께서 승정원에 전교하시기를, "경상 감사 김성일이 행한 일이 많이 있으니, 마땅히 가자(加資)하여 다른 사람들을 면려시켜야 한다." 하고, 드디어 가선대부(嘉善大夫)로 자급을 올렸다.

하루는 이정(李瀞)이 함안, 진주 경내에서 돌아오다가 전사한 군사들의 유골이 수북하게 쌓여 있는 것을 보고는 여러 진의 장수들에게 영을 내려 유골을 거두어 파묻게 하도록 청하였다. 그때는 밤이 장차 깊어지려는 때였는데도, 선생은 즉시 관문(關文)을 보내도록 하면서 말하기를, "좋은 말을 들으면 하룻밤도 묵히지 않는 것이 나의 천성이다."라고 하였다.

김면과 정인홍 두 의병대장은 한 나라의 중한 명망을 받고 있으면서 다른 사람의 통제를 받는 것을 부끄러워하고, 곽재우도 또한 강하게 뻗대며 자기 마음대로 하면서 지휘를 따르지 않았는데, 선생이 공문을 보내거나 명령을 전할 즈음에 엄한 말로 준엄하게 책망하고 혹은 그 군관(軍官)을 잡아다가 곤장을 치기도 하면서,

은(夢隱)이다. 1585년(선조18) 문과에 급제하여 호조 참의, 춘천 부사(春川府使) 등을 역임하였다.

대할 때는 매우 엄하게 하고 조금도 너그러이 용서하지 않았다.

조종도(趙宗道)가 조용히 말하기를, "이들 몇 사람은 모두 한 시대의 명사(名士)로서 나라를 위하여 충정을 떨쳐 일으켜 성심(誠心)으로 왜적을 토벌하는데, 어찌하여 이와 같이 탄압합니까?"라고 하니, 선생이 말하기를, "내가 이들과 더불어 함께 내정(內政)에서 일을 한다면 비록 혹 체모를 잃음이 있더라도 반드시 서로 따지지는 않았을 것이오. 그러나 지금은 조정이 서쪽 변방에 아득히 멀리 있어서 그 명령이 통하지 않고 있소. 이러한 때에 어찌 여러 장수가 영을 어기도록 내버려 둘 수 있겠소. 이것이 내가 그들이 충성을 다함을 기리고 그들이 제 마음대로 하는 것을 막는 이유일세. 이와 같이 하지 않으면 다른 사람들이 본받게 되어 말단으로 흐름을 막기 어려워서이니, 내가 이 몇 사람에게 어찌 조금이라도 의심하거나 저지하려는 마음이 있어서이겠소."라고 하였다.

당시에 이들 두 공은 명성과 지위가 모두 높아서 서로 어슷비슷하였는데, 피차(彼此)의 휘하 문생들이 상호 간에 시기하여 거짓과 헛소문을 만들어 내어, 두 사람으로 하여금 서로 사이가 좋지 않도록 하였다. 정인홍이 김면에게 이문(移文 동등한 관아 사이에 왕래하는 공문서) 함에 심히 편치 않은 말이 있었고, 김면 또한 불평을 하여 형세가 장차 화합되기 어려운 상태였다. 선생은 양쪽 진영에 가서 통렬히 말하고 절실히 책망하며, "마땅히 서로 마음을 화합하여 왜적을 토벌해서 함께 국난을 극복해야 하지, 의당 부박한 자들이 하는 말을 듣고 믿어서 스스로 혐의하여 틈을 만들어서는 안 됩니다. 지금 이후로는 이간질하기를 좋아하여 양쪽 사이를 분란시키는 자가 있을 경우에는 내가 마땅히 끝까지 캐물어 법으로 다스릴 것이오."라고 하였다. 이로부터 부박한 무리가 헐뜯고 비방하는 일이 조금 수그러들었다.

의병대장 김면은 일찍이 여러 고을을 순시할 때 거느리고 다닌 일행이 무려 수백 명으로서 성대하게 기치(旗幟)를 벌여 수십 리 밖까지 이어졌다. 선생이 이를 듣고 근심하는 낯빛을 띠며 말하기를, "각 고을의 군량(軍糧)이 지금 바야흐로 다 떨어졌다고 알리는데, 공억(供億)[274]의 폐단을 생각하지 않으며 헛되이 사치하고 과시하는 행실을 하여 지해(志海 김면(金沔)의 자)가 매우 거칠게 호기부림을 면하지 못하는구나."라고 하였다. 그 뒤에 김면이 김시민을 대신하여 병사(兵使)가 되었을 때, 거창에서 서로 만나 큰 사발로 술을 대작하였는데 손을 잡고 소회를 토로하면서 혹 눈물을 흘리기까지 하였고, 또 전날 순행할 때 매우 마땅하지 못하였던 점을 말하기도 하였다. 그다음 날 아침 김면의 배리(陪吏)를 잡아 곤장을 치면서 말하기를, "전에 의병대장으로서 지휘를 따르지 않은 것이 이미 잘못된 일이었는데, 지금은 병사가 되었으니 결코 스스로 마음대로 해서는 안 된다."라고 하였다. 오래지 않아 병사 김면이 역병에 걸려 일어나지 못하였는데, 선생이 몹시 애통해하면서 말하기를, "장성(長城)이 무너졌으니 나랏일이 글러졌다."라고 하였다. 또 "이 사람은 처첩(妻妾)이 10리 밖에 있는데도 시종 만나 보지 않았으니, 그 정충(精忠)과 의열(義烈)은 신명(神明)에게 질정해 보아도 될 것이다. 어찌 우리가 미칠 수 있는

274 공억(供億) : 필요한 물건을 헤아려 지급하는 것, 또는 지급하여 안심시키는 것을 말한다. 《吏文輯覽 卷3》

바이겠는가."라고 하였다.

그리고 즉시 치계하기를, "병사 김면은 본래 병이 많은 사람으로 산림(山林)에서 병을 요양하면서 살아 세상일에는 뜻이 없었는데, 변란이 일어난 처음에 자신의 몸을 돌아보지 않고서 떨치고 일어나 의병을 일으키고는 '이 왜적들과는 함께 살지 않겠다.'라고 맹세하였고, 한 해가 지나도록 피나는 싸움을 하여 여러 차례 왜적의 예봉을 꺾었습니다. 낙동강 오른쪽 일대가 지금까지 보전된 것은 그의 공이 많습니다. 의병을 일으킨 뒤로 그의 처자식이 가까운 곳에 있으면서 유리걸식하며 굶주렸지만 한 번도 찾아보지 않았습니다. 여름을 지나고 겨울을 겪도록 이슬을 맞고 눈 서리를 맞고 다니자, 사람들이 그가 반드시 죽을 것임을 알았지만, 우뚝이 조금도 마음이 동요되지 않았으니, 나라를 위하는 그의 정성은 환하게 밝기가 단심과 같았습니다. 임금의 은혜를 입어 제수된 뒤로는 더욱 책임이 크고 임무가 무거움을 두렵게 여겼습니다. 직접 여러 군사를 독려해 거느리고 금산(金山)의 경내에 진주(進住)해 있으면서 선산(善山)에 있는 왜적들과 서로 대치하였으니, 왜적들이 자못 두려워 움츠리면서 그곳을 버리고 도망칠 기미가 확실히 있었습니다. 그런데 상처가 쌓인 나머지 마침내 혹독한 역질에 걸려서 군중(軍中)에서 목숨을 마쳤으니, 장성(長城)이 한 번 무너짐에 삼군(三軍)이 눈물을 삼켰습니다. 하늘이 순덕을 돕지 않음이 한결같이 이 지경에 이르렀습니다. 운운" 하였다.

김면은 의병장이 되었을 때부터 비록 선생의 절제하고 통제함을 따랐지만, 호령을 하는 사이에 간혹 맞서는 경우가 많았다. 선생이 김면에 대해 '성질이 편협하고 고집스럽다.'라고 생각하며 자못 못마땅하게 여기는 뜻이 여러 번 말과 낯빛에 드러난 일이 있었다. 그래서 사람들이 혹 그 두 공이 서로 좋아하지 않는 것으로 의심을 하였는데, 이때 이르러 죽음을 애도하고 포계(褒啓)하기를 이와 같이 하니, 사람들이 더욱 선생의 마음 씀이 공정하고 어진 이를 좋아함이 정성스러움에 탄복하였다.

전란을 겪은 나머지에 기근(饑饉)마저 또 닥쳤으니 한 도(道)의 유민(流民)들이 도처에서 울부짖었는데, 걸어갈 때면 길을 막았고 멈추어 있을 때면 뜰을 메웠다. 선생은 여러 고을에 영을 내려 진제장(賑濟場)을 마련해서 나누어 구휼하게 하였는데, 특별히 식견이 있는 사람을 정하여 관장하게 하고는 정성을 다해서 구휼하도록 신칙해 문구에 매여 형식적으로 하지 않도록 하였다. 순시하여 도착하는 날에는 불시에 그 음식을 가져다 맛보았으며, 병이 심한 자에게는 약을 조제해 먹여서 구제한 것이 많았다. 그 진휼(賑恤)하는 정사가 측은히 여기는 마음에서 나왔으므로 그 일을 맡아서 하는 사람들이 감히 태만하거나 게을리하지 못하였다. 막하(幕下)의 여러 사람을 보내서 질서 있게 호남(湖南)에 식량을 청하게 하고, 한편으로는 부호들에게 곡식을 모으기도 하였다. 함양(咸陽)에 따르기를 좋아하지 않는 어떤 완고한 자가 있으매, 잡아 와서 장차 곤장을 치려 하자, 혹자가 말하기를, "이는 위엄의 명으로써 해서는 안 됩니다."라고 하였다. 선생이 "이 지방 풍속은 재물을 아까워하니 이치로써 깨우치는 것이 어렵소. 한 사람을 처벌하여 만 명의 생명을 구제하는 것이니, 그만둘 수가 있겠습니까."라고 하고, 곤장 수십 대를 치고 풀어 주고서 곧 이끌어 섬돌 위에 앉히고, 간절하게 말을 개진하며 눈물을 흘리기까지 하였다.

그 사람 또한 곤장 맞은 것을 원망으로 여기지 아니하고, 스스로 통렬히 후회하고 책망하였다. 이를 들은 자들이 감동하여 마음을 다하여 청에 따르지 않은 이가 없었으니, 목숨을 보전한 바가 매우 많았다.

진양(晉陽)의 세가대족(世家大族)이 지리산에 곡식을 숨겨 두고서 공적 환곡을 납부하지 않았다. 선생이 진양에 이르러 적안(糴案)을 거두어 보고는 판관(判官)으로 하여금 그 우두머리 10여 명을 찾아내게 하여, 장차 엄하게 추문하여 법률에 따라 다스리려 하니, 혹자가 '진주 토호들의 습속은 갑작스레 바꾸기 어렵습니다.'라고 이르고, 이어서 이제신(李濟臣)[275]의 일을 말하였다. 선생은 귀담아듣고 말하기를, "그대의 말이 참으로 옳습니다." 하고, 결박했던 줄을 풀어 주고 의리(義理)로써 깨우치니, 머리를 조아리면서 죽기를 청하지 않은 이가 없었다. 이어서 방(榜)을 걸고 고시하니, 한 달이 지나지 않아 곡식 만여 곡(斛)을 얻었다.

선생은 사소한 관문(關文)이나 첩정(牒呈)에 대해서도 반드시 몸소 스스로 작성하느라 한밤중이 되어서야 잠이 들었으니, 피로하고 초췌하여 번갈증(煩渴症)이 생겨 장차 큰 병이 되려 하였다. 친우가 혹 번거롭고 자잘한 일에 대해 말을 하니, 선생은 한탄하

275 이제신(李濟臣) : 1536~1584. 본관은 전의(全義), 자는 몽응(夢應), 호는 청강(淸江), 시호는 평간(平簡)이다. 1564년(명종19) 문과에 급제하여 형조 정랑, 사헌부 지평 등을 지냈다. 저서로는 《청강집(淸江集)》이 있다. 1578년(선조11) 진주 목사가 되어 선정을 펴서 공이 많았는데, 이때 토호 진사 정대호(鄭大濩) 등이 이제신이 차고 있던 병부(兵符)를 훔쳐서 파직하려고 모함하였지만, 선조는 정대호 등을 처벌하였다. 《국역 선조실록 11년 7월 18일》

며 한참 있다가 말하기를, "근래에 조정의 신하들이 나라를 잘 다스리지 못하여 점차 살육을 저지르는 데 이르러 인심이 흉흉해지고 섬 오랑캐들이 그 틈을 타서 쳐들어오기에 이르렀소. 우리가 만 번 죽어도 그 죄를 갚기에 부족한데, 어찌 감히 번거롭고 자잘한 일이라 하여 꺼릴 수 있겠소. 또 큰일도 제대로 다스릴 수 없으면서 작은 일마저도 소홀히 한다면, 어찌 내 마음이 편안할 수 있겠습니까."라고 하였다.

선생은 명나라 군대가 대거 이르렀다는 소식을 듣고 말하기를, "우리나라는 대대로 충정(忠貞)을 돈독하게 하여 지극한 정성으로 대국을 섬겼으니, 이에 오늘에야 그것이 징험되는도다. 명나라 군대가 멀리서 말을 달려와 왜적을 누른다면 섬멸하기를 기약할 수 있으니, 백성들에게 있어 다행한 일이다. 다만 내년에 농사지을 종자를 미리 준비하지 않는다면 왜적들이 비록 물러간다고 하더라도 백성들이 연명할 수가 없을 것이다."라고 하였다. 전후로 곡식 옮기기를 계청(啓請)한 것이 두 번 세 번에 이르렀지만, 혹 중간에서 침체되어 전달되지 못하고, 혹은 밖에서 가로막혀 보고되지 않았다. 나라를 걱정하고 백성을 근심하는 정성스런 마음이 가슴속에 가득 차 넘쳐서 밤새도록 잊지 못하고 걱정하다가 수염과 눈썹이 모두 하얗게 세었다.

계사년(1593, 선조26) 정월 초하룻날 아침에 휘하의 장사 및 종사관(從事官) 여러 명이 수령과 함께 들어와 뵈니, 선생은 근심이 가득하여 낯빛을 잃고 눈물을 줄줄 흘리면서 말하기를, "해가 이미 바뀌었는데도 왜적들은 아직도 나라 안에 가득하고, 서쪽 관문은 아득히 멀어 소식이 오래도록 끊어졌소. 아직 죽지 못한 외로운 신하가 헛되이 나이만 한 살 더 먹었으니, 장차 무슨 얼굴로 다시 전하를 뵈옵겠습니까."라고 하였다. 또 수령에게 경계하며 말하기를, "조반(早飯)은 올리지 마시오. 내가 어찌 차마 먹을 수 있겠소."라고 하였다.

이때 군관(軍官)과 진영의 아전을 보내어 명나라 군사의 소식을 알아보게 하였으나, 모두 중도(中途)에서 길에 떠도는 말만 듣고 돌아왔다. 선생은 이로(李魯)를 보내어 서로(西路)에 가서 살펴보게 하면서 말하기를, "군사들은 지치고 군량은 다 떨어졌으며 백성들은 구학(溝壑)에 나뒹굴어 명나라 군사가 비록 이르렀지만 지공(支供 음식물을 제공함)할 계책이 없으니, 오늘의 일이 정히 위급한 상황이오. 한 도(道)의 존망(存亡)이 이번 걸음에 달려 있으니 오직 명나라 군사에 대해 잘 알아볼 뿐만이 아니라, 농사철이 이미 다가왔으니 씨 뿌릴 종자도 아울러 마련해 와야 하오." 하고, 이로 편에 서신과 첩정을 갖추어 체찰사(體察使)에게 보냈다. 이로가 중도에서 그때 명나라 군사가 없다는 소식을 급히 보고하였고, 선생이 즉시 여러 고을에 명령을 전하여 우선 지원하는 일을 늦추게 하니, 백성들이 동요하지 않았다.

또 군교(軍校)를 보내어 급히 장계를 올리기를, "왜적들은 우리가 평양(平壤)을 수복하였다는 말을 들은 뒤로는 벌 떼 같고 개미 떼 같은 적들이 모두 도망쳐 돌아갈 뜻을 품고 있었는데, 명나라 군사가 오래도록 머물러 있으면서 진격하지 않고 있자 왜적들이 다시 기운이 살아났으니, 문경, 함창, 상주에 머물러 주둔해 있는 왜적들은 멋대로 분탕질함이 변란이 일어났던 처음보다 더 심하게 하고 있습니다.

전라도의 주사(舟師 수군(水軍))가 패전한 뒤로는 웅천, 김해, 창원에 있는 왜적들이 다시 창궐할 조짐이 있는데, 각 고을의 군량은 이미 다 떨어졌고, 곽재우의 군사 또한 굶주림으로 인해 다 흩어져 장차 군사 없는 장수가 되려 합니다. 주사와 격군(格軍)이 군량을 댈 수 있는 방법을 이어가지 못하여 형세가 장차 저절로 무너지려 하고, 병사(兵使)가 거느린 장사 또한 오래 지탱할 수 없는 형편입니다. 그리하여 흙이 무너지듯 기와가 깨지듯 할 날이 결단코 바로 앞에 닥쳤으니, 신이 비록 만 번 죽는다고 하더라도 또한 무슨 보탬이 있겠습니까. 부자들이 사사로이 쌓아 둔 곡식은 작년부터 조사하여 이미 다 찾아내었습니다. 처음에는 상을 줄 것이라 여겨 바치기를 원하는 자가 자못 있었는데 상이 오래도록 행해지지 않으매 백성들이 믿지를 않아 곡식을 바치라는 영을 전후로 여러 번 내렸는데도 한 사람도 호응하는 자가 없습니다. 이는 비록 재물과 곡식이 다 떨어진 데 연유가 있기는 하겠지만, 또한 국법이 백성들에게 믿음을 주지 못한 데에서 말미암은 것이기도 합니다.

군졸들은 한 해가 지나도록 비바람을 무릅쓰고 복무하였으니, 이들은 모두 백 번을 싸운 끝에 살아남은 자들입니다. 비록 군공(軍功)이 없다고 하더라도 오히려 마땅히 가엾게 여기고 위로하여 보살펴 주어야 하거늘, 하물며 힘써 싸워 공로가 있는 군사에 있어서이겠습니까. 신은 보답할 만한 물품이 없어 단지 조정에서 내리는 상을 가지고 격려하고 권장하는 것으로 삼을 뿐이기에 감히 그 공로를 덮어 두지 못하고 전후로 계문(啓聞)하였으니, 번거롭고 불경스럽게 함이 그지없었습니다. 그러나 신이 어찌 감히 다른 사람의 공을 훔치고 은혜를 팔아서 군사들에게 환심을 구하려 하겠습니까. 대개 백성의 마음은 이미 떠났고 나라의 형세는 이미 글러졌으니, 이것이 아니고는 끝내 군사들의 마음을 고무시키고 인심을 모을 수가 없기 때문이었습니다.

지난해에 군대를 일으킨 뒤로 조정에서는 그래도 신이 못났다고 하여 그 말조차 폐하지는 않았습니다. 무릇 의병을 일으켜 공이 있는 사람에게 두루 임금의 은혜로운 상(賞)을 내렸기 때문에 사람마다 떨치고 일어나는 마음이 있었습니다. 신이 아직 죽지 않고 이에 이르도록 오히려 구차스럽게 한구석이나마 보전하고 있는 것은 털끝만 한 것도 모두 조정에서 처치를 마땅하게 해 주어서입니다. 다만 급보(急報)[276]가 교대로 이르고 군사 문서가 두루 많음으로 인해 해당 관아의 하리(下吏)가 미처 다 살펴보지 못하였습니다. 혹 공이 작은데도 먼저 녹공(錄功)되거나 혹 공이 큰데도 녹공에 빠진 경우가 있습니다. 심지어는 정병(正兵)으로서 하나의 왜적을 베지 못하였는데도 판관(判官)에 제수되고, 수문장(守門將)으로서 한 번 힘써 싸웠다는 이유로 목사로 뛰어오르며, 종의 자식이 왜승 하나를 목 베었다는 이유로 그 주인이 3품의

276 급보(急報) : 원문은 '우격(羽檄)'으로, 군사상 긴급하게 전달하는 격문(檄文)을 의미하니, 격문에 새의 깃털을 꽂아서 긴급한 뜻임을 보여 신속하게 전달되도록 하였다. 《사기(史記)》 〈한신노관전(韓信盧綰傳)〉에, "진희(陳豨)가 반기를 들자, 한단(邯鄲) 이북은 모두 진희에게로 돌아갔다. 내가 우격(羽檄)으로 천하의 군대를 징발했으나 오지 않고, 지금 오직 한단의 병력만 있다."라고 하였는데, 그 주에, "새의 깃털을 격서에 꽂은 것을 우격이라고 하니, 나는 새처럼 빠르다는 의미를 취한 것이다."라고 하였다.

정직(正職)에 올랐고, 장사(壯士)가 수십 명의 왜적을 베었는데도 때로 한 자급의 상도 받지 못한 경우가 있습니다. 기타 온당함을 잃은 일은 낱낱이 들어 말하기 어렵습니다.

이 때문에 뜻이 있는 선비들은 답답해하고 장졸(將卒)들은 맥이 풀려서 모두 말하기를, '우리는 해를 지나도록 창을 지고서 만 번 죽음을 무릅쓰고 혈전을 벌였는데도 공로가 녹용되지 않으니, 다시 무엇을 하겠는가.'라고 합니다. 군사들의 마음이 이와 같으므로 장수 된 자가 날마다 전투를 독려하지만, 전혀 명령을 따르지 않고 도망하는 자가 서로 이어지고 있는데, 불러 모을 계책이 없습니다. 예로부터 신의를 잃고 상 주는 것에 인색하면 비록 태평할 때라도 오히려 나라를 다스릴 수가 없거늘, 하물며 이렇게 난리가 나서 망하려는 때에야 말해 무엇하겠습니까. 믿는 바는 명나라의 군사가 쏜살같이 내려오는 것입니다. 그렇게 되면 회복(恢復)함이 날을 꼽을 만하겠지만, 중도에서 머뭇거리고 있으니 원근의 사람들이 희망을 잃었습니다. 신과 같은 자는 이에 조만간에 죽을 사람이니 무엇이 아까워 미련이 있겠습니까. 다만 조정이 언제쯤이나 편안하게 쉴 수 있게[277] 될는지 알 수 없으니, 생각이 이에 미침에 바로 하늘에 호소하고 싶지만 길이 없습니다.

본도의 흉년과 기근(饑饉)은 옛날에 없었던 일로, 칼날에 죽고

277 편안하게……있게 : 원문은 '탈가(稅駕)'로, 수레를 풀고 편안하게 쉬는 것을 뜻한다. 이사(李斯)가 진(秦)나라의 재상(宰相)이 되어 부귀가 극도에 이르자, "사물이 극에 달하면 쇠하니, 내 어디에서 멍에를 내려 두어야 할지 모르겠다.〔物極則衰, 吾未知所稅駕也.〕"라고 한 데서 가져왔다. 《史記 卷87 李斯列傳》

남은 백성들이 이 일로 다시 살아남은 이가 얼마 없습니다. 요행히 죽지 않은 자들은 서로 모여 도둑질하면서 사람으로써 양식을 삼으니, 비록 혹 체포하여 처형하기는 하지만 또한 금할 수가 없습니다. 게다가 곡식 종자가 끊어져 없어서 왜적이 비록 물러간다고 하더라도 봄에 농사를 지을 만한 형편이 만무하니, 도내 사람들의 목숨은 전쟁에 죽기를 기다리지 않더라도 저절로 남김없이 다 죽는 것은 필연일 것입니다.

호남 백성들의 형편은, 비록 꼴과 곡식을 실어 보내는 데 시달리고는 있지만 창고의 곡식은 곧 아직은 온전합니다. 만약 군량과 곡식 종자를 각각 수만 섬씩 옮겨 주신다면, 신이 비록 직무를 제대로 잘하지는 못하지만, 오히려 굶주린 자를 진휼하고 왜적을 막으며 겸하여 농사도 폐하지 않게 함으로써, 호남의 보장(堡障)을 거의 완전하게 하여 국가가 회복되는 기틀이 되게 할 수 있을 것입니다. 그렇지 않으면 신은 죽음이 있을 뿐, 다시는 할 바가 없습니다.

앞서 계하(啓下)한 쌀과 콩 각 이천 석은 만 명 군사의 열흘 양식이 되는 데 지나지 않으니, 무슨 일을 이룰 수가 있겠습니까. 조정에서 이미 명나라 군사에게 지원하는 양식으로 수만 석을 본도에 운반하도록 허락하였습니다. 그래서 이미 운봉(雲峯)과 남원(南原) 등지에 도착하였는데, 혹 명나라 군사가 끝내 고개를 넘어오지 않을 것을 염려하여 쌓아 두고 보내지 않고 있으니 그 염려함이 빈틈이 없다고 할 수 있겠습니다. 하지만 어느 땅인들 왕의 영토가 아니며, 어느 백성인들 왕의 백성이 아니겠습니까. 설령 명나라 군사가 오지 않는다고 하더라도, 이것으로 굶주리는 사람도 살리고 군량도 계속 보급한다면 또한 양쪽 다 편리하지 않겠습니까.

공명 고신(空名告身),[278] 허통첩(許通帖), 면천첩(免賤帖) 등과 같은 것은 화급하게 시행하기를 계청(啓請)하였으니, 이로써 거꾸로 매달린 듯한 위급함을 구제해 준다면 거의 만분의 일이나마 보존할 길이 있을 듯합니다. 운운" 하였다. 이것은 3월 4일에 마지막으로 올린 장계였다.

당시에 체찰사(體察使) 유성룡(柳成龍)이 임진(臨津)에 머물러 절제하고 있었다. 이로(李魯)가 직접 가서 면진(面陳 만나서 이야기함)하고자 했지만 직산(稷山)에 이르러 길이 막혀서 전달하지 못하다가, 우연히 공차인(公差人)을 만나 그 편에 선생의 글과 첩문을 부쳐 보냈다. 체찰사가 글과 첩문을 보고는 즉시 정성스럽게 계청(啓請)을 올리니, 주상께서 또한 측은히 여기시면서 곧바로 이만 석(石)을 제급(題給)하도록 명하였다. 호남 방백과 행회(行會)[279]를 하고 선생은 종사관(從事官)을 나누어 보내 수로와 육로로 아울러 운반해서 여러 고을에 나누어 주어 때에 맞추어 씨를 뿌릴 수 있도록 하였다.

선생이 진양(晉陽)에 갔을 때, 굶주린 유민(流民)들이 봉두난발(蓬頭亂髮) 귀신 같은 모습으로 길가에서 맞아 절을 하였는데

278 공명 고신(空名告身) : 성명을 적지 않은 임명장(任命狀)을 말한다. 국난을 당하여 국고가 탕진되었거나 흉년이 들어 백성을 진휼하기 위한 방책의 일환으로 곡식이나 돈을 받고 내주었는데, 이에 의해 임명된 사람은 실무(實務)는 보지 않고 명색만으로 행세하였다.

279 행회(行會) : 정부(政府)의 지시나 명령을 각 관사의 장이 그 부하에게 알리고 실행 방법을 논정(論定)하기 위해 모이는 것이다.

천 백이 무리가 되어 부르짖기도 하고 또 빌기도 하면서 선생을 부모라고 불렀다. 선생은 목사(牧使) 서예원(徐禮元)[280]으로 하여금 구휼하는 일을 전적으로 맡아 주관하게 하고, 판관(判官) 성수경(成守璟)으로 하여금 군기(軍器)를 전적으로 맡아 관리하게 하고, 직접 자신이 성을 돌아보고 망루를 점검하며, 군대를 검열하면서 활쏘기를 익히게 하였다. 혹은 주린 백성들에게 진휼미를 나누어 주어 구제하였으며, 죽을 끓이고 약을 달여 직접 스스로 보살폈다.

당시에 역질(疫疾)이 심하게 발생함이 곳곳이 모두 그러했는데, 우러러 진휼하고 구제해 줌에 힘입어 백성들이 모두 성안으로 몰려들어 울부짖고 애통해하는 소리가 귀에서 끊이지 않았다. 선생이 가여운 마음에 눈물을 흘리고 식사를 할 때 번번이 숟가락을 놓으니, 막하의 여러 사람이 모두 간하기를, "하늘의 운행이 조화를 잃어 돌림병 기운이 가득하니, 이에 닿는 자는 죽고 범하는 자는 병이 듭니다. 지금 공께서 날마다 문루(門樓)에 앉아서 항상 병든 사람을 마주하시니, 혹 식사를 폐하여 병이 나기라도 하면, 설령 스스로야 애석할 것이 없다고 하더라도 나랏일은 어찌하겠습니까. 비록 실내에 계시면서도 충분히 호령할 수 있으니, 나와서 앉아 있지 마시기 바랍니다."라고 하였다. 선생은 탄식하

280 서예원(徐禮元) : ?~1593. 임진왜란 때 김해 부사로 재임 중이었는데, 왜군과 공방전을 벌이다가 성을 버리고 도주한 일로 삭탈관직되었으나, 의병장 김면과 협력하여 지례의 왜적을 격퇴하고, 제1차 진주성 전투에서 목사 김시민을 도와 왜적과 항전했다. 1593년(선조26) 진주 목사가 되었고 제2차 진주성 전투에서 순국했다.

며 말하기를, "남에게 대신 일을 행하게 함은 으레 나의 뜻에 잘 맞지 않으니, 스스로를 아끼지 않아서가 아니라 부득이해서입니다. 또 죽고 사는 것은 천명에 달렸으니, 어찌 피할 수가 있겠소."라고 하였다.

선생은 임금의 명을 받든 이후로 왜적을 소탕하고 분위기를 깨끗하게 하지 못하여 나라의 은혜를 저버릴까 두려워하며 밤낮으로 근심하고 괴로워해서 심열(心熱)이 극도로 중하게 되었다. 이때에 이르러 내상(內傷)에 감기까지 겹쳤고, 역질의 기운이 그 틈을 타는 바람에 4월 19일에 이르러서 두통을 앓기 시작하여 점차 위태로운 지경에 이르렀다. 박성 등이 약을 올렸는데, 선생은 그것을 물리치면서 말하기를, "나는 약을 먹는다고 해서 살 사람이 아니오. 그대들은 그만두시오."라고 하였다. 당시에 선생의 아들 김역(金湙) 또한 병에 걸려 옆방에서 누워 있었는데, 그 병세의 더하고 덜함은 묻지 않았다.

오운(吳澐)과 조종도(趙宗道) 등 여러 사람이 와서 병문안하였는데, 오운이 조용한 말로 이르기를, "공의 병이 이런 지경에 이르렀으니, 나랏일을 어찌하겠습니까. 명나라 군대가 길이 말을 몰아 남하하여 경성이 이미 회복되었고, 일로(一路)에 주둔한 왜적들이 장차 모두 퇴각하여 달아나려 합니다."라고 하니, 선생이 눈을 들고 천천히 말하기를, "뜻을 아직 이루지 못하였는데도 몸이 먼저 죽는다면 그것이 운명인 걸 어찌하겠습니까. 그러나 왜적이 곧 이윽고 물러가고 회복(恢復)을 기약할 수 있겠습니다마는, 다만 조정 안의 동서(東西) 붕당은 누가 타파(打破)할 수 있겠습니까."라고 하였다. 이어서 한숨을 쉬면서 눈물이 그렁그렁하였다.

항상 박성과 이로에게 말하기를, "명나라 군대를 어떻게 지원할 것이며, 주린 백성들은 어떻게 구하여 살리겠는가에 대해 그대들이 힘써 주게나."라고 하였다. 비록 정신이 혼미한 상태에 있었어도 끊임없이 하는 말은 나랏일에 관한 것이 아님이 없었고, 때로는 간혹 목을 빼 들고 큰 소리로 "명나라 군대가 이미 도착하였는가? 주둔해 있는 왜적은 이미 물러갔는가?"라고 하였다. 시종 집안일은 언급하지 않았다. 측실 부인이 경성에서 떠돌다 곤양(昆陽) 사위의 집에 와서 살고 있었는데, 선생의 병이 심해지기에 이르러 여종을 보내 병문안을 하니, 물리치고서 들어오지 못하게 하면서 말하기를, "원문(轅門 군문(軍門))은 아녀자가 들어오는 곳이 아니다."라고 하였다.

이달 29일에 이르러 공관(公館)에서 졸(卒)하였다. 조종도와 박성과 이로 등 여러 공이 상사(喪事)를 잘 살펴보고 치렀으니, 지리산 기슭에 임시로 모셔두고 서로 더불어 목놓아 애타게 길이 통곡하고 나서 흩어졌다. 한 도(道)의 선비와 백성들 중에 알든 알지 못하는 사람이든 간에 선생의 부음을 듣고는 골육의 부고를 들은 것같이 하였다. 길 가는 사람들 또한 선생을 위하여 눈물을 흘렸고, 성 안팎에서 구호를 바라던 유랑민들은 엎어지고 넘어지면서 비통하게 울다가 사방 경계로 흩어졌다. 남인(南人)들이 노래하기를, "오장원(五丈原)에 별이 떨어졌으니[281] 두 어른은 어디

281 오장원(五丈原)에 별이 떨어졌으니 : 촉한의 제갈량(諸葛亮)이 오장원(五丈原)에 진을 치고 위(魏)나라의 사마의(司馬懿)와 대치하던 중, 어느 날 밤에 큰 별이 동북쪽에서 날아와 그의 진영으로 떨어졌는데, 그로부터 얼마 후에 제갈량이 죽었다

로 가시는가.-선생과 김면(金沔)을 가리킨다.- 금성(金城)이 무너져 진주성이 위태하며, 충신이 가버려 나랏일이 글러 버렸으니, 그 누가 이를 근심하고 누구와 더불어 일을 하겠는가."라고 하였다.

몇 개월 지나서 성이 과연 지켜지지 못하였고, 낙동강 오른쪽의 조금 완비된 성은 모두 도륙을 당하였다. 사람들이 말하기를, "하늘이 만약 선생의 죽음을 늦추어, 선생으로 하여금 그 사이에 지시하고 구획하도록 했다면 어찌 왜적의 우두머리가 재차 우리나라를 마음대로 짓밟아 강회(江淮)의 보루가 갑자기 왜적의 소굴이 되도록 하였겠는가."라고 하였다.

6월 초에는 아들 김역(金澤) 또한 죽었다. 선생의 장자 김집(金潗)이 샛길로 남쪽으로 달려와서 산중에서 여막을 지켰는데, 왜적의 기병이 출몰하여 반장(返葬)을 할 수 없었다가, 이해 11월에야 비로소 널을 받들어 북쪽으로 돌아갔다. 상여가 지나는 곳의 여러 고을에서는 선생의 충의(忠義)에 감복하지 않음이 없었고, 난리에 모두 불타 없어졌다는 것으로 핑계를 삼지 않고서 모두 힘을 다 바쳤다. 12월 경신에 안동부(安東府) 북쪽 가수천(佳水川) 감좌 이향(坎坐离向) 언덕에 장사 지내니, 향년 56세였다.

선생은 타고난 기상이 굳세고 방정했으며, 몸가짐과 행실이 단아하고 반듯하였다. 어려서부터 선을 행하는 데 용감하였고 작은 성취를 즐거워하지 않았다. 퇴계 선생의 문하에 들어가서는 마음속으로 기뻐하고 성심으로 감복하여 한마디 말, 하나의 행실도 반드시 선사(先師)로써 본보기를 삼았고, 마음속으로 체득하고 인식

는 고사에서 가져온 말이다. 《三國志 卷35 蜀書 諸葛亮傳》

하여 언제라도 잊지 않았다. 게으르고 나태한 기운을 자신의 몸에 행하지 않았으며, 비루하고 인색한 싹을 가슴속에 담아 두지 않았다. 비록 한가로이 쉬거나 그윽이 혼자 있는 곳에 있을지라도 느슨히 하여 마음 내키는 대로 하지 않으면서 경계하고 반성하기를 더욱 절실하게 하였다. 분잡하거나 요란한 때를 만날 것 같으면 조금도 구차스럽게 하거나 방과(放過)해 버리지 않고 몸가짐을 잡아 지키기를 더욱 굳건하게 하였다. 다른 사람의 선행에는 반드시 귀를 기울여 들으면서 탄복했고, 자신의 잘못을 알면 반드시 두려워하면서 용감하게 고쳤다. 일찍이 배우는 자들에게 이르기를, "내가 평생에 걸쳐 얻은 한마디 말은, '나의 허물을 말하는 자는 바로 나의 스승이고, 나의 훌륭함을 말하는 자는 곧 나를 해치는 자이다.'[282]라는 말이다."라고 하면서, 이 열네 글자로써 항상 스스로를 책려하고 다졌다.

대개 자신을 다스림에 엄격함은 천성에서 나온 것이고, 다른 사람을 대함에 포용력이 있었음은 쌓아 온 공부가 그렇게 한 것이었다. 그러므로 노년에 이르러 도달한 경지는 점차 평정(平正)함에 나아가 젊었을 때의 강하고 날카로운 기상이 다시 없었다. 그 모습을 본 사람은 거칠고 사나운 습성을 근절하고, 덕스러움을 본 사람은 그릇되고 편벽된 마음을 삭였으니, 가까이 접하면서 보기를 기뻐하고 성심을 다함에 즐거워하지 않음이 없었다.

282 나의……자이다 : 《문선(文選)》 주(注)에, 맹자가 "어떤 사람이 나의 선을 말하는 자는 바로 나를 해치는 자이고 나의 악을 말하는 자는 곧 나의 스승이다.〔有人道我善者, 是吾賊也; 道吾惡者, 是吾師也.〕"라고 말한 것에서 가져왔다.

또 자신이 악을 미워함이 너무 지나쳐서 자못 모난 점을 드러낸다는 것을 알고는 벗에게 부탁하여 '관홍(寬弘)'이란 두 글자를 크게 써서 벽에 붙여 놓고서 보고 반성하면서 항상 서신(書紳)[283]의 뜻을 붙였다. 남에게 과실(過失)이 있을 경우에는 비록 면전에서 숨김없이 지적하였지만, 지극한 정성으로 개도하여 말해 주어서 그 허물을 고치게 하고자 하였다. 그러므로 불초한 사람이 비록 배척받고 끊기게 되더라도 감히 깊이 원망하지 않았다.

월천(月川) 조목(趙穆)[284]이 일찍이 선생이 띠를 묶은 것을 보고 말하기를, "그대는 모름지기 묶은 것을 조금 느슨하게 해야겠소." 라고 하니, 선생이 말하기를, "공이 매번 경계하기를 이와 같이 해 주니, 감히 가르침을 따르지 않을 수 있겠습니까." 하고는, 즉시 풀어서 고쳐 묶었는데, 이전에 비해 너무 느슨하였다. 월천이 말하기를, "모든 일에 대해서 모름지기 이와 같아야 하네."라고 하였다. 월천이 또 선생에게 술 마시는 것을 경계하며 일찍이 포갑(鮑甲)[285]을 선생에게 보내 주었고, 이로 인하여 하나의 명(銘)[286]을

283 서신(書紳) : 중요한 말을 잊지 않도록 허리에 맨 띠에 적어 두는 것으로, 공자가 충신(忠信)과 독경(篤敬)에 관해 말하자 자장(子張)이 이를 띠에 적었던 데서 유래하였다. 《논어》 〈위령공(衛靈公)〉에 "자장이 공자의 말을 띠에 썼다.〔子張書諸紳〕"라고 하였다.

284 월천(月川) 조목(趙穆) : 1524~1606. 본관은 횡성(橫城), 자는 사경(士敬), 호는 월천이다. 조정에서 여러 차례 징소(徵召)했으나 사양하고 일생 동안 퇴계 옆에서 학문에 전념했다. 특히 심학(心學)에 밝았다. 저서로는 《월천집(月川集)》이 있다.

285 포갑(鮑甲) : 전복 껍질을 뜻하는데, 여기서는 전복 껍질로 만든 술잔을 말한다. 우리나라에서는 포갑을 흔히 복갑(鰒甲)이라고 부른다.

286 명(銘) : 명은 《월천집》 권5에 〈김사순의 포갑에 씀〔書金士純鮑甲〕〉이라는 제

지어 이르기를,

다섯 가지 색깔이 찬란함이여　　五色燦兮
그 광채가 현란하고 아름답네　　光絢爛兮
술 마시길 비록 많이 하더라도　　飮雖多兮
그 모습은 어지럽지 아니하네　　儀不亂兮

라고 하였다. 선생은 절하고 이를 받아서 지니고서 잊지 않았다. 하지만 선생의 음주는 혹 수백 잔에 이르렀어도 심하게 취하여 시끄럽게 소리치거나 말을 잘못하여 체모를 잃어버린 적이 있지 않았으니, 사람들이 그 주덕(酒德)이 다른 사람보다 지나침에 탄복하였다.

책에 있어서는 읽지 않은 것이 없었으나, 주 부자(朱夫子 주희(朱熹))의 서(書)를 일신(一身)의 표적(標的)으로 삼아 마음을 가라앉혀 음미하면서 침식조차 잊는 데 이르렀다. 닭이 울면 일어나서 반드시 한두 편을 쭉 다 외웠다. 그런 뒤에 등불을 밝히고 책을 펼쳤는데, 일심(一心)을 가다듬고는 정밀하게 생각하고 명확하게 분변하여 털끝만큼도 방과(放過)하지 않았다. 제생 가운데 학업을 청하는 자가 있으면 또한 그들로 하여금 글자마다 훈(訓)을 찾고 구절마다 뜻을 찾게 하고서, 분석하고 열어 깨우쳐 줌에 마음을 모두 쏟아 간절하고 지극히 하였는데, 반드시 그 양단(兩端)을 자세하게 다 가르친 다음에야 그쳤다.

목으로 실려 있다.

문장(文章)을 지음에는 명백(明白)하고 전아(典雅)하여 특별히 다른 사람을 놀라게 할 험하고 자극적인 언어가 없었다. 무릇 저술할 일이 있으면 붓을 잡고서 곧바로 글을 지었으니, 정성이 격발하고 뜻이 지극하였으며, 논의가 알맞고 분명하였다. 시율(詩律)도 또한 충담(沖澹)하면서 이치가 도저하였는데, 더욱이 오언 고시(五言古詩)를 잘 지어서 도소(陶蘇)[287]의 체제를 깊이 터득하였다. 서애 유성룡은 간이하고 중후하여 다른 사람을 인정하는 경우가 적었는데, 매번 선생을 공경하고 중히 여겼다. 또 선생이 노년에 지은 시문을 보고는 장려하고 탄복해 마지않으면서 말하기를, "덕이 있는 사람은 반드시 말이 있음[288]이, 어찌 진실로 그렇지 아니하겠는가."라고 하고, 마침내 선생을 문형(文衡)에 천거하였다.

선생은 성품이 지극히 효성스러워서 미처 선부인(先夫人)을 봉양하지 못한 것을 평생의 지극한 통한으로 여겼고, 아버지 판서공(判書公)을 섬김에는 어떤 한도를 정함이 없이 정성을 다하였고[289] 혼정신성(昏定晨省)[290]을 하면서 일찍이 멀리 떠나지 않았으

287 도소(陶蘇) : 동진(東晉)의 도연명(陶淵明)과 송(宋)나라의 소동파(蘇東坡)를 가리킨다.

288 덕이……있음 : 훌륭한 덕에 걸맞은 훌륭한 말이 있다는 말이다. 《논어》 〈헌문(憲問)〉에 "덕이 있는 사람은 반드시 이에 합당한 말을 하게 마련이다.〔有德者, 必有言.〕"라고 한 공자의 말에서 가져왔다.

289 어떤……다하였고 : 원문은 '좌우무방(左右無方)'으로, 《예기》 〈단궁 상(檀弓上)〉에, 부모를 섬길 때는 "곁에서 봉양하는 데 격식에 구애되지 말아야 한다.〔左右就養無方〕"라고 한 데서 가져왔다.

290 혼정신성(昏定晨省) : 《예기》 〈곡례 상(曲禮上)〉에 "모든 자식이 된 사람의 예는 겨울에는 어버이를 따습게 해 드리고 여름에는 서늘하게 해 드리며, 저녁에는

며, 그 마음을 즐겁게 해 드리고 그 뜻을 어기지 않았다. 조정 반열에 나아가게 되어서는 매번 몸이 시종신(侍從臣)으로 있어서 고을 수령으로 나가 어버이를 편하게 봉양하지 못하는 것을 한스럽게 여겼다. 판서공이 말하기를, "뜻을 봉양하기를 잘하고 있다. 너는 구체(口體)를 봉양하는 것으로 염려하지 말아라." 하였다.

형제간에는 우애가 더욱 돈독하여 한집안을 화기애애하게 하였으니, 사람들이 이간하는 말이 없었다. 일찍이 집안의 재산 일구기를 일삼지 않아 집에 양식이 자주 떨어지는 지경에 이르렀는데, 판서공이 특별히 종을 떼어서 주자, 선생은 굳게 사양하면서 형제 중에 가난한 이에게 미루어 주었다. 큰누이가 남편을 잃고 슬픔이 극도에 이르러 그 뒤를 따라 죽자, 고아가 된 두 어린 자식들이 믿고 의지할 곳을 잃고[291] 외가에 의지해 살았다. 선생은 이들을 가르치고 기르기를 모두 지극히 하여 한결같이 자신의 자식처럼 하였다. 그 가업을 노비에게 맡겼다가 거의 수습할 수 없는 지경이 되었는데, 선생이 또한 이를 위해 관리해 주매 곡진하게 조리가 있었다. 초상을 치르는 날에 친구들이 부의(賻儀)한 쌀과 베를 하나의 창고에 보관했다가, 장사 치르고 제사 지내며 비석을 세우는 등의 비용에만 쓰고 털끝만큼도 사적인 비용으로 쓰지 않았다. 또 죽은 매형과 누이의 두 묘소에 가난하여 표석을 세울 수 없을

잠자리를 편안하게 보아 드리고 새벽에는 안부를 살피는 것이다.〔凡爲人子之禮, 冬溫而夏凊, 昏定而晨省.〕"라고 한 데서 온 말로, 어버이를 잘 섬김을 의미한다.

291 믿고……잃고 : 원문은 '실호시(失怙恃)'이니 부모를 모두 잃었다는 말로, 호시는 부모를 가리킨다. 《시경》 〈육아(蓼莪)〉에 "아버지 아니시면 누구를 의지하며, 어머니 아니시면 누굴 믿을까.〔無父何怙, 無母何恃.〕"라는 말에서 가져왔다.

까 염려하여, 쓰고 남은 비용을 가지고 모두 그 용도로 넘겨주었다. 일찍이 하나의 연구(聯句)를 지어서 침실 벽에 새겼으니, 대개 환산(桓山)의 사조(四鳥)[292]를 읊조려 동기간이 따로 나뉘어 사는 것을 한탄한 것이었다. 그 뒤에 큰형, 둘째 형과 막내아우가 서로 이어서 모두 세상을 떠나자, 애통하고 슬픈 마음이 예(禮)를 넘으면서도 상장(喪葬)을 치르고 도와줌은 시종 한결같이 하였다.

선생의 중부(仲父)께서 종기를 심하게 앓아 위독한 지경에 이르렀는데도 곁에서 모시고 간병할 자제가 없었다. 그래서 선생은 약방(藥方)을 알아보고 의원을 맞이해 오는 일에 마음과 힘을 다하였는데, 몇 달 동안의 무더위를 당하여서 조금도 게으르거나 나태하게 함이 없었으니, 온 집안사람들과 이웃 마을 사람들이 칭찬하며 감탄하지 않은 이가 없었다. 종제(從弟) 도일(道一)이 일찍 부모를 여의어 돌아가 의탁할 데가 없게 되자, 선생이 불쌍히 여겨 돌보아 줌으로써 몸 둘 곳을 잃는 데 이르지 않게 하였다. 누이동생 하나가 집이 가난하여 일을 대신해 줄 이가 없자 문득 자기 집의 여종 세 명을 그에게 주었고, 서숙(庶叔) 기석(奇石)이 곤궁하여 스스로 살아갈 수가 없게 되자 또 여종 둘을 주었다. 이

292 환산(桓山)의 사조(四鳥) : '환산사조(桓山四鳥)' 시를 말하는 것으로, 이별하는 시이다. 공자가 위(衛)나라에 갔을 적에 매우 슬픈 곡소리를 듣고 안회(顔回)에게 물으니, 안회가 "저 곡소리는 죽은 자만을 위하여 곡하는 것이 아니라 생이별한 자를 위하여 곡하는 것입니다."라고 하였다. 이에 공자가 다시 그 까닭을 물으니, 답하기를, "환산(桓山)에 사는 새가 새끼 네 마리를 낳았는데, 새끼가 점차 자라서 사방으로 흩어져 날아가게 되었습니다. 그러자 어미새가 슬피 울면서 보냈는데, 슬피 우는 소리가 저 소리와 비슷하였습니다."라고 한 데서 가져왔다. 《孔子家語 顔回》

때문에 나누어 받은 종들이 거의 남지 않게 되었다.

심지어 내외의 집안 친족들 가운데 곤궁하여 스스로 먹고살 수 없는 사람이 있을 경우에는 힘이 미치는 바를 따라 극진히 보살피고 구제해 주었다. 만약 얻은 물품이 있으면 많고 적음을 따지지 않고서 즉시 모두 나누어 이웃 친족들에게 보냈는데 또한 반드시 가난한 사람을 우선으로 하고 넉넉한 이를 뒤로 하여 다 균일하게 하기에 힘썼다. 병이 든 사람이 있으면 비록 본래 서로 알지 못하는 사람일지라도 약을 마련하기를 정성껏 하고, 안부를 묻고 물건을 보내 주길 게을리하지 않았으며, 병이 낫고 난 뒤에야 그만두었다. 아침저녁 자신을 기름〔自奉〕에는 담박하기가 마치 빈한한 선비와 같았고, 뜻을 여기에 두지도 않았다. 집안의 일에 대해서는 전혀 마음에 유념하지 않았다. 본부(本府)의 지주(地主)가 부호(富豪)의 집안이라고 잘못 듣고 하루는 그 집에 말을 달려 이르러 곧장 청사(廳事)로 들어갔는데, 곧 거처가 말쑥하고 적막하였다. 그 이전에 들었던 오류를 괴이하게 여기며 웃으면서 말하기를, "공의 집은 좁고 누추하기가 참으로 산골짜기 점민(店民)의 거처 같습니다."라고 하였다.

일찍이 나주 목사(羅州牧使)로 있다가 체차되어서 돌아올 때 우연히 향사당(鄕射堂)에 묵었는데, 마침 좌수(座首 지방의 주군현(州郡縣)에 두었던 향청(鄕廳)의 장(長))가 없었다. 선생은 침소(寢所)를 별감(別監)의 방에다 정하도록 명하니, 여러 사람이 청하기를, "향소에서는 좌수 방을 높은 방으로 여기는데 높은 처소를 놔두고 그다음 방을 차지하는 것은 온당치 않은 바가 있습니다."라고 하였다. 선생이 말하기를, "그렇지 않소. 향당은 부로(父老)들이 모이는 곳이오. 이미 주인이 없는데 편안한 마음으로 높은 자리에 스스로 거처하는 것은 옳지 않소."라고 하고, 끝내 그다음 방에 묵었다. 자제들이 장차 잠자리를 모시려고 하니, 선생이 돌아보면서 이르기를, "너희들은 향록(鄕錄)에 들어 있지 않으니, 이곳에서 묵는 것은 온당하지 않다. 마땅히 다른 곳에 나가서 자고 내일 들어오는 것이 옳다."라고 하였다. 선생은 무릇 집강(執綱)[293]을 만났을 때 비록 그 나이가 어린 사람이라 할지라도 반드시 예모(禮貌)를 갖추었다. 그 향촌에 거처할 때 공경하고 삼감이 대체로 이와 같았다.

거상(居喪)에는 슬픔을 지극히 하였고 제사를 받들 때는 정성을 극진히 하였다. 일찍이 말하기를, "상례(喪禮)는 사람의 도리에 있어서 큰 예법이니, 사람의 자식 된 자로서 반드시 정성스럽게 하고 반드시 미덥게 해야 한다. 우리 동방에서는 고려(高麗) 이전에는 상례가 문란하였는데, 포은(圃隱 정몽주(鄭夢周)), 야은(冶隱 길재(吉再)) 두 선생께서 시묘살이를 하면서 상을 마친 뒤로부터 사람들이 모두 그것을 보고 감동하여 시묘살이하는 제도가 비로소 우리 동방에 성대하게 되었다. 근래에는 한훤(寒暄 김굉필(金宏弼)), 일두(一蠹 정여창(鄭汝昌)) 등도 또한 모두 이를 행하였으니, 비록 옛 예법은 아니라 하더라도 효자(孝子)가 어버이를 생각하는 지극함에 차마 부모의 체백(體魄)이 안장된 곳을 훌쩍 떠나지 못하여 그 묘소 곁에서 시묘살이를 하여 삼 년을 마쳤으니, 실

293 집강(執綱) : 조선 시대 때 면(面)이나 동(洞)의 일을 맡아보던 직임으로, 지금의 면장이나 이장에 해당하는데, 여기서는 향약의 장을 말한 듯하다.

로 지극한 정에서 나온 것이다. 실당(室堂)으로 반혼(返魂)함이 비록 예경(禮經)에 실려 있는 바른 예법이기는 하나, 중인(中人) 이하의 사람은 오래도록 하면서 태만하지 않을 자가 드물고, 심하게는 내외간이 함께 거처하고 집안일을 돌보기도 함에 이르니, 그 예를 행하여 이와 같이 하기보다는 차라리 바른 예를 잃고 묘소를 지키는 것이 나을 것이다. 더구나 거실(巨室) 세족(世族)은 사람들이 사모하고 본받는 바인데도 오히려 '시묘살이하는 것은 예가 아니고 반혼하는 것이 예경(禮經)과 합치된다.'라고 하니, 곧 상제(喪制)의 기강이 날로 문란해지고 세상의 도의가 날로 잘못됨이 어찌 괴이할 게 있겠는가. 예는 마땅히 후(厚)함을 따라야 하니, 옛 예법에 부합하지 않더라도 사람의 정과 하늘의 이치에 부합하는 것을 또한 따를 만하다."라고 하였다.

제사를 지낼 적에는 반드시 목욕재계하였으며, 제수 물품을 직접 살펴보고 정결하게 차리도록 함에 힘썼으며, 말은 흉하고 더러운 일을 언급하지 않았다. 혹 먼 지방에서 벼슬살이를 하고 있어서 가묘(家廟)의 제사에 참석하지 못할 경우에는 반드시 신위를 설치해 놓고서 제사를 지냈다. 재계하는 날에는 대청을 말끔히 청소하고 방에 불을 밝혀서 마치 조상들이 그곳에 와 계신 듯이 하였다. 일찍이 봉선(奉先)에 관한 여러 의식 및 길흉(吉凶)과 경조(慶弔)에 관한 여러 규례를 저술하여 항구적인 법으로 정하고서, 문중(門中)의 자제들로 하여금 준수해서 행하도록 하였다.

아버지 판서공이 세상을 떠나고 3년이 지나고 나서 선생의 생일이 되었을 때 집 사람이 수연(壽宴)을 베풀려고 하니, 선생이 말하기를, "어찌 부모님께서 낳아 길러 주신 은혜[294]를 생각하는 날에 잔치를 베풀어 즐기는 일을 해서야 되겠는가."라고 하였다. 매번 육아(蓼莪) 시를 생각하면서 더욱 깊이 감사하고 사모하는 마음을 품었다. 정초와 동지, 초하루와 보름날 및 집안 어른의 생신날에는 자제들로 하여금 당상(堂上)에 모두 모이도록 하였다. 그런 다음 장부(丈夫)들은 왼쪽에 자리하되 서쪽을 상석으로 하고 부녀자들은 오른쪽에 자리하되 동쪽을 상석으로 하여, 순서대로 서서 참알(參謁) 하도록 하였는데, 장부는 두 번 절하고 부녀자는 네 번 절하게 하였다. 노비들에게는 곧 오직 정월 초하루에만 순서대로 늘어서서 절하게 하였다. 이로 말미암아 한집안의 사람들이 어른을 섬김에 있어 공손하게 읍하는 예를 조금 알았다.

집안을 다스림에는 법도가 있었다. 은혜로써 자녀들을 어루만지면서 의방(義方)[295]으로써 가르치고, 관대함으로써 노비들을 거느리면서 부지런하고 삼감으로써 권면하였다. 일찍이 급하고 갑작스럽게 말을 하거나 혹독하고 사나운 얼굴색을 띤 적이 없었지만, 내외 상하 간에 가지런하게 질서가 있었고 문정(門庭) 안이 엄숙하였다. 자제들에게 허물이 있을 때도 일찍이 엄하게 책망하지 아

294 부모님께서……은혜 : 원문은 '구로(劬勞)'로, 낳아 주고 길러 주신 부모님의 은덕을 말한다. 《시경》 〈육아(蓼莪)〉에 "슬프고 슬프도다, 우리 부모님이여, 나를 낳아 기르시느라 얼마나 애쓰셨나.〔哀哀父母, 生我劬勞.〕"라고 한 데서 가져왔다.

295 의방(義方) : 《주역》 〈곤괘 문언(坤卦文言)〉의 "경으로써 안을 곧게 하고 의로써 밖을 방정하게 한다.〔敬以直內, 義以方外.〕"라는 말에서 온 말로, 의(義)로써 바르게 한다는 뜻이니 아비가 자식을 가르치는 것을 말한다. 《좌전(佐傳)》 은공(隱公) 2년 조에, 석작(石碏)이 간하기를 "신이 들으니 '자식을 사랑한다면 그를 의의 바름으로 가르쳐야지 고상한 곳으로 들이지 말라.' 했습니다.〔臣聞愛子, 敎之以義方, 弗納於雅.〕"라고 하였다.

니하고 매우 정성스럽게 순순히 타일러서 그들이 스스로 그 허물을 알아서 고치도록 하였다. 일찍이 자제들을 훈계하기를, "사군자(士君子)는 마땅히 심학(心學)을 우선으로 삼아야 한다. 만약 한갓 과거 시험 공부만을 힘쓴다면, 비록 한 번 이름이 나더라도 그 마음이 이미 가리워져서 이욕(利欲)의 유혹에 빠져들지 않는 경우가 드무니, 두려워하지 않을 수가 있겠느냐."라고 하였다. 어느 날은 검(劍)을 나누어 주면서 말하기를, "너희들은 내가 이것을 주는 뜻을 알겠느냐. 모름지기 이 검으로 의(義)와 이(利)의 빗장을 베어 끊어서 취하고 버릴 것을 구별하기 바란다."라고 하였다.

선생의 선을 좋아하고 악을 미워함은 천성(天性)에서 나왔다. 어떤 사람이 편파적인 말〔詖言〕이나 사특한 행동〔邪行〕을 할 경우에는 반드시 곧바로 지적하여 숨김이 없었으므로 세상 사람들과 합치함이 적었다. 하지만 스스로 처신하기를 바름으로써 하고, 좋아하고 미워하기를 공정함으로써 하여 터럭만큼도 사사로운 뜻이 개재하지 않았다. 그러므로 어진 사람이건 불초(不肖)한 사람이건 간에 모두 두려워하고 복종하지 않음이 없었고, 오히려 불선(不善)하다는 이름이 혹 선생의 귀에 들릴까를 두려워하였다.

조헌(趙憲)[296]은 기개를 자임하고 곧음을 좋아하면서 당시의 명류(名流)들을 두루 비난하였는데, 선생과 더불어 학문을 논하고 시사를 의론함에 이르러서는, 혹 다르고 같은 점이 있었지만, 조

296 조헌(趙憲) : 1544~1592. 본관은 배천(白川), 자는 여식(汝式), 호는 중봉(重峰)이며, 시호는 문열(文烈)이다. 임진왜란 때 의병장(義兵將)으로 전사(戰死)하였다. 저서로는 《중봉집(重峯集)》이 있다.

헌 또한 그 바르고 곧음에 마음으로 복종하고 감히 흠을 지적하지 못하였다. 어떤 한 수령이 뇌물을 많이 써서 권세 있고 요직에 있는 이들과 결탁함에 그 부리는 하리(下吏)에게 조그만 책자에 명사(名士)들을 두루 기록해 가지고 있도록 했는데, 유독 선생의 이름은 없었다. 사람들이 그에 대해 물으니, 답하기를 "우리 고을 태수가 우리를 경계시키기를, '김 모가 알게 하도록 하지 말라' 하였다."라고 했다.-병사(兵使)는 성이 이 씨(李氏)로 좌우를 잘 섬겼다. 어떤 사람이 하나의 책자를 보니 곧 그 증유(贈遺)할 조정 인사들의 성명을 기록하고 이미 받은 자는 점으로 표를 해 놓았는데, 오직 서애(西厓)와 선생의 이름 위에만 점이 없었다.- 혹 서로 아는 사이일 경우에 물건을 예물로 주고 대접하기를 의(義)로써 하면, 반드시 받아서 여러 이웃 마을 사람들에게 나누어 주고, 일찍이 그 집에 가지고 들어가지 않았다.

선생은 벼슬한 지 삼십 년 동안 일찍이 자제를 위하여 관직을 요구하지 않았다. 고을의 족친 중 생원(生員) 민근효(閔根孝)는 집이 가난하고 늙으신 어버이를 위하여 광문관(廣文官 교수(敎授)의 이칭)이 되기를 구하였다. 마침 선생의 친한 벗인 이성중(李誠中)[297] 공이 이조 참의의 신분으로 와서 방문하였는데, 선생이 "내가 말할 것이 있는데, 공께서 한 번 베풀어 주실는지요?"라고 하였다. 당시에 자제 중 한 명이 곁에서 모시고 있었는데, 이 공은 마음에 반드시 이 사람을 부탁할 것이라 여기고, 가리키며 말하기

297 이성중(李誠中) : 1539~1593. 본관은 전주(全州), 자는 공저(公著), 호는 파곡(坡谷), 시호는 충간(忠簡)이다. 1570년(선조3) 문과에 급제하고, 이조 참판, 홍문관 대제학, 호조 판서 등을 역임했다. 저서로는 《파곡유고(坡谷遺稿)》가 있다.

를, "공은 저 사람에게 벼슬을 시키고자 합니까?"라고 하니, 선생이 낯빛을 바르게 하고 한참 있다가 웃으면서, "공은 나의 뜻을 잘 알지 못하는군요."라고 하고, 이어서 민(閔) 생의 일을 말하니, 이성중이 부끄러워하며 사죄하였다.

선생은 서애 유성룡과 평생 막역한 교유를 맺었다. 선생이 일찍이 말하기를, "나는 서애에 대해 스승으로 삼을 수는 있지만, 벗으로 여길 수는 없다."라고 하였고, 서애 또한 다른 사람에게 말하기를, "내가 사순(士純 김성일의 자)에게 어찌 집편(執鞭)[298] 할 수 있겠는가."라고 하였다. 서애는 또 말하기를 "내 평생의 지우(知友)로는 오직 사순 한 사람뿐이다. 그런데 불행하게도 지금은 곧 죽고 없다."라고 하였고, 임종할 때에 이르러서도 또한 입에서 끊이지 않고 선생에 대해 말하였다.

선생은 일찍이 문생(門生)들을 깨우치기를, "사람은 뜻을 세우는 데 성실치 못할까를 근심해야지, 어찌 재주가 부족함을 근심하겠는가. 재주가 없더라도 군자유(君子儒)가 되는 데 방해가 되지 않고, 재주가 있어도 또한 소인으로 귀착됨을 면하지 못하니, 학문을 함에 있어 자신을 위한 학문을 하는가, 남에게 보이기 위한 학문을 하는가에 달려 있을 따름이다."라고 하였다. 문생이 묻기를, "보통 사람이 처음에는 이름이 있다가 끝내는 그 실상이 없게 되는 것은 무엇 때문입니까?"라고 하니, 선생이 말하기를 "이름이 실상보다 앞서는 것은 자신에게 있어 다행함이 아니다. 진실로 자

298 집편(執鞭) : 채찍을 잡는다는 뜻으로, 상대를 가르친다는 의미이다. 여기서는 학봉이 스승으로 삼을 만하다고 말한 데 대한 말이다.

신에게 실상이 있으면 이름이 나지 않음을 근심하지 않는다. 선(善)은 반드시 쌓인 이후에 이루어지니, 한 가지 선이 있다고 하여 스스로 만족한다면, 이는 그 선을 속인 것이다. 악은 비록 적더라도 두려워해야 하니 한 가지 악이 있음에 스스로 용서한다면, 이는 그 악을 자라도록 돕는 것이다."라고 하였다.

또 말하기를 "덕성을 함양하고 사욕을 극복하는 공부에 힘을 쓰지 않으면서 한 번에 뛰어넘어 도달하고자 하는 것이 학자들의 공통된 근심이다. 이를 비유해 보면, 싹을 가꾸는 사람은 정성스럽고 부지런하게 북돋아서 열매를 맺게 한 뒤에야 자성(粢盛)에 이바지할 수 있고, 잡초를 제거하는 사람은 아침저녁으로 김을 매어 그 뿌리의 근본을 잘라 버린 뒤에야 나의 가화(嘉禾 열매가 많이 붙은 큰 벼 이삭)를 해칠 수 없는 것과 같다. 밭을 잊고 김매지 않는 사람과 자라나기를 돕기 위해 싹을 뽑아 올리는 사람은 그 마음은 비록 다르지만 해치는 것은 마찬가지인 것이다."라고 하였다.

또 말하기를, "스스로를 속이지 말라는 '무자기(毋自欺)' 세 글자는 모름지기 종신토록 명심해야 한다. 선을 행하고 악을 제거함에, 조금이라도 성실하지 않은 점이 있다면 모두 스스로를 속이는 것이다."라고 하였다. 일찍이 당상(堂上)에 앉아 있을 때 문생 가운데 한 사람이 어정어정 걸어 들어와 선생을 뵌 자가 있었는데, 선생이 그를 꾸짖기를, "걸음에 첫째 발걸음을 떼어 놓음에는 마음이 첫째 발걸음에 있어야 하고, 걸음에 둘째 발걸음을 떼어 놓음에는 마음이 둘째 발걸음에 있어야 하니, 이렇게 하는 것이 옳다."라고 하였다.

평소 집안에 있을 적에는 일찍 일어나서 옷을 단정하게 입고서 외당(外堂)에 나가 앉아서 오직 서사(書史)를 보거나 자제들을 가르치거나 빈객을 접대하는 것을 일삼았는데, 삼가고 화락하여 일찍이 오만하고 모난 행동이나 무섭고 사나운 기색이 있음을 보이지 아니하였다. 그러나 조정에 벼슬하면서 과감하게 말을 할 때나 일에 임하여 조처할 즈음에 이르러서는 영특한 기운이 늠름하여 당연히 해야 할 일을 보면 곧장 앞으로 나아가 두려워함이 없었고, 이(利)와 해(害)를 돌아보지 않고 헐뜯거나 추켜올리는 데 따라 동요되지 않았으니, 비록 맹분(孟賁)과 하육(夏育)[299]이라 할지라도 그 용맹함을 빼앗을 수 없을 정도였다. 일찍이 말하기를, "사람이 진실로 일을 처리함에 있어 마음에 부끄럽지 않다면 어찌 다른 사람의 말을 근심하겠는가. 그러나 외물(外物)에 이끌리자마자 문득 마음속에서 동요되면 자연히 일이 의리에 합치되지 않아 도(道)를 굽혀서 다른 사람을 따르게 됨을 면하지 못하게 된다. 나는 평생 매번 곧은 도(道)로 내 몸가짐을 행하여 비록 죽더라도 후회가 없기를 생각하였지만, 오히려 외물에 마음이 흔들리지 않을 수가 없었으니, 이는 나의 강단(剛斷)이 부족하여 사사로운 뜻이 미혹된 것이다."라고 하였다.

오호라, 단단하게 스스로를 믿어 곧음으로 화(禍)를 취함은 사람들이 경계로 삼는 바인데도, 선생은 후회하지 않았다. 자신의

299 맹분(孟賁)과 하육(夏育) : 맹분은 전국 시대의 용사로, 소뿔을 뽑을 힘이 있었으며, 물속에서는 교룡(蛟龍)을 피하지 않았고 육지에서는 외뿔소와 범 같은 맹수도 피하지 않았는데, 한번 노하면 소리가 울려 천지를 진동시켰다고 한다. 하육은 주(周)나라 때의 이름난 용사로 위(衛)나라 사람으로, 천균(千鈞)의 무게를 들 수 있을 정도로 힘이 세었다고 한다. 《史記 卷101 袁盎晁錯列傳》《史記 卷79 范雎蔡澤列傳》

마음을 바꾸고 뜻을 억누르며 세속을 따르고 우아하게 지냄은 세상 사람들이 이른바 통달했다고 하는 것인데도, 선생은 달갑게 여기지 않았다. 뒤를 돌아보고 머뭇거리면서 좋은 것을 택하고 어려운 것을 사양함은 세상 사람들이 이른바 지혜롭다고 하는 것인데도, 선생은 그렇게 하지 않았다. 그러니 세상 사람들이 선생을 고집스럽다고 여기는 것은 괴이할 게 없다.

그 스스로 선생과 서로 잘 안다고 하는 자들 또한 지나치게 강직하면서 국량이 협소한 것을 선생의 병통이라고 여기면서, 충신(忠信)의 실상이 마음속에 보존되어 있으며 효우(孝友)의 도(道)가 집안에서 바탕이 되었음을 알지 못하니, 곧 세상에 과연 선생을 아는 자가 있겠는가. 마음속에 보존되어 있고 집안에서 바탕이 되었던 것을 사람들이 반드시 아는 것이 아니었고, 선생 또한 남에게 알아 주기를 구함이 없었으니, 곧 그 덕을 아는 자가 드물고 알아도 믿어 주는 자는 더욱 드문 것이 마땅하도다.

그 어지럽고 엎어진 나머지에서 왕명을 받들게 되어서는 인심이 이미 흩어지고 나랏일은 이미 글러 버려서 형세가 마치 광란의 물결에 한 번 둑이 무너짐에 막을 수가 없는 것과 같았다. 비록 한 시대에 무거운 명망을 자부하는 자라 할지라도 창졸간에 당한 국면에서 그 재주와 계책을 사용할 바가 없었고, 한 방면을 전적으로 책임진 곤수(閫帥)도 또한 모두 머리를 움츠리고 걸음을 물리며 두려워 떨면서 어찌할 줄 몰랐다.

그런데 선생은 경악(經幄)의 노숙한 유신(儒臣)으로서 일찍이 군대의 일에 대해서는 들어 보지도 않았고, 도내(道內)에는 적의 침략을 받지 않은 곳이 없었으며, 수하에는 한 자 한 치의 병기도 없으면서 단지 정성스러운 의(義)로써 사람들을 감동시키고 충성스러운 신의로써 사람들을 감화시켜, 의로움을 흠모하는 자들로 하여금 진심을 보내게 하고, 완악하고 난폭한 자들로 하여금 순종하게 하였으며, 나약하고 게으른 자들로 하여금 격발하여 힘쓰게 하였다. 그리하여 기뻐하며 달려 나와 고무되어 더불어 함께 일하게 했으며, 달아났던 장수나 흩어졌던 군졸들도 모두 그 소문을 듣고 두려워 떨면서 다투어 스스로 갈고 닦아 나라를 위해 목숨을 바치게 하였다.

선생은 그 가운데 나아가 충성스럽고 어질며 용감한 인재를 발탁하여 혹 임시 수령으로 삼고 혹 임시 장군으로 삼았으며, 혹 군량을 맡게 하고 혹 무기를 관리하게 하며 혹 소모(召募)를 관장하도록 책임을 맡겼다. 거행하고 조처하고 포치함이 모두 기의(機宜)에 알맞았고, 상벌을 행하고 호령을 내림이 백성들의 마음을 크게 감복시켰다. 그래서 사람들이 협력하여 모의하고 일제히 떨쳐 일어나 서로 배반하고 흩어지지 않았고, 각각 자신들의 역량을 펼쳐서 모두 기특한 공을 세웠다. 그리하여 마침내 모두 불타 버린 나머지에 기운을 불어넣어 영남 우도 일대를 보전함으로써 당시의 거묵(莒墨)[300]이 되어 나라를 회복(恢復)시킬 기반이 되게 하였으니, 비록 하늘이 그 목숨을 빼앗아 가서 큰 훈업(勳業)을

300 거묵(莒墨) : 거(莒)와 즉묵(卽墨)으로, 나라를 수복한 근거지가 된 곳을 가리킨다. 제(齊)나라 민왕(湣王)이 연(燕)나라 군사에게 패하여 모든 성이 함락되고 거와 즉묵 두 성만이 남아 있었는데, 장군 전단(田單)이 이 두 성을 근거지로 삼아 제나라 70여 개의 성을 모두 수복하였다. 《史記 卷82 田單列傳》

다 이루지는 못하였으나, 인륜의 기강을 부지하고 한 지방을 버틸 수 있게 한 그 공은 도리어 전장(戰場)에서의 공로[301]보다도 더 큰 것이다.

대개 영남이 다 오랑캐가 되지 않음이 비록 "의사(義士)들이 의병을 일으킨 공이다."라고는 하지만, 의병이 시종 공을 이룰 수 있었음은 실로 선생이 혈성(血誠)으로 사람들을 감동시킨 데에 말미암은 것이다. 진주성이 함락되지 않고 굳게 지켰던 것이 비록 "김시민이 힘껏 싸운 공이다."라고는 하지만, 역시 선생이 지휘하고 계책을 내어 대응함이 마땅함을 얻은 데에 말미암은 것이다. 살아 있을 적에는 온 도내 민심으로 하여금 장성(長城)처럼 의지하여 선생이 떠나고 머무는 데 따라 경중(輕重)이 되도록 하였고, 죽은 뒤에는 대소(大小) 사민(士民)들로 하여금 눈물을 흘리며 서로 조상하여 지금까지도 노래하고 생각하면서 추모해 마지않도록 하였다. 지난날 선생을 알지 못하고 믿지 않았던 자들이 이에 이르러 모두 칭찬하고 탄복하여 선생을 알지 못하고 믿지 않는 자가 없게 되었다.

세상의 군자 가운데에는 평상시엔 도리(道理)를 담론하다가도

301 전장(戰場)에서의 공로 : 원문은 '한마지로(汗馬之勞)'로, 전장에서 땀을 흘리며 얻은 공을 말한다. 한 고조(漢高祖)가 천하를 평정하고 논공행봉(論功行封)을 할 때, 소하(蕭何)의 공이 가장 크다고 여겨 그를 찬후(酇侯)에 봉하고 식읍(食邑)을 가장 많이 주자, 다른 공신들이 "신들은 몸소 갑옷을 입고 창칼을 쥐고 많게는 백여 전(戰), 적게는 수십 전을 치렀는데, 지금 소하는 한마(汗馬)의 노고는 겪은 적이 없이 한갓 문묵(文墨)을 가지고 논의만 했을 뿐이고 싸움 한 번 하지 않았습니다. 그런데 도리어 신들의 위에 두는 것은 무슨 까닭입니까?"라고 하였다. 《史記 卷53》

위태하고 어지러울 때를 당해서는 지난날 가졌던 뜻을 잃어버리는 자가 허다하다. 평상시나 어려울 때나 한결같이 하고, 큰 절개를 지켜야 할 때를 당하여 그 뜻을 빼앗을 수 없다[302]는 것이 오직 선생을 두고 이른 말이다.

선생은 일찍이 개연히 탄식하기를, "장부(丈夫)가 이 세상에 태어나 대도(大道)를 듣지 못하고서 취중이나 꿈속 같은 상태로 살다가 죽는다면 몹시 부끄러워할 만하다. 다행히도 일찍이 의귀(依歸)할 곳을 얻었는데, 학업을 끝마치지 못하고 명리(名利)의 굴레에 얽매여 그대로 노년에 이르고 말았으니, 매양 한 생각이 이에 미치면 두려워 땀이 흘러내린다."라고 하였다. 이에 자리를 잡아 석문정사(石門精舍)를 짓고는 길이 물러나 쉬려고 하였다. 한가하고 조용한 곳에서 여유롭게 지내며 학문 공부에 뜻을 오로지 쏟아 퇴도(退陶 퇴계 이황)께서 남기신 학문의 실마리를 찾음이 곧 뜻하고 원하는 것이었으니, 이 뜻을 만약 이루었다면 만년에 성취한 바를 어찌 헤아릴 수 있었겠는가. 사문(斯文)을 부지하고 후생(後生)을 맑게 함이 여기에 그치지는 않았을 것이다.

그런데 애석하게도 시사(時事)가 어렵고 우려스러워 임금이 위에서 치욕을 당하고 백성이 아래에서 수심에 잠기게 됨에, 선생은 나라를 근심하고 백성을 사랑하는 마음으로 군민(君民)이 의탁함을

302 큰……없다 : 《논어》 〈태백(泰伯)〉에, 증자가 "육척의 어린 임금을 맡길 만하고 제후국의 명을 부탁할 만하며, 큰 절개를 지켜야 할 때를 당하여 그 뜻을 빼앗을 수 없다면, 군자다운 사람인가, 군자다운 사람이다.〔可以託六尺之孤, 可以寄百里之命, 臨大節而不可奪也, 君子人與, 君子人也.〕"라고 말한 데서 가져왔다.

차마 방관하지 못해서, 일이 지나간 뒤에 애를 썼고 군무(軍務)에 시달리는 가운데 세상을 떠나고 말았다. 그리하여 평소에 원했던 것을 끝내 이루지 못하게 되었으니, 어찌 한갓 선생의 남은 한스러움만 될 뿐이겠는가, 실로 이는 후학(後學)의 불행인 것이다.

계사년(1593, 선조26)에 임금이 도성으로 돌아온 뒤에 좌상(左相) 김응남(金應南),[303] 부제학(副提學) 김우옹(金宇顒)[304]은 선생의 훈로(勳勞)와 충절(忠節)에 대해 여러 번 탑전에 계청(啓請)하였고, 한강(寒岡) 정구(鄭逑)[305]는 강원 감사(江原監司)로서 부임 인사를 하게 되매 주상께서 접견했을 때 또한 사제(賜祭)하여 그 충절을 장려할 것을 계청하였다.

을사년(1605, 선조38)에 이르러 조정에서 선무공신(宣武功臣)을 녹훈(錄勳)하였는데, 선생은 원종(原從) 1등에 녹훈되어 가의대부(嘉義大夫) 이조 참판(吏曹參判) 겸 동지경연(兼同知經筵) 의금부 춘추관 성균관사(義禁府春秋館成均館事) 홍문관 제학(弘文館提學) 예문관 제학(藝文館提學) 세자 좌부빈객(世子左副賓

303 김응남(金應南) : 1546~1598. 본관은 원주(原州), 자는 중숙(重叔), 호는 두암(斗巖)이며, 시호는 충정(忠靖)이다. 1568년(선조1) 문과에 급제하였다. 임진왜란 때 선조를 호종했으며, 우의정, 좌의정 등을 역임하였고, 정유재란 때 안무사로 영남에 내려가 풍기(豐基)에서 병을 얻어 서울에 돌아온 뒤 관직을 사퇴하였다.

304 김우옹(金宇顒) : 1540~1603. 본관은 의성(義城), 자는 숙부(肅夫), 호는 동강(東岡)이다. 1567년(선조1) 문과에 급제하였고, 홍문관 부제학, 성균관 대사성, 이조 참판 등을 지냈다. 저서로는 《동강집(東岡集)》이 있다.

305 정구(鄭逑) : 1543~1620. 본관은 청주(淸州), 자는 도가(道可), 호는 한강이며, 시호는 문목(文穆)이다. 벼슬은 강원도 관찰사, 공조 판서(工曹判書) 등을 역임하였다. 예학(禮學)에 밝고 문장에 능하였다. 저서로는 《한강집(寒岡集)》이 있다.

客)에 추증되었고, 아울러 부친의 작(爵)도 추봉(追封)되었다. 논하는 자들이 이르기를, "공의 공훈과 충렬로써 경인년(1590, 선조23)과 을사년(1605, 선조38)에 모두 원훈(元勳)에 들지 못한 것이 괴이하다."라고 하였다. 그래서 선비들이 이런 이유로 진소(陳疏)하고자 하였고, 당시 재신(宰臣) 또한 계청을 올리고자 하였는데, 선생을 잘 아는 자가 말하기를, "그렇지 않다. 공의 도덕과 훈업(勳業)은 장차 우주에 크게 울리고 천지에 우뚝하리니, 녹훈이 되었느냐 되지 않았느냐가 공에게 무슨 상관이 있겠는가."라고 하니, 모두 "그렇겠구나."라고 하였다.

금상〔광해군〕이 왕위를 계승한 초기에 맨 먼저 예관(禮官)을 보내 제사를 지내라고 명하였으니, 그 제문에 다음과 같이 말하였다.

하늘이 인걸을 우뚝이 내리고	天挺人豪
산악이 신령스러움을 주었도다	岳降之神
덕을 갖춘 데다가 문장도 뛰어나	有德而文
우뚝하게 이름난 신하가 되었네	蔚爲名臣
왕명을 받들고서 사신을 가니[306]	銜命乘槎
섬나라 우두머리 혼이 달아났네	蠻酋褫魄
부월을 가지고 토벌 임무 맡으니	仗鉞專征

306 사신을 가니 : 원문은 '승사(乘槎)'로, 천자의 명을 받들고 해외에 사신 가는 것을 말한다. 한(漢)나라 장건(張騫)이 무제(武帝)의 명을 받고 대하(大夏)에 사신 가서 황하(黃河)의 근원을 찾았는데, 이때 뗏목을 타고〔乘槎〕 은하수로 올라가 견우와 직녀를 만나고 왔다는 전설에서 가져왔다. 《天中記 卷2》 여기서는 김성일이 일본에 사신 간 일을 가리킨다.

진유라서 대적할 상대가 없었네 眞儒無敵
몸 다 바쳐 싸움터 돌아다니다 許以驅馳
죽은 뒤에서야 그쳤도다 死而後已
황천에서 다시 살아나기 어려우니 九原難作
삼군은 이제 누구를 의지할거나 三軍疇依
간략하게 포상의 은전을 내렸으나 略擧褒典
어찌 그 공로를 갚았다고 하리오 豈曰酬功
내가 처음 왕위를 이어받음에 屬余初服
그대의 외로운 충정을 생각하고 眷兹孤忠
천 리 멀리 제사 지낼 사람 보내 千里遣使
조촐하게 제수 차려 잔을 올리니 酹以菲薄
만약 어둡지 않은 영혼이 있거든 不昧者存
이 제사를 흠향해 주기 바라노라 庶幾歆格

선생의 벗 조종도(趙宗道) 공이 제문을 지어 곡하기를, "곧은 절개는 나라의 역사책에 실려 있고, 공훈과 업적은 사람들의 귀와 눈에 드러났으니, 내가 어찌 다시 말을 더 보태겠는가. 일을 논할 적에는 일찍이 자신의 견해를 지나치게 고집하지 않으면서 우리가 그 책임을 나누어 받을까를 탄식하였고, 임종할 때는 일찍이 집안일을 말하지 않고서 우리나라가 왜적들과 양립할 수 없음을 곡진히 말하였도다. 이것은 내가 홀로 본 것이고, 벗들이 함께 아는 것이 아니로다."라고 하였다.

이로(李魯) 공은 임진왜란 때의 사적(事蹟)을 찬술하고 그 끝에 선생에 대하여 다음과 같이 적었다.

학문에 연원이 있음은	學有淵源
훌륭한 스승을 얻어서였고	能得師也
행실이 가정에서 드러남은	行著家庭
뜻을 어기지 않아서였네	不違顏也
절의가 세상을 감동시킴은	節義動世
뛰어난 기운 타고나서이며	乘間氣也
수고롭게 애쓰다 순국함은	勞悴死國
천성에서 나온 것이었네	出天性也
여사로 지은 문장은	餘事文章
한육[307]을 본받은 것이었네	從韓陸來
아름다운 이름 잊혀지지 않아	不朽芳名
산악과 나란히 남아 있으리라	幷山岳存

한강 정구 선생은 그 묘에 제문을 올렸으니, 다음과 같다.

생각건대 공은	維公
타고난 자질이 순수하고 아름다워	資稟粹美
꿋꿋하고 굳세며 자상하고 어질었네	剛毅子良
덕성은 봄날 난초 향을 머금고	德襲春蘭
의표는 가을 서리 기운 같았네	標揭秋霜
효성은 집안에서 이루었고	孝成于家
행실은 고을에서 드러났네	行著于鄕

307 한육(韓陸) : 당나라 한유(韓愈)와 육지(陸贄)를 가리킨다.

일찍이 도 있는 분께 나아가	早就有道
큰 방도를 들을 수 있었네	得聞大方
조정에서 임금을 섬길 적에는	立朝事君
당당하게 꺼림 없이 직언했네	謇諤堂堂
명 받들고 타국에 사신 가서는	奉使異國
큰 절개가 더욱 드러났었네	大節彌彰
사생의 문제가 앞에 닥쳤는데도	死生在前
신색이 조금도 변함이 없었네	神色陽陽
난리가 일어난 때를 만나서는	及遭亂離
충심과 울분으로 격앙되었네	忠憤激昂
한 도가 온통 다 무너지자	一道風靡
의기가 더욱더 뻗치었네	意氣橫蒼
탁한 물결 넘실넘실 하늘에 닿는데	濁浪滔天
공은 손수 이를 막았네	公以手障
충의는 골수에 다 차 있고	忠義骨髓
도리는 심장을 관통했다는	道理心腸
옛사람이 했던 이 말[308]은	古人此言
공이 실로 여기에 해당하네	公實承當
참으로 공이 보존한 바는	諒公所存
강상 윤리에 부끄러움이 없네	無愧綱常

308 충의(忠義)는……말 : 옛사람은 소식(蘇軾)을 가리킨다. 소식이 이공택(李公擇)에게 준 편지에, "도리는 심간을 꿰뚫고, 충의는 골수에 가득 차 있다.〔道理貫心肝, 忠義塡骨髓.〕"라고 한 말을 가리킨다. 《唐宋八大家文抄 蘇軾 卷10 與李公擇書》

오직 그 평소 지녔던 뜻은	惟其雅意
낚시하고 농사지으며 지냄이라	釣水圃岡
그 뜻 못 이루고 지레 떠났으니	莫遂徑逝
저 망망한 하늘에 질정해 보네	就質茫茫

아, 후인들이 선생의 심사(心事)를 구하고자 하는 자는 이 글에서 구해 보면 알 수 있을 것이다.

고을 사람들이 그 덕을 사모하여 임하현(臨河縣)의 서쪽 옥산(玉山) 아래 천수(川水) 가에 사당을 세우고 존현사(尊賢祠)라고 이름하고, 봄가을에 향사(享祀)하였다. 이에 서원을 건립하였으니 임천서원(臨川書院)[309]이라 이름하고, 학도(學徒)들이 그곳에 나아가 학문을 연마하였다.

선생은 입조(立朝)한 것이 이십여 년이었으니, 그 일을 논하여 간쟁(諫諍)한 글과 경연(經筵)에서 계책을 올렸던 말, 그리고 집에 있으면서 한 언행(言行)으로 본받아 교훈 삼을 만한 것은 모두 병화(兵火)에 상실되었다. 단지 유고(遺稿) 약간 권과 《해사록(海槎錄)》 3편이 집에 보관되어 있는데, 이는 모두 흩어지고 잃었던 나머지에서 수습한 것으로 겨우 천 백에서 십 일만 보존하였고, 뒷날 양석(羊石)[310]에 새기고 유택(幽宅)에 기록한 것도

309 임천서원(臨川書院) : 경상북도 안동시 송현동(松峴洞)에 있는 것으로, 1607년(선조40)에 창건하여 김성일을 제향하였고, 1618년(광해군10)에 사액되었다.

310 양석(羊石) : 양의 모양으로 새겨 귀인의 묘(墓) 주위에 세우는 돌을 가리키는 것으로, 여기서는 비석을 의미한다.

혹 채집을 두루 하지 못하여 빠뜨려서 증명할 수가 없게 되었다. 문생(門生) 자제(子弟)가 이 점을 매우 두렵게 여겨서, 선생의 지구(知舊)와 난리 때 선생을 따라 함께 일했던 여러 군자가 각각 보고 들은 바를 기록하여 문생 제자들에게 보내 준 것에 의뢰하였으니, 비록 크게 빠지고 소략한 점이 있음은 면하지 못하겠지만, 그래도 이로 인하여 그 한둘이라도 얻었으면 좋겠다.

현(晛)이 외람되게도 장석(匠石)의 정원[311]에 있었기에 혹 바로잡아 주고 깎아 주는〔繩斲〕 도움을 받아 갱장(羹墻)의 사모함[312]이 남보다 뒤지지 않는다고 해서 여러 기록을 두루 모아 차례로 편집하는 일을 위촉하였다. 아, 현은 식견이 없고 견문이 적으니 어찌 그 만에 하나라도 드러내어 떨침에 감히 이 일을 담당할 수가 있겠는가. 다만 명(銘), 지(誌)와 행장(行狀)은 곧 절로 당세의 대인 군자(大人君子)가 지은 글이 있으니, 여러 군(君)이 모아 기록한 것을 따라 참고하고 근거로 삼아 말을 이루어서 글을 짓는 자가 채택하고 고찰할 것으로 삼게 함은 곧 우리 문생의 책무이므로 사양할 수 없는 점이 있다. 그래서 졸렬한 자질로도 피하

311 장석(匠石)의 정원 : 훌륭한 스승의 문하를 의미한다. 장석은 고대 유명한 장인(匠人)으로, 《장자(莊子)》 〈인간세(人間世)〉에, 좋은 목재를 잘 판별했다는 일에서 가져온 것이다.

312 갱장(羹墻)의 사모함 : 원문은 '갱장지모(羹墻之慕)'로, 앙모(仰慕)하는 마음이 지극함을 비유하는 말이다. 《후한서(後漢書)》 권63 〈이고열전(李固列傳)〉에 "옛날 요임금이 돌아가신 뒤에 순임금은 3년 동안 우러러 그리워하였으니, 앉으면 담장에서 요임금을 보았고, 밥을 먹으면 국에서 요임금을 보았다.〔昔堯殂之後, 舜仰慕三年, 坐則見堯於墻, 食則睹堯於羹.〕"라고 한 데서 가져왔다.

지 않고 삼가 갖추어 이를 기록하였다. 만약 한 마디 말, 한 글자라도 혹 과장되게 찬미한 점이 있으면 다만 말을 아는〔知言〕 군자에게 비판을 받을 뿐 아니라, 실로 오직 선생에게 죄를 얻게 될 것이다. 그러니 현이 비록 형편없는 사람이기는 하나 또한 감히 이런 짓은 하지 않았다.

장계(狀啓)와 격서(檄書) 같은 글들에 이르러서는 진실로 문장이 복잡하여 함께 기록하기에 마땅하지 않은 줄은 알지만, 참고하고 고찰하는 즈음에 눈으로 보고 마음으로 생각함에, 마치 직접 그 일을 보고 그 언론(言論)을 듣는 듯하여 거의 혹 의거함이 있을 듯하였다. 그러므로 붙여 기록하고 그 사이에 분주(分註)[313] 하였다.

선생의 배(配)는 안동 권씨(安東權氏)이니 고려 태사(太師) 권행(權幸)[314]의 후손 전력부위(展力副尉) 권덕봉(權德鳳)의 따님으로, 정부인(貞夫人)의 직첩을 받았다. 아들이 3명이 있으니 장자는 집(潗)으로 전 세마(前洗馬)이고 다음은 역(浂)이고 그다음은 굉(浤)이며, 딸이 3명 있으니 장녀는 홍수약(洪守約)에게 시집갔고 다음은 전 경주 부윤(前慶州府尹) 권태일(權泰一)에게 시집갔고 그다음은 권지 승문원 정자(權知承文院正字) 김영조(金榮祖)에게 시집갔다. 집은 선교랑(宣敎郎) 유종례(柳宗禮)의 따님에게

313 분주(分註) : 본문 아래에 작은 글자를 두 줄로 써서 단 주를 이른다.

314 권행(權幸) : 안동 권씨의 시조이다. 본성(本姓)은 김씨(金氏)인데, 안동(安東)의 호족(豪族)으로, 930년(태조13)에 후백제군을 무찌르는 데 공을 세워 태조로부터 권씨(權氏) 성(姓)을 하사받았다.

장가들어 4남 4녀를 낳았으니, 장자는 시추(是樞)로 생원이고 다음은 시권(是權)으로 진사이며 그다음은 시홍(是杠)이고 그다음은 시탈(是棁)이다. 장녀는 지금 영천 군수(永川郡守)를 맡고 있는 오여발(吳汝撥)에게 시집갔고 다음은 권지 승문원 부정자(權知承文院副正字) 김연조(金延祖)에게 시집갔고 그다음은 권상충(權尙忠)에게 시집갔고 그다음은 김석중(金錫重)에게 시집갔다. 역은 직장(直長) 김개(金漑)의 따님에게 장가들어 딸 하나를 낳았으니, 권태정(權泰精)에게 시집갔다. 굉은 봉사(奉事) 주응방(朱應邦)의 따님에게 장가들어 딸 2명을 낳았으니, 장녀는 생원 김응조(金應祖)에게 시집갔고 차녀는 진사 신열도(申悅道)에게 시집갔다. 사위 홍수약은 아들 하나를 낳았으니 홍하량(洪河量)이다. 사위 부윤 권태일은 딸 4명을 낳았으니 장녀는 안경엄(安景淹)에게 시집갔고 나머지는 어리다. 사위 정자 김영조는 3남 1녀를 낳았으니 김시량(金時亮), 김시필(金時弼)이 있고 나머지는 어리다. 선생은 측실에게서 4남을 두었으니, 장남 잠(潛)은 전 대구훈도(前大丘訓導)이고 다음은 심(深)이고 그다음은 침(沈)이고 그다음은 명(溟)이며, 서녀(庶女)는 2명이니 장녀는 이사첨(李士瞻)에게 시집갔고 차녀는 정연종(鄭連宗)에게 시집갔다. 역도 또한 측실에게서 아들을 두었으니 시가(是榎)이다. 내외(內外)의 여러 손(孫)과 증손(曾孫) 남녀(男女)는 혹 어려서 이름을 기록하지 않으니 모두 90여 명이다.

만력(萬曆) 42년(1614, 광해군6) 춘정월(春正月) 4일 정사(丁巳)에 문인(門人) 급제자 최현(崔晛)은 삼가 쓰다.

지은이 **최현(崔晛)**

1563년(명종18)~1640년(인조18). 경북 선산 해평 출신으로, 본관은 전주(全州), 자는 계승(季昇), 호는 인재(訒齋)이다. 어릴 적에는 두곡(杜谷) 고응척(高應陟)에게 수학하였고, 그 뒤에 학봉(鶴峯) 김성일(金誠一)과 한강(寒岡) 정구(鄭逑)에게 수학하였다. 1588년(선조21)에 생원시에 합격하고, 1592년 봄에 금오랑에 추천되었다. 그해 여름에 임진왜란이 일어나자 의병을 일으켜 노경임을 의병장으로 삼고 자신은 장령으로 활동했다. 1606년 문과에 급제하여 예문관 검열에 제수된 뒤, 여러 관직을 역임하였다. 남긴 글과 저서로는 1598년 고향에 물러나 있으면서 당시의 폐단을 비판하고 나라를 구하는 방책을 논해 올린 〈진시무구조소(陳時務九條疏)〉가 있다. 임진왜란으로 고향 선산이 폐허가 되자 역사적 유물들이 소실됨을 걱정하여, 1618년(광해군10)에 지리·역사·인물·정치·경제·문화 등을 소상하게 기술한 《일선지(一善誌)》를 완성하였다. 또한 평안도 암행어사로 나갔을 때 압록강변의 군사 상황을 살펴보고 돌아와 《관서록(關西錄)》을 지었다.

옮긴이 **송희준(宋熹準)**: 권11, 권12 번역

경북대학교 사학과를 졸업하고 고려대학교 국어국문학과에서 한문학 전공으로 박사학위를 받았다. 계명대학교 한학촌 교수를 역임하였고, 한국고전번역원 권역별거점연구소 경북대학교 영남문화연구원 책임연구원으로 재직하였다. 역서로는 《사미헌집》 권1~권3과 《대동운부군옥》 권11~권20(공역)이 있고, 편저서로는 《심경주해총편》 10권과 《근사록주해총편》 10권 등이 있으며, 저서로는 《조선의 마지막 문장》이 있다.

옮긴이 **김영옥(金英玉)**: 권13 번역

경북대학교 한문학과 박사과정을 수료하고, 영남문화연구원 국역연수실에서 강의를 하고 있다. 현재 한국고전번역원 권역별거점연구소 경북대학교 영남문화연구원 선임연구원으로 재직 중이다. 역서로 《목재집1》, 《구사당집2》, 《입재집1》, 《인재집1》 등이 있다.

한국고전번역원 권역별거점연구소협동번역사업
경북대학교 영남문화연구원 연구진

연구책임자	정병호(경북대학교 한문학과 교수)
공동연구원	황위주(경북대학교 한문학과 교수)
책임연구원	송희준
선임연구원	김영옥
	김승호
보조연구원	정지아
자문	이세동(경북대학교 중어중문학과 교수)

인재집 4

최현 지음 | 송희준 · 김영옥 옮김

2023년 12월 31일 초판 1쇄 발행

편집 · 발행 경북대학교출판부 | 등록 1973년 10월 10일 ㉣97호

주소 대구광역시 북구 대학로 80

전화 053-950-3830 | 팩스 053-953-4692 | 이메일 press@knu.ac.kr

ⓒ 한국고전번역원 · 경북대학교 영남문화연구원 2023

Institute for the Translation of Korean Classics · Youngnam Culture Institute

값 30,000원

ISBN 978-89-7180-619-7 94810
978-89-7180-588-6 (세트)